SCHULDRECHT BT
Band 4

Unerlaubte Handlungen und Allgemeines Schadensrecht

2001

Günter Raddatz
Rechtsanwalt in Münster

ALPMANN UND SCHMIDT Juristische Lehrgänge Verlagsges. mbH & Co. KG
48149 Münster, Annette-Allee 35, 48001 Postfach 1169, Telefon (0251) 98109-0
AS-Online: www.alpmann-schmidt.de

Raddatz, Günter: Bearbeiter
Wittke, Sylvia: Layout
Schuldrecht BT 4 – Unerlaubte Handlungen und Allgemeines Schadensrecht
12., überarbeitete Auflage 2001
ISBN 3-89476-485-6
©Verlag: Alpmann und Schmidt Juristische Lehrgänge
Verlagsgesellschaft mbH & Co. KG, Münster

Die Vervielfältigung, insbesondere das Fotokopieren der Skripten
ist nicht gestattet (§§ 53, 54 UrhG) und strafbar (§ 106 UrhG).
Im Fall der Zuwiderhandlung wird Strafantrag gestellt.

INHALTSVERZEICHNIS

1. Teil: Unerlaubte Handlungen 1
• Übersicht über die Haftungsgründe 1

1. Abschnitt: Der Grundtatbestand, § 823 I 2
• Aufbauschema für § 823 I 2
1. Rechtsgut- oder Rechtsverletzung 3
   1.1 Leben 3
   1.2 Körper, Gesundheit 3
      1.2.1 Ärztlicher Eingriff 3
      1.2.2 Kind krank geboren 4
         Fall 1: Schädigung im Mutterleib 4
      1.2.3 Psychische Schäden 5
         Fall 2: Zurechnung psychischer Folgeschäden 6
         Fall 3: Schockschaden 9
   1.3 Freiheit 11
   1.4 Eigentum 11
      1.4.1 Beeinträchtigung des Eigentumsrechts 11
      1.4.2 Sachentziehung 12
      1.4.3 Substanzverletzung 12
         Fall 4: Stromunterbrechung 12
      1.4.4 Gebrauchsbeeinträchtigung 15
      1.4.5 „Weiterfressender Mangel" 16
         Fall 5: Klemmender Gaszug 17
         Fall 6: Mangelhafte Transistoren 20
         Fall 7: Torfsubstrat 22
      1.4.6 Immissionen 23
   1.5 Sonstiges Recht 24
      1.5.1 Zu den „sonstigen Rechten" zählen insbes.: 24
         Beschränkt dingliche Rechte 24
         Dingliche Anwartschaftsrechte 24
         Absolute Immaterialgüterrechte, gewerbliche Schutzrechte 24
         Mitgliedschaftsrechte 24
         Als „Herrschaftsrechte" ausgestaltete Familienrechte 25
         Räumlich gegenständlicher Bereich der Ehe 25
         Recht am Arbeitsplatz (str.) 25
      1.5.2 Besitz 25
         Fall 8: Stillstehender Lastenaufzug 25
      1.5.3 Vermögen, Forderungsrechte 28
      1.5.4 Das allgemeine Persönlichkeitsrecht 28
         Fall 9: Nacktfoto im Fernsehen 29
         Fall 10: „IM-Sekretär im Dienste der Staatssicherheit" 32

  1.5.5 Das Recht am eingerichteten und ausgeübten Gewerbebetrieb 35
    Fall 11: „Verstehen Sie Spaß?" 37
2. Handeln, das dem Anspruchsgegner zuzurechnen ist 39
 2.1 Positives Tun 40
  2.1.1 Ursächlichkeit iSd Bedingungstheorie (Äquivalenztheorie) 40
  2.1.2 Adäquanztheorie 40
  2.1.3 Schutzzweck der Norm 41
   2.1.3.1 Mittelbar schädigende (fahrlässige) Handlungen 42
    Fall 12: Luftpumpenrakete 42
   2.1.3.2 „Herausfordern"; „Verfolgerfälle"; „Nothilfefälle" 44
    Fall 13: Der verfolgende Polizist 44
 2.2 Unterlassen 47
  2.2.1 Allgemeine Verkehrssicherungspflicht 47
   Fall 14: Bierflaschennatronlauge 47
  2.2.2 Fallgruppen 50
3. Rechtswidrigkeit 52
 3.1 Rechtswidrigkeit als Voraussetzung der Verschuldenshaftung 52
 3.2 Feststellung der Rechtswidrigkeit; Erfolgs- und Handlungsunrecht 52
 3.3 Anerkannte Rechtfertigungsgründe 55
 3.4 Verkehrsrichtiges Verhalten 56
 3.5 Einwilligung bei ärztlichen Heileingriffen 57
 3.6 Handeln auf eigene Gefahr 57
 3.7 Sportverletzung 57
 3.8 Emissionen 58
  Fall 15: Staubemissionen aus dem Kupolofen 58
4. Verschuldensfähigkeit, Verschulden, Billigkeitshaftung 59
 4.1 Verschuldensfähigkeit, §§ 827, 828 59
 4.2 Grad des Verschuldens 60
 4.3 Billigkeitshaftung, § 829 61

2. Abschnitt: Sonstige Anspruchsgrundlagen 61

1. § 823 II i.V.m. Schutzgesetz 61
- Aufbauschema 62
 Fall 16: Fahrlässiger Falscheid 62
2. § 824 Kreditgefährdung 66
- Aufbauschema 66
 Fall 17: Systemvergleich 66
3. § 826 Vorsätzliche sittenwidrige Schädigung 67
- Aufbauschema 67

4. § 831 Haftung für den Verrichtungsgehilfen ... 70

- Aufbauschema ... 70

   4.1 Voraussetzungen ... 70
      Fall 18: Kinder auf der Baustelle ... 70
   4.2 Mehrere in Betracht kommende Geschäftsherrn ... 73
   4.3 Nichterweislichkeit eines verkehrsrichtigen
      Verhaltens des Gehilfen ... 74
   4.4 In Ausführung der Verrichtung ... 74
   4.5 Der Unterschied zwischen § 278 und § 831 ... 75
      Fall 19: Dachschaden ... 75
   4.6 Dezentralisierter Entlastungsbeweis; Organisationsverschulden ... 76
      Fall 20: Aufsichts- und Organisationspflicht im Großbetrieb ... 77
   4.7 § 31; Verhältnis zu § 831 ... 80
      Fall 21: Repräsentanten- und Organisationshaftung ... 80

5. § 832 Haftung des Aufsichtspflichtigen ... 82

- Aufbauschema ... 82

   Fall 22: Abgebrannte Scheune ... 82

6. § 833 Haftung des Tierhalters ... 84

- Aufbauschema ... 84

   6.1 Luxustiere; Gefährdungshaftung ... 85
      Fall 23: Der weigerliche „Elch" ... 85
   6.2 Nutztiere; vermutete Verschuldenshaftung; Exkulpation ... 87

7. § 834 Haftung des Tieraufsehers ... 88

8. §§ 836–838 Gebäudehaftung ... 89

- Aufbauschema ... 89

9. §§ 7, 18 StVG Haftung für Kfz-Unfall ... 90

- Aufbauschema ... 90

   Fall 24: Vereiste Kurve ... 91

3. Abschnitt: Haftung mehrerer Personen ... 96

1. § 830 Mittäter, Anstifter, Gehilfen, Beteiligte ... 96

- Aufbauschema ... 97

   Fall 25: Schlägerei ... 97
   Fall 26: Silvesterfeuerwerk ... 98

2. § 840 Gesamtschuldnerschaft ... 101

4. Abschnitt: Die Haftung für fehlerhafte Produkte 102

1. Die Produzentenhaftung nach § 823 I 102

• Aufbauschema 103

    1.1 Personeller Anwendungsbereich 103
    1.2 Fehler im Herstellerbereich 104
        1.2.1 Konstruktionsfehler 104
            Fall 27: Nautik-Jet-Bahn 105
        1.2.2 Fabrikationsfehler 107
        1.2.3 Instruktionsfehler 107
        1.2.4 Produktbeobachtungsfehler 108
    1.3 Verteilung der Beweislast bei Fabrikations- und Konstruktionsfehlern 109
        Fall 28: Fehlerhafte Lacke 109
    1.4 Befundsicherungspflicht 111
    1.5 Produktsicherheitsgesetz 112

2. Die Haftung nach dem Produkthaftungsgesetz 113

• Aufbauschema 113

    2.1. Anwendung in zeitlicher Hinsicht, § 16 ProdHG 113
    2.2 Voraussetzungen der Haftung nach § 1 ProdHG 113
    2.3 Die Beweislastverteilung gemäß § 1 IV ProdHG 116
    2.4 Die Rechtsfolgen der Haftung nach § 1 I ProdHG 116

3. Nebeneinander von Produkt- und Produzentenhaftung 117
    Fall 29: „Feuer-Wirbel" 117

2. Teil: Allgemeines Schadensrecht 122

1. Abschnitt: Schaden und Interesse; Umfang der Schadensersatzpflicht .. 122

1. Bestimmung des Interesses 122

2. Differenztheorie 124

3. Die geschützten Interessen 126
    3.1 Das Erfüllungsinteresse 126
    3.2 Das Vertrauensinteresse 127
    3.3 Das Erhaltungsinteresse 129
    3.4 Übersicht über die geschützten Interessen 131

2. Abschnitt: Art der Schadensersatzpflicht nach §§ 249–253 132

1. Naturalrestitution, §§ 249, 250 134
    1.1 Herstellung des früheren Zustandes, § 249 S. 1 134
    1.2 Geld für Herstellung, § 249 S. 2 135

1.2.1 § 249 S. 2 bei Sachbeschädigung 135
      Fall 30: Reparatur oder Ersatzbeschaffung?
          Wirtschaftlichkeitspostulat 136
      Fall 31: Zu hohe Reparaturkosten 138
      Fall 32: Fiktive Reparaturkosten bei Inzahlunggabe 140
      • Übersicht: Schadensersatz bei Kfz-Schäden
          § 249 S. 2: erforderlicher Geldbetrag 142
  1.2.2 § 249 S. 2 bei Personenschäden 142
  1.3 Geld für Herstellung nach Fristsetzung, § 250 143
2. Abgrenzung der Naturalrestitution/Schadenskompensation 143
   Vorrang der Naturalrestitution; Schadenskompensation
   im Falle des § 251 143
  2.1 Unmöglichkeit der Herstellung, § 251 I, 1. Alt. 143
      Fall 33: Veräußerung des beschädigten Hauses 144
  2.2 Herstellung zur Entschädigung nicht genügend,
      § 251 I, 2. Alt. 146
  2.3 Unverhältnismäßige Aufwendungen, § 251 II 146
      Fall 34: Mietwagenkosten 146
3. Schadenskompensation, § 251 148
   Ersatzfähiger Vermögensschaden 148
  3.1 Entgangene Nutzungen einer Sache 149
  3.2 Verlust der Arbeitskraft 151
      Fall 35: Schriftsteller im Krankenhaus 151
  3.3 Vertaner Urlaub 152
  3.4 Unterhaltsaufwand für ein Kind 152
      Fall 36: Fehlerhafte Sterilisation 152
  3.5 Pflegeleistungen von Eltern 156
  3.6 Warenhausdiebstahl 157
      Fall 37: Vorbeugekosten; allgemeine Verwaltungskosten;
          Fangprämie 157
4. Bestimmung der Ersatzpflicht nach dem Schutzzweck der Norm 159
  4.1 Hypothetische oder überholende Kausalität 160
  4.2 „Anlagefälle" 160
  4.3 Rechtmäßiges Alternativverhalten 161
  4.4 Vorteilsausgleichung 161
      Fall 38: Überschreitung des Kostenvoranschlages 163
  4.5 Frustrationsschaden 164
      Fall 39: Nutzlose Maklerkosten für Anwaltsräume 165
      Fall 40: Die Herrichtung neuer Praxisräume 166

3. Abschnitt: Sondervorschriften für den deliktischen Ersatzanspruch 168

1. § 842 Umfang der Ersatzpflicht bei Verletzung einer Person 168

2. § 843 Geldrente oder Kapitalabfindung 168

3. § 844 Ersatzansprüche bei Tötung Dritter 168
4. § 845 Ersatzansprüche wegen entgangener Dienste 169
5. § 847 Schmerzensgeld 169
   Fall 41: Höhe des Schmerzensgeldes 169
6. § 848 Zufallshaftung des Deliktsschuldners 173
   Fall 42: Der bestohlene Dieb 173
7. § 852 Verjährung 174

**4. Abschnitt: Haftungsbeschränkungen;
Mitverursachung und Mitverschulden** 175

1. Gesetzliche Haftungsbeschränkungen 175
2. Rechtsgeschäftliche Haftungsbeschränkungen 175
   2.1 Einschränkungen der rechtsgeschäftlichen
       Haftungsbeschränkung 175
   2.2 Stillschweigende Haftungsbeschränkung 176
   2.3 Erstreckung vertraglich vereinbarter Haftungsmilderung auf
       konkurrierende Deliktsansprüche 176
   2.4 Einwilligung des Verletzten 176
3. Mitwirkendes Verschulden gemäß § 254 177
   3.1 Voraussetzungen und Rechtsfolgen des § 254 I 177
       Fall 43: Sturz aus anfahrendem Zug 177
   3.2 Mitverschulden durch Unterlassen, § 254 II 1 178
   3.3 Bedeutung des § 254 II 2 mit seiner Verweisung auf § 278 179
       Fall 44: Mitverschulden des Angestellten 179
   3.4 Mitverschulden eines Kindes; Einstehenmüssen
       für gesetzliche Vertreter 180
       Fall 45: Mitverschulden der Eltern 180
4. Besondere Vorschriften des StVG, §§ 9, 17 StVG 182

**5. Abschnitt: Umfang und Art der Schadensersatzpflicht
bei einzelnen Anspruchsgrundlagen** 184

1. Schadensersatz wegen Nichterfüllung 184
   1.1 § 179 I 186
   1.2 § 280 I 187
   1.3 § 280 II 188
   1.4 § 283 I 2 188
   1.5 § 286 II 189
   1.6 § 325 190
   1.7 § 326 191

    1.8 §§ 463, 480 II 193
    1.9 § 538 196
    1.10 § 635 196
2. Verzögerungsschaden, § 286 I 198
3. §§ 122 I, 179 II, 307 I 1, 309 199
4. c.i.c. 199
5. pVV 204
6. § 823 205
- Übersicht: Interesse = Umfang des Schadensersatzes 206

Stichwortverzeichnis 207

1.8 §§ 463, 480 II	197
1.9 § 528	198
1.10 § 635	198
2. Verzögerungsschaden, § 286 I	198
3. §§ 122 I, 179 II, 307 I 1? 309	199
4. c.i.c.	199
5. pVV	201
6. § 823	205
• Übersicht: Inhalt und Umfang des Schadensersatzes	206
Stichwortverzeichnis	207

LITERATURVERZEICHNIS

Lehrbücher und Monographien:

Brox	Allgemeines Schuldrecht 26. Aufl., München 1999 (zit.: Brox SchuldR AT) Besonderes Schuldrecht 24. Aufl., München 1999 (zit.: Brox SchuldR BT)
Brüggemeier	Deliktsrecht Baden-Baden 1986
Deutsch	Allgemeines Haftungsrecht 2. Aufl., Köln-Berlin-Bonn-München 1996 (zit.: Deutsch Haftungsrecht) Unerlaubte Handlungen Schadensersatz und Schmerzensgeld 3. Aufl., Köln-Berlin-Bonn-München 1995 (zit.: Deutsch Unerl. Hdlg.)
Emmerich	BGB Schuldrecht Besonderer Teil 9. Aufl., Heidelberg 1999
Esser/Schmidt	Schuldrecht Band I, Allgemeiner Teil, Teilband 1 8. Aufl., Heidelberg 1995 Teilband 2 7. Aufl., Heidelberg 1993
Esser/Weyers	Schuldrecht Band II, Besonderer Teil, Teilband 1 8. Aufl., Heidelberg 1998 Schuldrecht Band II, Besonderer Teil 7. Aufl., Heidelberg 1991
Fikentscher	Schuldrecht 9. Aufl., Berlin-New York 1997
Fuchs	Deliktsrecht 2. Aufl., Berlin-Heidelberg-New York 1997

Geigel	Der Haftpflichtprozeß 22. Aufl., München 1997 (zit.: Verfasser in Geigel)
Kötz	Deliktsrecht 8. Aufl., Neuwied-Kriftel-Berlin 1998
Kupisch/Krüger	Deliktsrecht JuS-Schriftenreihe München 1983
Lange	Handbuch des Schuldrechts Band I, Schadensersatz 2. Aufl., Tübingen 1990
Larenz	Lehrbuch des Schuldrechts Erster Band, Allgemeiner Teil 14. Aufl., München 1987 (zit.: Larenz I) Lehrbuch des Schuldrechts Zweiter Band, Besonderer Teil, 1. Halbband 13. Aufl., München 1986 (zit.: Larenz II/1)
Larenz/Canaris	Lehrbuch des Schuldrechts Zweiter Band, Besonderer Teil, 2. Halbband 13. Aufl., München 1994 (zit.: Larenz/Canaris II/2)
Medicus	Bürgerliches Recht 18. Aufl., Köln-Berlin-Bonn-München 1996 (zit.: Medicus BR) Schuldrecht I, Allgemeiner Teil 11. Aufl., München 1999 (zit.: Medicus SchuldR I) Schuldrecht II, Besonderer Teil 9. Aufl., München 1999 (zit.: Medicus SchuldR II) Gesetzliche Schuldverhältnisse 5. Aufl., München 1996 (zit.: Medicus Ges. Schv.)

Produkthaftungs- handbuch	Band 1: Vertragliche und deliktische Haftung, Strafrecht und Produkt-Haftpflichtversicherung 2. Aufl., München 1997
Schmidt/Salzer	Produkthaftung Band III/1 Deliktsrecht, 1. Teil 2. Aufl., Heidelberg 1990
Graf von Westphalen	Produkthaftungshandbuch, Band 1 2. Aufl., München 1997 Band 2 2. Aufl., München 1999
Wussow	Unfallhafpflichtrecht 14. Aufl., Köln-Berlin-Bonn-München 1996 (zit.: Wussow/Bearbeiter)

Kommentare:

BGB-RGRK	Das Bürgerliche Gesetzbuch, Kommentar, herausgegeben von Mitgliedern des Bundesgerichtshofes Band II 1 (§§ 241–413) 12. Aufl., Berlin-New York 1976 Band II 5 (§§ 812–831) 12. Aufl., Berlin-New York 1989 Band II 6 (§§ 832–853) 12. Aufl., Berlin-New York 1989 (zit.: RGRK/Bearbeiter)
Erman	Handkommentar zum Bürgerlichen Gesetzbuch 1. Band 10. Aufl., Münster-Köln 2000 2. Band 10. Aufl., Münster-Köln 2000 (zit.: Erman/Bearbeiter)
Jagusch/Hentschel	Kommentar zum Straßenverkehrsrecht 34. Aufl., München 1997
Jauernig	Bürgerliches Gesetzbuch 9. Aufl., München 1999 (zit.: Jauernig/Bearbeiter)

Münchener Kommentar	zum Bürgerlichen Gesetzbuch Band 2: Schuldrecht Allgemeiner Teil (§§ 241–432) 3. Aufl., München 1994 Band 3, 2. Halbb.: Schuldrecht Besonderer Teil (§§ 705–853) 3. Aufl., München 1997 (zit.: MünchKomm/Bearbeiter)
Palandt	Bürgerliches Gesetzbuch 59. Aufl., München 2000 (zit.: Palandt/Bearbeiter)
Soergel	Bürgerliches Gesetzbuch Band 2: Schuldrecht I §§ 241–432 12. Aufl., Stuttgart-Berlin-Köln-Mainz 1990 Band 5/2 Schuldrecht IV/2 §§ 823–853 12. Aufl., Stuttgart-Berlin-Köln 1999 (zit.: Soergel/Bearbeiter)
Staudinger	J.v. Staudingers Kommentar zum Bürgerlichen Gesetzbuch Zweites Buch Recht der Schuldverhältnisse §§ 249–254 13. Bearb., Berlin 1998 §§ 823–825 13. Bearb., Berlin 1999 §§ 826–829 Produkthaftungsgesetz 13. Bearb., Berlin 1998 §§ 830–838 13. Bearb., Berlin 1997 (zit.: Staudinger/Bearbeiter)

1. Teil: Unerlaubte Handlungen

Im Deliktsrecht geht es um die Frage, ob jemand für einen **Schaden**, den ein anderer erleidet, unabhängig vom Bestehen einer vertraglichen Beziehung **verantwortlich** gemacht werden kann. Die Voraussetzungen der deliktischen Haftung sind in den §§ 823 ff. geregelt.

Das Gesetz geht vom **Verschuldensprinzip** aus: Die Verantwortlichkeit trifft grundsätzlich denjenigen, der den Schaden rechtswidrig und schuldhaft verursacht hat. Dieses Verschulden muss dem Schädiger grundsätzlich **nachgewiesen** werden. In bestimmten Fällen wird jedoch das Verschulden widerlegbar **vermutet**, sodass der Schädiger haftet, wenn er sich nicht exkulpiert.

In bestimmten Bereichen hat das Gesetz eine **Gefährdungshaftung** angeordnet. Sie knüpft entweder an die Verwirklichung eines Risikos an (enge Gefährdungshaftung), oder es ist die erhöhte Gefahr nur das auslösende Moment (erweiterte Gefährdungshaftung), oder es besteht – als strengste Form – eine Kombination von Gefährdungshaftung und Schadensvermutung (Kausal-Vermutungshaftung).

Vgl. zu dieser Systematisierung Deutsch NJW 1992, 73 ff.

Daraus ergibt sich bei den unerlaubten Handlungen folgende **Einteilung der Haftungsgründe:**

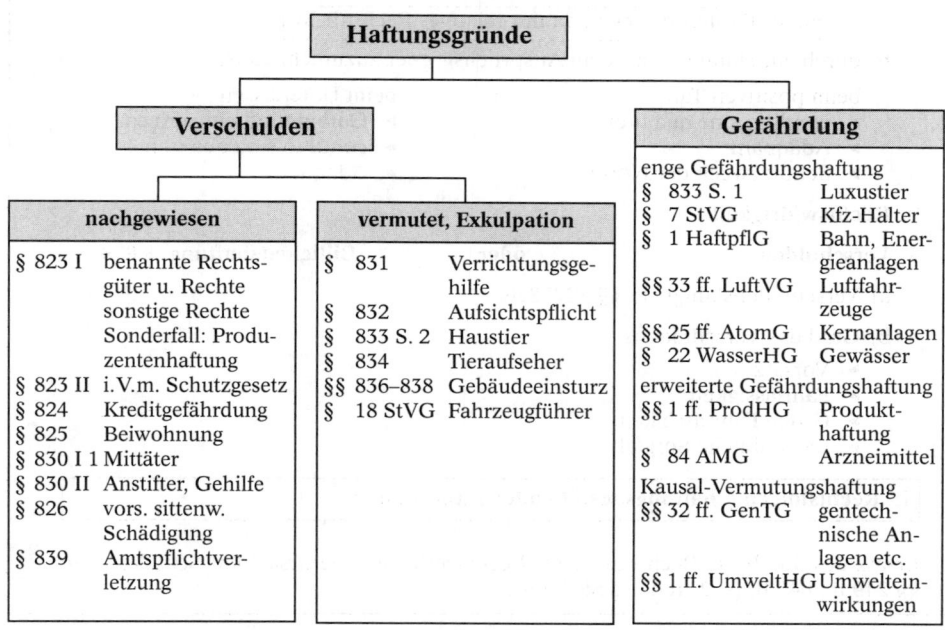

1. Abschnitt: Der Grundtatbestand, § 823 I

Aufbauschema für § 823 I

I. Voraussetzungen („haftungsbegründender Tatbestand")

1. **Tatbestand**

    a) Rechtsgut- oder Rechtsverletzung

    aa) benannte Rechtsgüter und Rechte
    - Leben
    - Körper/Gesundheit
    - Freiheit
    - Eigentum

    > nicht bloß Vermögen, anders u. a. bei § 826

    bb) Sonstige Rechte (= absolute Rechte, gegen jedermann gerichtet)
    - Besitz (nicht uneingeschränkt)
    - beschränkt dingliche Rechte
    - dingliche Anwartschaftsrechte
    - absolute Immaterialgüterrechte
    - Mitgliedschaftsrechte (an GmbH, AG)
    - Familienrechte, soweit als „Herrschaftsrecht" ausgestaltet
    - Recht am Arbeitsplatz
    - Allgemeine Persönlichkeitsrechte
    - eingerichteter u. ausgeübter Gewerbebetrieb

    > nicht Forderungsrecht, da nur relatives Recht (h. M.)

    b) durch ein Handeln, das dem Anspruchsgegner zuzurechnen ist

beim positiven Tun	beim Unterlassen
▶ conditio sine qua non	▶ Garantenpflicht verletzt
▶ Adäquanz	▶ conditio sine qua non
▶ Schutzzweck der Norm	▶ Adäquanz

2. **Rechtswidrigkeit**

3. **Verschulden**   oder   **Billigkeitshaftung**, § 829

    a) Verschuldensfähigkeit, §§ 827, 828

    b) Grad des Verschuldens
    - Vorsatz
    - Fahrlässigkeit
    - Grobe Fahrlässigkeit
    - Eigenübliche Sorgfalt

II. Rechtsfolgen („haftungsausfüllender Tatbestand")

Ersatz des durch die Rechtsgut- bzw. Rechtsverletzung verursachten Schadens gem. §§ 249 ff., 842 ff. (s. 2. Teil des Skriptes).

1. Rechtsgut- oder Rechtsverletzung

1.1 Verletzung des Lebens liegt vor, wenn der Tod eines Menschen eingetreten ist.

1.2 Körperverletzung bedeutet einen äußeren Eingriff in die körperliche Unversehrtheit. **Gesundheitsverletzung** ist die medizinisch erhebliche – also aus ärztlicher Sicht behandlungsbedürftige – Störung der körperlichen, geistigen oder seelischen Lebensvorgänge. Unerheblich ist, ob Schmerzzustände auftreten oder bereits eine tiefgreifende Veränderung der Befindlichkeit eingetreten ist.

Es stellt z. B. die Übertragung des Human-Immundefiziens-Virus (HIV) schon dann eine Gesundheitsverletzung dar, wenn es noch nicht zum Ausbruch der Immunschwächekrankheit AIDS gekommen ist (BGHZ 114, 284@*).

Werden dem Körper Bestandteile entnommen, um mit ihm nach dem Willen des Rechtsträgers später wieder vereinigt zu werden, so bilden diese **Bestandteile** auch während ihrer **Trennung vom Körper** mit diesem weiterhin eine funktionelle Einheit.

Dies wird z. B. bedeutsam für zu Eigentransplantationen bestimmte Haut- oder Knochenbestandteile, für die Eigenblutspende, für die zur Befruchtung entnommene Eizelle und auch für Sperma, das der Spender hat einfrieren lassen, um sich für eine vorhersehbare Unfruchtbarkeit die Möglichkeit zu erhalten, eigene Nachkommen zu haben. (Sperma-Entscheidung BGHZ 124, 52@ = JZ 1994, 463 m. krit. Anm. Rohe S. 465 ff.; s. auch Taupitz NJW 1995, 745 ff.).

1.2.1 Eine tatbestandsmäßige Körperverletzung ist auch der **ärztliche Eingriff**, selbst wenn er zu Heilzwecken lege artis und mit Erfolg durchgeführt wird. Lediglich die Rechtswidrigkeit entfällt, wenn der Eingriff von einer wirksamen Einwilligung gedeckt ist (zur Einwilligung später bei den Rechtfertigungsgründen).

BGHZ 106, 391, 394@; Lange Sonderbeilage Nr. 7 WM 1990; Laufs NJW 1994, 1562 ff.

Eine Körperverletzung kann auch durch **pflichtwidriges Unterlassen** (z. B. einer ordnungsgemäßen Untersuchung oder Beratung) begangen werden.

Besonderheiten gelten für die **Beweislast und Beweisführung im Arzthaftungsprozess**: Im Regelfall muss der Patient den Behandlungsfehler, dessen Ursächlichkeit für den geltend gemachten Gesundheitsschaden und das Verschulden des Arztes darlegen und beweisen. Um den Beweisschwierigkeiten des Patienten Rechnung zu tragen, hat sich jedoch in der Rspr. für den Arzthaftungsprozess ein differenziertes System von Beweislastverteilung und Beweiserleichterung herausgebildet (vgl. dazu Nixdorf VersR 1996, 160 ff.; Weber NJW 1997, 761 ff.; Müller NJW 1997, 3049 ff.). Es sind insbesondere

▶ bei einer Lücke in der ärztlichen Dokumentation für die Frage, ob ein Behandlungsfehler vorliegt (BGHZ 72, 132, 139; 129, 6, 10) und

---

* Die mit einem @ gekennzeichneten Urteile stehen im Volltext zum kostenlosen Download im Internet bereit: http://www.alpmann-schmidt.de

▶ bei Vorliegen eines groben ärztlichen Behandlungsfehlers (BGHZ 85, 212, 215 ff.; BGH Urt. v. 1.10.1996 – VI ZR 10/96) sowie bei einem Verstoß gegen die ärztliche Befunderhebungs- und -sicherungspflicht (BGHZ 99, 391, 396; 132, 47; 138, 1) für den Ursachenzusammenhang zwischen Fehler und Primärschaden

Beweiserleichterungen zu Gunsten des Patienten geboten, die bis zur Umkehr der Beweislast gehen können, wenn nach tatrichterlichem Ermessen im Einzelfall dem Patienten die (volle) Beweislast für einen Arztfehler billigerweise nicht zugemutet werden kann.

1.2.2 Eine Körperverletzung kann gegeben sein, wenn ein **Kind krank geboren** wird.

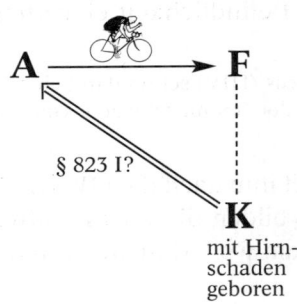

Fall 1: Schädigung im Mutterleib
Frau F, die im sechsten Monat schwanger ist, wird von A fahrlässig mit dem Fahrrad angefahren. F erleidet keine Verletzungen. Als sie drei Monate später ihr Kind zur Welt bringt, leidet dieses an spastischen Lähmungen, weil es mit einem Hirnschaden geboren ist. Der Hirnschaden ist auf den Unfall zurückzuführen. Hat das Kind K einen Schadensersatzanspruch aus § 823 I gegen A?

§ 823 I?

(I) Voraussetzungen („haftungsbegründender Tatbestand")

(1) Tatbestand

(a) Eine **Gesundheitsverletzung** ist nicht bereits darin zu sehen, dass die **Leibesfrucht** verletzt worden ist, denn § 823 I verlangt die Verletzung „eines anderen", und das kann nur ein rechtsfähiger Mensch sein (BGHZ 58, 48, 50). Es kann jedoch der **Mensch, wenn er lebend geboren ist**, Schadensersatz wegen eines solchen Gesundheitsschadens verlangen, der entweder auf eine gegen seine Mutter begangene Verletzungshandlung oder auf eine Verletzung der Leibesfrucht zurückzuführen ist (BGHZ 8, 243; 58, 48). Die Verletzung der Leibesfrucht kann auch durch einen Angriff auf die Psyche der Schwangeren vermittelt worden sein (BGHZ 93, 351@).
Die Verletzungshandlung muss für die Schädigung **des Kindes** ursächlich sein. Die bloße (Mit-) Ursächlichkeit für **die Geburt** des (durch andere Umstände) geschädigten Kindes reicht nicht aus. Im vorliegenden Fall hat die Schädigung der Leibesfrucht zu einem Hirnschaden des geborenen Kindes geführt. K ist somit an seiner Gesundheit verletzt worden.

(b) Für die Körperverletzung des K ist das Verhalten des A ursächlich, denn das Anfahren der Mutter kann nicht hinweggedacht werden, ohne dass der Erfolg – der Gehirnschaden und daraus folgend die Lähmungen des Kindes – entfielen. Es ist auch Adäquanz zu bejahen, da es nicht außerhalb aller Wahrscheinlichkeit lag, dass bei dem Anfahren der F ihre Leibesfrucht verletzt wurde und dass dadurch das Kind bei seiner Geburt Gesundheitsschäden hatte.

(2) Die Tatbestandsmäßigkeit indiziert die Rechtswidrigkeit. Ein Rechtfertigungsgrund – etwa der des verkehrsrichtigen Verhaltens – greift nicht ein.

(3) A hat fahrlässig gehandelt (siehe Sachverhalt).

(II) Rechtsfolgen („haftungsausfüllender Tatbestand")

A muss dem K den durch die Gesundheitsverletzung entstandenen Schaden (z. B. Heilbehandlungskosten, Mehraufwendungen zum Ausgleich der Körperbehinderung) ersetzen, § 249 S. 2.

– – –

1.2.3 Wird Schadensersatz (oder Schmerzensgeld, § 847) für **psychische Schäden** verlangt, so ist zu unterscheiden:

I. Psychische Folgeschäden

Der Geschädigte ist primär an seinem Körper oder in seiner Gesundheit verletzt worden. Als Auswirkung dieser Verletzungshandlung entstehen nichtorganische psychosomatische und funktionelle Beschwerden.

Voraussetzungen Haftungsbegründender Tatbestand	Rechtsfolgen Haftungsausfüllender Tatbestand
I. 1.a) Rechtsgutverletzung Primäre Folge der Verletzungshandlung ist eine **Körperverletzung** ⟶	II. Zu ersetzen ist der durch die Rechtsgutverletzung verursachte Schaden. ▸ Zu ersetzen ist der zur Heilung der Körperverletzung erforderliche Geldbetrag, § 249 S. 2. ▸ Als Folgewirkung der Körperverletzung ist beim Verletzten ein **psychischer Folgeschaden** eingetreten. Fraglich ist, ob der Schädiger auch für diese Folgewirkung des Unfalls einzustehen hat.

> **Fall 2: Zurechnung psychischer Folgeschäden**
> G macht einen Schadensersatzanspruch aus § 823 I aus einem Verkehrsunfall geltend, den S als Halter und Fahrer des am Unfall beteiligten Pkw schuldhaft herbeigeführt hat.
> Die eher leichteren akuten Verletzungen sind ohne objektiv fassbare Folgen ausgeheilt. Die hierdurch entstandenen Kosten hat S bezahlt. Es hat sich jedoch bei G aufgrund psychischer Fehlverarbeitung des Unfalls eine zunehmende Schmerzreaktion im Kopf, im Bereich der Wirbelsäule und in den Extremitäten entwickelt. Zu diesen nicht organischen psychosomatischen und funktionellen Beschwerden wäre es ohne den Unfall nicht gekommen. Sie beruhen aber letztlich auf einer konstitutiven Schwäche des Verletzten, die ihren Grund in der Persönlichkeit des G, aber auch in anderen Umständen, wie die Misserfolge und Kränkungen infolge von Vorgutachten, bisherige Niederlagen im Rechtsstreit und eine ebenfalls unfallbedingte Entfremdung zwischen den Eheleuten hat. G wurde frühzeitig dienstunfähig geschrieben und in den Ruhestand versetzt. G verlangt von S Ersatz des Verdienstausfalls. (Fall nach BGHZ 132, 341[@]).

G ⟶§ 823 I?⟶ S

1) Körperverletzung
2) psychische Folgeschäden

§ 823 I?

(I) Voraussetzungen („haftungsbegründender Tatbestand")
S hat rechtswidrig und schuldhaft die **Körperverletzung** des G herbeigeführt. Die Haftung des S aus § 823 I (ebenso wie aus §§ 7, 18 StVG) ist dem Grunde nach gegeben.

(II) Rechtsfolge („haftungsausfüllender Tatbestand")
S ist dem G zum Ersatz des durch die Rechtsgutverletzung entstandenen Schadens verpflichtet. Der Verdienstausfall stellt gemäß § 842 (ebenso wie nach § 11 StVG) einen ersatzfähigen Schaden dar. Der Verdienstausfall beruht hier aber nicht unmittelbar auf der Körperverletzung, sondern ist eine Folge der nach dem Unfall aufgetretenen psychischen Störungen. Es geht hier also um die **haftungsrechtliche Zuordnung psychischer Folgeschäden**.
Hat jemand schuldhaft die Körperverletzung oder Gesundheitsbeschädigung eines anderen verursacht, so erstreckt sich die Haftung grundsätzlich auch auf die daraus resultierenden Folgeschäden (BGHZ 132, 341, 343[@]). Das gilt gleichviel, ob es sich dabei um organisch oder psychisch bedingte Folgewirkungen handelt (BGHZ 132, 341, 344[@]; BGH MDR 2000, 267 m.w.N.). Bei der Haftung für psychische Folgeschäden sind allerdings folgende Besonderheiten zu beachten:

(1) **Kausalität der Verletzungshandlung für psychische Folgeschäden**
Die Schadensersatzpflicht für psychische Auswirkungen setzt nicht voraus, dass sie eine organische Ursache hat. Entscheidend ist die **Verknüpfung mit der Verletzungshandlung**. Es wird hier auch keine Ursächlichkeit im naturwissenschaftlichen Sinne in der Weise gefordert, dass sie sich mit Sicherheit feststellen lassen muss. Es genügt vielmehr die **hinreichende Gewissheit**, dass die psychisch bedingten Ausfälle ohne den Unfall nicht aufgetreten wären. Nicht erforderlich ist, dass die aus der Verletzungshandlung resultierenden (haftungsausfüllenden) Folgeschäden für den Schädiger vorhersehbar waren.
BGHZ 132, 341, 344[@]; 137, 142, 145[@].

(2) **Zurechenbarkeit trotz Anlageschadens**
Die Zurechnung psychischer Folgeschäden scheitert nicht daran, dass sie auf einer konstitutiven Schwäche des Verletzten beruht. Der Schädiger kann sich nicht darauf berufen, dass der Schaden nur deshalb eingetreten sei oder ein besonderes Ausmaß erlangt habe, weil der Verletzte infolge von körperlicher Anomalien oder Dispositionen besonders anfällig gewesen sei. Wer einen gesundheitlich schon geschwächten Menschen verletzt, kann nicht verlangen, so gestellt zu werden, als wenn der Betroffene gesund gewesen wäre.
BGHZ 20, 137, 139[@]; 132, 341, 345[@]; 137, 143, 145[@] = JZ 1998, 680 m. Anm. Schiemann S. 683 ff. = MDR 1998, 159 m. Anm. van Bühren; OLG Braunschweig VersR 1999, 201.

Der Schädiger muss daher auch dann für Unfall**folgen** aufkommen, wenn die Wirkung der Unfallverletzung nur deshalb eingetreten ist, weil der Verletzte aufgrund seiner besonderen Konstitution und seiner Vorschädigungen für die jetzt eingetretenen Beschwerden besonders anfällig war. An der Einstandspflicht des Schädigers ändert sich grds. selbst dann nichts, wenn das jetzige Beschwerdebild in einer psychischen Fehlverarbeitung der Unfallfolgen seine Ursache hat.
BGHZ 132, 341, 345[@] f.; BGH VersR 1999, 862 m.w.N.

Der Haftung sind allerdings **Grenzen** gesetzt:

(a) Abgelehnt wird eine Haftung für **Renten- und Begehrensneurosen**, in denen der Geschädigte den Unfall in dem neurotischen Streben nach Versorgung und Sicherheit lediglich zum Anlass nimmt, den Schwierigkeiten und Belastungen des Erwerbslebens auszuweichen.
BGHZ 20, 137[@]; 132, 341, 346[@]; 137, 142, 148[@]; BGH MDR 2000, 267, 268.

(b) Die Zurechnung psychischer Folgeschäden kann auch in denjenigen Fällen ausgeschlossen sein, in denen das schädigende Ereignis im Sinne einer **Bagatelle** ganz geringfügig ist. Abzustellen ist auf die Primärverletzung. Eine Entschädigung kann – wie auch Schmerzensgeld nach § 847 – versagt werden bei geringfügigen Verletzungen des Körpers oder der

Gesundheit, die üblicherweise den Verletzten nicht nachhaltig beeindrucken, weil er schon aufgrund des Zusammenlebens mit anderen Menschen daran gewöhnt ist, vergleichbaren Störungen seiner Befindlichkeit ausgesetzt zu sein.

BGH VersR 1992, 504, 505 zum Schmerzensgeld; BGHZ 137, 142, 147[@] und BGH MDR 2000, 267, 268 zu psychischen Folgeschäden. Zur Definition der Bagatellverletzung vgl. OLG Köln VersR 1999, 116 u. OLG München OLG Report 2000, 91, 92.

Ausnahmsweise kann auch bei Vorliegen eines Bagatellschadens die Zurechnung eines psychischen Folgeschadens dann gerechtfertigt sein, wenn das schädigende Ereignis gerade eine spezielle Schadensanlage des Geschädigten getroffen hat und nicht nur dessen allgemeine Anfälligkeit für neurotische Fehlententwicklungen. Dies folgt aus der grundsätzlichen Gleichstellung der psychischen mit den physischen Schäden, bei denen der Schädiger ebenfalls eine besondere Schadensanlage des Geschädigten hinnehmen muss.

BGHZ 137, 142, 148[@].

Bei Zugrundelegung dieser Maßstäbe sind die psychosomatischen Beschwerden des G dem S zuzurechnen: Ohne den Unfall mit seinen akuten Verletzungen hätte es nicht zu psychischen Fehlverarbeitungen kommen können. Umstände, die eine Zurechnung ausnahmsweise entfallen lassen können, sind nicht ersichtlich. S ist daher gemäß §§ 823 I, 842 verpflichtet, dem G den Verdienstausfall zu ersetzen.

– – –

II. Psychische Beeinträchtigungen aufgrund eines Schockerlebnisses

Hier handelt es sich nicht um eine schadensausfüllende Folgewirkung einer Verletzung, sondern es treten aufgrund eines Unfallgeschehens **haftungsbegründend** psychische Reaktionen ein.

Voraussetzungen Haftungsbegründender Tatbestand	Rechtsfolgen Haftungsausfüllender Tatbestand
I. 1.a) Rechtsgutverletzung Primäre Folge der Verletzungshandlung ist eine **Körperverletzung** ⟶ **in Form eines Schockschadens**	II. Zu ersetzen ist der durch die Rechtsgutverletzung verursachte Schaden. ▶ Der Ersatzanspruch umfasst Heilungskosten (§ 249 S. 2) und Schmerzensgeld (§ 847)

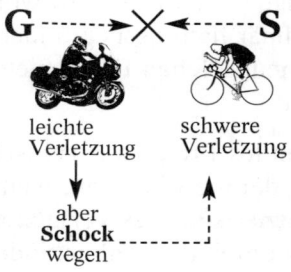

> **Fall 3: Schockschaden**
> G verlangt von S Schadensersatz aus einem Verkehrsunfall, bei dem G als Motorradfahrer nach einem von S als Fahrradfahrer verkehrswidrig und schuldhaft herbeigeführten Zusammenstoß stürzte. G erlitt leichte leichte Prellungen und Schürfwunden, konnte sich aber nach dem Zusammenstoß sofort erheben und dem schwerverletzten S erste Hilfe leisten. Das Miterleben der schweren Verletzungen des S und die existentielle Grenzerfahrung der Begegnung mit dem – befürchteten – Tod des schwerverletzten Unfallgegners führte bei G zu einer schweren seelischen Beeinträchtigung in Form von posttraumatischen Belastungsstörungen bis hin zu einer sich privat wie beruflich auswirkenden Persönlichkeitsveränderung.
> Der inzwischen wieder genesene S verneint seine Ersatzpflicht; die bei G eingetretenen Schäden beruhen auf dessen konstitutiver Schwäche, für die er – S – nicht verantwortlich sei.
> (Fall nach OLG Hamm JP 1998, 585[@])

(A) **§ 823 I: Ersatz des materiellen Schadens**

(I) **Voraussetzungen**

(1) **Tatbestand**

(a) Rechtsgutverletzung

Ein **Nervenschock** stellt eine **Gesundheitsverletzung** dar, wenn es zu medizinisch konstatierbaren Folgewirkungen kommt, die das Maß an Erregung, Bestürzung und Betroffenheit überschreiten, mit dem normalerweise gerechnet werden muss. Die Beeinträchtigung muss einen „echten Krankheitswert" haben.

BGHZ 56, 163, 165; 132, 341, 344[@]; OLG Karlsruhe OLG Report 1998, 308; KG KG Report 1999, 44, 46; OLG Celle OLG Report 1998, 125; OLG Rostock OLG Report 2000, 67, 69; MünchKomm/Grunsky Vor § 249 Rdnr. 53; Kötz Rdnr. 51.

Im vorliegenden Fall ist eine Gesundheitsverletzung gegeben.

(b) Die Gesundheitsverletzung muss **durch ein Verhalten hervorgerufen sein, das dem Antragsgegner zuzurechnen ist.**

(aa) **Conditio sine qua non**

ist zu bejahen, denn wenn S den Unfall mit G nicht herbeigeführt hätte, wäre es nicht zu dem Nervenschock bei G gekommen.

(bb) **Adäquanz**

Die adäquate Kausalität ist gegeben; denn vom Standpunkt eines optimalen Beobachters aus liegt es nicht außerhalb der Lebenserfahrung, dass ein Unfallbeteiligter angesichts der schweren Verletzungen seines Unfallgegners einen Schock erleidet. Dies gilt umso mehr, wenn – was ja der optimale Beobachter weiß – der Unfallbeteiligte eine konstitutive Schwäche hat.

(cc) **Schutzzweck der Norm**

Der Schock des G ist nicht durch einen unmittelbaren Eingriff bei G selbst – etwa Schrecken über eigene Verletzungen – herbeigeführt worden, sondern er knüpft an ein Ereignis mit primär haftungsbegründender Wirkung bei dem Unfallgegner S an. In einem solchen Fall gebietet der Schutzzweck des § 823 I Einschränkungen:

▶ Die Zurechnung der durch ein schockierendes Ereignis psychisch vermittelten Gesundheitsverletzung ist nur dann zu bejahen, wenn die Verletzung **nicht dem allgemeinen Lebensrisiko des Verletzten zuzurechnen** ist – so z. B. bei einer Erregung durch den Anblick oder die Nachricht der Verletzung oder des Todes eines Dritten ohne unmittelbare Beteiligung –, **sondern wenn der Tote oder Verletzte ein naher Angehöriger ist oder eine sonstige enge persönliche Sonderbeziehung besteht** (z. B. Verlobte)

OLG Stuttgart NJW-RR 1989, 477, 478; OLG Rostock OLG Report 2000, 67, 69; MünchKomm/Grunsky Vor § 249 Rdnr. 54 a.

oder wenn – wie im vorliegenden Fall – der vom Schock Betroffene selbst **dem schockierenden Ereignis unmittelbar ausgesetzt** war.

OLG Hamm JP 1998, 585@; OLG Karlsruhe OLG Report 1998, 308; OLG Nürnberg VersR 1999, 1501, 1502.

▶ Die Zurechnung von Schockschäden scheitert nicht daran, dass sie auf einer konstitutiven Schwäche des Verletzten beruhen. Wer einen gesundheitlich geschwächten Menschen verletzt, kann nicht verlangen, so gestellt zu werden, als habe er einen gesunden Menschen verletzt. Der Täter hat das Opfer so zu nehmen, wie es ist. Die **spezielle Schadensanlage des Verletzten** schließt daher **die Zurechnung** grundsätzlich **nicht aus**. Dies gilt auch für psychische Schäden.

Ausnahmsweise entfällt die Zurechnung bei der sog. **Renten- oder Begehrensneurose** und in den **Bagatellfällen**.

BGH NJW 1993, 2234; OLG Hamm JP 1998, 585@; zum Bagatellschaden vgl. auch OLG Köln OLG Report 1998, 389; zu dem Problemkreis vgl. ferner Kötz Rdnr. 154; Kupisch/Krüger S. 56; Plagemann in Geigel 6 Rdnr. 1 ff. zur Unfallneurose.

(2) **Rechtswidrigkeit**

Die Tatbestandsmäßigkeit indiziert die Rechtswidrigkeit. Ein Rechtfertigungsgrund liegt nicht vor. Da sich S verkehrswidrig verhalten hat, kann die Streitfrage, ob verkehrsrichtiges Verhalten einen Rechtfertigungsgrund darstellt (dazu noch später), hier offenbleiben.

(3) **Verschulden**

S hat den Unfall (lt. Sachverhalt) schuldhaft herbeigeführt.

Die Voraussetzungen des § 823 I sind somit erfüllt.

(II) **Rechtsfolgen**

S muss dem G den Schockschaden ersetzen.

(B) **§§ 823, 847: Schmerzensgeld**

Unter den genannten engen Voraussetzungen ist wegen Schockschadens auch ein Schmerzensgeld zu gewähren (OLG Rostock OLG Report 2000, 67, 69 m.w.N.; s. hierzu auch Wagner VersR 2000, 1305).

– – –

1.3 Der Begriff der **Freiheit** in § 823 I beschränkt sich auf die **körperliche Bewegungsfreiheit**.

Beispiele für Freiheitsverletzung: Einschließen einer Person, Wegnahme der Kleider eines Badenden, fahrlässiges Bewirken der Verhaftung einer Person (BGH NJW 1964, 650).

1.4 Verletzung des Eigentums

Eigentum ist das umfassende Herrschaftsrecht über eine Sache. Es gibt nach § 903 das Recht, mit der Sache nach Belieben zu verfahren und andere von jeder Einwirkung auszuschließen. Entsprechend der Weite des Eigentumsbegriffs ist die in § 823 I sanktionierte Verletzung des Eigentums auf unterschiedliche Weise möglich:

1.4.1 Beeinträchtigung des Eigentumsrechts

I) Die Veränderung der rechtlichen Zuordnung ist eine Eigentumsverletzung.

Zum **Beispiel** begeht eine Eigentumsverletzung,

- wer **als Nichtberechtigter eine Sache veräußert** und dadurch dem gutgläubigen Dritten nach §§ 932 ff. Eigentum verschafft,
- wer **an einer Eigentumsentziehung mitwirkt**, z.B. indem er unberechtigterweise den in seinem Besitz befindlichen Kraftfahrzeugbrief einem Dritten aushändigt und dadurch den gutgläubigen Erwerb des Kraftfahrzeuges von einem (anderen) Nichtberechtigten ermöglicht,
- wer eine **schuldnerfremde Sache pfänden und versteigern** lässt; trotz Wirksamkeit der Vollstreckungsmaßnahme haftet er bei Verschulden nach § 823 I (BGHZ 55, 20, 26; 48, 207),
- wer bei **Pfändung eines angeblichen Herausgabeanspruchs** nicht nach Prüfung des Widerspruchs des wahren Eigentümers rechtzeitig auf seine Rechte aus der scheinbar wirksamen Pfändung verzichtet (BGHZ 67, 378, 382).

II) Dagegen haftet nicht aus unerlaubter Handlung,

▶ wer **gutgläubig** das Eigentum nach §§ 929, 932 ff. **vom Nichtberechtigten erwirbt** (Palandt/Thomas § 823 Rdnr. 10),

▶ wer **in der Zwangsversteigerung eine schuldnerfremde Sache ersteht** (Eigentumserwerb kraft Hoheitsakts unabhängig von Gut- oder Bösgläubigkeit, RGZ 156, 395, 397; BGHZ 55, 20, 25),

▶ wer **fahrlässig** einen **falschen Rechtsstandpunkt** einnimmt (z. B. Behauptung des Miteigentums an einer an der Grundstücksgrenze errichteten Mauer) und dadurch den (Allein) Eigentümer veranlasst, seine Disposition (z. B. Abriss der Mauer) bis zu einer gerichtlichen Klärung der Streitfrage zurückzustellen (OLG Köln NJW 1996, 1290).

1.4.2 Sachentziehung

Der **dauernde oder** auch nur **vorübergehende Entzug der Sachherrschaft** ist eine Eigentumsverletzung.

Beispiele:

Dem Eigentümer wird die Sache durch Diebstahl, Unterschlagung oder eine andere rechtswidrige Wegnahme entzogen (RGRK/Steffen § 823 Rdnr. 23 m.w.N.); der Eigentümer wird durch Täuschung veranlaßt, die Sache wegzugeben, z. B. aufgrund eines Betruges (Brox JZ 1965, 516, 518).

Die Anwendbarkeit der §§ 823 ff. ist **eingeschränkt** gegenüber dem unrechtmäßigen Besitzer durch die Vorschriften des **Eigentümer-Besitzer-Verhältnisses**. Die §§ 987 ff. schließen grds. die Anwendbarkeit der §§ 823 ff. im Rahmen eines E-B-V aus. Eine Ausnahme macht § 992 für den Fall, dass sich der Besitzer den Besitz durch verbotene Eigenmacht oder Straftat verschafft hat. Vgl. dazu im Einzelnen die Ausführungen zum E-B-V im Skript Sachenrecht 3.

1.4.3 Substanzverletzung

Das Eigentum wird verletzt, wenn eine zunächst intakte **Sache körperlich zerstört oder beschädigt** wird.

Eine Substanzverletzung (= Eigentumsverletzung) liegt auch bei den sog. **„Verderbsschäden"** vor, **nicht** dagegen bei den sog. **„Gebrauchsausfallschäden"**. Dies wird deutlich in den sog. „Stromkabelfällen":

> **Fall 4: Stromunterbrechung**
> B war mit der Verbreiterung einer Straße beauftragt. Zu diesem Zweck musste er Straßenbäume fällen. Infolge Unachtsamkeit des B stürzte ein Baum auf eine elektrische Freileitung unmittelbar am Grundstück des K, auf dem dieser eine Geflügelzucht betreibt. Es kam zu einer Stromunterbrechung von sechs Stunden.
> 1. Durch den Stromausfall fiel u.a. der Strom für den Betrieb des mit Eiern beschickten Brutapparates aus. Hierdurch sind aus 3.600 Eiern statt der zu erwartenden 3000 Küken nur einige verkrüppelte, unverkäufliche Tiere geschlüpft. K verlangt von B Schadensersatz.
> 2. Während des Stromausfalles konnte K nicht – wie vorgesehen – andere Brutapparate beschicken. Durch die vorübergehende Unterbrechung der Produktion ist dem K ein weiterer Schaden (geringere Produktionserträge) entstanden. Auch diesen Schaden verlangt K von B ersetzt.

(A) Die Eier im Brutkasten § 823 I?

(I) Voraussetzungen („haftungsbegründender Tatbestand")

(1) Tatbestand

(a) Rechtsgut- oder Rechtsverletzung
Führt die Stromunterbrechung zur **Beschädigung oder Zerstörung von Sachen**, die auf dauernde Stromzufuhr angewiesen sind (sog. „**Verderbsschäden**"), dann handelt es sich um eine **Eigentumsverletzung** i.S.d. § 823 I, für die der Schädiger haftet. Hinsichtlich der Bruteier liegt somit eine Eigentumsverletzung vor.
BGHZ 41, 123, 126[@]; Soergel/Zeuner § 823 Rdnr. 43; MünchKomm/Mertens § 823 Rdnr. 117 f.; Kötz Rdnr. 61 f.

(b) Die Eigentumsverletzung muss durch ein Handeln hervorgerufen sein, das dem B zuzurechnen ist.

(aa) conditio sine qua non

Ausreichend ist, dass eine Ursachenkette in Lauf gesetzt wird, die zur Eigentumsverletzung führt. Für die Verletzung einer Person oder Sache wird nach § 823 I unabhängig davon gehaftet, ob die gesetzte Ursache den Schaden unvermittelt oder erst nach ihrer Fortpflanzung durch eine Ursachenkette hervorruft. Dass es für die Haftung des Schädigers bedeutungslos ist, ob die Eigentumsverletzung unvermittelt oder im Wege einer „Kettenreaktion" bewirkt worden ist, gilt – eingeschränkt durch den Gesichtspunkt der Adäquanz – auch dann, wenn es nur an einer besonderen Beschaffenheit der zunächst betroffenen Sache liegt, dass weitere Gegenstände in Mitleidenschaft gezogen werden. Bedarf eine Sache zur Erhaltung ihrer Substanz der ständigen Zufuhr von Wasser, Strom oder dergl., so bewirkt (im Rechtssinne) auch derjenige ihre Zerstörung, der sie durch Abschneiden dieser Zufuhr vernichtet.
BGHZ 41, 123, 124[@] f.

(bb) Adäquanz

Es liegt nicht außerhalb aller Wahrscheinlichkeit, dass bei der Unterbrechung der Stromzufuhr Erzeugnisse, die einer elektrisch konstant gehaltenen Temperatur (Wärme oder Kühlung) bedürfen, um nicht zu verderben, in ihrer Substanz beschädigt oder vernichtet werden.

(cc) Schutzzweck der Norm

Das sich aus § 823 I ergebende Verbot der Beschädigung von Versorgungsleitungen hat nicht nur den Zweck, deren Eigentümern den Aufwand der Wiederherstellung zu ersparen, sondern es will vielmehr auch Schutz vor dem Eintritt der typischen Folgen bieten. Schäden der hier eingetretenen Art bewegen sich nicht außerhalb des Schutzzwecks des § 823 I.
BGHZ 41, 123, 127/128[@].

Es sind daher die Vernichtung der angebrüteten Eier und die darin liegende Eigentumsverletzung dem B zuzurechnen.

Damit ist der Tatbestand des § 823 I erfüllt.

(2) Rechtswidrigkeit

Die Tatbestandsmäßigkeit indiziert die Rechtswidrigkeit Ein Rechtfertigungsgrund liegt nicht vor.

(3) Verschulden

B hat fahrlässig gehandelt. Der eingetretene Schaden war für B voraussehbar. Wer eine elektrische Freileitung durchtrennt, weiß auch, dass an das unterbrochene Netz wahrscheinlich zahlreiche Anlagen zur Konservierung von Sachen angeschlossen sind, die bei längerem Stromausfall verderben könnten. Von Tiefkühltruhen ist dies allgemein bekannt. Dass sich B gerade die Schädigung keimender Küken in einem Brutapparat hätte vorstellen können, d.h., dass er auch den speziellen Schadensverlauf vorherzusehen vermochte, ist zur Bejahung seines Verschuldens nicht erforderlich.

BGHZ 41, 123, 128[@].

(II) Rechtsfolge („haftungsausfüllender Tatbestand")

(1) B hat dem K gemäß § 251 I den Verkehrswert zu ersetzen.

(2) Eine Minderung des Ersatzanspruches gemäß § 254 I wegen Mitverschuldens des K scheidet aus. K muss auch nicht deshalb einen Teil seines Schadens selbst tragen, weil er kein Notstromaggregat bereitgehalten hat. K war nicht gehalten, eine solche Anschaffung zur Entlastung Dritter zu machen, die möglicherweise störend in die Stromversorgung eingreifen könnten.

BGHZ 41, 123, 128[@].

(B) **Produktionsausfall**

(I) **§ 823 I wegen Eigentumsverletzung?**

Soweit die Stromunterbrechung dazu geführt hat, dass mit dem vorhandenen Produktionsmaschinen vorübergehend nicht weitergearbeitet werden konnte (sog. „Gebrauchsausfallschaden"), liegt ein reiner Vermögensschaden vor, der keine Eigentumsverletzung nach § 823 I darstellt.

(II) **§ 823 I in Form eines Eingriffs in den eingerichteten und ausgeübten Gewerbebetrieb?**

Voraussetzung ist die rechtswidrige Verletzung des Rechts am eingerichteten und ausgeübten Gewerbebetrieb.

Einzelheiten dazu später unter 1.5.5.

Ein solcher Eingriff liegt hier nicht vor. Es **fehlt** an der „unmittelbaren Betriebsbezogenheit" der Stromunterbrechung.

BGHZ 29, 65, 74; OLG Hamm VersR 1973, 1053; LG Karlsruhe VersR 1972, 1060; Palandt/Thomas § 823 Rdnr. 21, MünchKomm/Mertens § 823 Rdnr. 117; Soergel/Zeuner § 823 Rdnr. 112.

(III) **Vertrag mit Schutzwirkung zu Gunsten Dritter?**

Die Gebrauchsausfallschäden können i.d.R. nicht aus dem Gesichtspunkt der Verletzung eines Vertrages mit Schutzwirkung zu Gunsten Dritter (vgl. dazu AS-Skript Schuldrecht AT 2) ersetzt verlangt werden. Der Werkvertrag zwischen Auftraggeber und Bauunternehmer begründet keine Schutzpflichten zu Gunsten Dritter, die von einem durch den Bauunternehmer verursachten Stromausfall betroffen werden können.

Entweder fehlt bereits die „Leistungsnähe" des geschädigten Dritten (vgl. OLG Köln VersR 1984, 304 f.) oder der Kreis der potentiellen Geschädigten ist für den Bauunternehmer nicht überschaubar, weshalb es an der notwendigen „Erkennbarkeit" für den Schädiger mangelt (vgl. BGH NJW 1977, 2208).

— — —

1.4.4 Gebrauchsbeeinträchtigung

Auch die bloße Behinderung des Eigentümers in dem bestimmungsgemäßen Gebrauch der Sache kann eine Eigentumsverletzung sein. Allerdings muss sich

▶ die Verletzungshandlung objektiv auf die Benutzbarkeit der Sache und nicht nur auf die Dispositionsmöglichkeit des Eigentümers auswirken,

▶ und es muss der bestimmungsgemäße Gebrauch der Sache unmittelbar entzogen sein. Allein die vorübergehende Einengung der wirtschaftlichen Nutzungsmöglichkeit reicht nicht aus.

Zum **Beispiel** hat die Rspr. nach diesen Abgrenzungskriterien eine Eigentumsverletzung

bejaht	verneint
▶ hinsichtlich eines Kfz bei einer amtspflichtwidrigen **Vorenthaltung der Kfz-Papiere**, da diese die Nichtbenutzbarkeit des Kfz selbst bewirkt oder wenn die Benutzbarkeit eines in der Garage abgestellten Kfz etwa durch widerrechtlich ausgeführte **Bauarbeiten vor der Garagenausfahrt** für eine gewisse Zeit objektiv unmöglich gemacht wird (BGHZ 63, 203, 206@).	▶ wenn die Nichtbenutzbarkeit des Kfz lediglich in persönlichen Gründen liegt, so z.B., wenn der Kfz-Halter seinen Kraftwagen nur deshalb nicht selbst führen darf, weil ihm der **Führerschein** zeitweilig entzogen oder dieser vorübergehend sichergestellt ist (BGHZ 63, 203, 207@).

- Im **Fleet-Fall** hat der BGH eine Eigentumsverletzung an einem Schiff darin gesehen, dass es infolge der Sperrung eines Fleets für etwa acht Monate seine Bewegungsmöglichkeit über seinen Liegeplatz zwischen dem Endteil des Fleets und der Sperre hinaus verlor und damit als Transportmittel praktisch ausgeschaltet war (BGHZ 55, 153, 159@).

- Die zweitägige **Blockade von Baumaschinen** durch Demonstranten stellt eine Eigentums- (und Besitz-)verletzung dar, weil dadurch der Eigentümer (ebenso wie der rechtmäßige Besitzer) längerfristig am bestimmungsgemäßen Einsatz der Maschinen gehindert wird (BGH NJW 1998, 377, 380@).

- Dagegen hat der BGH ebenfalls im **Fleet-Fall** eine Eigentumsverletzung hinsichtlich eines außerhalb der Sperre liegenden Schiffes verneint, das wegen der Sperre nicht zu einer hinter der Sperre liegenden und dadurch vom Wasser her nicht mehr zugänglichen Verladestelle gelangen konnte. Dieses Schiff wurde durch die Sperrung des Fleets nicht in seiner Eigenschaft als Transportmittel betroffen; es lag nur eine Einengung der wirtschaftlichen Nutzungsmöglichkeit vor (BGHZ 55, 153, 159@).

- Im **Kanallagerhaus-Fall** konnte das Lagerhaus infolge der Sperrung des Elbe-Seitenkanals von Schiffen nicht mehr angefahren werden, es war aber über Land (Straße, Gleisanschluss) erreichbar. Hier liegt lediglich die vorübergehende Einengung der wirtschaftlichen Nutzung vor. Die Anlage selbst ist benutzbar geblieben, daher keine Eigentumsverletzung (BGHZ 86, 152@).

1.4.5 „Weiterfressender Mangel"

Der Vertragspartner haftet bei Lieferung einer mangelhaften Kaufsache oder eines mangelhaften Werkes nach den Gewährleistungsregeln (§§ 459 ff., 635 ff.) oder aus pVV. Durch diese vertraglichen Ansprüche werden nach der Rspr. deliktische Ansprüche aus §§ 823 ff. nicht berührt. Es besteht eine echte **Anspruchskonkurrenz** mit der Folge, dass **Ansprüche aus Vertragsrecht und Deliktsrecht nebeneinander** geltend gemacht werden können und dass jeder Anspruch nach seinen Voraussetzungen, seinem Inhalt und seiner Durchsetzung selbstständig zu beurteilen ist.

BGHZ 67, 359, 362@ f.; 86, 256, 260@; 101, 337, 344; 138, 230@; dazu Bremenkamp/Buyten VersR 1998, 1064; s. auch Derleder/Meyer, Deliktshaftung für Werkmängel, AcP 195 (1995), 137 ff.; Katzenmeier NJW 1997, 486 ff.

Die Diskussion ist nicht beendet, vgl. Franzen JZ 1999, 702 ff., Erwiderung Foerste JZ 1999, 1046; Schlusswort Franzen JZ 1999, 1047.

Das Nebeneinander von Vertrags- und Deliktsrecht ist einmal von großer Bedeutung für die **Verjährung.** Kann z.B. der Besteller vom Unternehmer wegen eines Mangels des Werkes Schadensersatz nach § 635 und zugleich aus unerlaubter Handlung nach den §§ 823 ff. verlangen, so verjährt der Deliktsanspruch – unabhängig von der für den Vertragsanspruch in § 638 getroffenen Regelung – grundsätzlich nach § 852 (BGHZ 55, 392; BGH NJW-RR 1993, 1113, 1114 m.w.N.). Ausnahmsweise wird aber § 852 durch § 477 verdrängt, wenn das Integritätsinteresse des Eigentümers völlig deckungsgleich mit seinem Äquivalenzinteresse ist (BGH NJW-RR 1993, 1113, 1114).

Die Anspruchskonkurrenz hat auch zur Folge, dass die Verletzung der **Rügeobliegenheit** nach § **377 I HGB** nicht den Verlust deliktischer Ansprüche wegen der durch die Schlechtlieferung verursachten Verletzung eines der in § 823 I genannten Rechtsgüter des Käufers zur Folge hat (BGHZ 101, 337, 343 = JR 1988, 411 m. zust. Anm. Schubert; vgl. ferner Staub/Brüggemann, HGB, 4. Aufl., § 377 Rdnr. 168; Deutsch MDR 1988, 938, 941; weitere Nachw. bei Emmerich JuS 1988, 232 FN 9; kritisch dagegen Schwark JZ 1990, 374 ff.).

Fall 5: Klemmender Gaszug
K erwarb im Autohaus V einen von der Automobilfirma P hergestellten Pkw. Infolge einer fehlerhaften Konstruktion funktionierte der Gaszug nicht einwandfrei: Nach Betätigung des Gashebels bewegte sich dieser nicht immer in die Ausgangsstellung zurück. Es kam zu einen Unfall. Dieser Unfall ist darauf zurückzuführen, dass der Wagen infolge der defekten Gaszuganlage weiter beschleunigte, obwohl der Fuß vom Gaspedal genommen wurde. Nunmehr verlangt K von P Ersatz der Reparaturkosten seines Pkw. (Fall nach BGHZ 86, 256@)

(A) Ein Schadensersatzanspruch des K gegen P aus Vertragsverletzung (§ 463 oder pVV) scheidet aus, da K mit P nicht in vertraglichen Beziehungen stand.

(B) § 823 I?

(I) Voraussetzungen

(1) Tatbestand

Die durch den Unfall bewirkte Beschädigung des Autos könnte sich als **Eigentumsverletzung** durch P darstellen, weil P das Auto mit dem defekten Gaszug hergestellt hat und es deswegen zu dem Unfall kam, durch den das Auto beschädigt wurde.

Das Auto ist aber von K als einheitliche Sache gekauft worden und war von vornherein wegen des nicht funktionierenden Gaszuges mangelhaft. K war also niemals Eigentümer eines einwandfreien Fahrzeuges. Ob ein sog. „weiterfressender Mangel" zu einer Eigentumsverletzung i.S.d. § 823 I führen kann, ist streitig:

▶ **Die Rechtsprechung**:

Allein in der Lieferung einer mangelhaften Sache oder der Erstellung eines fehlerhaften Werkes liegt keine Eigentumsverletzung; denn der Käufer oder Werkbesteller erwirbt ja von vornherein nur Eigentum an einer mangelhaften Sache.
Anders ist es, wenn sich die Mangelhaftigkeit der gekauften Sache oder des hergestellten Werkes zunächst nur auf einen Teilbereich beschränkt, dann aber nach dem Erwerb der Sache der Mangel sich auf weitere Teile oder auf die Gesamtsache ausdehnt, wenn also ein sog. **„weiterfressender Mangel"** vorliegt. Hier kommt es nach heutiger Rspr. darauf an,

– ob sich der Schaden mit dem Unwert deckt, welchen die Sache wegen ihrer Mangelhaftigkeit von Anfang an hatte. In diesem Fall besteht sog. **Stoffgleichheit** des Schadens mit dem der Sache von Anfang an anhaftenden Mangelunwert. Dieser Schaden wird ausschließlich nach Vertragsrecht abgewickelt, denn es ist allein Aufgabe des Vertragsrechts, das sog. **Nutzungs- und Äquivalenzinteresse** zu schützen.

– Anders ist es, wenn es sich um einen weitergreifenden Mangel handelt, der an der Sache einen Schaden verursacht, welcher mit dem wegen des Mangels schon ursprünglich vorhandenen Unwert **nicht stoffgleich** ist. Denn es ist Aufgabe des Deliktsrechts, den Eigentümer davor zu schützen, dass seine Sache beschädigt oder zerstört wird. Dieses **Integritätsinteresse** muss der Verkäufer oder Hersteller einer Sache nicht nur in bezug auf die durch die Mangelhaftigkeit gefährdeten anderen Sachen des Erwerbers beachten, sondern es sind ihm die deliktischen Schutzpflichten auch zum Schutz der hergestellten mangelhaften Sache selbst aufgegeben.

Die Abgrenzung zwischen Nutzungs- und Äquivalenzinteresse einerseits (auszugleichen durch das Vertragsrecht) und Integritätsinteresse andererseits (auszugleichen – auch – durch § 823 I) erfolgt somit durch das Merkmal der **Stoffgleichheit**.

Stoffgleichheit ist anzunehmen, wenn die Sache wegen des Mangels von vornherein völlig wertlos ist oder wenn das mit dem Fehler behaftete Einzelteil mit der Gesamtsache eine nur schwer trennbare Einheit bildet oder wenn der Mangel nicht in wirtschaftlich vertretbarer Weise behoben werden kann. Im Übrigen sind Art und Ausmaß des Mangels und des Schadens, der Inhalt der jeweils verletzten Verkehrspflicht des Herstellers, der Verwendungszweck des Produktes, die Verbrauchererwartung, u.U. auch der Kaufpreis zu berücksichtigen.

Im vorliegenden Gaszug-Fall machten die Mängel des Gaszuges das Fahrzeug, das betriebsfähig blieb, nicht von Anfang an wertlos. Die vom Gaszug ausgehenden Unfallgefahren hätten vermieden werden können, wenn der Defekt rechtzeitig erkannt und behoben worden wäre. Dies wäre ohne besonderen wirtschaftlichen Aufwand und ohne Beschädigung anderer Teile des Fahrzeuges möglich gewesen. Es liegt daher **keine Stoffgleichheit** zwischen dem geltend gemachten Schaden und dem der Sache von Anfang an anhaftenden Mangelunwert vor. Es ist daher eine Eigentumsverletzung zu bejahen.

▶ **Die Literatur**

Die Literatur ist uneinheitlich. Es gibt „beinahe so viele Häupter wie Meinungen" (Kötz Rdnr. 65). Ein großer Teil des Schrifttums lehnt die Möglichkeit eines Anspruchs aus § 823 I wegen eines „weiterfressenden Mangels" ab.

Dabei wird zum Teil bereits die Anwendbarkeit des Deliktsrechts für unzulässig gehalten: Die Regeln der Sachmängelgewährleistung seien ausreichend; eine Anerkennung der Anspruchskonkurrenz verschiebe die gesetzlich gezogenen Grenzen zwischen Leistungs- und Schädigungsrisiko; nach der gesetzlichen Wertung falle die Gebrauchstauglichkeit allein in die Sachmängelgewährleistung (so z. B. kritisch zur Gaszug-Entscheidung: Diederichsen VersR 1984, 798 ff.; Harrer Jura 1984, 80 ff.).

Zum Teil werden die Abgrenzungskriterien der Rspr. als unbrauchbar angegriffen (z. B. Diederichsen VersR 1984, 797, 798 „Zauberformel", „schlechter Trick"; Harrer Jura 1984, 80 ff.; Stoll JZ 1983, 501; Nickel VersR 1984, 318; zweifelnd auch Medicus BR Rdnr. 650 b a. E.).

Wir folgen der Rspr. Da das von P gelieferte Auto einen Konstruktionsfehler aufwies und dieser Fehler für die Eigentumsverletzung adäquat kausal geworden ist, hat P das Eigentum des K verletzt.

(2) Rechtswidrigkeit liegt vor.

(3) Verschulden

Ist nachgewiesen, dass das Produkt im Zeitpunkt der Eigentumsverletzung mangelhaft war und die Rechtsgutverletzung durch das Produkt bei dessen bestimmungsgemäßer Verwendung verursacht wurde, wird das Verschulden des Produzenten vermutet (dazu im Einzelnen bei der Produzentenhaftung).

Es liegen somit die Voraussetzungen des § 823 I vor.

(II) Rechtsfolgen: P muss dem K die Reparaturkosten ersetzen, § 249 S. 2. Die Verjährung dieses Anspruches richtet sich nach § 852.

(C) Eine Haftung nach **§ 1 I 1 ProdHG** scheidet aus, da insoweit nur Sachschäden erfasst werden, die infolge der Beschädigung oder Zerstörung einer „anderen Sache" erwachsen, § 1 I 1 ProdHG.

Die Grundsätze des sog. „weiterfressenden Mangels" sind nach h. M. im Rahmen des ProdHG nicht anwendbar.

– – –

§ 823 I (–)	§ 823 I (+)
Stoffgleichheit zwischen Produktfehler und Endschaden, wenn sich der urspr. Mangelunwert mit dem eingetretenen Schaden deckt.	**keine Stoffgleichheit** zwischen Produktfehler und Endschaden, wenn sich der urspr. Mangelunwert nicht mit dem eingetretenen Schaden deckt.
Äquivalenzinteresse verletzt	**Integritätsinteresse** verletzt

▶ Sache im ganzen von vornherein nicht oder nur sehr eingeschränkt verwendbar
▶ und Mangel nicht behebbar
   – technisch nicht behebbar
   – oder wirtschaftlich nicht vertretbar.
	▶ Mangel zunächst nur auf Teil des Produkts beschränkt
	▶ und Mangel behebbar
	   – technisch behebbar
	   – und wirtschaftlich vertretbar.

Ortbeton BGHZ 39, 366 Hebebühne BGH BB 1983, 464	Kompressor BGH NJW 1985, 2420 Gaszug BGHZ 86, 256[@] = obiger Fall Kondensator BGHZ 117, 183[@] Nockenwelle BGH NJW 1992, 1678 Torfsubstrat BGH NJW 1999, 1028[@] (= Fall 7) Transistor BGHZ 138, 230[@]

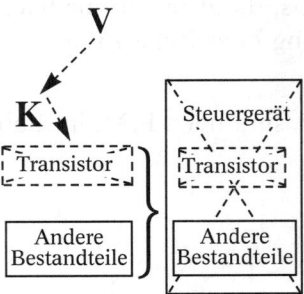

Fall 6: Mangelhafte Transistoren

K, ein Autozulieferbetrieb, fertigt für die B-AG Zentralverriegelungen für Personenkraftwagen. In die Steuergeräte dieser Verriegelungen baute sie von V hergestellte und bezogene Transistoren ein, nachdem sie diese mit anderen Bestandteilen auf Leiterplatinen aufgelötet und die Platinen sodann mit einem Schutzlack überzogen hatte. Die von V gelieferten Transistoren waren fehlerhaft. Deshalb waren die von K hergestellten Steuergeräte unbrauchbar. Ein Austausch der fehlerhaften Transistoren war mit wirtschaftlich vertretbarem Aufwand nicht durchführbar.

K macht gegen V einen **deliktischen** Schadensersatzanspruch geltend und verlangt u.a. Ersatz in Höhe der Materialkosten der zunächst fehlerfreien und dann durch den Zusammenbau mit den Transistoren funktionsuntüchtig gewordenen anderen Bestandteile der Steuergeräte.

§ 823 I? Eigentumsverletzung?

(I) Steuergeräte?

Eine Verletzung des Eigentums des K ist **nicht** durch **die Herstellung unbrauchbarer** Steuergeräte unter Verwendung der schadhaften Transistoren eingetreten. Insoweit hat sich der Produktfehler lediglich auf das **Äquivalenzinteresse** des K an den gebrauchstauglichen Steuergeräten ausgewirkt, nicht aber das Integritätsinteresse des K am Bestand unbeschädigten Eigentums beeinträchtigt. Denn der durch den Einbau der mangelhaften Transistoren eingetretene Unwert der Steuergeräte haftete diesen bereits seit ihrer Herstellung an.

„**Transistor**"-Entscheidung des BGH, BGHZ 138, 230, 234[@] = JZ 1999, 97 m. Anm. Brüggemeier; s. dazu auch – im Ergebnis zustimmend – Franzen JZ 1999, 702 ff..; Erwiderung Foerste JZ 1999, 1046; Schlusswort Franzen JZ 1999, 1047; s. auch Timme JuS 2000, 1154.

Der BGH knüpft dabei an die „**Kondensator**"-Entscheidung an, welche der „Transistor"-Entscheidung strukturell gleichgelagert war: Es wurden Kondensatoren in elektronische Regler für Anti-Blockier-Bremssysteme eingebaut. Die gelieferten Kondensatoren waren fehlerhaft, die Regler funktionierten nicht ordnungsgemäß, weil unzulässige Ströme flossen. Auch hier hat der BGH darin, dass aufgrund der Fehlerhaftigkeit der gelieferten Kondensatoren die hergestellten Regler nicht funktionierten, nur eine Verletzung des Äquivalenzinteresses gesehen und insoweit eine Eigentumsverletzung abgelehnt (BGHZ 117, 183, 187/188[@] = JZ 1992, 801 m. Anm. Brüggemeier/Herbst; s. dazu auch Franzen JZ 1999, 702 ff.)

(II) Zutaten

(1) Nach Auffassung des BGH ist eine Verletzung des Eigentums des K an den zusammen mit den Transistoren in die Steuergeräte eingebauten **weiteren Bestandteile** entstanden, da durch deren Unbrauchbarkeit und Wertverlut das **Integritätsinteresse** des K verletzt worden ist: Eine Eigentumsverletzung kann auch durch eine nicht unerhebliche Beeinträchtigung der bestimmungsgemäßen Verwendung der Sache erfolgen.

Eine solche Beeinträchtigung ist nach der „Transistor"-Entscheidung bereits durch das Zusammenfügen eingetreten. Denn die Teile können nicht mit wirtschaftlich vertretbarem Aufwand aus den funktionsuntüchtigen Steuergeräten wieder ausgebaut und deshalb von K nicht mehr in anderer Weise genutzt werden. Die vorher intakten, in die Steuergeräte eingebauten Teile sind mit dem Zusammenbau wertlos geworden. Darin liegt bereits die Eigentumsverletzung.

„**Transistor**"-Entscheidung BGHZ 138, 230, 234[@] ff.

Im „**Kondensator**"-Fall des BGH (BGHZ 117, 183[@]) wurden die fehlerhaften Teile ausgebaut und beim Ausbau beschädigt. Der BGH hat dort die Eigentumsverletzung an die Substanzbeeinträchtigung bei der Reparatur der Regler angeknüpft (BGHZ 117, 183, 189[@]).

(2) Im Schrifttum werden die Entscheidungen des BGH im Hinblick auf die „Zutaten" z.T. abgelehnt.

Vgl. zum „**Kondensator**"-Fall Brüggemeier/Herbst JZ 1992, 801, 803: „Derartige Schäden fallen grundsätzlich nicht mehr in den Schutzbereich der deliktischen Verkehrspflicht des Herstellers nach § 823 Abs. 1 BGB". Kritisch auch Hinsch VersR 1992, 1053, 1056 ff.; Schmidt-Salzer LM § 823 (Ac) BGB Nr. 54 unter 3.; Franzen JZ 1999, 702 ff.

Im vorliegenden **„Transistor"**-Fall sieht Brüggemeier (JZ 1999, 99, 100) einen Fehlschluss des BGH-Urteils darin, die wirtschaftliche Entwertung der Bestandteile mit einer tatbestandlichen Gebrauchsbeeinträchtigung in eins zu setzen. Dass das Produkt Steuergerät (und seine sonstigen Bestandteile) wegen der fehlerhaften Transistoren funktionsunfähig und damit wertlos werden könne, sei das „genuine Unternehmensrisiko der Klägerin". Gegen dieses wirtschaftliche Risiko könne sie versuchen, sich vertraglich abzusichern.

Nach Franzen ist im **„Transistor"**-Fall zwar das Integritätsinteresse des Käufers an den von ihm im Produktionsprozess verbrauchen „guten" Zutaten verletzt. Es sei aber fraglich, ob diese Verletzung dem Hersteller des defekten Vorproduktes zugerechnet werden könne. Dies sei – wie im „Transistor"-Fall – dann zu verneinen, „wenn diese Vorprodukte nur funktionsunfähig sind und auch nicht bestimmungsgemäß zur Abwehr von Gefahren für die betroffenen Rechtsgüter dienen.

Franzen JZ 1999, 702, 710 f.; dazu Erwiderung Foerste JZ 1999, 1046; dazu Schlusswort Franzen JZ 1999, 1047.

Nimmt man mit der Rspr. hinsichtlich der bei dem Zusammenbau der Steuergeräte verwendeten „guten" Zutaten eine Eigentumsverletzung an, so ist diese Eigentumsverletzung rechtwidrig. Das Verschulden des V wird hier im Rahmen der Produzentenhaftung vermutet (s.o. Fall 5). V ist somit nach §§ 823 I, 249 S. 2 verpflichtet, dem K die Materialkosten der zunächst einwandfreien Teile zu ersetzen.

– – –

> **Fall 7: Torfsubstrat**
> T handelt mit Torferzeugnissen. Er stellt u.a. aus Torf sog. Substrate her, die im Gartenbau zur Auf- und Weiterzucht von Topfpflanzen verwendet werden. A hat sich als Inhaber eines Gartenbaubetriebes auf die Kultivierung von Azaleen spezialisiert. A bezog von dem Großhändler G, der die Torferzeugnisse des T vertreibt, ein der Produktbeschreibung nach geeignetes Azaleen-Substrat. A verwendete das Substrat zur Bewurzelung von Azaleenstecklingen und zur Aufzucht von Azaleenpflanzen. Das Substrat war durch Nachlässigkeit des T bereits von dessen Betrieb durch wachstumshemmende Stoffe verunreinigt gewesen. Dies führte im Betrieb des A zu nachteiligen Auswirkungen auf das Wachstum der Azaleenstecklinge und -pflanzen. Die Azaleen konnten von A nicht vermarktet werden. A verlangt von T Schadensersatz.

(A) **Vertragliche Schadensersatzansprüche** scheiden mangels vertraglicher Beziehungen zwischen T und A aus.

(B) In Betracht kommt ein Anspruch aus **§ 823 I** wegen **Eigentumsverletzung**

(I) Voraussetzungen

(1) Tatbestand

Es ist eine Verletzung des Eigentums des A an seinen zuvor gesunden Stecklingen und Jungpflanzen zu bejahen: Es ist nicht lediglich das Äquivalenz- (Erfüllungs-)Interesse des A an der vertragsgemäßen Lieferung eines sauberen Subtrats beeinträchtigt worden; die bestimmungsgemäße Verwendung des von T hergestellten Produkts hat vielmehr zu einer **Verletzung der Integritätsinteressen** des A an seinen zuvor gesunden Stecklingen und Jungpflanzen geführt.

BGH NJW 1999, 1028, 1029@ m.w.N.

(2) Rechtswidrigkeit ist gegeben, da keine Rechtfertigungsgründe eingreifen.

(3) Verschulden des T ist zu bejahen, da die Verunreinigung des Substrats durch Nachlässigkeit des T erfolgt war.

Ergebnis: Es besteht eine Schadensersatzpflicht des A aus § 823 I.

(C) Da eine Schadensersatzpflicht des T wegen des geltend gemachten Schadens wegen Eigentumsverletzung nach § 823 I besteht, kommt eine Haftung (auch) aus dem „Auffangtatbestand" eines Eingriffs in den Gewerbebetrieb des A nicht in Betracht.

BGH NJW 1999, 1028, 1029@ m.w.N.; dazu noch unten 1.5.5 unter I).

– – –

1.4.6 Immissionen

Eine Eigentumsverletzung liegt unstreitig vor bei einer Immission i.S.d. § 906, d.h. bei einer unwägbaren Einwirkung, die sich entweder auf das Grundstück oder die dort befindlichen Sachen schädigend auswirkt oder auf dem Grundstück sich aufhaltende Personen derart belästigt, dass ihr gesundheitliches Wohlbefinden gestört wird, und die der Eigentümer nicht gemäß § 906 dulden muss (BGHZ 51, 396).

Streitig ist, ob auch eine **ideelle Immission**, wie z.B. ein hässlicher Anblick, eine Eigentumsverletzung darstellt. Die Rspr. und ein Teil des Schrifttums lehnen eine Eigentumsverletzung ab, da nicht auf das Nachbargrundstück selbst eingewirkt werde.

BGHZ 95, 307@ Bordell in Nachbarschaft; BGHZ 51, 396 Lagerplatz für Baumaterialien in Wohngegend; BGHZ 54, 56 Abstellen von Schrottwagen gegenüber Hotelgrundstück; BGH NJW 1975, 170 Grenzwand aus Blechen im reinen Wohngebiet.

Die Verneinung einer Eigentumsverletzung bei nur ideellen Immissionen wird damit begründet, dass § 906 positiv regele, inwieweit der Grundstückseigentümer die Zuführung „unwägbarer Stoffe" oder „ähnliche von einem anderen Grundstück ausgehende" Einwirkungen abwehren könne oder nicht. Eine Ausdehnung dieser Begriffe auf lediglich ideelle Immissionen würde zu einer uferlosen und damit unvertretbaren Ausweitung führen.

Dagegen wird von einem Teil der Lit. bei schwerwiegenden ideellen Immissionen eine Eigentumsverletzung bejaht.

Baur JZ 1969, 432 in Anm. zu BGHZ 51, 782; Grunsky JZ 1970, 785 in Anm. zu BGHZ 54, 56; Loewenstein NJW 1975, 828 in Anm. zu BGH NJW 1975, 170; Erman/Hefermehl § 1004 Rdnr. 13.

1.5 Verletzung eines „sonstigen Rechts" i. S. d. § 823 I

Charakteristisch für die „sonstigen Rechte" ist, dass sie sich – wie das Eigentum – gegen jedermann richten und von jedermann verletzt werden können (= „absolute" Rechte im Gegensatz zu den „relativen" Rechten, die sich nur gegen bestimmte Personen richten).

1.5.1 Zu den „sonstigen Rechten" i. S. d. § 823 I zählen insbesondere:

I) Beschränkt dingliche Rechte, z.B. Pfandrecht, Grundpfandrechte, Erbbaurecht, Dienstbarkeiten (vgl. BGH NJW 1991, 695, 696)

Beispiel: H ist Hypothekengläubiger am Hausgrundstück des E. A verursacht fahrlässig einen Brand, wodurch das Gebäude abbrennt. Es war nicht versichert. Das Grundstück kommt zur Zwangsversteigerung und erbringt einen derart geringen Erlös, dass H mit seiner Hypothek ausfällt.

Das Hypothekenrecht des H ist als dingliches Recht ein absolutes Recht und damit ein „sonstiges Recht" i. S. d. § 823 I. A hat dieses Recht verletzt; denn da das Hypothekenrecht ein Recht auf Befriedigung aus dem Grundstück ist, hängt seine Durchsetzbarkeit vom Wert des Grundstücks ab. A handelte rechtswidrig und schuldhaft. Er muss nach § 823 I dem H den durch den Ausfall der Hypothek entstandenen Schaden ersetzen.
Weitere Anspruchsgrundlagen sind §§ 823 II, 1134, 1135, da die §§ 1134, 1135 Schutzgesetze zu Gunsten des Hypothekengläubigers sind und A diese Schutzgesetze schuldhaft verletzt hat.

II) Dingliche Anwartschaftsrechte

Für den Bereich des durch Vorbehaltseigentum begründeten Anwartschaftsrechts haben Rspr. und Lit. den deliktsrechtlichen Schutz des Vorbehaltsverkäufers nach § 823 I auch gegen Eingriffe in die Sachsubstanz anerkannt (Staudinger/Hager § 823 Rdnr. B 151 m.w.N.). Streit besteht nur darüber, ob der Anwartschaftsberechtigte vor Beendigung der Schwebezeit allein oder nur als Gesamtberechtigter neben dem Vorbehaltsverkäufer (etwa analog § 432) Ersatz beanspruchen kann und wie sich dieser Anspuch berechnet (vgl. dazu BGHZ 114, 161, 165@ m.w.N.; ferner Müller/Laube JuS 1993, 529 ff.).

III) Absolute Immaterialgüterrechte, z.B. Rechte aus Patent, Urheberrecht (= Eigentum i. S. d. Art. 14 GG, vgl. BVerfG JZ 1971, 773; BGHZ 82, 13, 16), sowie **gewerbliche Schutzrechte** wie Warenzeichen- oder Musterschutzrechte

Diese Rechte sind in erster Linie durch Spezialvorschriften geregelt (vgl. z.B. § 97 UrhG). Ergänzend können die §§ 823 I („sonstiges Recht") und 826 eingreifen; sie dürfen aber nicht dazu angewendet werden, einen nach den einschlägigen Sondervorschriften bewusst ausgeschlossenen Schutz zu begründen (Staudinger/Hager § 823 Rdnr. B 137). So sind z.B. für die Frage, ob und inwieweit andere eine schöpferische Leistung nutzen dürfen, allein die Sondervorschriften des Urheberrechts maßgebend (BGHZ 26, 52, 59).

IV) Mitgliedschaftsrechte wie Geschäftsanteile an einer GmbH oder Aktien, Mitgliedschaftsrechte an einem eingetragenen Verein

RGZ 100, 274, 278; 158, 248, 255; MünchKomm/Mertens § 823 Rdnr. 152. Der deliktische Schutz der Mitgliedschaft greift auch im Verhältnis der Gesellschafter untereinander und zu Organen der Gesellschaft ein. Es muss aber der Zuweisungsgehalt des Mitgliedschaftsrechts als solcher betroffen sein, z.B. durch Schmälerung der aus der Mitgliedschaft folgenden Entscheidungsbefugnisse. Allein, dass der Wert der Gesellschaft selbst sinkt, reicht nicht.

Auch das Mitgliedschaftsrecht an einem eingetragenen (Ideal-) Verein ist ein sonstiges Recht i.S.d. § 823 I. Die Nichtzulassung eines Vereinsmitgliedes zur Yachtregatta kann daher einen Ersatzanspruch nach § 823 I auslösen (BGH NJW 1990, 2877, 2878; dazu Deutsch VersR 1991, 837 ff.).

V) Familienrechte, soweit sie als „**Herrschaftsrechte**" ausgeprägt sind, wie z.B. das Recht der elterlichen Sorge (BGHZ 111, 168, 172 m.w.N.)

Daraus folgt z.B. das Recht der Eltern, den unliebsamen Umgang ihrer minderjährigen Tochter mit einem verheirateten Mann zu untersagen (Staudinger/Schäfer § 823 Rdnr. 128; im Einzelnen dazu AS-Skript Familienrecht zum Inhalt der elterlichen Sorge).

Geschützt ist auch der „**räumlich gegenständliche Bereich**" der Ehe, insbesondere die Ehe- und Familienwohnung.

Gegen das Eindringen eines „Ehestörers" in den räumlich gegenständlichen Bereich der Ehe gewährt die ganz h.M. einen Unterlassungs- und Beseitigungsanspruch (vgl. BGHZ 6, 360; im Einzelnen dazu AS-Skript Familienrecht).

Dagegen hat der BGH Schadensersatzansprüche aus Eheverletzungen gegen den untreuen Ehepartner oder gegen den in die Ehe eindringenden Dritten abgelehnt.

So hat der BGH wiederholt entschieden, dass ein Ehemann von seiner (geschiedenen) Ehefrau nicht aufgrund eines von dieser begangenen Ehebruchs, aus dem ein Kind hervorgegangen ist, nach dem Recht der unerlaubten Handlungen Ersatz des Vermögensschadens verlangen kann, der ihm durch Unterhaltszahlungen an das scheineheliche Kind entstanden ist (BGHZ 23, 215; 26, 217; 57, 229; BGH FuR 1990, 170; s. auch Lemke FuR 1990, 159 f m.w.N.).

VI) Ob das „**Recht am Arbeitsplatz**" ein sonstiges Recht i.S.d. § 823 I darstellt, ist umstritten.

Das BAG (Urt. v. 4.6.1998 – 8 AZR 786/96) hat es offengelassen. Die Meinungen im Schrifttum sind geteilt (s. dazu Oetker EWiR § 823 BGB 8/98, 1027 m.w.N.).

1.5.2 Besitz als „sonstiges Recht" i.S.d. § 823 I

> **Fall 8: Stillstehender Lastenaufzug**
> A und B haben – jeder für sich – in demselben Gebäude gewerbliche Räume gemietet. Nach den Mietverträgen steht ein Lastenaufzug (nur) den beiden Mietern A und B zur Verfügung. Durch unsachgemäßes fahrlässiges Hantieren beschädigte B den Aufzug, sodass er vorübergehend ausfiel. A verlangt von B Ersatz des ihm daraus entstandenen Schadens. (Fall nach BGHZ 62, 243 ff.)

(A) Ein Anspruch des A gegen B aus pVV eines Mietvertrages V-B mit Schutzwirkung zu Gunsten des A scheidet aus, da ein Schutzinteresse des V an der Einbeziehung des A in den Schutzbereich des Mietvertrages V-B nicht gegeben ist.

(B) Ein Anspruch aus pVV eines Gemeinschaftsverhältnisses scheidet ebenfalls aus. Zwar kann der unmittelbare Mitbesitz, den A und B an dem Aufzug haben, zu einer schlichten Rechtsgemeinschaft der Mitbesitzer i.S.d. §§ 741 ff. führen (BGHZ 62, 243, 245); doch ergeben sich mangels besonderer Absprachen daraus keine über die §§ 742–758 hinausgehenden schuldrechtlichen Verpflichtungen, Beschädigungen der gemeinsamen Sache zu unterlassen (BGHZ 62, 243, 246).

(C) In Betracht kommt ein Schadensersatzanspruch aus § 823 I wegen Verletzung des **Besitzes als „sonstiges Recht"**.

(I) **Voraussetzungen**

(1) **Tatbestand**

Der **Besitz** genießt nach h. M. als **„sonstiges Recht"** i. S. d. § 823 I jedenfalls insoweit Besitzschutz, soweit er gleich einem ausschließlichen Recht gegenüber jedermann geschützt ist und dem Besitzer eine „eigentumsähnliche" Stellung gibt:

▶ Der **unmittelbare berechtigte Besitz** ist als geschütztes Recht anerkannt. Soll der berechtigte Besitz gerade dazu dienen, eine bestimmte Nutzung der Sache zu ermöglichen, so stellt es eine Rechtsverletzung i.S.d. § 823 I dar, wenn der Besitzer an eben dieser Nutzung durch einen Eingriff gehindert wird.

BGHZ 137, 89, 98@ = NJW 1998, 377, 380; dazu Emmerich JuS 1998, 459 u. Medicus EWiR 1998, 595: Blockade von Baumaschinen.

Nach einem Teil des Schrifttums ist der Besitz als solcher zwar kein „sonstiges Recht" i.S.v. § 823 I. Der berechtigte Besitz sei aber einem sonstigen Recht gleichzustellen (so Medicus AcP 165, 115, 136 ff. u. 148 sowie BR Rdnr. 687; Münch-Komm/Mertens § 823 Rdnr. 145 f; Fikentscher Rdnr. 1214; a.A. Larenz/Canaris II/2 § 76 II 4 f).

Ein Teil des Schrifttums dehnt den Schutz darüber hinaus auf den unrechtmäßigen entgeltlichen redlichen Besitzer vor Rechtshängigkeit aus, da er sogar im Verhältnis zum Eigentümer die Nutzungen gemäß §§ 987, 988, 990, 993 I behalten dürfe (Medicus BR Rdnr. 607). Der BGH brauchte zu der Frage, ob auch der unberechtigte Besitzer durch § 823 I geschützt ist, noch nicht Stellung zu nehmen; er hat diese Frage ausdrücklich offengelassen (vgl. BGHZ 79, 232, 236 m.w.N.).

▶ Der **mittelbare Besitzer** hat den Schutz nach § 823 I nicht gegenüber dem unmittelbaren Besitzer, denn diesem gegenüber ist er nicht nach §§ 861 ff. geschützt (BGHZ 32, 194, 205).

Beispiel: Bauunternehmer B hatte von X einen Turmdrehkran gemietet, den er aufgrund eines Vertrages von T zur Baustelle bringen ließ. Infolge unvorsichtigen Fahrens des T stürzte der Kran um und wurde beschädigt. Infolgedessen verzögerte sich der Beginn der Bauarbeiten, wodurch dem B ein Schaden entstanden ist. Hat B gegen T einen Anspruch auf Ersatz dieses Schadens, wenn vertragliche Ansprüche durch Geschäftsbedingungen wirksam ausgeschlossen sind?

(1) § 823 I? B war mittelbarer, T unmittelbarer Besitzer des Kranes. Als sonstiges Recht i.S.d. § 823 I ist der Besitz nur insoweit geschützt, wie er nach besitzrechtlichen Vorschriften geschützt ist. Für das Verhältnis des mittelbaren zum unmittelbaren Besitzer bestimmt § 869, dass ein Besitzschutz nur stattfindet, wenn gegen den unmittelbaren Besitzer durch einen Dritten verbotene Eigenmacht geübt wird. Dagegen wird dem mittelbaren Besitzer kein Besitzschutz gegenüber Handlungen des unmittelbaren Besitzers gewährt. Es ist somit § 869 zu entnehmen, dass hier ein Anspruch des mittelbaren Besitzers gemäß § 823 I nicht gegeben ist (BGHZ 32, 194, 204; Medicus AcP 165, 115 ff., 148).

(2) Ein Anspruch des B gegen T könnte sich aus § 823 II i.V.m. § 858 ergeben. § 858 ist Schutzgesetz i.S.d. § 823 II (BGHZ 20, 169, 171). Dies gilt aber nur im Verhältnis zu Drittstörern. Dagegen hat der mittelbare gegen den unmittelbaren Besitzer keinen Besitzschutz (Erman/Werner § 869 Rdnr. 5 m.w.N.).

- Der (berechtigte) **Mitbesitz** ist als „sonstiges Recht" i.S.v. § 823 I geschützt, und zwar nicht nur im Verhältnis des Mitbesitzers gegenüber Dritten, sondern auch im Verhältnis von Mitbesitzern untereinander.
  BGHZ 62, 243, 248; Medicus BR Rdnr. 608 unter Aufgabe der gegenteiligen Ansicht in AcP 165, 115, 139.

Im vorliegenden Fall hat B durch die Beschädigung des Fahrstuhls das Besitzrecht des A als „sonstiges Recht" i.S.v. § 823 I verletzt.

(2) Die Verletzung war **rechtswidrig**.

(3) B handelte leicht fahrlässig und damit **schuldhaft**. Eine Haftungsbegrenzung entsprechend § 708 kommt schon deshalb nicht in Betracht, weil diese für die Gesellschaft bestehende Vorschrift auf die Gemeinschaft nicht entsprechend anwendbar ist.
BGHZ 62, 243, 245.

(II) Rechtsfolgen

Im Hinblick auf den durch Besitzverletzung entstandenen Schaden wird unterschieden:

- **Nutzungsschaden** = Einbuße, die in der Beeinträchtigung der Möglichkeit liegt, die Sache zu gebrauchen, so z.B. bei der Aussperrung eines Mieters aus den Miträumen (BGHZ 79, 232 ff.) oder bei der Wegnahme eines Pferdes, sodass der ehemalige Besitzer es nicht mehr reiten kann (BGHZ 73, 355 ff.).
- **Haftungsschaden**, der sich daraus ergibt, dass der Besitzer selbst infolge einer Besitzverletzung einem Dritten schadensersatzpflichtig wird, so z.B., wenn ein Mieter oder Leasingnehmer für die Beschädigung oder Zerstörung der Sache dem Vermieter oder dem Leasinggeber nach vertraglicher Vereinbarung ersatzpflichtig wird (BGH NJW 1984, 2569, 2570).
- **Substanzschaden**, so z.B. der Schaden eines Werkunternehmers, wenn das noch in seinem Besitz in Arbeit befindliche Werk durch einen Dritten beschädigt wird (BGH NJW 1984, 2569: Beschädigung einer im Bau befindlichen Uferwand; OLG Frankfurt NJW-RR 1994, 23: Beschädigung einer Brückenwaage).

BGH NJW 1984, 2569; OLG Frankfurt NJW-RR 1994, 23; MünchKomm/Mertens § 823 Rdnr. 146.

Der BGH hat einen Anspruch aus § 823 I auf Ersatz des **Nutzungsschadens** abgelehnt, wenn dieser Schaden vom **unrechtmäßigen Besitzer gegenüber dem Eigentümer** geltend gemacht wird (BGHZ 73, 355, 362; 79, 232, 237): Dem unrechtmäßigen Besitzer stehe kein Anspruch zu, denn er sei verpflichtet, Nutzungen zu unterlassen und die Nutzungsmöglichkeit dem Berechtigten einzuräumen. Daran ändere sich auch nichts, wenn der Eigentümer dem unberechtigten Besitzer den Besitz durch verbotene Eigenmacht entziehe.

Im vorliegenden Fall macht A als **berechtigter Besitzer** den **Nutzungsschaden** geltend. Diesen Schaden muss B ersetzen.

– – –

1.5.3 Vermögen, Forderungsrechte

I) Das **Vermögen** als solches ist kein sonstiges Recht i. S. d. § 823 I.

Das Vermögen ist deliktisch in § 826 und im Übrigen über §§ 823 II, 824, 839 geschützt.

II) Auch **Forderungsrechte** sind keine sonstigen Rechte.

Beispiel: K hat bei dem Antiquitätenhändler V ein wertvolles Bild gekauft. Noch bevor V dem K das Bild übereignet, wird es von S bei einem Einbruch zerstört.

Hier ist der Anspruch des K auf Übergabe und Übereignung des Bildes gegen V gemäß § 433 I wegen nachträglich eingetretener Unmöglichkeit erloschen. Daraus erwächst dem K aber kein Anspruch gegen S aus § 823 I (BGHZ 12, 317; BGH NJW 1970, 137; Medicus BR Rdnr. 610).

Umstritten ist, ob ein Eingriff in die Forderungszuständigkeit einen Anspruch aus § 823 I auslösen kann. Die h. M. verneint auch dies.

Beispiel: G hat seine Forderung gegen S an Z abgetreten, ohne dies dem S anzuzeigen. S leistet an G. Dieser nimmt den geschuldeten Betrag entgegen, ohne auf die inzwischen erfolgte Abtretung hinzuweisen.
Z war mit der Abtretung Forderungsinhaber geworden (§ 398 S. 2). Es ist jedoch der S durch die Zahlung an den bisherigen Gläubiger G nach § 407 dem Z gegenüber frei geworden. Ein Teil des Schrifttums gibt hier dem Z einen Anspruch aus § 823 I gegen G, da dieser durch unberechtigte Inempfangnahme der Leistung in die Rechtszuständigkeit des Gläubigers eingegriffen habe (so Larenz/Canaris II/2 § 76 II 4 g; vgl. hierzu auch Becker AcP 196 (1996) 439, 488).

Die h. M. hält diese Ausdehnung für unrichtig. Der Forderungsinhaber sei i. d. R. anderweitig ausreichend geschützt, z. B. durch § 816 I (so z. B. Otte JZ 1969, 253 ff.; Medicus BR Rdnr. 610; eingehend dazu Hammen AcP Bd. 199 (1999), 591 ff.).

1.5.4 Das allgemeine Persönlichkeitsrecht als „sonstiges Recht"

Das Grundgesetz erklärt in Art. 1 GG die Würde des Menschen für unantastbar, und es garantiert in Art. 2 GG jedem das Recht auf freie Entfaltung seiner Persönlichkeit. Aus diesen Bestimmungen hat die Rspr. ein allgemeines Persönlichkeitsrecht als ein absolutes, durch § 823 I und § 1004 geschütztes „sonstiges Recht" abgeleitet. **Das allgemeine Persönlichkeitsrecht ist ein Recht des Einzelnen auf Achtung seiner Menschenwürde und auf Entfaltung seiner individuellen Persönlichkeit.**

BGHZ 13, 334, 338; BGH JZ 1994, 413 m. Anm. Helle; BGHZ 132, 13, 18 ff.; dazu Helle EWiR § 823 BGB I/96, 453; BGHZ 139, 95@; OLG München NJW 1997, 62, 63; Larenz/Canaris II/2 § 80; Müller VersR 2000, 797 ff.; Medicus NJW 2000, 2921, 2922.

Es handelt sich um ein **Rahmenrecht**, d. h. um einen **offenen Tatbestand**. Ob eine rechtswidrige Verletzung des allgemeinen Persönlichkeitsrechts vorliegt, ist anhand des zu beurteilenden **Einzelfalles** aufgrund einer **umfassenden Güter- und Interessenabwägung** festzustellen; denn wegen der Eigenart des Persönlichkeitsrechts als ein Rahmenrecht steht seine Reichweite nicht absolut fest, sondern muss grundsätzlich erst durch Güterabwägung mit den schutzwürdigen Interessen der anderen Seite bestimmt werden.

Es gibt somit – anders als bei den „sonstigen Rechten" i. S. d. § 823 I – keinen festen „Unrechtstatbestand", bei dessen Verwirklichung die Rechtswidrigkeit indiziert ist, sondern es ist hier durch die umfassende Güter- und Interessenabwägung einheitlich zu prüfen, ob eine „rechtswidrige Beeinträchtigung" vorliegt.

Fall 9: Nacktfoto im Fernsehen
M, von Beruf Fotomodell, stellte sich mit seinem vierjährigen Sohn neben einem weiblichen Fotomodell und einem kleinen Mädchen in unbekleidetem Zustand für ein Gruppenbild zur Verfügung, das in einem Biologieunterrichtsbuch zur Darstellung der Unterschiede der Geschlechter veröffentlicht wurde. Das bundesweit vertriebene Schulbuch, dessen Gesamtauflage sich auf über 100.000 Exemplare belief, wurde auch an bayerischen Realschulen und Gymnasien verwendet. Aufgrund einer Änderung der Lehrpläne durfte der Sexualkundeunterricht an bayerischen Schulen fortan nur noch anhand schematischer Abbildungen erfolgen.
Später strahlte die Fernsehanstalt F einen kritischen Beitrag zu den Richtlinien der bay. Schulverwaltung aus und zeigte dabei ohne Einverständnis des M das Foto für ca. 2 Sekunden in einer den Bildschirm ausfüllenden Fläche und sodann für jeweils eine weitere Sekunde mit einem schräg verlaufenden „Verbotsstrich" und einem „Verbotskreuz". Der M fühlt sich durch die Veröffentlichung des Fotos in der Fernsehsendung verletzt. Er verlangt von der Fernsehanstalt F Schmerzensgeld.

Ein Anspruch des M gegen die F auf Zahlung von Schmerzensgeld kann sich aus **§ 823 I** wegen **Verletzung des allgemeinen Persönlichkeitsrechts** ergeben.

(I) **Anwendbarkeit des § 823 I**

(1) Das in Art. 2 I i.V.m. Art. 1 GG gewährleistete **allgemeine Persönlichkeitsrecht** steht als **„sonstiges Recht"** unter dem Schutz des § 823 I.

(2) Es handelt sich jedoch nur um einen sog. **Auffangtatbestand**: Soweit ein spezielles Gesetz die Rechte wegen der Verletzung des allgemeinen Persönlichkeitsrechts abschließend regelt, scheidet § 823 I als weitere Anspruchsgrundlage aus, und es kann allenfalls ein Anspruch auf Ersatz des Vermögensschadens nach § 823 II wegen Verletzung eines Schutzgesetzes in Betracht kommen.

BGHZ 80, 311, 319; 91, 233, 237/238; Leßmann JA 1988, 409, 410.

F hat durch Ausstrahlung des Fotos das Recht des M am eigenen Bild (§ 22 KunstUrhG) verletzt. Das KunstUrhG selbst enthält für diesen Eingriff keine Schadensersatzregelung. Damit stellt das KunstUrhG keine abschließende Regelung in dem Sinne dar, dass eine Schadensersatzpflicht generell ausgeschlossen ist.

(II) **Voraussetzungen des § 823 I**

(1) **Rechtswidrige Verletzung des allgemeinen Persönlichkeitsrechts**

(a) Das Recht am eigenen Bild ist als **allgemeines Persönlichkeitsrecht** geschützt. Die unbefugte Veröffentlichung stellt einen Eingriff in die Freiheit der Selbstbestimmung und der freien Betätigung der Persönlichkeit dar. Denn allein dem auf einem Foto Abgebildeten selbst steht das Recht zu, darüber zu bestimmen, ob und auf welche Weise er der Öffentlichkeit im Bild vorgestellt wird.

BGHZ 20, 345, 350; BGH NJW 1992, 2084; JZ 1994, 413 m. Anm. Helle S. 416 ff.; BGH NJW 1995, 1955; BGH JZ 1997, 39 m. Anm. Forkel S. 43 ff.

(b) Ob eine Verletzung dieses Rechts vorliegt, ist anhand des zu beurteilenden Einzelfalles aufgrund einer **umfassenden Güter- und Interessenabwägung** festzustellen. Bei der Abwägung sind die jeweils berührten Interessen und Gegeninteressen (u. U. den Schädiger begünstigende Grundrechte, wie z. B. Art. 5 GG, oder besondere Rechtfertigungsgründe, wie z. B. die Wahrnehmung berechtigter Interessen nach § 193 StGB) sowie die sonstigen Umstände, insbesondere die Art und die Schwere der Beeinträchtigung, ihr Anlass und das Verhalten des Verletzten selbst zu berücksichtigen (BGHZ 13, 334, 338).

Durch die Ausstrahlung des Nacktfotos wurde in besonders intensiver Weise in die Intimsphäre des M eingegriffen. Dies lässt sich nicht aus dem früher gegenüber dem Verlag gegebenen Einverständnis rechtfertigen.

(2) Die F hat **schuldhaft** gehandelt, da sie zumindest nicht hinreichend geprüft hat, wie weit die Veröffentlichungsbefugnis reicht.

(III) **Rechtsfolgen**

Neben dem **Ersatz eingetretener Vermögensnachteile** billigt die ganz h. M. **bei schwerwiegenden Eingriffen, die auf andere Weise nicht befriedigend auszugleichen sind, eine Geldentschädigung zu.**

Der Anspruch auf Geldentschädigung bei Persönlichkeitsrechtsverletzungen wird nicht (mehr) unmittelbar auf eine Analogie gestützt. Vielmehr handelt es sich bei der Zubilligung der Geldentschädigung um ein Recht, das auf den Schutzauftrag aus Art. 1 und Art. 2 I GG zurückgeht und seine Grundlage in § 823 I i.V.m. diesen Vorschriften findet (BVerfG NJW 2000, 2187[@]).

Die Zubilligung beruht auf dem Gedanken, dass ohne einen solchen Anspruch Verletzungen der Würde und Ehre des Menschen häufig ohne Sanktion blieben. Die Bestimmung der Entschädigungshöhe erfolge nach z.T. anderen Gesichtspunkten als die Festsetzung des Schmerzensgeldes nach § 847. Insbes. stehen hier Präventivgesichtspunkte im Vordergrund (BVerfG NJW 2000, 2187, 2188[@]).

Abzustellen ist auf Bedeutung und Tragweite des Eingriffs, Nachhaltigkeit und Fortdauer der Interessen- oder Rufschädigung des Verletzten, Anlass und Beweggrund des Handelnden, Grad seines Verschuldens. Hier kommt keine andere Art des Schadensausgleichs (Widerruf, Unterlassung) in Betracht. M kann daher von der F eine Geldentschädigung verlangen.

— — —

Es werden die **Intim-, Privat- und Individualsphäre** geschützt:

▶ **Schutz der Intimsphäre**

Die Intimsphäre genießt als solche absoluten Schutz (BGH VersR 1999, 1251 m.w.N.; vgl. dazu auch OLG Köln OLG Report 1999, 373).
Es stellt aber nicht jeder Eingriff in die Privatsphäre zugleich einen Eingriff in die Intimsphäre dar.

Werden z. B. in einem Zeitungsbericht lediglich die Tatsache des Ehebruchs, nicht aber Einzelheiten über ihn mitgeteilt, so werden die Beteiligten durch die Veröffentlichung zwar in ihrer Privatsphäre, aber nicht in ihrer Intimsphäre betroffen Es ist dann das allgemeine Persönlichkeitsrecht mit dem Recht auf Äußerungs- und Pressefreiheit abzuwägen. So stellt sich z. B. die Mitteilung über den Ehebruch als Scheidungsgrund in einer Zeitschrift nicht als rechtswidriger Eingriff in das allgemeine Persönlichkeitsrecht dar, wenn der Betroffene (als Repräsentant eines hochadeligen Hauses und als Begleiter der ständig im Licht der Öffentlichkeit stehenden Prinzessin Caroline von Monaco) die Aufmerksamkeit einer breiten Leserschaft auf sich zieht (BGH VersR 1999, 1250, 251).

▶ **Ehrenschutz**

Bei Eingriffen in den durch Art. 1 I GG geschützten Kern menschlicher Ehre liegt immer eine schwerwiegende Beeinträchtigung des Persönlichkeitsrechts vor, die auch z. B. durch die Freiheit künstlerischer Betätigung i. S. d. Art. 5 III 1 GG nicht mehr gedeckt ist (BVerfG NJW 1987, 2661 – Karikatur des Bayerischen Ministerpräsidenten in der Zeitschrift „konkret"; dazu Hufen JuS 1989, 136 f.).

▶ **Schutz des nicht öffentlich gesprochenen Wortes**

Zum allgemeinen Persönlichkeitsrecht gehört die Befugnis des Menschen, selbst darüber zu bestimmen, ob seine Worte einzig seinem Gesprächspartner, einem bestimmten Kreis oder der Öffentlichkeit zugänglich sein sollen und erst recht, ob seine Stimme mittels eines Tonträgers festgehalten werden darf (BGHZ 27, 284 – heimliche Tonbandaufnahme; 73, 120 – Abhöraffäre).

▶ **Schutz des eigenen Bildes**

Bildnisse einer Person dürfen grds. nur mit deren Einwilligung verbreitet werden (§ 22 KunstUrhG). Das Recht am eigenen Bild ist eine besondere Ausprägung des allgemeinen Persönlichkeitsrechts (BVerfG NJW 2000, 1021). Grds. steht allein dem Abgebildeten die Befugnis zu, darüber zu befinden, ob und in welcher Weise er in der Öffentlichkeit im Bild vorgestellt wird (BVerfGE 35, 202, 224; BGH JZ 1997, 39, 40 m. Anm. Forkel S. 43 ff.). Ohne Einwilligung des Betroffenen dürfen Bildnisse aus dem Bereich der Zeitgeschichte verbreitet werden, es sei denn, dass dadurch ein berechtigtes Interesse des Abgebildeten verletzt wird (§ 23 I Nr. 1, II KunstUrhG; vgl. BVerfGE 34, 269, 282; BGHZ 128, 1, 10 = JZ 1995, 360 m. Anm. Schlechtriem). Dabei kommt dem Schutz der Privatsphäre eine besondere Bedeutung zu.
Kinder Prominenter bedürfen eines besonderen Schutzes; der Bereich, in dem sie sich frei von öffentlicher Beobachtung fühlen und entfalten dürfen, ist umfassender geschützt. An dem Schutzbedürfnis kann es aber fehlen, wenn sie sich allein oder mit den Eltern bewusst der Öffentlichkeit zuwenden (BVerfG NJW 2000, 2191).

▶ **Schutz des eigenen Namens oder Firmenzeichens**

z. B. vor unbefugter Ausnutzung durch andere zu Werbezwecken, selbst wenn dadurch eine Minderung des Rufes und Ansehens des Berechtigten nicht verbunden ist (BGHZ 30, 7, 12 – Catarina Valente; 81, 75, 80 – Carrera; OLG Hamburg JuS 1986, 483 – Underberg).

▶ **Schutz schriftlicher Äußerungen**

Schriftliche Äußerungen dürfen nur mit Zustimmung des Verfassers und nur in der von ihm gebilligten Weise veröffentlicht werden (BGHZ 13, 338, 339 – Leserbrief; 15, 249, 257 – Cosima Wagner; 24, 73 – ärztl. Benachrichtigung über Gesundheitszustand; BVerfG NJW 1993, 2339 – Brief eines Chefarztes an den Bürgermeister, veröffentlicht in einem Buch über die Verhältnisse in einem Krankenhaus).

▶ **Schutz der privaten Sphäre**

Wer die Post eines anderen öffnet, drängt sich in den Individualbereich des Adressaten und verletzt dessen Persönlichkeitsrecht, und zwar auch dann, wenn das Öffnen schon während des Postgangs erfolgt (BGH JZ 1990, 754 m. Anm. Helle S. 756 ff.; BGH JR 1991, 67 m. zust. Anm. Giesen S. 69 f.).

Diese Fallgruppen erfassen nicht alle denkbaren Fälle. Der Schutz umfasst den gesamten Daseinsbereich (Privat- und Intimsphäre), z.B.

▶ Verschweigen des Vaters durch nichteheliche Mutter verletzt das allgemeine Persönlichkeitsrecht des Kindes auf Feststellung der blutmäßigen Abstammung (BGHZ 82, 173, 179).

Quasinegatorischer Unterlassungsanspruch

> **Fall 10: „IM-Sekretär im Dienste der Staatssicherheit"**
>
> S war in der DDR Konsistorialpräsident der Evangelischen Kirche in Berlin-Brandenburg. In dieser Eigenschaft unterhielt er Kontakte zu hauptamtlichen Mitarbeitern des Ministeriums für Staatssicherheit (MfS). S war dort als informeller Mitarbeiter (IM) unter dem Decknamen „Sekretär" registriert. S hatte langjährige Kontakte zu Mitarbeitern des MfS. Er erhielt die Verdienstmedaille der DDR und hielt die Kontakte und die Ordensverleihung vor der Kirchenleitung geheim. Nach der Wende wurde S Ministerpräsident des Bundeslandes Brandenburg. Zu Beginn der 90er Jahre waren die Kontakte des S mit dem MfS Gegenstand verschiedener Untersuchungen. Ein Untersuchungsausschuss kam mehrheitlich zu dem Schluss, dass S keine der Kirche schadenden Interessen vertreten habe und dass nicht erwiesen sei, dass er sich zu einer Mitarbeit beim MfS verpflichtet oder von seiner Registrierung als „IM" unter dem Decknamen „Sekretär" gewusst habe. Die Evangelische Kirche ergriff keine disziplinarischen Maßnahmen und stellte fest, S sei ein Mann der Kirche geblieben und habe nicht die Seiten gewechselt.
> Im Jahre 1996 bestand der Plan, die Bundesländer Berlin und Brandenburg zu vereinigen. Im Vorfeld einer Volksabstimmung brachte das ZDF in der Sendung „Frontal" einen Beitrag über den Diskussionsstand. Nach einer Stellungnahme des S folgte folgende Äußerung des B, welcher stellvertretender Fraktionsvorsitzender der CDU im Abgeordnetenhaus von Berlin war:
> *„Die Tatsache, dass Herr S., wie wir alle wissen, IM-Sekretär, über 20 Jahre im Dienste des Staatssicherheitsdienstes tätig, dass der die Chance erhält, 1999 hier in B., auch über B. Ministerpräsident zu werden, d.h., dass ich sein Landeskind werde, zusammen mit anderen, das verursacht doch erhebliche Kopfschmerzen".*

> S erstrebt die Verurteilung des B zur Unterlassung der Äußerung, er – S – sei „IM-Sekretär", über 20 Jahre im Dienste des Staatssicherheitsdienstes tätig gewesen. Es ist weder die Wahrheit noch die Unwahrheit der Äußerung des B, S sei als IM-Sekretär im Dienste des MfS tätig gewesen, bewiesen.
> (Fall nach BGHZ 139, 95@)

Unterlassungsanspruch aus §§ 1004 I, 823 I u. II i.V.m. §§ 186, 188 I StGB?

Voraussetzungen: Rechtswidrige, ehr- oder persönlichkeitsverletzende unwahre Tatsachenbehauptung.

(I) **Tatsachenbehauptung**

Im Hinblick auf Art. 5 I GG ist entscheidend, ob es sich um eine Meinungsäußerung oder um eine Tatsachenbehauptung handelt:

- Meinungsäußerungen stehen grundsätzlich ohne Rücksicht auf ihre Qualität, insbesondere ihre Richtigkeit unter dem Schutz des Art. 5 I GG und dürfen nur in eng begrenzten Ausnahmefällen, etwa wenn sie beleidigenden oder schmähenden Charakter haben, untersagt werden.
  BGHZ 139, 95, 101@.

- Tatsachenbehauptungen
  - sind durch Art. 5 I GG jedenfalls geschützt, wenn und soweit sie Voraussetzungen für die Bildung von Meinungen sind oder es um eine Äußerung geht, die durch die Elemente der Stellungnahme, des Dafürhaltens oder Meinens geprägt ist, in der sich aber Tatsachen vermengen und wenn die Tatsachenbehauptung wahr ist.
  - Tatsachenbehauptungen werden aber, auch wenn sie als Grundlage für eine Wertung in einer aus Tatsachenmitteilung und Stellungnahme bestehenden Äußerung enthalten sind, von dem Schutz der Meinungsfreiheit nicht mehr umfasst, sofern sie in dem Bewusstsein ihrer Unwahrheit aufgestellt werden oder erwiesen falsch sind.
    BVerfG JZ 1998, 1114, 1115 m. Anm. Schulze-Fielitz; BGH JZ 1997, 784, 785 m. Anm. Helle S. 786 ff.; BGHZ 139, 95, 101@.

Wesentlich für die Einstufung als Tatsachenbehauptung ist es, ob die Aussage einer Überprüfung auf ihre Richtigkeit mit den Mitteln des Beweises zugänglich ist, was bei Meinungsäußerungen ausscheidet, weil sie durch die subjektive Beziehung des sich Äußernden zum Inhalt seiner Aussage geprägt sowie durch das Element der Stellungnahme und des Dafürhaltens gekennzeichnet werden und sich deshalb nicht als wahr oder unwahr erweisen lassen.
BVerfGE 90, 241, 247; BGHZ 132, 13, 21; BGH JZ 1997, 784, 785; BGHZ 139, 95, 102@.

Im vorliegenden Fall ist der gesamte Aussagetext im Zusammenhang zu deuten. Die Gesamtaussage enthält wertende Teile, sie enthält aber auch eine Behauptung tatsächlichen Inhalts.

(II) Diese Behauptung ist in erheblichem Maße geeignet, den S in seiner **Ehre** und seinem **Persönlichkeitsrecht** zu verletzen.

(III) Die inkriminierende Behauptung des B ist **nicht erweislich** wahr.

> Gemäß der über § 823 II in das Zivilrecht transformierten Beweisregel des § 186 StGB wäre es Sache des B gewesen, die Wahrheit der Behauptung nachzuweisen (BGHZ 132, 13, 23; 139, 95, 105@). Das ist dem B nicht gelungen.

(IV) Es darf jedoch eine nicht erweislich wahre ehrenrührige Behauptung dann, wenn auch ihre Unwahrheit nicht bewiesen ist, zumindest in den Fällen, in denen es um eine die Öffentlichkeit wesentlich berührende Angelegenheit geht, auf der Grundlage der nach Art. 5 I GG und § 193 StGB vorzunehmenden Güterabwägung solange nicht untersagt werden, als sie zur **Wahrnehmung berechtigter Interessen** aufgestellt wird (BGHZ 132, 13, 23; 139, 95, 105@).

> Hier waren alle verfügbaren Erkenntnisquellen erschöpft. B hat die Äußerung nicht in Verfolgung eigennütziger Ziele, sondern im politischen Meinungskampf in einer die Öffentlichkeit berührenden Frage gemacht. Sie ist zudem in einer Fernsehsendung erfolgt, die plakative Aussagen nahelegt und Spontaneität der Rede erfordert. Schließlich sprechen gegen S zahlreiche allgemein bekannte Indizien. Nach alledem kann dem Unterlassungsbegehren des S nicht entsprochen werden.

___

Widerruf unwahrer Tatsachenbehauptungen

Fortwirkende Störungen unwahrer Tatsachenbehauptungen können entspr. § 1004, bei Verschulden des Störers auch aus § 823 I einen Anspruch auf Widerruf auslösen.

Postmortaler Schutz

Das Persönlichkeitsrecht wirkt über den Tod fort.

BGHZ 50, 133, 136 ff. – Mephisto; 107, 385, 391 ff. – Nolde; OLG Hamburg NJW 1990, 1995; s. auch BGH NJW 1996, 593 – Abschiedsmedaille Willy Brandt; OLG Köln VersR 1999, 1247 – Altbundeskanzler Adenauer.

Das Schutzbedürfnis schwindet in dem Maße, in dem die Erinnerung an den Verstorbenen verblasst. Bei einem ausübenden Künstler (z. B. Theaterschauspieler, -regisseur), der i. d. R. nur seinen Zeitgenossen in Erinnerung bleibt, ist die Zeitspanne kürzer zu bemessen als bei einem bildenden Künstler, der seiner Nachwelt ein bleibendes Werk hinterlässt. Nach BGHZ 107, 385, 393 ist daher bei dem Maler Emil Nolde auch rund drei Jahrzehnte nach dem Tode noch ein fortbestehendes Schutzbedürfnis anzuerkennen.

Es sind nicht nur ideelle, sondern auch kommerzielle Interessen geschützt. Die vermögenswerten Bestandteile des Persönlichkeitsrechts bestehen nach dem Tode des Trägers jedenfalls fort, solange die ideellen Interessen noch geschützt sind. Entsprechend dem ausdrücklichen oder mutmaßlichen Willen des Trägers

des Persönlichkeitsrechts können dessen Erben auch einen Schadensersatzanspruch geltend machen.
BGHZ 143, 214, 219@ ff. – Marlene Dietrich; dazu auch Wagner VersR 2000, 1305, 1307 u. Schack JZ 2000, 1060.

– – –

1.5.5 Das Recht am eingerichteten und ausgeübten Gewerbebetrieb als „sonstiges Recht" i. S. d. § 823 I

Das Vermögen als solches ist nicht als geschütztes Recht in § 823 I genannt und es ist auch kein sonstiges Recht i. S. d. § 823 I. Es wird deliktisch in § 826 und über §§ 823 II und 824 geschützt. Dieser Schutz ist aber sehr eng, da er an spezielle Voraussetzungen geknüpft ist:

- § 826 ist aufgrund seiner strengen subjektiven Voraussetzungen in seinem Anwendungsbereich sehr beschränkt; nach h. M. muss bei § 826 der Vorsatz sich auch auf die den Sittenverstoß begründenden Tatumstände und – anders als bei § 823 I und II – auf den Schaden beziehen.

- § 823 II setzt die Verletzung eines Schutzgesetzes voraus. Es besteht jedoch nicht für jeden denkbaren regelungsbedürftigen Sachverhalt ein Schutzgesetz.

- § 824 schützt nur die wirtschaftliche Wertschätzung von Personen und Unternehmen vor unmittelbaren Beeinträchtigungen, die durch Verbreitung unwahrer Behauptungen über sie herbeigeführt werden.

In der Praxis hat sich gezeigt, dass in bestimmten Fallsituationen ein Bedürfnis zu einem weitreichenderen Schutz des Vermögens besteht. Zuerst wurde dies deutlich in Fällen, in denen ein Unternehmen durch bestimmte Verhaltensweisen eines Konkurrenten oder eines anderen in seiner gewerblichen Tätigkeit behindert wurde und ihm dadurch ein Vermögensschaden entstand.

Zuerst hat die Rechtsprechung des Reichsgerichts in den Fällen der „unberechtigten Schutzrechtsverwarnung" begonnen, **den Vermögensschutz** von Unternehmen durch die **Anerkennung des Rechts am Gewerbebetrieb als sonstiges Recht i.S.v. § 823 I** zu verstärken.

Vgl. die „Jutefaser"-Entscheidung des RG aus dem Jahre 1904, RGZ 58, 24: Einem Unternehmen, welches u. a. Teppiche aus „Juteplüsch" herstellte, wurde von einem anderen Unternehmen die Nachbildung von (angeblich) geschützten Gebrauchsmustern untersagt. Nachträglich stellte sich heraus, dass dem Untersagenden das Gebrauchsmuster nicht zustand. Der – fahrlässig – zu Unrecht Untersagende muss den durch die zwischenzeitliche Produktionseinstellung entstandenen Schaden nach § 823 I ersetzen.

Der BGH hat den Schutz des Unternehmens durch § 823 I ausgedehnt und dadurch eine Art **Generalklausel** geschaffen. Das Schrifttum ist dem überwiegend gefolgt.

Zur BGH-Rspr. vgl. die Nachweise bei den Fallgruppen (unten III); ferner z. B. Brox Rdnr. 446 ff.; Kötz Rdnr. 84 u. 662; Schildt WM 1996, 2261 ff. m.w. N.

Ein Teil des Schrifttums lehnt die Anerkennung eines Rechts am Gewerbebetrieb als sonstiges Recht i. S. d. § 823 I ab. Der notwendige Schutz sei über § 826 zu entwickeln (Larenz/Canaris II/2 § 81 II, S. 544 ff.; Deutsch JZ 1963, 385, 391).

Der vom Reichsgericht gezogene enge **Anwendungsbereich** wurde durch die Rechtsprechung beträchtlich **erweitert**:

▶ Es wurden weitere Fallgruppen einbezogen.
S. dazu unten; Typisierung der Gruppen bei Fikentscher Rdnr. 1218.

▶ Während früher der Schutz nur den **Gewerbebetrieben** vorbehalten war, wird heute überwiegend auch die Betätigung im **freien Beruf** unter den Schutz des Rechts am Unternehmen gestellt.
Vgl. MünchKomm/Mertens § 823 Rdnr. 488; Staudinger/Hager § 823 Rdnr. D 6; BGHZ 33, 331, 335 stellt auf das Vorliegen einer kaufmännischen Organisation ab; nach BGH NJW 1992, 41, 42 ist die geschützte Organisationsstruktur auch bei einer BGB-Gesellschaft gegeben; nach OLG Köln VersR 1996, 234 genießt eine Arztpraxis Schutz nach § 823 I.

▶ Der eingerichtete und ausgeübte Gewerbebetrieb wird nicht nur in seinem eigentlichen Bestand (z. B. Betriebsgrundstück, Geschäftsräume) **geschützt**, sondern **auch in seinen einzelnen Erscheinungsformen**, wozu der gesamte unternehmerische Tätigkeitskreis gehört (z. B. Geschäftsverbindung, Kundenkreis).
BGHZ 3, 270; 279; MünchKomm/Mertens § 823 Rdnr. 485.

Diese Erweiterung des Schutzes in einer Generalklausel ohne feste Abgrenzungen macht, um eine uferlose Ausdehnung zu vermeiden, **Einschränkungen** erforderlich:

▶ Bei dem Schutz des Rechts am Gewerbebetrieb handelt es sich – wie beim Allgemeinen Persönlichkeitsrecht – um einen **Auffangtatbestand**, der im Hinblick auf seine Funktion nur subsidiären Charakter hat und deshalb nicht in Betracht kommt, wenn es etwa um den durch § 823 I gewährten Schutz des Eigentums oder Besitzes oder um den durch § 824 sowie ggf. § 823 II i. V. m. § 186 StGB zu gewährleistenden Schutz vor unmittelbaren Beeinträchtigungen geht, die durch Verbreitung unwahrer Behauptungen herbeigeführt werden.
BGH NJW 1999, 1028, 1029[@] m.w.N.; MünchKomm/Mertens § 823 Rdnr. 484 m.w.N.

▶ Der Schutz des Gewerbebetriebes soll nur „unmittelbare" oder **„betriebsbezogene" Verletzungen** erfassen, d. h. der Eingriff darf nicht nur vom Gewerbebetrieb ohne weiteres ablösbare Rechte oder Rechtsträger betreffen.
BGHZ 29, 65, 74; 69, 128, 139; 86, 152, 156; BGH Urt. v. 13.10.1998 – VI ZR 357/97; OLG München NJW-RR 1998, 1480; MünchKomm/Mertens § 823 Rdnr. 490 m.w.N.

An der Betriebsbezogenheit fehlt es z. B., wenn nur einzelne, zum Betrieb gehörige Personen (BGHZ 7, 30, 36), Fahrzeuge (BGHZ 29, 65, 74) oder Geräte (BGH VersR 1983, 346, 347) betroffen werden, auch wenn sie für den Betrieb wichtig sind. Dagegen ist Betriebsbezogenheit zu bejahen, wenn der Ausfall von Personen oder Betriebsmitteln den Betrieb zum Erliegen bringt oder ihn in seiner Substanz ernstlich beeinträchtigt.

Kritisch zur „Betriebsbezogenheit" Esser/Weyers § 55 I 2 c, S. 553; Kötz Rdnr. 82 f.; Kupisch/Krüger S. 22; Schnug JA 1985, 440, 449.

▶ Da für den Schutz des Gewerbebetriebes über § 823 I eine feste Umgrenzung fehlt, handelt es sich – ebenso wie beim Allgemeinen Persönlichkeitsrecht – um einen sog. **offenen Tatbestand**. Es ist daher auch hier **mit Hilfe einer umfassenden Güter- und Interessenabwägung im Einzelfall einheitlich zu prüfen, ob eine rechtswidrige Verletzung vorliegt**. Dabei sind nicht nur zivilrechtlich, sondern auch verfassungsrechtlich geschützte Positionen, z.B. auch die Grundrechte aus Art. 5 GG, zu berücksichtigen.

BGHZ 45, 296, 306 ff.; BGH VersR 1998, 1037, 1038; BGH Urt. v. 13.10.1998 – VI ZR 357/97; Fikentscher Rdnr. 1223; Staudinger/Hager § 823 Rdnr. D 4 m.w.N.

Fall 11: „Verstehen Sie Spaß?"

Die P ist Produzentin der im ARD-Gemeinschaftsprogramm periodisch ausgestrahlten Sendung „Verstehen Sie Spaß?". Am 14.3.1996 plazierte die P in der Nähe des Geländes des Bundesnachrichtendienstes einen durchgeschlagenen und teilweise ausgebrannten Pkw. Die Redaktion „tz" erhielt gegen 15.00 Uhr die Mitteilung, ein unbekanntes Flugobjekt habe das dort parkende Auto getroffen. Der Fotoreporter „tz" begab sich sogleich zu dem „Unfallort". Er sah u.a. eine „asiatische Delegation" vorfahren, konnte trotz einer angeblichen Nachrichtensperre nahe an das Fahrzeug herantreten und den Vorgang aufnehmen. Redaktionsschluss der Erstausgabe der „tz" für den folgenden Tag war 17.30 Uhr. Um der Konkurrenz möglichst zuvorzukommen, erstellte die „tz" ohne weitere Recherchen noch für die Erstausgabe des Freitags einen großrahmigen Bericht mit der Überschrift „Spionagesatellit schlug bei Bundesnachrichtendienst ein". Erst gegen 19.00 Uhr am 14.3.1996 stellte sich heraus, dass die Szene im Rahmen der Fernsehsendung „Verstehen Sie Spaß?" gestellt war. Daraufhin änderte die „tz" den für die Freitagsausgabe vorgesehenen Artikel, nunmehr mit der Überschrift „ARD ließ Jux-Satellit auf M fallen". Die „tz" verlangt von der P Ersatz der Druckkosten für Verbesserung der ursprünglich falschen Meldung. (Fall nach OLG München NJW-RR 1998, 1480@)

(A) § 824?
Die Vorschrift schützt nur die wirtschaftliche Wertschätzung von Personen und Unternehmen vor unmittelbaren Beeinträchtigungen. Beruht eine Beeinträchtigung – wie hier – auf der Reaktion des Betroffenen auf die Tatsachenbehauptung, dann ist § 824 nicht anwendbar; denn es fehlt an der Unmittelbarkeit der Beeinträchtigung (OLG München NJW-RR 1998, 1480, 1481[@]).

(B) **§ 823 I in Form der Verletzung des allgemeinen Persönlichkeitsrechtes?**
Scheidet bei einer nur mittelbar durch die Reaktion des Betroffenen erlittenen Beeinträchtigung aus (OLG München NJW-RR 1998, 1480, 1481[@]).

(C) § 823 I in Form eines Eingriffes in den eingerichteten und ausgeübten Gewerbebetrieb?

(I) Als **Auffangtatbestand** ist § 823 I anwendbar, da weder eine andere Vorschrift (insbes. § 824) noch § 823 I wegen Verletzung eines benannten Rechtes oder Rechtsgutes (z. B. Eigentum) eingreift.

(II) **Voraussetzungen des § 823 I?**

Rechtswidrige Verletzung des Rechts am eingerichteten und ausgeübten Gewerbebetrieb

(1) Es muss ein **betriebsbezogener Eingriff** vorliegen, d. h. ein Eingriff, der sich spezifisch gegen den betrieblichen Organismus oder die unternehmerische Entscheidungsfreiheit richtet, der die Grundlagen des Betriebes bedroht oder die Tätigkeit des Unternehmens oder die unternehmerische Verwertung in Frage stellt oder sich gegen das Funktionieren des unternehmerischen Organismus richtet.

BGHZ 29, 65, 74; 69, 128, 139; 86, 152, 156; OLG München NJW-RR 1998, 1480, 1481[@]; Staudinger/Hager § 823 Rdnr. D 11; ein Teil der Lit. steht dem Merkmal der „Unmittelbarkeit" kritisch gegenüber, z.B. Fikentscher Rdnr. 1222; MünchKomm/Mertens § 823 Rdnr. 491.

Ein Vorgehen, mit welchem das Verhalten eines Unternehmens in einem bestimmten Fall getestet oder festgestellt werden soll, stellt keinen betriebsbezogenen Eingriff dar.

Ein Anspruch der „tz" gegen die P scheidet schon aus diesem Grunde aus.

(2) Im Übrigen fehlt es hier auch an einem **Verhalten, das dem Antragsgegner** – hier der P – **zuzurechnen ist**.

(a) Das Verhalten der P war zwar kausal i. S. d. **conditio sine qua non**.

(b) Die Reaktion der „tz" war auch i. S. d. Wahrscheinlichkeitsbetrachtung **adäquat**.

(c) Die Selbstschädigung der „tz" fällt aber nicht in den **Schutzbereich** des § 823 I: Ersetzt werden nur Nachteile, die aus dem Bereich der Gefahr stammen, zu deren Abwendung die verletzte Norm erlassen ist. Verhaltensweisen des Verletzten selbst, die grob fahrlässig die Interessen der Öffentlichkeit gefährden, fallen nicht mehr darunter.

Die „tz" nahm die Falschmeldung nur ihrer Sensationswirkung wegen noch in die Erstausgabe auf, um der Konkurrenz zuvorzukommen, ohne weitere Recherchen angestellt zu haben. Die Sensationsmeldung verdient nicht den Vorzug vor wahrer Information der Allgemeinheit. In den Schutzbereich der §§ 823 ff. können im vorliegenden Fall allenfalls Kosten für die Recherche fallen, nicht aber Druckkosten für die Verbesserung der ursprünglich falschen Sensationsmeldung.
OLG München NJW-RR 1998, 1480, 1481@.

(III) Schließlich ist ein Anspruch der „tz" auch deshalb nicht gegeben, weil das Verhalten ihrer Mitarbeiter grob fahrlässig war, die „tz" somit ein schweres **Mitverschulden, § 254 I**, trifft.

Die Aufnahme der Sensationsmeldung ohne jede weitere Recherche war grob fahrlässig. Die danach anzustellende Abwägung im Rahmen von § 254 ergibt, dass letztlich auch aus diesem Grund ein Schadensersatzanspruch der „tz" nicht besteht.

– – –

Die wichtigsten **Fallgruppen**:

▶ **Ungerechtfertigte Schutzrechtsverwarnung** (s.o.)

▶ **Schädigende Werturteile, abträgliche wahre Tatsachen**

Während § 824 einen Schutz gegen unrichtige Tatsachenbehauptungen gewährt, können schädigende Werturteile, die nicht den Tatbestand eines Spezialgesetzes, z.B. des § 1 UWG, erfüllen, oder wahre Tatsachenbehauptungen, die einen ungünstigen Schluss über die Kreditwürdigkeit nahelegen, das Recht am eingerichteten und ausgeübten Gewerbebetrieb verletzen.

▶ **Boykottaufrufe und -maßnahmen**

Rechtfertigung durch Wahrnehmung berechtigter Interessen nur in Ausnahmefällen; Grundsatz größtmöglicher Schonung fremder Rechte, auch wenn zur Verteidigung sozialer und ethischer Werte zum Boykott aufgerufen wird (BGH NJW 1985, 1260; Deutsch JZ 1990, 733, 735).

▶ **Blockade und physische Behinderung** (BGHZ 59, 30, 34; BGH NJW 1972, 1571, 1573).

2. Handeln, das dem Anspruchsgegner zuzurechnen ist

Vgl. Sie bitte zunächst das Aufbauschema S. 2

„Handeln" ist jedes menschliche Tun, das der Bewusstseinskontrolle und der Willenslenkung unterliegt, also beherrschbar ist (BGHZ 39, 103, 106).

Ein zurechenbares Handeln fehlt bei Reflexbewegungen, bei Bewegungen im Zustand der Bewusstlosigkeit und bei vis absoluta. Ist jedoch eine nicht vom Willen gesteuerte Reaktion durch ein willentliches Verhalten ausgelöst worden, so liegt ein tatbestandsmäßiges Handeln vor; so z.B., wenn jemand, der zu plötzlich auftretenden epileptischen Anfällen neigt, ohne Begleitung Auto fährt, unterwegs einen Anfall erleidet und dadurch einen Unfall verursacht.

Handeln kann **positives Tun oder Unterlassen** sein. Entscheidend ist, wo nach dem sozialen Sinngehalt der **Schwerpunkt der Vorwerfbarkeit** liegt.

2.1 Positives Tun

2.1.1 Voraussetzung der Zurechnung ist ein **Kausalzusammenhang** zwischen dem Handeln und dem Verletzungserfolg. Ursache ist jede Bedingung, ohne die der konkrete Erfolg nicht eingetreten wäre: **conditio sine qua non**. Alle Bedingungen sind gleichwertig – „**Äquivalenztheorie**" –.

- **Ein positives Tun ist ursächlich, wenn es nicht hinweggedacht werden kann, ohne dass der konkrete Erfolg entfiele.**

- **Bei einer Mehrheit von ineinandergreifenden Ursachen, die nur durch ihr Zusammenwirken den Erfolg herbeiführen, ist jeder der Beteiligten für den ganzen Erfolg Urheber.**

  Beispiel: A und B leiten unerlaubt Abwässer in einen Fluss. Durch die Summierung der von A und B eingeleiteten Schadstoffe entsteht eine Giftkonzentration, die zum Fischsterben führt.

- **Von mehreren Bedingungen, die zwar jede für sich, nicht aber insgesamt hinweggedacht werden können, ohne dass der Erfolg entfiele, ist jede für den Erfolg ursächlich.**

  Beispiel: Sowohl die von A als auch die von B unerlaubt in den Fluss eingeleiteten Immissionen hätten für sich allein als Ursache das Fischsterbens genügt.

2.1.2 Begrenzung der Zurechnung durch die **Adäquanztheorie**

Der grenzenlose Kausalzusammenhang i.S.d. Äquivalenztheorie reicht nicht in allen Fällen für die Folgenzurechnung aus.

Ausreichend ist die Äquivalenztheorie, soweit der Vorsatz des Täters reicht; denn für gewollte Folgen braucht die Zurechnung nicht eingeschränkt zu werden, wenn auch der Erfolgseintritt noch so unwahrscheinlich gewesen ist (BGH NJW 1981, 983; Staudinger/Medicus § 249 Rdnr. 49).

Bei nicht vorsätzlicher Erfolgsherbeiführung wird von der h.M. als **ursächlich nur** eine **adäquate Bedingung** anerkannt.

BGHZ 7, 198, 204; 57, 137, 141; BGH MDR 1995, 268; Brox SchuldR BT Rdnr. 454; Kupisch/Krüger S. 16, 17; Palandt/Heinrichs Vorbem vor § 249 Rdnr. 61; Staudinger/Medicus § 249 Rdnr. 48.

Das ist aber nicht unbestritten:

– Zum Teil wird der Adäquanztheorie nur im Bereich der haftungsausfüllenden Kausalität eine Bedeutung zuerkannt. Beim haftungsbegründenden Tatbestand genüge Ursächlichkeit i.S.d. Bedingungstheorie, da sich eine Einschränkung der Haftung aus dem weiteren Erfordernis der Rechtswidrigkeit und Schuld ergebe (so z. B. Deutsch JZ 1967, 641; Huber JZ 1969, 677, 680).

– Zum Teil wird die Adäquanztheorie als Mittel der Haftungsbeschränkung generell abgelehnt und statt dessen auf andere Wertungsgesichtspunkte wie „Schutzzweck der Norm" abgestellt (so z. B. v.Caemmerer, Das Problem des Kausalzusammenhangs im Privatrecht, 1956, S. 16 ff., 406 ff; Esser/Schmidt I/2 § 33 II; MünchKomm/Grunsky vor § 249 Rdnr. 42, 43).

Nach der Rspr. und h. M. ist **adäquat kausal jeder Umstand, der aufgrund einer objektiven nachträglichen Prognose vom Standpunkt des optimalen Beobachters und nach den dem Handelnden bekannten Umständen generell geeignet ist, einen solchen Erfolg allein oder im Zusammenwirken mit anderen Umständen herbeizuführen.**
BGHZ 3, 261, 267 f; BGH NJW 1991, 1109, 1110; MDR 1995, 268.

Larenz I § 27 III b 1, kritisiert das Abstellen auf den „optimalen" Betrachter; dieser sei „nahezu allwissend". Für den Allwissenden sei der tatsächliche Geschehensablauf, möge er noch so ungewöhnlich sein, immer voraussehbar. Kritisch zum „optimalen" Beobachter auch Kötz Rdnr. 151.

Kausalität i. S. d. Adäquanztheorie ist auch dann zu bejahen, wenn sie nur über eine Kette von zwischengeschalteten Ereignissen hergestellt wird.
So z. B. bei Verderb von Sachen infolge Beschädigung der Stromleitung und Unterbrechung der Stromzufuhr oder bei Tod des Verletzten durch Infektion im Krankenhaus (RGZ 105, 264).

Adäquate Verursachung fehlt jedoch, wenn der Erfolg nur infolge des ungewöhnlichen Zusammenwirkens mehrerer Kausalketten verursacht worden ist.
So im Fall der „Schleusenverklemmung" (BGHZ 3, 261), in dem folgende Umstände zusammengetroffen sind: 1) Zwei Schiffe füllten fast die gesamte Schleuse aus, sodass es auf wenige Zentimeter ankam; 2) es wurde zu spät bemerkt, dass die Schiffe sich verklemmen konnten, sodass die Schleusung nicht gestoppt wurde; 3) die Zugabe von Wasser war bei der starken Verklemmung offenbar ungeeignet, es hätte zunächst versucht werden müssen, in anderer Weise die Klemmlage zu mildern; 4) der Strom fiel aus; 5) das Notstromaggregat ließ sich nicht einschalten.

2.1.3 Schutzzweck der Norm

Die Adäquanztheorie allein kann nicht immer – insbesondere, wenn man auf den „optimalen" Beobachter abstellt – zu annehmbaren Ergebnissen führen. In bestimmten Fallgruppen muss nach zusätzlichen Kriterien gesucht werden, mit deren Hilfe die Zurechnung des Verletzungserfolges zu einem bestimmten Handeln begrenzt werden kann. Die h. M. bedient sich hierzu der **Lehre vom Schutzzweck der Norm: Entscheidend ist, ob die vom Schädiger verletzte Norm gerade die Verhinderung des eingetretenen Verletzungserfolges bzw. des weiteren Schadens erfasst.** Dazu ist eine Wertung erforderlich.

Eine Eingrenzung der Zurechnung über den Schutzzweck der Norm haben wir bereits bei Fall 3 (Schockschaden) kennengelernt.

Der Schutzzweck der Norm ist im Rahmen des haftungsbegründenden Tatbestandes insbesondere bei folgenden Fallgruppen von Bedeutung:

2.1.3.1 Mittelbar schädigende (fahrlässige) Handlungen

Fall 12: Luftpumpenrakete
Der Minderjährige K kaufte in der Drogerie des D 300 Gramm Schwefel und eine Kilodose Unkrautex, das zu 3/4 aus Natriumchlorat besteht. Diese Dose Unkrautex enthielt den Warntext, dass der Verkauf laut einer Pflanzenschutzmittelverordnung an Jugendliche unter 18 Jahren verboten ist.
K füllte das Gemisch unter Zusatz weiterer Stoffe in Fahrradpumpen und stellte fest, dass, wenn man diese Pumpen in der Erde vergrub, sie durch die Sprengwirkung des zur Entzündung gebrachten Gemisches zerfetzt wurden. Nunmehr bastelte K eine Rakete, indem er ein auf einer Seite offenes Pumpenrohr mit Gemisch füllte. Er entzündete es, wobei ein Feuerstrahl entstand und schwenkte das Rohr während des Abbrennens in der Hand hin und her. Nach Erlöschen des Feuerstrahls wurde das Rohr zersprengt und verletzte die rechte Hand des K schwer. Die Eltern des K, die von dem Kauf der chemischen Mittel und dem gefährlichen Experimentieren nichts gewusst hatten, verlangen im Namen des K Schadensersatz vom Drogisten D.
(Fall nach BGH NJW 1973, 615)

(A) Anspruch des K gegen D gemäß § 823 I auf Schadensersatz?

(I) **Voraussetzungen**

(1) **Tatbestand**

(a) K hat eine **Körperverletzung** erlitten.

(b) Es müsste dies durch ein **Handeln** geschehen sein, **das dem D zuzurechnen ist**.

(aa) Das Verhalten des D – Verkauf und Aushändigung des Unkrautvernichtungsmittels an K – kann nicht hinweggedacht werden, ohne dass die Körperverletzung des K entfiele. Es ist also **ursächlich i.S.d. Bedingungstheorie**.

(bb) Die Aushändigung des Unkrautvernichtungsmittels an einen Minderjährigen ist generell geeignet, eine Körperverletzung zu verursachen. Es liegt nicht außerhalb der Lebenserfahrung, dass ein Minderjähriger dieses als Sprengmittel benutzt und dabei zu Schaden kommt. **Adäquate Kausalität** ist gegeben.

(cc) Die Aushändigung des Unkrautvernichtungsmittels hat aber nicht unmittelbar zur Körperverletzung des K geführt. Der bei K eingetretene Verletzungserfolg lag nicht mehr im Rahmen des von dem Drogisten D in Gang gesetzten Handlungsablaufes, sondern trat erst dadurch ein, dass (kumulativ) eine weitere von K selbst in Gang gesetzte Ursachenkette eingriff. Bei einer solchen **bloß mittelbaren Verletzungshandlung** ist die adäquate Verursachung des „Erstverursachers" weit vom Verletzungserfolg entfernt, sodass es fraglich ist, ob man hier allein aufgrund der adäquaten Kausalität dem „Erstverursacher" einen Verletzungserfolg **zurechnen** kann.

▶ Bei **unmittelbaren** Verletzungshandlungen liegt jeder Verletzungserfolg im Schutzbereich des § 823 I, denn diese Norm soll vor derartigen Eingriffen in die genannten Rechtsgüter absolut schützen.

Kupisch/Krüger S. 37; Zimmermann JZ 1980, 10, 12; v. Bar JuS 1988, 169, 170; Larenz/Canaris II/2 § 75 II 3 b, S. 365.

Ein unmittelbarer Eingriff liegt vor, wenn der Täter dieses Verhalten von Rechts wegen schlechthin zu unterlassen hatte.

▶ Die nur **mittelbare** Beeinträchtigung knüpft an eine Gefahrvermeidungspflicht an.

Dem § 823 I kann nicht die Wertung entnommen werden, dass jede Handlung verboten sein soll, die in irgendeiner Weise mittelbar zu einem Verletzungserfolg beigetragen hat.

Anderenfalls hätte z.B. auch der Hersteller eines Automobils, mit dem später der Käufer wegen verkehrswidrigen Fahrens einen Dritten verletzt, den Tatbestand des § 823 I – Körperverletzung – erfüllt.

Bei einer mittelbar schädigenden (fahrlässigen) Handlung ist dem Handelnden der adäquat kausal herbeigeführte Verletzungserfolg nur dann zuzurechnen, wenn der Handelnde die in einem speziellen Schutzgesetz aufgestellte Verhaltenspflicht oder die allgemeine Verkehrssicherungspflicht objektiv verletzt hat.

Beim Verkauf von Artikeln an Jugendliche ist die Verletzung der allgemeinen Verkehrssicherungspflicht zum einen dann zu bejahen, wenn dem Verkauf ein gesetzliches Verbot entgegensteht.

Aus deliktsrechtlichen Gründen kann es aber auch geboten sein, auf die Abgabe eines an sich frei verkäuflichen Produkts an Kinder zu verzichten, wenn mit der naheliegenden Gefahr zu rechnen ist, dass die Kinder die auf dem Umgang mit diesem Produkt beruhenden Risiken nicht in gebotener Weise zu beherrschen vermögen und sich oder Dritte in ihren geschützten Rechtsgütern verletzen können.

BGHZ 139, 43, 47[@]: Verkauf von Feuerwerkskörpern an Kinder.

Im vorliegenden Fall ergibt sich die Pflichtwidrigkeit des D aus dem Zuwiderhandeln gegen die Pflanzenschutzmittelverordnung, die u.a. bezweckt, einem Missbrauch – etwa als Sprengmittel – entgegenzuwirken. D hat somit den Tatbestand des § 823 I erfüllt.

(2) Rechtswidrigkeit ist gegeben, da Rechtfertigungsgründe nicht vorliegen.

(3) D hat die im Verkehr erforderliche Sorgfalt außer acht gelassen, als er das gesetzliche Verbot missachtete; er handelte also fahrlässig, § 276 I 2.

(II) Rechtsfolgen

(1) D muss dem K alle Nachteile ersetzen, die infolge dieser Körperverletzung entstehen. Die Berechnung des Schadens erfolgt nach §§ 249 ff.

(2) In Betracht kommt eine Schadensminderung gemäß § 254 wegen Mitverschuldens des Minderjährigen K, das entsprechend § 828 zu beurteilen ist (BGHZ 34, 355, 366). Es sind die individuelle Einsichtsfähigkeit des Minderjährigen und der Grund seiner Mitverursachung zu berücksichtigen. Da K erfahren hatte, dass die in der Erde vergrabenen Pumpen durch die Sprengwirkung zerfetzt worden waren, kannte er die Gefährlichkeit. Ihn trifft ein erhebliches Mitverschulden. Man dürfte zu einer Aufteilung von 1/2 zu 1/2 kommen.

(B) D haftet auch aus § 823 II i.V.m. der Pflanzenschutzmittelverordnung als Schutzgesetz. Der Haftungsumfang entspricht dem bei § 823 I.

– – –

2.1.3.2 „Herausfordern"; „Verfolgerfälle"; „Nothilfefälle"

Fall 13: Der verfolgende Polizist

Der 55jährige Polizeiobermeister T wollte den 17jährigen A in der elterlichen Wohnung festnehmen. Dieser sollte einen Jugendarrest verbüßen. Als A den T erblickte, flüchtete er. Er sprang aus dem Fenster der im Erdgeschoss gelegenen Toilette über einen 1,50 m breiten und 2,00 m tiefen Schacht in den Hof und versteckte sich dort hinter Sträuchern. T, der die Örtlichkeit nicht kannte, sprang dem A nach. Er stürzte in den Schacht und zog sich dabei einen Fersenbeinbruch zu, der ihn für 3 1/2 Monate dienstunfähig machte. Das Land L nimmt den A wegen der fortgezahlten Dienstbezüge aus kraft Gesetzes übergegangenem Recht in Anspruch. Mit Erfolg?
(Fall nach BGHZ 63, 189)

Ein Schadensersatzanspruch des T gegen A, der auf das Land L übergegangen sein könnte (vgl. die dem § 87 a BundesbeamtenG entsprechenden landesrechtlichen Vorschriften), kann sich aus **§ 823 I** ergeben.

(I) **Voraussetzungen**

(1) **Tatbestand**

(a) T hat eine **Körperverletzung** erlitten.

(b) Dem A **zurechenbares Handeln**?

(aa) Der A ist weggelaufen und hat dadurch den T veranlasst, ihn zu verfolgen. Das Handeln des A für die bei dieser Verfolgung eingetretene Körperverletzung ist daher **conditio sine qua non**.

Die Verletzung des T ist allerdings erst dadurch eingetreten, dass T aufgrund eines eigenen Entschlusses dem A nachgeeilt ist. In der älteren Lit. und Rspr. wurde in solchen Fällen von einer **Unterbrechung des Kausalzusammenhanges** gesprochen. Doch das Dazwischentreten des Verletzten oder eines Dritten unterbricht den Kausalzusammenhang nicht, sofern nicht durch das Eingreifen eines Dritten oder des Verletzten der Ursachenzusammenhang inadäquat geworden ist (BGHZ 58, 162, 165, 166; BGH NJW 1986, 2367 f. m. Anm. Deutsch S. 2368 f.; BGH NJW 1989, 767, 768; Deutsch Haftungsrecht I § 12 II, S. 158; vgl. auch OLG Stuttgart NJW 1987, 2934; OLG Bamberg VersR 1990, 1015, 1016).

(bb) Da vom Standpunkt des optimalen Betrachters das Weglaufen nach der Lebenserfahrung generell geeignet war, den Polizisten zur Verfolgung zu veranlassen und dessen Verletzung herbeizuführen, ist **Adäquanz** zu bejahen.

(cc) Da der T die Verfolgung aufgrund eines selbstständigen Entschlusses aufgenommen hat, könnte es unbillig sein, dem A die Verletzung des T zuzurechnen. In den **Verfolgungsfällen** handelt es sich um eine besondere Art der **mittelbaren** Verletzungshandlung, in denen auch nach der Lehre vom **Schutzzweck der Norm** festzustellen ist, ob der Verletzungserfolg in der durch die Handlung des Schädigers verletzten Norm liegt. Die für die Wertung erforderliche Verhaltensnorm hat die Rechtsprechung mit der sog. „**Herausforderungsformel**" entwickelt.

Nach der ständigen Rechtsprechung des BGH kann jemand, der durch vorwerfbares Tun einen anderen zu selbstgefährdendem Verhalten **herausfordert**, diesem anderen dann, wenn dessen Willensentschluss auf einer mindestens im Ansatz **billigenswerten Motivation** beruht, aus unerlaubter Handlung zum Ersatz des Schadens verpflichtet sein, der infolge des durch die Herausforderung **gesteigerten Risikos** entstanden ist.

BGHZ 132, 164, 166@ m.w.N = JZ 1996, 1178 m. Anm. Teichmann; ferner OLG Hamm VersR 1996, 247 u. NJW-RR 1998, 815; OLG Düsseldorf NJW 1995, 1365 u. OLG Report 1997, 240; OLG München JP 1997, 278; OLG Frankfurt OLG Report 2000, 78; s. auch Larenz I § 27 III b 5, S. 451.

Eine auf solcher Grundlage beruhende deliktische Haftung ist insbesondere in Fällen bejaht worden, in denen sich jemand der (vorläufigen) Festnahme durch Polizeibeamte oder andere dazu befugte Personen durch die Flucht zu entziehen versucht und diese Person dadurch in vorwerfbarer Weise zu einer sich selbst gefährdenden Verfolgung herausgefordert hat, wobei sie dann infolge der gesteigerten Gefahrenlage einen Schaden erlitten hatten.

Vgl. insbes. BGH VersR 1991, 111, 112 u. 1993, 843, 844; BGHZ 132, 164, 166@.

In dieser Fallgestaltung kann die **billigenswerte Motivation** des Verfolgers zur Nacheile trotz der damit verbundenen besonderen Gefahren ihre Grundlage unter anderem in den Dienstpflichten des für die Ergreifung oder Bewachung des Fliehenden zuständigen Beamten finden.

BGHZ 63, 189, 194 f; 70, 374, 376; 132, 164, 166@.

Der Schaden muss allerdings auf dem mit der Verfolgung verbundenen **gesteigerten Risiko** beruhen. Das „normale" Einsatzrisiko vermag nicht zu einer Gefahrenverlagerung auf den fliehenden Täter zu führen.

So haftet der Fliehende nicht, wenn der verfolgende Polizeibeamte einen feuchten, frisch geschnittenen Rasen überquert, dabei stürzt und sich verletzt (BGH NJW 1971, 1982, 1983).

Ob und in welchem Umfang ein fliehender Täter oder Tatverdächtiger ein gesteigertes Verfolgungsinteresse zu tragen hat, richtet sich nach den Besonderheiten des jeweiligen Einzelfalles.

<small>Die Rspr. hat u.a. die Haftung des Fliehenden bejaht, wenn der Verfolgte eine steile Bahnhofstreppe als Fluchtweg benützt und der verfolgende Aufseher der (damaligen) Bundesbahn auf der Treppe stürzt (BGHZ 57, 25, 32).</small>

Der wesentliche Gradmesser ist die **angemessene Mittel-Zweck-Relation**, dass nämlich die Risiken der Verfolgung nicht außer Verhältnis zu dem Ziel der Begrenzung des Fliehenden stehen dürfen.

Im vorliegenden Fall war die Verfolgung gefährlich. Der Grundsatz der Verhältnismäßigkeit besagt aber nicht, dass jedes nicht ungefährliche Verhalten des Verfolgenden schon wegen seiner Gefahren eine Zurechnung ausschließt. Ein solches „Alles-oder-Nichts"-Prinzip würde keinen Raum für eine Abwägung nach § 254 belassen. Im vorliegenden Fall musste A damit rechnen, dass ihm T mit einem Sprung aus dem ebenerdigen Fenster folgen würde. Es fehlen hier auch schutzwürdige Interessen des A an seiner Flucht. Damit ist der Tatbestand des § 823 I erfüllt.

(2) **Rechtswidrigkeit** ist gegeben, da keine Rechtfertigungsgründe eingreifen.

(3) Der A hat die Rechtsgutverletzung **verschuldet**: Er hat die nach § 828 II erforderliche Einsichtsfähigkeit, und er hat die im Verkehr erforderliche Sorgfalt außer acht gelassen.

(II) **Rechtsfolgen**

Der A muss Schadensersatz leisten. Der Ersatzanspruch des T ist aber gemindert, weil den T ein Mitverschulden trifft, § 254.

— — —

Die oben dargelegten Grundsätze des „Herausforderns" kommen sinngemäß auch in anderen Fällen nur psychisch vermittelter Kausalität oder Beteiligung mehrerer an einem gefährlichen Tun in Betracht.

1) Beispiel: Nothilfe im Straßenverkehr
A fährt auf einer Landstraße schuldhaft den B an. D eilt zur Hilfe. Dabei wird D von einem nachfolgenden Fahrzeug angefahren und verletzt. Der Fahrer des nachfolgenden Fahrzeuges begeht Unfallflucht. D verlangt von A Schadensersatz.

Der Anspruch ist aus § 823 I zu bejahen: Die Verletzung des D ist dem A zuzurechnen, da in derartigen Gefahrenlagen das Eingreifen opferbereiter Dritter nahezu zwangsläufig herausgefordert wird (BGH NJW 1964, 1364; 1972, 1804; Kötz Rdnr. 161) und die Hilfeleistung mit einem gesteigerten Risiko verbunden ist.

2) Beispiel: Nothilfe durch Organspende
Durch einen schuldhaften Behandlungsfehler des Arztes Dr. A wurde dem 13 Jahre alten Kind K nach einem Sportunfall die linke Niere entfernt, obwohl – wie sich später herausstellte – das Kind nur die eine Niere besaß. Die Mutter des Kindes fand sich zur Spende einer Niere bereit. Ihr wurde eine Niere entnommen und dem Kind eingepflanzt. Seither befindet sich die Mutter in ärztlicher Behandlung. Sie verlangt von Dr. A Schadensersatz und Schmerzensgeld.

Der BGH (BGHZ 101, 215 = JR 1988, 199 m. zust. Anm. Giesen S. 202 f = JZ 1988, 150 m. krit. Anm. Stoll) hat einen eigenen Ersatzanspruch der Organspenderin nach § 823 I in Anknüpfung an die sog. Verfolgerfälle bejaht. Der Entschluss der Mutter beruht auf dem Aufforderungscharakter der von Dr. A zu verantwortenden Gefahrenlage, in die die Mutter durch die ärztliche Fehlbehandlung gebracht worden war. Die Selbstgefährdung der Mutter und die in Kauf genommene eigene Verletzung stehen hier auch in einem angemessenen Verhältnis zu dem möglichen Erfolg des Eingreifens.

– – –

2.2 Unterlassen

2.2.1 Allgemeine Verkehrssicherungspflicht

Fall 14: Bierflaschennatronlauge
Frau A beauftragt den Malermeister M mit Arbeiten in der Speisekammer. Der M schickt seinen Gesellen G. In der Speisekammer befindet sich eine mit Natronlauge gefüllte Bierflasche, die A dort vergessen hat. Die Flasche trägt ein Etikett mit dem handschriftlichen Vermerk „Lauge – lebensgefährlich". Beim Arbeiten in der Speisekammer stellt G seine Bierflasche, aus der er während der Arbeitspause trinken will, neben die Flasche mit Natronlauge. In der Pause verwechselt er die Flaschen, trinkt von der Natronlauge und erleidet schwere innere Verletzungen. G, dessen Heilungskosten von der AOK gezahlt werden und der von M den Lohn fortgezahlt bekommt, verlangt von der A Schmerzensgeld. (Fall nach BGH NJW 1968, 1182)

(A) Ein vertraglicher Anspruch – etwa aus pVV eines Werkvertrages zwischen M und A mit Schutzwirkung zu Gunsten des G – scheidet aus: Schmerzensgeld gibt es gemäß § 847 nur als Folge einer unerlaubten Handlung.

(B) Als Anspruchsgrundlage kommen **§§ 823 I, 847** in Betracht.

(I) **Tatbestand**

(1) G ist an seiner **Gesundheit verletzt** worden.

(2) Die Rechtsgutverletzung müsste durch ein der A **zurechenbares Handeln** erfolgt sein.

Es ist grundsätzlich dem Einzelnen überlassen, in welches Behältnis er Natronlauge abfüllt und wie er das Behältnis im Hause aufbewahrt. Doch werden Sicherungsmaßnahmen erwartet, wenn Handwerker im Hause gefährdet sind. Daher ist an ein Unterlassen anzuknüpfen.

(a) **Garantenpflicht verletzt**

▶ Garantenstellung

Die Rechtspflicht zum Handeln besteht für denjenigen, der eine Garantenstellung für die Erfolgsabwendung hat:

– aus der unmittelbar auf das Recht bezogenen Schutzpflicht – **Beschützergarant** –,

Pflicht aus natürlicher Verbundenheit (Ehegatte, nahe Angehörige), aus tatsächlicher Gewährübernahme (ohne dass es auf die Wirksamkeit des Vertrages ankommt), aus Rechtssatz (z. B. §§ 1353, 1626)

– **weil der Unterlassende eine Gefahrenquelle eröffnet hat oder für eine Gefahrenquelle verantwortlich ist – Überwachungsgarant –,**

Pflicht aus vorangegangenem gefährdenden Tun, Zustandshaftung.

Der bedeutsamste Komplex ergibt sich aus der letzten Gruppe als allgemeine Verkehrssicherungspflicht: Jedermann, der in seinem Verantwortungsbereich Gefahren schafft oder andauern lässt, muss die notwendigen Vorkehrungen treffen, die im Rahmen des wirtschaftlich Zumutbaren geeignet sind, Gefahren von Dritten abzuwenden.

BGHZ 5, 378, 380; 62, 265, 270; BGH NJW 1997, 582, 583[@]; OLG Dresden OLG Report 1996, 261; OLG Hamm VersR 1996, 643; Deutsch Unerl. Hdlg. Rdnr. 255; Esser/Schmidt Bd. I/1 § 4 III 2; Esser/Weyers § 55 V; Larenz/Canaris II/2 § 76 III 3; MünchKomm/Mertens § 823 Rdnr. 177; Deckert Jura 1996, 348 ff.

Mit dem Abstellen der mit Natronlauge gefüllten Bierflasche hat die A eine erhebliche Gefahrenquelle geschaffen. Sie war daher verpflichtet, die erforderlichen Vorkehrungen zu treffen, um zu verhindern, dass Dritte aus der Flasche tranken.

BGH NJW 1968, 1182, 1183; vgl. auch OLG Köln VersR 1989, 160: Salzsäure im unverschlossenen Putzmittelschrank der Küche einer Gastwirtschaft.

▶ **dem Verletzten gegenüber**

Grundsätzlich sind nur solche Personen geschützt, die befugtermaßen mit der Gefahrenquelle in Berührung kommen. Ist derjenige, der einen mit besonderen Gefahren verbundenen Verkehr eröffnet oder unterhält, befugt, den Verkehr in seinem räumlichen Herrschaftsbereich zu beschränken, und macht er davon durch Absperrungen, Verbotsschilder oder in ähnlicher geeigneter Weise Gebrauch, dann trifft ihn prinzipiell auch nur eine entsprechend begrenzte Verkehrssicherungspflicht; gegenüber den von ihm nicht zum Verkehr zugelassenen „unbefugten" Personen ist er nicht gehalten, Maßnahmen zur Gefahrenabwehr zu ergreifen

BGH NJW 1987, 2671, 2672; OLG Köln VersR 1992, 1241.

So sind z. B. grds. nicht einstandspflichtig Bauherren oder Bauunternehmer gegenüber nicht zum Baustellenverkehr gehörenden Personen (BGH NJW 1985, 1708), Hauseigentümer im Verhältnis zu Einbrechern (BGH NJW 1966, 1456), Betriebseigentümer gegenüber Betriebsfremden, die sich unbefugt Zugang verschaffen (OLG Hamm VersR 1994, 325).

Eine besondere Sicherungspflicht besteht **gegenüber Kindern**. Bei ihnen müssen Spieltrieb, Unerfahrenheit, Bewegungsdrang und Neugier berücksichtigt werden. Es sind zumutbare Maßnahmen zu treffen, z. B. Schrottplatz (BGH NJW 1975, 108), Löschwasserteich (BGH NJW 1997, 582), Eisenbahnwaggon auf Abstellbahnhof (BGH MDR 1995, 579 m. Anm. Möllers in VersR 1996, 153), Zierteiche in Hausgärten (BGH NJW 1994, 3348[@]; OLG Koblenz NJW-RR 1995, 1426; OLG

Hamm VersR 1996, 643; OLG Oldenburg VersR 1996, 644); an einen Gehweg angrenzende Mauer (OLG Hamm OLG Report 1999, 308); Notausstieg auf einem Schulgelände (BGH FamRZ 1999, 1261@); lockere Abdeckplatte auf einer Mauer (OLG Hamm OLG Report 1999, 308); Lichtkuppel auf dem Flachdach einer Sportanlage (OLG München VersR 2000, 1030).

Im vorliegenden Fall hat sich G befugtermaßen in den Räumen aufgehalten, sodass ihm gegenüber die Erfolgsabwendungspflicht bestand.

▶ **Verkehrssicherungspflicht verletzt**

Die im Verkehr erforderliche Sorgfalt (§ 276) bestimmt sich danach, welche Rücksichtnahme vom Verkehr gefordert und zumutbarerweise erwartet werden kann. Grundsätzlich hat sich die Verkehrspflicht an den schutzbedürftigen Personen auszurichten.

Bei der Gefährlichkeit der Lauge war allein das Schild auf der Flasche nicht ausreichend. A hätte die Flasche vor Beginn der Malerarbeiten wegnehmen müssen.

(b) **conditio sine qua non** [Bed. ohne die es nicht geht / ohne]

Es muss das erwartete pflichtgemäße Handeln hinzugedacht und gefragt werden, ob dieses Handeln den Erfolg verhindert hätte. Bei diesem hypothetischen Urteil kann nur an Wahrscheinlichkeit angeknüpft werden.

Das Unterlassen ist für den eingetretenen Verletzungserfolg kausal, wenn pflichtgemäßes Handeln den Eintritt des schädigenden Erfolges mit an Sicherheit grenzender Wahrscheinlichkeit verhindert hätte.

Eine bloße Möglichkeit, ebenso eine gewisse Wahrscheinlichkeit genügt nicht (BGHZ 34, 208, 215 – umstürzender Grabstein).

Hätte Frau A die Flasche mit der Natronlauge so aufbewahrt, dass sie nicht in die Hände des G geraten konnte, hätte sie mit an Sicherheit grenzender Wahrscheinlichkeit die Verletzung des G verhindert.

(c) **Adäquanz**

Es ist „etwa zu fragen, ob sich die Verletzung den Umständen nach so zugetragen hat, dass die Vornahme der Handlung als adäquate, typischerweise geeignete Bedingung des Nichteintritts der Verletzung angenommen werden kann".

Kupisch/Krüger S. 40; s. auch JuS 1980, 574, 577 mit FN 27; Medicus BR Rdnr. 647.

Anders als beim positiven Tun kommt hier der Prüfungspunkt „Schutzzweck der Norm" nicht in Betracht; diese Überlegungen sind bereits in den ersten Prüfungspunkt „Garantenpflicht verletzt" eingeflossen.

Im vorliegenden Fall ist Adäquanz zu bejahen.

Damit hat die A den Tatbestand des § 823 I – Körperverletzung des G – erfüllt.

(II) **Rechtswidrigkeit** ist gegeben, da keine Rechtfertigungsgründe eingreifen.

(III) Frau A hat **schuldhaft** gehandelt. Es war ihr möglich und bei der ihr erkennbaren Gefährlichkeit der Natronlauge auch zumutbar, die Flasche an einem sicheren Ort unter Verschluss zu nehmen. Sie hat daher den dem G entstandenen Schaden – einschließlich Schmerzensgeld, § 847 – zu ersetzen.

– – –

2.2.2 Fallgruppen

▶ Verkehrseröffnung; gefahrbergende Anlagen

Sorgfaltspflichten bestehen z. B. für den Träger der Straßenbaulast für die Benutzer einer Straße (OLG Hamm MDR 2000, 391: Überfluten einer Straßensenke) und eines **öffentlichen Parkplatzes**, nicht jedoch gegenüber Fußgängern, die den Platz lediglich zur Abkürzung überqueren (OLG Dresden OLG Report 1996, 261); für den Vermieter eines Miethauses hinsichtlich **Treppen, Beleuchtung** (BGHZ 5, 378, 380); für den Mieter, der Handwerker, Ärzte, Gäste empfängt (BGH VersR 1961, 1119, 1139).

Wer gewerblich **Verkaufs- oder Aufenthaltsräume** öffnet, hat eine gesteigerte Verkehrssicherungspflicht. So haftet z. B. der Gastwirt für eine über das übliche Maß hinausgehende Glätte des Parkettbodens (OLG Köln VersR 1992, 112). In einem Supermarkt muss der Betriebsinhaber an einem Obst- und Gemüsestand Organisations- und Überwachungsmaßnahmen treffen (OLG Stuttgart VersR 1991, 441; OLG Kobelnz MDR 1994, 1191; OLG Köln MDR 1999, 678[@]). Ein Gastwirt oder Geschäftsinhaber muss für die Sicherheit des Außenbereichs der Gaststätte einschl. Zugänge und Parkplatz sorgen, z. B. Beleuchtung (OLG Köln VersR 1983, 925), oder bei Glatteis auf Parkplatz (BGH NJW 1985, 482; OLG Düsseldorf NJW-RR 2000, 696).

Wer **Kinder- oder Abenteuerspielplätze** zur Verfügung stellt, muss entspr. der Zielgruppe für Sicherheit sorgen (BGHZ 103, 338[@]; OLG Karlsruhe VersR 1998, 1429).

Grundstückseigentümer, Pächter oder sonstige Bestimmungsberechtigte haben zumutbare Vorkehrungen zu treffen, um zu verhindern, dass andere – insbes. Kinder – durch den Zustand des Grundstückes zu Schaden kommen (BGH NJW 1975, 108; OLG Karlsruhe NJW 1983, 2946). Grundsätzlich besteht die Verpflichtung nur gegenüber solchen Personen, die das Grundstück, die Betriebshalle etc. befugtermaßen betreten. Anders ist es **bei Kindern**: Ein Grundstückseigentümer und erst recht der Betreiber einer gefährlichen Anlage darf sich nicht darauf verlassen, dass sich Kinder nicht unbefugt in einen Gefahrenbereich begeben, wenn dieser besonderen Anreiz für den kindlichen Spieltrieb bietet und damit verbundene Gefahren für ein Kind nicht ohne weiteres erkennbar sind, hier muss der Grundstückseigentümer wirksame und auf Dauer angelegte Schutzmaßnahmen ergreifen, um diese Kinder vor den Folgen ihrer Unbesonnenheit und Unerfahrenheit zu bewahren (zum Güterwagen auf Abstellgleis BGH MDR 1995, 579 m.w.N; dazu Möllers VersR 1996, 153 ff.; OLG München VersR 2000, 1030).

Besondere Gefahrenpunkte für kleinere Kinder sind **Löschwasserteiche** (BGH NJW 1997, 582; Thüringer OLG (Jena) OLG Report 1997, 213) oder **Zierteiche** in Privatgärten (BGH NJW 1994, 3348; OLG Koblenz NJW-RR 1995, 1426; OLG Hamm VersR 1996, 643; OLG Oldenburg VersR 1996, 644).

Der Eigentümer eines Grundstücks ist aufgrund der allgemeinen Verkehrssicherungspflicht aus der Eröffnung seines Grundstücks für den Zugang von Bewohnern und Besuchern des Hauses verpflichtet, für die Sicherheit der Verbindungswege zu sorgen. Hierzu gehört auch die Pflicht, Schnee zu räumen und bei Eisbildung zu streuen. Ausnahmsweise entfällt die Streupflicht aufgrund extremer Witterungsverhältnisse, wenn mit zumutbaren Streumaßnahmen das sich immer wieder erneut bildende Glatteis nicht wirksam bekämpft werden kann (OLG Hamm VersR 1997, 68; Brandenburgisches OLG OLG Report 1999, 419[@]).

Die Verkehrssicherungspflicht kann (z. B. im Mietvertrag auf den Mieter) delegiert werden. In diesem Fall verengt sich die Verkehrssicherungspflicht des ursprünglich allein Verantwortlichen auf eine Kontroll- und Überwachungspflicht (OLG Dresden OLG Report 1997, 3; OLG Köln NJW-RR 1996, 655). Zu der den Gemeinden obliegenden Pflicht zur Reinigung von Fahrbahnen und öffentlichen Gehwegen und der Delegation dieser Pflicht auf die Eigentümer der umliegenden Grundstücke (vgl. OLG Celle OLG Report 1997, 226; Rinne NJW 1996, 3303 m.w.N).

Auf einem ausgedehnten **Parkplatz** brauchen auch nur gefahrlos benutzbare Zu- und Abgangswege geschaffen zu werden. Keinesfalls ist der Verkehrssicherungspflichtige verpflichtet, den Parkplatz insgesamt abzustreuen, sodass bereits beim Aussteigen aus jedem Fahrzeug abgestumpfter Boden betreten werden kann. Dies kann nicht einmal auf einem belebten öffentlichen Parkplatz verlangt werden (BGH NJW 1966, 202, 203; OLG Celle MDR 1999, 1327).

Der Betreiber einer **Autowaschanlage** kann der Gefahr der Bodenvereisung nicht dadurch begegnen, dass er schematisch in bestimmten Zeitabständen Enteisungsmittel streut, er muss vielmehr jeweils dann erneut tätig werden, wenn nach seinen letzten Maßnahmen erneut Flüssigkeit auf den Fußboden gelangen konnte, das zu Eis gefrieren konnte (OLG Köln NJW-RR 1999, 673).

▶ **Veranstaltungen**

Sorgfaltspflichten erstrecken sich auf die Sicherheit von **Beteiligten** und **Zuschauern**, z. B. bei einem Eishockeyspiel vor abgeirrten Pucks (BGH NJW 1984, 801). Bei Massenveranstaltungen (z. B. Flugtag) erstreckt sich die Sicherungspflicht auch darauf, dass sich aus unerlaubtem Verhalten von Zuschauern keine Gefahren für andere ergeben, etwa durch Überschreiten von Grundstücksgrenzen (BGH NJW 1980, 223). Die Verkehrssicherungspflicht erstreckt sich auch auf die Sicherung des Zu- und Abgangs der Besucher (BGH VersR 1990, 211). Ein Sportverein muss seine jugendlichen Mitglieder, die er für die Dauer eines auswärtigen Turniers in einer Gemeinschaftsunterkunft untergebracht hat, durch ausreichende Beaufsichtigung davor schützen, dass sie sich und andere durch Alkoholmissbrauch gefährden (OLG Hamm VersR 1996, 1513); der Betreiber einer Wintersportpiste hat für die Sicherheit des Ski- bzw. Rodelverkehrs auf der Piste zu sorgen, die Verantwortung erstreckt sich primär auf den Schutz vor atypischen Gefahren oder gar heimtückischen Objekten (OLG Hamm OLG Report 1999, 375).

▶ **Leistungen**

Kommt jemand bei einer Pauschalreise durch **Mängel des Vertragshotels** zu Schaden (Sturz vom Balkon, weil sich das Holzgeländer der Balkonbrüstung gelöst hatte), so trifft in erster Linie den Betreiber des Vertragshotels die Verkehrssicherungspflicht. Es muss aber auch der Reiseveranstalter regelmäßig den jeweiligen Umständen entsprechend seine Leistungsträger und deren Leistungen überwachen und dabei entdeckte Mängel abstellen lassen (BGH NJW 1988, 1380).

Wer vertraglich die **Herstellung eines Werkes** oder die **Bearbeitung** oder **Wartung** einer Sache schuldet, übernimmt nicht nur vertragliche Pflichten gegenüber seinem Vertragspartner, sondern auch deliktische Sicherungspflichten gegenüber Dritten. So besteht z. B. eine deliktische Verantwortlichkeit des Architekten für Feuchtigkeitsschäden am Eigentum Dritter, die durch mangelnde Isolierung oder ein fehlerhaftes Dach entstanden sind (BGH WM 1991, 202). Der Inhaber einer Kfz-Reparaturwerkstatt, der die Bremsen falsch einstellt und dadurch einen späteren Unfall verursacht, haftet demjenigen, der im Zeitpunkt des Unfalls Eigentümer des Kfz ist, aus § 823 I wegen Eigentumsverletzung (BGH NJW 1993, 655).

Ein Unternehmer, der bestimmte Arbeiten einem Subunternehmer überträgt, kann dem Besteller aus dem Werkvertrag **Kontrollpflichten** schulden. Die Verletzung dieser Kontrollpflichten kann eine Delikthaftung des Unternehmers nach § 823 I auslösen (BGH MDR 1998, 1289).

Eine besondere Schutzpflicht besteht wiederum gegenüber Minderjährigen, so z.B. für den Hersteller oder Importeur von **Feuerwerkskörpern** hinsichtlich der Warnhinweise (BGH NJW 1998, 2905). Für den Verkäufer eines Feuerwerkskörpers kann es geboten sein, die Abgabe eines an sich frei verkäuflichen Produkts an Kinder zu unterlassen, wenn mit naheliegenden Gefahren zu rechnen ist (BGH WM 1998, 1970; vgl. hierzu auch Möllers JZ 1999, 24).

▶ **Sonderfall Produzentenhaftung**

Um einen Sonderfall der Verkehrssicherungspflicht handelt es sich bei der sog. Produzentenhaftung. Sie regelt, ob und inwieweit der Hersteller eines Produkts für Schäden verantwortlich ist, die anderen durch das Produkt entstehen. Diesen Sonderfall wollen wir im Zusammenhang mit der Erörterung des Produkthaftungsgesetzes darstellen (s. unten 4. Abschnitt).

3. Rechtswidrigkeit

3.1 Rechtswidrigkeit als Voraussetzung der Verschuldenshaftung

Ein Verschuldensvorwurf kann nur dann erhoben werden, wenn die Rechtsordnung das betreffende Verhalten bzw. den Verletzungserfolg missbilligt. Dem Verschulden ist daher die Rechtswidrigkeit vorgelagert. Verschuldenshaftung setzt voraus, dass die tatbestandsmäßige Verletzung rechtswidrig war: **ohne Rechtswidrigkeit gibt es kein Verschulden.**

Larenz/Canaris II/2, § 75 I 2 c; Esser/Weyers II, § 55 II 3.

Das Gegenstück ist die „enge" Gefährdungshaftung, z.B. die Haftung des Kfz-Halters nach § 7 StVG. Sie setzt kein Verschulden und nach zutr. h.M. auch keine Rechtswidrigkeit voraus (Larenz/Canaris II/2, § 75 I 2 d und § 84 I 3 a m.w.N.).

3.2 Feststellung der Rechtswidrigkeit; Erfolgs- und Handlungsunrecht

Das **gesetzgeberische Konzept** geht in § 823 I davon aus, dass die Verletzung des Schutzgutes im Regelfall rechtswidrig ist. Ausnahmen greifen nur ein, wenn besondere Rechtfertigungsgründe vorliegen. **Der Verletzungserfolg indiziert die Rechtswidrigkeit.**

▶ Dies wird für **vorsätzliche Handlungen** allgemein angenommen.

▶ Bei den sog. „**Rahmenrechten**" (allgemeines Persönlichkeitsrecht, Recht am eingerichteten und ausgeübten Gewerbebetrieb) bedarf es einer positiven Rechtswidrigkeitsfeststellung (s.o. Fall 9, 10 u. 11).

▶ Umstritten ist, ob im Bereich der **fahrlässigen Handlung** allein der Verletzungserfolg die Rechtswidrigkeit indiziert oder ob die positive Feststellung eines objektiven Pflichtenverstoßes hinzukommen muss.

– Die traditionelle **Lehre vom Erfolgsunrecht** geht sowohl für die Vorsatz- als auch für die Fahrlässigkeitstat davon aus, dass die Verletzung eines Rechts oder Rechtsgutes, also der Erfolg, die Rechtswidrigkeit indiziert. Nur ausnahmsweise könne die Rechtswidrigkeit aufgrund eines Rechtfertigungsgrundes beseitigt werden.

- Demgegenüber sieht die **Lehre vom Handlungsunrecht** den Ansatz für das Rechtswidrigkeitsurteil nicht im Verletzungserfolg, sondern in der zum Erfolg führenden **Handlung**. Eine Handlung, die objektiv die im Verkehr gebotene Sorgfalt beachte, könne nicht rechtswidrig sein, auch wenn sie für die Verletzung ursächlich werde. Bei einer Fahrlässigkeitstat setze daher die Feststellung der Rechtswidrigkeit die positive Feststellung eines objektiven Pflichtenverstoßes voraus.

- Eine vordringende **differenzierende Meinung** unterscheidet zwischen unmittelbaren und mittelbaren Rechts(gut)verletzungen.
  Unmittelbare Rechts(gut)verletzungen sind neben den gewollten Verletzungen solche Eingriffe in absolut geschützte Rechtsgüter oder Rechte, die im Rahmen des äußeren Handlungsablaufes selbst erfolgen. Ein im Rahmen des Handlungsablaufes liegender **Verletzungserfolg** indiziere die Rechtswidrigkeit, denn eine „unmittelbare" Verletzung rechtfertige ohne weiteres das Urteil, der Handelnde habe – wenn nicht ein besonderer Rechtfertigungsgrund eingreife – „objektiv rechtswidrig" das geschützte Rechtsgut oder Recht des anderen verletzt.
  Liege dagegen nur eine **mittelbare** (fahrlässige) Rechts(gut)verletzung vor, bei der der Verletzungserfolg außerhalb des Handlungsablaufes liege und nur eine durch Zwischenursachen vermittelte entfernte Folge eines bestimmten Verhaltens sei, so bedürfe es zur Bejahung der Rechtswidrigkeit weiterhin noch der Feststellung, dass die **Handlung** objektiv gegen das allgemeine Verbot verstoßen habe, andere nicht zu gefährden.
  So z.B. Kupisch/Krüger S. 37; Larenz/Canaris II/2 § 75 II 3 c, S. 368 f.

- Die **Rechtsprechung** geht vom gesetzlichen Konzept des Erfolgsunrechts aus.
  BGHZ 24, 21, 24: „Der Gesetzgeber bringt ... dadurch, dass er den Unrechtstatbestand gesetzlich umschreibt, zum Ausdruck, dass er die Verletzung der in § 823 Abs. 1 BGB genannten Rechtsgüter in der Regel als widerrechtlich ansieht. Durch den Zusatz ‚widerrechtlich' weist er jedoch darauf hin, dass nicht notwendig mit der Verletzung schon die Rechtswidrigkeit gegeben ist, sondern dass diese aus besonderen Gründen entfallen kann."
  BGHZ 74, 9, 14, wo der BGH trotz gewisser Einschränkungen im konkreten Fall von „der die Rechtsprechung noch beherrschenden Vorstellung des Erfolgsunrechts" spricht.

  Die Rechtsprechung hat aber ausdrücklich **Ausnahmen** anerkannt:

  1) Der BGH hat in Fällen der nur **mittelbaren Verletzungshandlung** eine objektive Pflichtverletzung verlangt, damit ein die Rechtswidrigkeit indizierender Tatbestand vorliegt.

  2) Des weiteren indiziert nach der Rspr. grundsätzlich ein subjektiv redliches Verhalten in einem **gesetzlich geregelten Rechtspflegeverfahren** nicht schon durch die Beeinträchtigung von in § 823 geschützten Rechtsgütern gleichzeitig seine Rechtswidrigkeit, da das schadensursächliche Verhalten angesichts seiner verfahrensrechtlichen Legalität zunächst die Vermutung der Rechtmäßigkeit genieße.

BGHZ 74, 9, 14 f; 118, 201, 206@ m.w.N.

Dieses „Recht auf Irrtum" bei der Inanspruchnahme eines gesetzlich geregelten Verfahrens (z.B. objektiv unbegründeter Antrag auf Einleitung eines Insolvenzverfahrens, BGHZ 36, 18) steht den Verfahrensbeteiligten und deren Anwälten zu.

Der Grundsatz findet aber nur dort Anwendung, wo durch § 823 geschützte Rechtsgüter desjenigen beeinträchtigt werden, der selbst (in der Regel als Gegner) an dem Verfahren förmlich beteiligt ist: Der Gegner muss die Rechtsgutbeeinträchtigung nur deswegen ohne deliktsrechtlichen Schutz hinnehmen, weil er sich grds. gegen ungerechtfertigte Inanspruchnahme in dem Rechtspflegeverfahren selbst hinreichend wehren kann.

Bei der Zwangsvollstreckung in einen Gegenstand, an dem ein Dritter Sicherungseigentum (= ein die Veräußerung hinderndes Recht i.S.d. § 771 ZPO hat), ist der Dritte an dem Zwangsvollstreckungsverfahren nicht beteiligt, er könnte nur die Drittwiderspruchsklage erheben. Dies verdrängt den Deliktsschutz nicht. Die tatbestandliche Verwirklichung der Eigentumsverletzung indiziert die Rechtswidrigkeit (BGHZ 118, 201, 206/207@ = JZ 1993, 108 m. Anm. Schubert S. 111 ff.).

– **Stellungnahme**

Die uneingeschränkte Lehre vom Erfolgsunrecht geht zu weit,

denn danach hätte auch der Hersteller eines Automobils, mit dem später der Käufer wegen verkehrswidrigen Fahrens einen Dritten verletzt, den Tatbestand des § 823 I – Körperverletzung – erfüllt.

Andererseits ist die uneingeschränkte Lehre vom Handlungsunrecht zu eng.

Ihr steht entgegen, dass im Falle der unmittelbaren Beeinträchtigung absoluter Rechte oder Rechtsgüter dem Rechtsinhaber gegen den Störer unabhängig davon, ob dieser die im Verkehr erforderliche Sorgfalt beachtet hat oder nicht, ein Beseitigungs- oder Unterlassungsanspruch zusteht. Nach § 1004 ist allein die unmittelbare Beeinträchtigung des absolut geschützten Rechts rechtswidrig. Demnach müsste – geht man uneingeschränkt von der Lehre des Handlungsunrechts aus – die Rechtswidrigkeit im Rahmen des § 1004 und des § 823 unterschiedlich beurteilt werden.

Außerdem muss demjenigen, dessen Recht oder Rechtsgut von einem anderen unmittelbar angegriffen wird, unabhängig davon, ob der „Angreifer" die im Verkehr erforderliche Sorgfalt beachtet hat oder nicht, ein Notwehrrecht zustehen.

Daher ist im Ergebnis der **differenzierenden Auffassung** (s.o.) zu folgen. Fraglich ist allerdings, wo der richtige Standort dieser Erörterung ist. Soll man bei der mittelbaren adäquat kausal herbeigeführten Verletzung den Tatbestand bejahen und die objektive Pflichtverletzung als „positive" Rechtswidrigkeitsregel prüfen? Zutreffender dürfte es sein, die **Begrenzung der Haftung bereits im Tatbestand unter dem Gesichtspunkt der Zurechnung** vorzunehmen. Nur dann kann der Tatbestand die ihm obliegende Aufgabe erfüllen, eine rechtlich relevante Auswahl zu treffen. Tatbestandsmäßig ist dann nur ein solches Verhalten, das die Rechtswidrigkeit indiziert, d.h.: Wenn der Tatbestand erfüllt ist, ist das Verhalten auch rechtswidrig, es sei denn, dass ein Rechtfertigungsgrund eingreift.

Wie beim Unterlassungsdelikt hat somit auch bei der bloß mittelbaren Verletzungshandlung durch positives Tun die Verkehrssicherungspflicht die Aufgabe, aus der Vielzahl der rechtlich relevanten Handlungen diejenigen auszusondern, die einen die Rechtswidrigkeit indizierenden Tatbestand bilden (Medicus BR Rdnr. 646).

Wir haben daher bei der nur **mittelbar** schädigenden (fahrlässigen) Handlung bereits im Rahmen des **Tatbestandes** unter dem Gesichtspunkt der **Zurechnung** den objektiven Pflichtenverstoß geprüft. Geht man von diesem Aufbau aus, ergibt sich für alle Fälle: **Die Tatbestandsmäßigkeit indiziert die Rechtswidrigkeit.**

3.3 Anerkannte Rechtfertigungsgründe sind:

▶ **Die Rechtfertigungsgründe des BGB**

(dazu im Einzelnen Schreiber Jura 1997, 29 ff.)

– **Notwehr**, § 227

1) Notwehrlage = gegenwärtiger rechtswidriger Angriff

2) Objektiv erforderliche Verteidigungshandlung

Rechtswidrig handelt, wer irrig eine Notwehrlage annimmt (Putativnotwehr) oder wer die Grenzen der erforderlichen Verteidigung überschreitet (Notwehrüberschreitung). Er ist aber dann nicht schadensersatzpflichtig, wenn er irrig von einer Notwehrlage ausgeht und dieser Irrtum nicht auf Fahrlässigkeit beruht (BGH NJW 1987, 2509; OLG Düsseldorf OLG Report 1998, 261, 262).

– **Verteidigungsnotstand**, § 228

Z. B. des Briefträgers, der bei der Postzustellung von Hunden des Postempfängers angefallen und verletzt wird (OLG VersR 1996, 898).

1) Notstandslage = drohende Gefahr für ein Rechtsgut durch die Sache, die dann beschädigt wird, wobei umstritten ist, ob die beschädigte Sache ohne Zwischenschalten eines weiteren Kausalelementes die Gefahr begründen muss (Palandt/Heinrichs § 228 Rdnr. 6 m.w.N.) oder ob es genügt, dass von der Sache mittelbar eine Kausalität für die Gefahr ausgeht (Erman/Hefermehl § 228 Rdnr. 3 m.w.N.).

2) Objektive Erforderlichkeit und Verhältnismäßigkeit der Zerstörung oder Beschädigung der Sache.

3) Für den im defensiven Notstand Handelnden besteht eine Schadensersatzpflicht, wenn er die Gefahr verschuldet hat, § 228 S. 2.

– **Aggressiver Notstand**, § 904

1) Notstandslage = schadensdrohendes Ereignis, das sofortige Abhilfe erfordert (Staudinger/Seiler, 13. Bearb. 1996, § 904 Rdnr. 12).

2) Notstandshandlung = eine zur Abwendung der gegenwärtigen Gefahr notwendige und mit Verteidigungswillen getragene Einwirkung auf die Sache. Der drohende Schaden muss im Vergleich zu dem durch die Notstandshandlung verursachten Schaden unverhältnismäßig groß sein.

3) Ein Eingriff in fremdes Eigentum ist unter den in 1) und 2) genannten Voraussetzungen rechtmäßig. Der Eigentümer muss die Einwirkung dulden. Er kann aber gemäß § 904 S. 2 Schadensersatz verlangen.

§ 904 gilt entsprechend bei Einwirkungen auf andere absolute Vermögensrechte (z.B. beschränkt dingliche Rechte) und den Besitz, nicht dagegen bei Eingriffen in höchstpersönliche Rechtsgüter (Schreiber Jura 1997, 29, 33).

– **Selbsthilfe**, §§ 229 ff.

= Durchsetzung oder Sicherung eines Anspruchs durch private Gewalt

1) Eigener, in einem gerichtlichen Verfahren durchsetzbarer Anspruch.

2) Obrigkeitliche Hilfe nicht rechtzeitig zu erlangen.

3) Ohne sofortiges Eingreifen wäre die Verwirklichung des Anspruchs vereitelt oder erschwert.

4) Selbsthilfemaßnahmen i. S. d. § 229

5) Grenzen der Selbsthilfe: Erforderlichkeit, § 230.

6) Bei irrtümlicher Selbsthilfe Schadensersatzpflicht nach § 231.

▶ **Wahrnehmung berechtigter Interessen** (Grundgedanke des § 193 StGB)

▶ **Gesetzliche oder gewohnheitsrechtliche Eingriffsermächtigungen**, wie z. B. Festnahme nach § 127 StPO; Befugnisse des Gerichtsvollziehers nach der ZPO

Derjenige, der sich eines staatlichen, gesetzlich geregelten Verfahrens zur Durchsetzung seiner Ansprüche oder berechtigten Interessen bedient, handelt – außer im Falle des § 826 BGB – grundsätzlich nicht rechtswidrig. Dies gilt auch dann, wenn sich das Begehren nachträglich als sachlich nicht gerechtfertigt erweist und dem anderen Teil Nachteile entstanden sind (BGHZ 74, 9, 13). Die Grenze bildet Treu und Glauben: Bei einem willkürlich, leichtfertig oder mit unlauteren Mitteln in Gang gebrachten Verfahren ist die Vermutung der Rechtmäßigkeit widerlegt (AG Hamburg VersR 1993, 1363, 1364 m.w.N.).

▶ **Grundrechtlich geschützte Positionen**, wie z. B. Ausübung des Rechts auf Meinungsfreiheit (Art. 5 I 1 GG) oder auf Versammlungsfreiheit (Art. 8 GG)

Eine nicht nur kurzfristige, sondern z.B. zweitägige Blockade des Einsatzes von Baumaschinen durch eine Protestdemonstration gegen die Errichtung eines Gewerbeparks wird allerdings vom Grundrecht der Versammlungsfreiheit nicht gedeckt (BGHZ 137, 89@ = NJW 1998, 377, dazu Medicus EWiR § 823 BGB 4/98, 595).

3.4 Streitig ist, ob **verkehrsrichtiges Verhalten** einen Rechtfertigungsgrund darstellt.

BGHZ 24, 21 hat dies bejaht; vgl. dazu auch BGHZ 36, 237, 242; OLG Hamm NJW-RR 1998, 1402.

Beispiel nach BGHZ 24, 21: Der Straßenbahnführer A fuhr an, nachdem der Schaffner sich vergewissert hatte, dass niemand mehr einsteigen wollte und das Klingelzeichen zur Abfahrt gegeben hatte. Etwa gleichzeitig entschloss sich der X, der mit mehreren Bekannten in der Nähe der Haltestelle stand, mit der Straßenbahn nach Hause zu fahren. Er lief der Bahn ein paar Schritte nach und sprang auf die anfahrende Bahn. Dabei rutschte er ab und wurde schwer verletzt.

Nach der Ansicht des BGH ist das verkehrsrichtige Verhalten des A ein Rechtfertigungsgrund. Im überwiegenden Schrifttum wird ein solcher Rechtfertigungsgrund abgelehnt (vgl. z. B. Brox SchuldR BT Rdnr. 455). Nach der hier vertretenen Ansicht würde im vorstehenden Beispiel, bei dem eine nur mittelbare Verletzungshandlung durch A vorliegt, die Einschränkung der Verantwortlichkeit des A bereits im Tatbestand unter dem Gesichtspunkt der Zurechnung erfolgen (s.o. Fall 12). Da A sich nicht objektiv pflichtwidrig verhalten hat, handelte er nicht tatbestandsmäßig.

3.5 Einwilligung bei ärztlichen Heileingriffen

Grundsätzlich ist auch ein kunstgerecht ausgeführter operativer Eingriff eine Körperverletzung. Sie ist gerechtfertigt, wenn der Patient zuvor eingewilligt hat.

Der Patient muss „im Großen und Ganzen" über Chancen und Risiken der Behandlung aufgeklärt werden. Hat sich gerade dasjenige Risiko verwirklicht, über das aufgeklärt werden musste und tatsächlich auch aufgeklärt worden ist, so spielt es keine Rolle, ob bei der Aufklärung auch andere Risiken der Erwähnung bedurften (BGH MDR 2000, 701[@]; dazu Anm. Terbille MDR 2000, 1012).

Die Einwilligung muss rechtzeitig abgegeben werden, nicht erst auf dem Weg in den Operationssaal (BGH JZ 1993, 312, 313 m. Anm. Giesen S. 315 ff.; BGH NJW 1998, 1784). Bei einem Minderjährigen ist die Einsichts- und Urteilsfähigkeit maßgeblich (BGH FamRZ 1959, 200; Belling FuR 1990, 68, 69 FN 13).

3.6 Handeln auf eigene Gefahr

Eine rechtfertigende Einwilligung durch ein „Handeln auf eigene Gefahr" kann **nur in seltenen Ausnahmefällen** angenommen werden. Sie setzt voraus, dass das Verhalten des Geschädigten ohne **künstliche Unterstellung** als Einwilligung in die als möglich vorgestellte Rechtsgutverletzung aufgefasst werden kann, dass ihm die **Verfügungsgewalt** über das Rechtsgut zusteht und er die erforderliche **Einsichtsfähigkeit** besessen hat. Wenn der später Verletzte nur darauf vertraut, es werde nichts passieren, kann **nicht** von einer rechtfertigenden Einwilligung ausgegangen werden. Das Handeln auf eigene Gefahr kann aber als schuldhafte Selbstgefährdung unter § 254 fallen (OLG Düsseldorf OLG Report 2000, 349, 350).

3.7 Sportverletzung

Eine Rechtfertigung bei Sportverletzungen aus dem Gesichtspunkt der **Einwilligung des Verletzten** scheidet als „künstliche Unterstellung" aus. Eine Haftung für Verletzungen beim Sport ist aber nur dann gegeben, wenn ein **schuldhafter Regelverstoß** zu Verletzungen führt, wobei ein Verschulden nicht vorliegt, wenn der Regelverstoß im Grenzbereich zwischen der einem solchen Kampfsport eigenen gebotenen Härte und Unfairness liegt.

BGHZ 63, 140, 142[@] f.; OLG Düsseldorf NJW-RR 2000, 1116[@] m.w.N.; OLG Frankfurt OLG Report 2000, 271.

Beim Fußballspiel gelten mangels abweichender Absprachen die Regeln des DFB, und zwar auch bei einem Spiel unter Kindern oder Jugendlichen (OLG Düsseldorf NJW-RR 2000, 1116[@]). Ein nur geringfügiger Regelverstoß, der nicht zu einer Haftung führt, liegt z.B. vor, wenn ein Spieler beim Kampf um den Ball seinen Gegenspieler von der Seite in die Beine grätscht (OLG Düsseldorf NJW-RR 2000, 1115), während beim Grätschen von hinten ein schwerer Regelverstoß gegeben ist, der i.d.R. einen Schuldvorwurf rechtfertigt (OLG Hamm VersR 1999, 461; OLG Stuttgart MDR 2000, 1014).

Bei Sportarten, die nicht zu den Kampfsportarten gehören, sondern in den Bereich der „parallelen" Sportausübungen einzureihen sind, bei denen Körperkontakte und Verletzungen typischerweise nicht eintreten, wie z.B. beim Golfspiel, darf jeder Teilnehmer auf die volle Regeleinhaltung vertrauen und er hat seinerseits für Regelverletzungen einzustehen (OLG Hamm VersR 1998, 67, 68).

3.8 Rechtswidrigkeit bei Emissionen

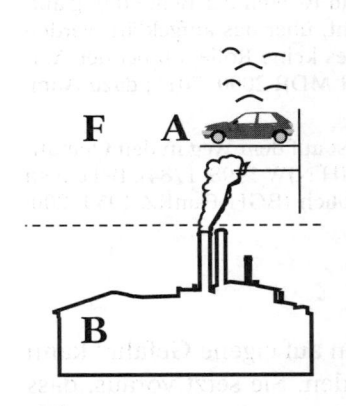

Fall 15: Staubemissionen aus dem Kupolofen
B betreibt in einem Industriegebiet eine nach § 4 BImSchG genehmigte Anlage zum Einschmelzen von Roheisen mit einer Nassentstaubung. Eine Überprüfung hat ergeben, dass der Staubauswurf, der mit dem Abgas aus dem Kupolofen getragen wird, unter dem vorgeschriebenen Grenzwert bleibt.
A ist Arbeitnehmer der Firma F, deren Betriebsparkplatz an das Gelände des B angrenzt. A stellt während der Arbeitszeit seinen Pkw auf diesem Parkplatz ab. Der Pkw wurde durch Staub aus dem Kupolofen des B beschädigt; der Staub hat sich in Lack, Glas und Chromteile des Fahrzeuges eingefressen. Kann A von B Schadensersatz verlangen? (Fall nach BGHZ 92, 143[@])

§ 823 I?
Voraussetzungen

(I) Tatbestand

(1) Rechtsgutverletzung ist hier die Eigentumsverletzung am Pkw des A.

(2) Sie ist adäquat kausal auf die Staubemissionen zurückzuführen.

(3) **In ihrem Regelungsbereich sind die nachbarrechtlichen Sonderbestimmungen der §§ 906 ff. maßgebend dafür, ob die von dem einen auf das andere Grundstück ausgehenden Einwirkungen rechtswidrig sind.**
BGHZ 90, 255, 258; BGH JuS 1991, 860; BGHZ 117, 110, 111.

Immissionen führen daher nicht zu einer Delikthaftung des Emittenten gegenüber dem betroffenen **Grundstückseigentümer**, wenn dieser die vom Nachbargrundstück ausgehende Immission nach § 906 dulden muss.
BGHZ 90, 255, 260/261; 92, 143, 148[@]; RGRK/Steffen § 823 Rdnr. 17.

Die **analoge Anwendung des § 906 ist bei der Verletzung beweglichen Eigentums** geboten, denn der deliktische Schutz anderer Eigentümer kann nicht weitergehen als der der benachbarten Grundstückseigentümer.
BGHZ 92, 143, 148/149[@]; kritisch Hager Jura 1991, 303 ff.

Wenn eine wesentliche Immissionsbeeinträchtigung – etwa wie hier eine Sachbeschädigung – **feststeht, so hat der Emittent darzulegen und zu beweisen, dass er sich im Rahmen der ortsüblichen Benutzung gehalten und die erforderlichen Maßnahmen zur Eindämmung der Immission ergriffen hat** (vgl. § 906). Im vorliegenden Fall muss also B beweisen, dass er die ihm zumutbaren Vorkehrungen getroffen hat, um eine Schädigung des A durch Staubemmissionen zu verhindern. Hierzu gehört insbesondere der Nachweis, dass er die Emissionswerte der TA-Luft eingehalten hat.

(II) Führt er diesen Beweis nicht, ist er dem A aus § 823 I schadensersatzpflichtig.

---

4. Verschuldensfähigkeit, Verschulden, Billigkeitshaftung

Siehe zunächst Aufbauschema S. 2.

4.1 Verschuldensfähigkeit, §§ 827, 828

▶ **Verschuldensunfähig** sind alle Personen vor Vollendung des siebenten Lebensjahres, § 828 I, sowie diejenigen, die im Zustand der Bewusstlosigkeit oder in einem die freie Willensbestimmung ausschließenden Zustand krankhafter Störung der Geistesfähigkeit gehandelt haben, § 827 S. 1.

Das Gesetz nimmt jedoch Verschulden in Form von Fahrlässigkeit an, wenn der Schädiger diesen Zustand vorübergehend dadurch herbeigeführt hat, dass er sich schuldhaft durch geistige Getränke oder ähnliche Mittel berauscht hat, § 827 S. 2.

▶ **Beschränkt verschuldensfähig** sind Personen, die das siebente, nicht aber das achtzehnte Lebensjahr vollendet haben. Die Verantwortlichkeit ist davon abhängig, dass der Betreffende bei der Begehung der Pflichtverletzung die zur Erkenntnis der Verantwortlichkeit erforderliche Einsicht hatte, § 828 II 1. Das gleiche gilt für Taubstumme, § 828 II 2.

Die zur Erkenntnis der Verantwortlichkeit erforderliche Einsicht besitzt derjenige, der nach seiner geistigen Entwicklung fähig ist zu erkennen, dass sein Verhalten unrecht ist und er verpflichtet ist, für die Folgen seines Verhaltens einzustehen.
BGH NJW 1984, 1958; OLG Hamm VersR 1995, 56 m.w.N.

Vielfach hat Gerichte die Frage beschäftigt, ob (einsichtsfähige) Minderjährige in Fällen, in denen sie fahrlässig Großschäden verursachen, unbeschränkt haften, z.B. auch für Millionenschäden gerade zu stehen haben. Mit dieser Frage hat sich auf Vorlage auch das BVerfG befaßt: Bei § 828 II handelt es sich um **vorkonstitutionelles Recht**. Das jeweils befasste Gericht muss daher § 828 II selbst überprüfen. Aus verfassungsrechtlicher Sicht stehen weder der Wille des vorkonstitutionellen Gesetzgebers noch der Wortlaut des § 828 II einer **Einschränkung der Minderjährigenhaftung aus Billigkeitsgründen gemäß § 242** entgegen. Das jeweils zuständige Gericht hat dies nach dem konkreten Fall zu entscheiden.
BVerfG NJW 1998, 3557, 3558[@]; dazu Sachs JuS 1999, 812 f. und Goecke NJW 1999, 2305 ff.

▶ **Verschuldensfähig** sind alle übrigen Personen.

4.2 Grad des Verschuldens

▶ **Vorsatz bedeutet Wissen und Wollen der objektiven Tatbestandsmerkmale des jeweiligen Unrechtstatbestandes und das Bewußtsein der Rechtswidrigkeit.**

Für § 823 I gilt somit die Vorsatztheorie. Ein Irrtum über die Rechtswidrigkeit – auch Verbotsirrtum – schließt also immer den Vorsatz aus (RGZ 72, 4, 6; BGHZ 69, 128, 142 f; BGH NJW 1985, 134, 135; Deutsch Haftungsrecht I S. 265; Palandt/Heinrichs § 276 Rdnr. 11 m.w.N.).

Im Falle des § 823 I muss sich der Vorsatz auf die Verletzung eines der von dieser Vorschrift erfassten Rechte oder Rechtsgüter beziehen (z. B. die Verletzung des Eigentums = haftungsbegründender Tatbestand), nicht dagegen auf den sich aus dieser Rechts- bzw. Rechtsgüterverletzung ergebenden weiteren Schadens (= haftungsausfüllender Tatbestand).

Soergel/Zeuner § 823 Rdnr. 268 m.w.N.

▶ **Fahrlässig handelt nach § 276 I 2, wer die im Verkehr erforderliche Sorgfalt außer acht lässt. Die Sorgfaltspflichtverletzung muss – wie beim Vorsatz – in Bezug zu den objektiven Tatbestandsmerkmalen, aus denen sich die Rechtswidrigkeit ergibt, stehen.**

Soergel/Wolf § 276 Rdnr. 68; MünchKomm/Hanau § 276 Rdnr. 41.

Im Fall des § 823 I muss sich die Fahrlässigkeit somit auf die Verletzung eines der in § 823 I geschützten Rechte oder Rechtsgüter beziehen.

MünchKomm/Hanau § 276 Rdnr. 41 m.w.N.

▶ Grundsätzlich haftet der Schädiger für jede **Fahrlässigkeit**. Es gilt der sog. **objektivierte Fahrlässigkeitsmaßstab: Fahrlässigkeit liegt vor, wenn der Schuldner diejenige Sorgfalt außer acht gelassen hat, die von einem Angehörigen dieser Menschengruppe (Berufsgruppe, Gruppe von Verkehrsteilnehmern usw.) in der jeweiligen konkreten Situation erwartet wird**.

Verfügt gerade der Schuldner über eine spezielle Kenntnis, so ist auch hierauf abzustellen.

Es ist darauf zu achten, dass man zwischen der Feststellung der Deliktsfähigkeit (oben 4.1) und der Fahrlässigkeit trennen muss.

So kann es durchaus sein, dass die Deliktsfähigkeit eines Minderjährigen nicht auszuschließen, aber ein fahrlässiges Verhalten des Minderjährigen unter Berücksichtigung seines Alters nicht anzunehmen ist.

Beispiel (nach OLG Hamm VersR 1995, 56): Ein zehnjähriges Kind ist von zu Hause weggelaufen, hat sein Meerschweinchen mitgenommen, übernachtet in einer Scheune, wacht in der Nacht auf, stellt fest, dass sein Meerschweinchen weggelaufen ist, leuchtet deshalb spontan mit dem Feuerzeug und verursacht einen Scheunenbrand.

Es ist fraglich, ob ein Ausschluss der Deliktsfähigkeit angenommen werden kann.

Es läßt sich jedenfalls keine Fahrlässigkeit feststellen: Für die Bemessung des Sorgfaltsmaßstabs ist auf Altersgruppen abzustellen. Maßgebend ist bei Minderjährigen, wie ein Kind dieses Alters sich in der konkreten Situation typischerweise verhalten hätte, also ob ein solches Kind die Gefährlichkeit hätte erkennen und nach dieser Einsicht hätte handeln können (BGH MDR 1997, 739). OLG Hamm hat dies im vorliegenden Fall wegen der Ausnahmesituation abgelehnt.

▶ In bestimmten Fällen ist die Haftung auf Vorsatz und **grobe Fahrlässigkeit** beschränkt:

z. B. Schenker (§ 521), Verleiher (§ 599), Finder (§ 968), Schuldner im Annahmeverzug (§ 300), Geschäftsführer ohne Auftrag bei Gefahrenabwehr (§ 680). § 11 Nr. 7 AGBG schließt einen Haftungsausschluss für grob fahrlässige Vertragsverletzungen aus.

Grob fahrlässig handelt, wer die im Verkehr erforderliche Sorgfalt in hohem Grade außer acht lässt, wer nicht beachtet, was unter den gegebenen Umständen jedem einleuchten muss. Grobe Fahrlässigkeit verlangt objektiv ein grob fehlerhaftes und subjektiv ein erheblich gesteigertes Verschulden.

▶ Ordnet das Gesetz (z. B. in §§ 1359, 1664) die Haftung für **eigenübliche Sorgfalt** an, so gilt ein **subjektiver, auf die Veranlagung und das gewohnheitsmäßige Verhalten des Handelnden abgestellter Maßstab**. Für grobe Fahrlässigkeit muss der Handelnde aber auf jeden Fall einstehen, § 277.

4.3 Billigkeitshaftung, § 829

▶ Der Anspruchsgegner würde wegen einer unerlaubten Handlung nach §§ 823–826 schadensersatzpflichtig sein, wenn es bei ihm nicht aufgrund der §§ 827, 828 an der Verschuldensfähigkeit fehlen würde.

▶ Der Geschädigte darf den Ersatz des Schadens nicht von einem aufsichtspflichtigen Dritten erlangen können; § 829 ist subsidiär.

▶ Ein Anspruch gegen den Schädiger besteht nur insoweit, „als die Billigkeit nach den Umständen, insbesondere nach den Verhältnissen der Beteiligten, eine Schadloshaltung erfordert und ihm nicht die Mittel entzogen werden, derer er zum angemessenen Unterhalt sowie zur Erfüllung seiner gesetzlichen Unterhaltspflichten bedarf". Zu berücksichtigen sind die gesamten Umstände. Dazu gehören die Verhältnisse der Beteiligten, ihre wirtschaftliche Lage und ihre Bedürfnisse, ferner die Besonderheiten der die Schadensersatzpflicht auslösenden Handlung. Die Billigkeit muss den Ersatz „fordern", nicht nur erlauben.

---

2. Abschnitt: Sonstige Anspruchsgrundlagen

1. § 823 II i.V.m. Schutzgesetz

Nach § 823 II ist derjenige zum Schadensersatz verpflichtet, der schuldhaft „gegen ein den Schutz eines anderen bezweckendes Gesetz verstößt". **Anders als bei § 823 I kommt es hier bei der Tatbestandsmäßigkeit nicht auf eine bestimmte Rechts(gut)verletzung an, sondern nur darauf, dass ein Schutzgesetz verletzt ist.**

1. Teil: Unerlaubte Handlungen

Aufbauschema für § 823 II

I. Voraussetzungen („haftungsbegründender Tatbestand")

1. **Tatbestand**
   Verletzung eines Schutzgesetzes i.S.v. § 823 II
   a) Schutzgesetz
      aa) Gesetzesqualität
         = jede Rechtsnorm im materiellen Sinne
      bb) Verbots- oder Gebotsnorm
         nicht bloße Formvorschriften
      cc) persönlicher und sachlicher Schutzbereich
         ▸ Schutzgesetz bezweckt (zumindest auch) Indiviualschutz
         ▸ Anspruchsteller gehört zum geschützten Personenbereich
         ▸ das geltend gemachte Interesse soll von der Norm (auch) geschützt werden
   b) Schutzgesetz verletzt
      ▸ beurteilt sich nach den Regeln, die für das Schutzgesetz gelten
2. **Rechtswidrigkeit**
3. **Verschulden**
   a) bzgl. des Verstoßes gegen das Schutzgesetz
      Es muss sich nicht auf die Folgeschäden beziehen
   b) nach den Regeln des Schutzgesetzes
   c) Mindestens muss der Verstoß gegen das Schutzgesetz sich zugleich als Fahrlässigkeit i.S.d. § 276 darstellen.

II. Rechtsfolgen („haftungsausfüllender Tatbestand")

Ersatz des durch die Schutzgesetzverletzung verursachten Schadens

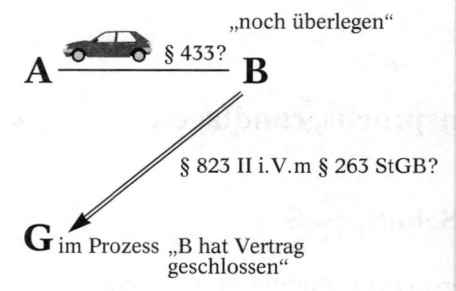

A ———§ 433?——— B   „noch überlegen"

§ 823 II i.V.m § 263 StGB?

G im Prozess „B hat Vertrag geschlossen"

Fall 16: Fahrlässiger Falscheid

A, Inhaber eines Autohauses, klagte gegen B auf Zahlung des Kaufpreises für ein gebrauchtes Kfz. B hatte sich das Kfz angesehen und dem Geschäftsführer G des A nur gesagt, er wolle sich den Kauf noch überlegen, das rechte Vertrauen zu dem Wagen habe er nicht. Im Prozess wurde G als Zeuge vernommen und sagte ohne weiteres Nachdenken unter Eid aus, B habe ihn am Tage nach der Besichtigung angerufen und erklärt, er habe sich zum Kauf des Wagens entschlossen. Daraufhin wurde B rechtskräftig zur Zahlung des Kaufpreises Zug um Zug gegen Lieferung des Kfz verurteilt. Nach Rechtskraft des Urteils stellte sich heraus, dass der G den B am Telefon mit einem anderen Kunden verwechselt hatte.

> Außerdem stellte B fest, dass der Wagen um mindestens 200 DM teurer ist, als Wagen gleicher Art und Güte bei anderen Gebrauchtwagenhändlern gehandelt werden. B verlangt von G diesen Betrag als Schadensersatz. Zu Recht?

§ 823 II i. V. m. § 163 StGB?

(I) **Voraussetzungen des § 823 II**

(1) **Tatbestand**

Es muss ein **Schutzgesetz verletzt** sein.

(a) Als Schutzgesetz kommt § 163 StGB – fahrlässiger Falscheid – in Betracht. Es müsste dann § 163 StGB ein **Schutzgesetz i. S. d. § 823 II** darstellen:

(aa) Die Bezugsnorm muss **Gesetzesqualität** haben. Der Begriff des Gesetzes ist hier weit zu verstehen. „Schutzgesetze" können nicht nur Gesetze im formellen Sinn, sondern Rechtsnormen aller Art sein, also auch Verordnungen, öffentlich-rechtliche Satzungen, selbst Gewohnheitsrecht.

Eine Mindermeinung will auch die Verkehrssicherungspflichten als Normen i. S. d. § 823 II behandeln (so z. B. Mertens AcP 178, 227 ff., 230; ders. in MünchKomm § 823 Rdnr. 173). Die h. M. lehnt dies aber ab, da sonst § 823 II zu einer deliktischen Generalklausel würde (vgl. Larenz/Canaris II/2 § 76 III 2 b m. w. N.).

(bb) Die Bezugsnorm muss **Befehlsqualität** haben, d. h. ein Verbot oder Gebot aussprechen.

(cc) Das Gesetz muss für den konkreten Fall nach seinem **persönlichen und sachlichen Schutzbereich** eine Ersatzpflicht vorsehen.

▶ Das Gesetz muss einen **Individualschutz** bezwecken, d. h., es muss jedenfalls auch den Schutz des einzelnen oder eines bestimmten Personenkreises zum Ziele haben (BGHZ 122, 1, 3@ f. m. w. N.).

Das Verbot des § 909, dem Nachbargrundstück die Stütze zu entziehen, ist ein Schutzgesetz i. S. d. § 823 II. Es richtet sich gegen den Eigentümer des Grundstücks, von dem die Störung ausgeht, sowie gegen jeden, der an der Vertiefung mitwirkt (BGH 1996, 3205, 3206; BGH NJW-RR 1997, 1374; OLG Stuttgart OLG Report 1998, 198, 199; Saarländisches OLG OLG Report 1998, 303, 304).

§ 231 StGB n. F. – Beteiligung an einer Schlägerei – ist ein Schutzgesetz i. S. d. § 823 II. Während sonst Zurechnungszweifel grds. zu Lasten des Anspruchstellers gehen, gilt bei der Beteiligung an einer Schlägerei zugunsten des Geschädigten eine Zurechnungsvermutung. Hierfür ist nach Ansicht des BGH nicht § 830 I 2 maßgebend, sondern es schlägt sich die in § 231 StGB n. F. enthaltene Regelung der Zurechnungsfrage auch auf das zivile Deliktsrecht nieder (BGH NJW 1988, 1383).

§ 264 StGB – Subventionsbetrug – ist ein Schutzgesetz i. S. d. § 823 II (BGHZ 106, 204 = JR 1989, 239 m. zust. Anm. Peters S. 241 ff.). Nach Auffassung des BGH ist in § 264 StGB nicht allein die staatliche Planungs- und Dispositionsfreiheit geschützt (wie es von einigen Instanzgerichten und z. T. in der Lit. angenommen wird), sondern auch das staatliche Vermögen.

§ 264 a StGB – Kapitalanlagebetrug – schützt nicht nur das Vertrauen der Allgemeinheit in das Funktionieren des Kapitalmarkts, sondern ist auch darauf ausgerichtet, das Vermögen des einzelnen Kapitalanlegers vor möglichen Schäden durch falsche oder unvollständige Prospektangaben zu schützen (BGH NJW 1992, 241, 243).

§ 265 StGB – Versicherungsbetrug – hat jedenfalls auch den Schutz des Vermögens des Versicherers vor unberechtigter Inanspruchnahme zum Inhalt (OLG Düsseldorf NJW-RR 1995, 1493).

§ 288 StGB – Vereiteln der Zwangsvollstreckung – schützt das materielle Befriedigungsrecht des Gläubigers. Es kann daher ein Schadensersatzanspruch aus §§ 823 II, 288 StGB unter Schutzzweckgesichtspunkten nur bestehen, wenn der Anspruchsgegner dem Anspruchsteller zur Herausgabe des veräußerten bzw. beiseite geschafften Gegenstandes materiellrechtlich verpflichtet war (BGHZ 114, 305, 308 f.).

§ 267 StGB – Urkundenfälschung – ist kein Schutzgesetz. Aufgabe des § 267 StGB ist es, die Sicherheit und Zuverlässigkeit des Rechtsverkehrs mit Urkunden zu schützen. Dagegen hat § 267 StGB keinen individualschützenden Charakter (BGHZ 100, 13 ff.; dazu Kohte Jura 1988, 125 ff.; Deutsch JZ 1990, 733, 738).

▶ Der Verletzte muss zu dem **geschützten Personenkreis** gehören.

So ist z. B. § 248 b StGB (unbefugter Gebrauch eines Fahrzeuges) nur Schutzgesetz zugunsten des verletzten (Gebrauchs-) Berechtigten, nicht auch zugunsten von Verkehrsteilnehmern, die durch den Schwarzfahrer körperlich verletzt wurden (BGHZ 22, 293, 296; Honsell JA 1983, 101, 105; Staudinger/Hager § 823 Rdnr. E 24).

Lässt der Halter eines Kfz zu, dass jemand das Fahrzeug führt, der die dazu erforderliche Erlaubnis nicht hat, so ist dieses strafbar nach § 21 I Nr. 2 StVG. Diese Vorschrift bezweckt i. S. d. § 823 II den Schutz Dritter, die durch den Kfz-Gebrauch verletzt oder geschädigt werden. Der Fahrer selbst ist aber nicht in den persönlichen Schutzbereich einbezogen (BGH NJW 1991, 418).

▶ Schließlich muss das vom Geschädigten geltend gemachte **Interesse von der Norm geschützt** werden.

Im vorliegenden Fall ist entscheidend, ob § 163 StGB Schutzgesetz i. S. d. § 823 II ist. § 163 StGB schützt auch den durch die Aussage Betroffenen, was sich aus § 163 II StGB ergibt, wonach von Strafe abgesehen werden kann, falls der Täter seine Aussage berichtigt, bevor aus ihr einem anderen Nachteil entstanden ist; es ist auch das Vermögensinteresse des von der Aussage Betroffenen geschützt, denn § 163 StGB will auch vor Vermögensnachteilen bewahren (BGHZ 42, 313, 318).

(c) Das Schutzgesetz muss **verletzt** sein. Ist das Schutzgesetz ein Strafgesetz, so enthält § 823 II eine Verweisung auf alle Merkmale des Straftatbestandes.

G hat den Tatbestand des § 163 StGB erfüllt: Er hat vor Gericht falsch geschworen, da seine Aussage mit der Wirklichkeit nicht übereinstimmte. Er hätte die Unrichtigkeit seiner Aussage bei der ihm möglichen Sorgfalt erkennen können.

(2) **Rechtswidrigkeit**

Die Verletzung des Schutzgesetzes muss rechtswidrig sein.

Auch dann, wenn das Schutzgesetz kein Strafgesetz ist, muss Rechtswidrigkeit gegeben sein, da sonst keine unerlaubte Handlung vorläge. Dabei indiziert auch hier die Tatbestandsmäßigkeit – d.h. die Verletzung des Schutzgesetzes – die Rechtswidrigkeit, und diese entfällt nur, wenn ein Rechtfertigungsgrund eingreift (Staudinger/Hager § 823 Rdnr. H 14 m.w.N.).

Im vorliegenden Fall ist die Rechtswidrigkeit zu bejahen.

(3) Verschulden

> ▶ Die **Verschuldensfähigkeit** bestimmt sich nach den §§ 827 f., nicht nach der strafrechtlichen Schuldfähigkeit.
> Staudinger/Hager § 823 Rdnr. G 36 m.w.N.

> ▶ Das Verschulden braucht sich **nur auf den Verstoß gegen das Schutzgesetz** selbst zu beziehen.
> Eine Verletzung oder Schädigung des Betroffenen braucht somit vom Verschulden nur umfasst zu werden, wenn und soweit sie – wie etwa die Körperverletzung im Falle des § 223 StGB oder die Vermögensschädigung im Falle des § 263 StGB – selbst zu den Voraussetzungen des Schutzgesetzes gehört (BGH NJW 1982, 1037, 1038; Staudinger/Hager § 823 Rdnr. G 34 u. 35 m.w.N.).

> ▶ Verlangt das Schutzgesetz selbst Verschulden – wie z.B. das Strafgesetz –, so muss das vom Schutzgesetz vorausgesetzte Verschulden vorliegen. Wenn das Schutzgesetz kein Verschulden voraussetzt, muss der Täter mindestens fahrlässig handeln.
> BGH NJW 1982, 1037, 1038; Staudinger/Hager § 823 Rdnr. G 37.

> Ist das Schutzgesetz ein Strafgesetz und verlangt dieses Vorsatz, so ist nach h.M. Vorsatz im strafrechtlichen Sinne (Schuldtheorie!) erforderlich. Dagegen bestimmt die h.M. bei Fahrlässigkeitstaten den Verschuldensmaßstab immer nach den objektiven Kriterien des Zivilrechts (weil ja der Täter mindestens fahrlässig i.S.d. Zivilrechts handeln muss, s.o.).
> BGH LM § 823 (Bb) Nr. 2; MünchKomm/Mertens § 823 Rdnr. 189; Soergel/Zeuner § 823 Rdnr. 257; Staudinger/Hager § 823 Rdnr. G 38.

Im vorliegenden Fall hat G fahrlässig gehandelt. Damit hat G die Voraussetzungen des § 823 II i.V.m. § 163 StGB erfüllt.

(II) **Rechtsfolge** des § 823 II ist, dass der Schädiger den aus dem Schutzgesetzverstoß entstandenen Schaden zu ersetzen hat.

> Es fallen nur die Schäden unter die Schadensersatzverpflichtung gemäß § 823 II, die an einem durch das Schutzgesetz geschützten Rechtsgut eingetreten sind, deren Eintritt nach Sinn und Zweck des Schutzgesetzes also gerade verhindert werden sollte (Kupisch/Krüger S. 69).

Im vorliegenden Fall hat B durch den fahrlässigen Falscheid des G einen Schaden in Höhe von 200 DM erlitten. B kann von G diesen Betrag ersetzt verlangen.

– – –

2. § 824 Kreditgefährdung

Aufbauschema für § 824

I. Voraussetzungen („haftungsbegründender Tatbestand")

1. **Tatbestand**
   a) Behaupten oder Verbreiten unwahrer Tatsachen
   b) Unmittelbare Beeinträchtigung wirtschaftlicher Interessen
2. **Rechtswidrigkeit**
   Besonderer Rechtfertigungsgrund ist § 824 II
3. **Verschulden**
   Fahrlässigkeit genügt

II. Rechtsfolgen („haftungsausfüllender Tatbestand")

Ersatz des durch die Kreditgefährdung entstandenen Schadens

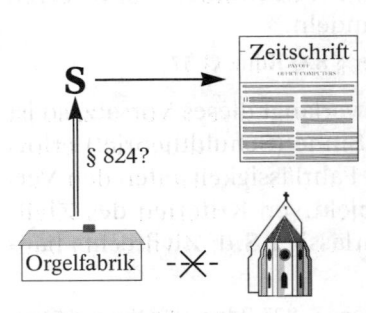

Fall 17: Systemvergleich

S, ein Berliner Student, nahm in einer an eine kirchliche Zeitschrift gerichteten und von dieser veröffentlichten Zuschrift zur Brauchbarkeit von Elektronenorgeln im Unterschied zu den herkömmlichen Pfeifenorgeln Stellung. Er schrieb u.a., dass die Berliner Kirchengemeinden, die Elektronenorgeln hätten, mit diesen nicht zufrieden seien. Firma F, die Elektronenorgeln herstellt, behauptet, einige Gemeinden seien doch zufrieden. Infolge der Leserzuschrift sei ihr Absatz beeinträchtigt. Sie verlangt von S, den entstandenen Schaden zu ersetzen.
Hat eine Klage Aussicht auf Erfolg? (Fall nach BGH JZ 1964, 509)

(A) § 824 I?

Tatbestand

(I) § 824 I setzt das Behaupten oder Verbreiten unwahrer Tatsachen voraus.

S hat Tatsachen behauptet und nicht nur Werturteile aufgestellt.

Zur Abgrenzung von Tatsachenurteilen gegenüber Werturteilen in einem Testbericht vgl. OLG Köln VersR 1996, 240. Bloße Werturteile sind z.B. „Schwindelfirma", RGZ 101, 338; „billiger Schmarren", BGH NJW 1965, 36.

Unklar ist hier, ob die Behauptung wahr oder unwahr ist. Dies kann offen bleiben, wenn es jedenfalls an der weiteren Voraussetzung des § 824 I fehlt:

(II) Weitere Voraussetzung ist, dass durch die Tatsachenbehauptung eine unmittelbare Beeinträchtigung wirtschaftlicher Interessen eingetreten ist.

Allein der Umstand, dass hierdurch der Firma F Nachteile entstehen können (z.B. ungünstige Auswirkung auf Absatz), reicht entgegen dem Wortlaut des Gesetzes nicht aus, da sonst die freie Meinungsäußerung zu sehr beschränkt würde. Es ist erforderlich, dass die behauptete Tatsache in einer erkennbaren Beziehung gerade zu der Person des Geschädigten, seinem Betrieb, seinen Geschäftsmethoden oder gewerblichen Erzeugnissen steht. Nicht ausreichend ist ein allgemeiner „Systemvergleich".
BGH JZ 1964, 509; 1967, 95, jeweils m. Anm. Deutsch; BGH WM 1992, 535.

Im vorliegenden Fall wird nur das System der Pfeifenorgel mit dem der Elektronenorgel verglichen. Eine Beziehung gerade zu der Firma F fehlt. § 824 greift nicht ein.

(B) Ein Anspruch aus § 823 I (Gewerbebetrieb) scheidet aus, weil sich die Zuschrift des S nicht unmittelbar gegen die Firma F richtete; sie war nicht betriebsbezogen.

(C) Ein Anspruch aus § 823 II i.V.m. § 185 oder § 186 StGB scheidet mangels ehrverletzender Behauptungen aus. Nicht ehrverletzende Behauptungen können eine Ersatzpflicht nach § 823 II i.V.m. § 187 StGB begründen, wenn eine kreditgefährdende Tatsache wider besseres Wissen aufgestellt oder verbreitet wird. Das ist nicht geschehen.

– – –

3. § 826 Vorsätzliche sittenwidrige Schädigung

Aufbauschema für § 826

I. Voraussetzungen („haftungsbegründender Tatbestand")

1. **Tatbestand**
   a) Schaden, auch bloßer Vermögensschaden
   b) durch ein dem Antragsgegner zuzurechnendes sittenwidriges Handeln
2. **Rechtswidrigkeit**
   Besonderer Rechtfertigungsgrund ist § 824 II
3. **Verschulden**
   Nur Vorsatz (auch bedingter), aber der Vorsatz muss auch den (hier zum TB gehörenden) Schaden umfassen.

II. Rechtsfolgen („haftungsausfüllender Tatbestand")

Ersatz des Schadens

§ 826 stellt eine **Generalklausel** dar, die jede Schädigung eines anderen, unabhängig von der Art des Rechts oder Rechtsgutes, sanktioniert. Eine Einschränkung erfährt diese Haftungsnorm: Die Schadenszufügung muss vorsätzlich und „in einer gegen die guten Sitten verstoßenden Weise" erfolgt sein. Für Vorsatz und Sittenverstoß des Schädigers ist der Geschädigte darlegungs- und beweispflichtig. Damit ist die praktische Bedeutung des § 826 gering.

▶ Bei § 826 gehört der **Schaden** mit zum haftungsbegründenden Tatbestand. Der Schaden, um dessen Ersatz es geht, muss nicht – anders als in § 823 I – durch die Verletzung bestimmter Rechtsgüter oder Rechte eingetreten sein. § 826 schützt auch das Vermögen.

▶ **Sittenwidrig** sind Handlungen, die gegen das Anstandsgefühl aller billig und gerecht Denkenden verstoßen. Dies kann sich aus dem verfolgten **Zweck**, dem angewandten **Mittel**, der dabei zutage getretenen **Gesinnung** oder den damit angerichteten **Folgen** ergeben. Maßgeblich sind die Anschauungen der in Betracht kommenden Kreise (z.B. Kaufleute), wobei ein Durchschnittsmaß von Redlichkeit und Anstand zu Grunde zu legen ist. Die Sittenwidrigkeit eines Rechtsgeschäfts bestimmt sich grds. nach den im Zeitpunkt seiner Vornahme gegebenen Umständen und Anschauungen.

▶ Es ist jede **Vorsatzform** ausreichend, auch bedingter Vorsatz.

▶ Der **Vorsatz** muss sich auf die den Sittenverstoß begründenden Tatumstände beziehen, braucht aber nicht die Sittenwidrigkeit als solche zu umfassen.

Der **Vorsatz** muss sich – anders als bei § 823 I und II – auf den Schaden beziehen. Der Handelnde muss wissen, dass ein Schaden eintritt, und er muss diesen wollen. Der Vorsatz braucht sich zwar nicht auf den genauen Kausalverlauf und den Umfang des Schadens zu erstrecken, muss jedoch die gesamten Schadensfolgen sowie Richtung und Art des Schadens umfassen (BGH NJW 2000, 2896, 2897@).

▶ **Fallgruppen:**

– **Arglistige Täuschung und rechtswidrige Drohung i.S.d. § 123**

I.d.R. kann das so zu Stande gekommene Geschäft statt durch Anfechtung über den Ersatzanspruch aus § 826 schuldrechtlich rückgängig gemacht werden und zwar auch dann noch, wenn eine Anfechtung wegen Fristablaufs unzulässig geworden ist (BGHZ 42, 37, 42).

Die Täuschung kann durch Unterlassen begangen werden, wenn Treu und Glauben eine Offenbarung gebieten. Dies gilt z.B. für Mitteilungen von Tatsachen, die für den Entschluss des anderen Teils offensichtlich von Bedeutung sind (BGH NJW 1971, 1795, 1799), wie z.B. die Zahlungsunfähigkeit (RG LZ 1923, 20) oder die Konkursreife des Unternehmens (BGH BB 1966, 53). Das Unterlassen der im fairen Geschäftsverkehr gebotenen Aufklärung stellt insbesondere dann einen Sittenverstoß dar, wenn darin gleichzeitig ein Missbrauch der geschäftlichen Überlegenheit liegt, etwa weil dem anderen Teil die Fach- oder Branchenkunde fehlt (BGH WM 1982, 1374, 1375 m. Anm. Rössner; BGH NJW 1984, 2285).

Führt ein Verkäufer eines gebrauchten Pkw den kaufenden Gebrauchtwagenhändler hinters Licht, indem er ihm bekannte, für den Vertragsschluss wesentliche Umstände verschweigt, und veräußert der Gebrauchtwagenhändler dieses Fahrzeug weiter, so hat auch der ahnungslose Endabnehmer gegen den Erstverkäufer einen Ersatzanspruch aus § 826. Der Schädiger muss auch für Folgeschäden einstehen, die in einem inneren Zusammenhang mit seiner Tat stehen (OLG Hamm NJW 1997, 2121, 2122[@]).

- **Missbrauch einer formalen Rechtsstellung, insbes. die missbräuchliche Ausübung von Rechten**

Stellt eine Partei im Prozess bewusst unwahre Tatsachen auf, so verstößt sie gegen die Wahrheitspflicht aus § 138 ZPO und handelt sittenwidrig. Nutzt die Partei, die das Urteil erschlichen hat und die Unrichtigkeit kennt, die Rechtskraft des Urteils aus, so ist dies ohne weitere Umstände sittenwidrig (BGH LM § 826 [Fa] Nr. 9; s. hierzu auch Deutsch JZ 1990, 733, 738).

Auch die Vollstreckung aus einem nicht erschlichenen Titel kann eine vorsätzliche sittenwidrige Schädigung darstellen. Die Rechtskraft muss zurücktreten, wenn es mit dem Gerechtigkeitsgedanken schlechthin unvereinbar wäre, dass der Titelgläubiger seine formelle Rechtsstellung unter Missachtung der materiellen Rechtslage zu Lasten des Schuldners ausnutzt. Nach der Rspr. des BGH kommt eine Durchbrechung der Rechtskraft und die Bejahung eines Anspruches aus § 826 auf Unterlassung der Zwangsvollstreckung oder Herausgabe des Titels in Betracht (BGH WM 1998, 1950[@] m.w.N.; OLG Nürnberg ZIP 1999, 918).

Die Sittenwidrigkeit kann auch darin liegen, dass ein formales Recht – z.B. das Widerrufsrecht nach § 7 VerbrKrG – in Kenntnis des Umstandes ausgeübt wird, dass ein Dritter im Vertrauen darauf, dass das Recht nicht ausgeübt werde, wesentliche Vermögensverfügungen getroffen hat (LG Zweibrücken MDR 1995, 700, 701).

Ein Missbrauch der formalen Rechtsstellung kann in der Verweigerung der Erfüllung eines formungültigen Grundstückskaufvertrages liegen, so z.B., wenn der Verkäufer die Zusage gemacht hat, nach seiner eigenen Eintragung in das Grundbuch einen formwirksamen Vertrag abschließen zu wollen, er den Kaufpreis gegen Übergabe des Grundstücks entgegengenommen und der Bebauung des Grundstücks durch den Käufer zugestimmt hat (OLG Jena NJW-RR 1999, 1687).

- **Sittenwidrige Verleitung zum Vertragsbruch**

Vertraglich begründete Verpflichtungen wirken grundsätzlich nur im Verhältnis der Vertragsparteien zueinander. Die bloße Kenntnis eines Dritten von einer solchen Verpflichtung und seine Mitwirkung an der Verletzung derartiger Pflichten bedeuten – für sich genommen – keine vorsätzliche sittenwidrige Schädigung der Berechtigten i.S.v. § 826. Die Beteiligung eines Dritten an dem vertragswidrigen Verhalten des Schuldners stellt jedoch dann eine sittenwidrige Schädigung des Gläubigers dar, wenn weitere Umstände des Handelns des Dritten als mit einer loyalen Rechtsgesinnung schlechthin unvereinbar erscheinen lassen (BGH NJW-RR 1999, 1186[@]).

4. § 831 Haftung für den Verrichtungsgehilfen

Aufbauschema für § 831

I. Voraussetzungen („haftungsbegründender Tatbestand")
1. **Tatbestand**
   a) Verrichtungsgehilfe
   b) tatbestandsmäßige und rechtswidrige unerlaubte Handlung des Verrichtungsgehilfen
   c) in Ausübung der Verrichtung
2. **Rechtswidrigkeit**
3. **Verschulden**
   des Geschäftsherrn wird vermutet, wenn kein Entlastungsbeweis

II. Rechtsfolgen („haftungsausfüllender Tatbestand")

Ersatz des zugefügten Schadens

4.1 Setzt jemand als **Geschäftsherr** einen weisungsgebundenen **Verrichtungsgehilfen** ein und fügt dieser Gehilfe in Ausführung der ihm aufgetragenen Verrichtung einem Dritten durch eine unerlaubte Handlung rechtswidrig einen Schaden zu, so geht das Gesetz in § 831 davon aus, dass die eigentliche Ursache des Schadens in einem Sorgfaltsverstoß des Geschäftsherrn liegt. Es wird dann von Gesetzes wegen **vermutet**, dass der Geschäftsherr **schuldhaft** gehandelt hat und wenn er diese Verschuldensvermutung nicht widerlegt, haftet der **Geschäftsherr** für **eigenes** Verschulden.

§ 831 ist daher – anders als § 278 – nicht eine Zurechnungsnorm für fremdes Verschulden, sondern eine eigene selbstständige **Anspruchsgrundlage**.

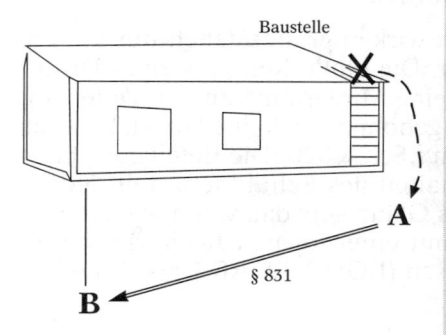

Fall 18: Kinder auf der Baustelle

Bauunternehmer B ließ durch seine Arbeiter, u.a. durch X, Arbeiten an einem Neubau ausführen. Auf der Baustelle spielten häufig Kinder. Als diese trotz mehrfacher Ermahnungen des X nicht weggingen, warf X ein Stück Holz vom Baugerüst hinunter, das den 4jährigen A verletzte. Der gesetzliche Vertreter des A verlangt von B Schadensersatz. B weist darauf hin, dass er ein Schild habe aufstellen lassen mit der Aufschrift: „Betreten der Baustelle verboten. Eltern haften für ihre Kinder."

A gegen B § 831?

(I) Voraussetzungen

(1) Tatbestand

Der **Verrichtungsgehilfe** muss eine **tatbestandsmäßige rechtswidrige unerlaubte Handlung** begangen haben, und zwar **in Ausführung der Verrichtung**.

Schuldfähiges Handeln des Verrichtungsgehilfen ist nicht erforderlich. Der Verrichtungsgehilfe braucht daher weder schuldfähig zu sein (§§ 827, 828) noch eine der Schuldformen (§ 276) zu erfüllen.

(a) Verrichtungsgehilfe

Verrichtungsgehilfe ist, wer mit Wissen und Wollen des Geschäftsherrn in dessen Interesse tätig wird und von dessen Weisungen abhängig ist. Erforderlich ist die Bestellung zu einer Verrichtung, deren Vornahme in den Herrschafts- und Organisationsbereich des Bestellers gehört, und zwar derart, dass damit eine weisungsbedürftige Abhängigkeit des Gehilfen von dem Geschäftsherrn gegeben ist. Das Weisungsrecht braucht nicht ins einzelne zu gehen. Erforderlich und ausreichend ist, dass der Geschäftsherr die Tätigkeit des Handelnden jederzeit beschränken oder entziehen oder nach Zeit und Umfang bestimmen kann (BGHZ 45, 313).

Diese Voraussetzungen sind im Verhältnis des Bauunternehmers B zu seinem Arbeiter X gegeben.

(b) Tatbestandsmäßige und rechtswidrige unerlaubte Handlung des Verrichtungsgehilfen

(aa) Unerlaubte Handlung des Gehilfen

Der Gehilfe muss den objektiven Tatbestand einer unerlaubten Handlung verwirklichen, wobei es gleichgültig ist, ob es sich um eine unerlaubte Handlung handelt, die im BGB geregelt ist (§§ 823 ff.) oder außerhalb des BGB (z.B. im UWG).

Staudinger/Belling/Eberl-Borges § 831 Rdnr. 4.

X hat die Gesundheit des A verletzt und damit den **Tatbestand** des § 823 I erfüllt.

(bb) Rechtswidriges Handeln des Gehilfen

Die Rechtswidrigkeit des Gehilfenhandelns ist indiziert, wenn der Gehilfe den objektiven Tatbestand einer unerlaubten Handlung erfüllt hat. Die Rechtswidrigkeit ist dann zu verneinen, wenn in der Person des Gehilfen ein Rechtfertigungsgrund gegeben ist.

Fikentscher Rdnr. 1304; s. dazu noch unten unter 4.3!

Im vorliegenden Fall ist kein Rechtfertigungsgrund gegeben. X handelte **rechtswidrig**.

(c) **In Ausübung der Verrichtung**

Der Verrichtungsgehilfe muss in Ausführung der Verrichtung gehandelt haben, nicht nur bei Gelegenheit: „Es muss ein unmittelbarer innerer Zusammenhang zwischen der ihm aufgetragenen Verrichtung nach ihrer Art und ihrem Zweck einerseits und der schädigenden Handlung andererseits vorliegen" (BGH NJW 1971, 31, 32).

Im vorliegenden Fall gehörte das Bemühen des X, die Kinder von der Baustelle fernzuhalten, zu dem dem X übertragenen Aufgabenbereich. Deshalb bestand zwischen dem Werfen mit dem Holzstück und der übertragenen Aufgabe, die Kinder fernzuhalten, ein äußerer und innerer Zusammenhang.

Der Tatbestand des § 831 ist somit erfüllt.

(2) **Rechtswidrigkeit**

§ 831 begründet nicht eine Haftung für das Handeln des Gehilfen, sondern einen selbstständigen Anspruch gegen den Geschäftsherrn.

> Erfüllt der Gehilfe selbst die Voraussetzungen einer unerlaubten Handlung, z. B. weil er im Rahmen des § 823 I selbst schuldhaft gehandelt hat, so haftet er persönlich nach § 823 I, unabhängig von der Haftung des Geschäftsherrn nach § 831 (Staudinger/Belling/Eberl-Borges § 831 Rdnr. 13). Haften Geschäftsherr (§ 831) und Gehilfe (z. B. aus § 823 I) nebeneinander, sind sie Gesamtschuldner gemäß § 840 I mit der Ausgleichspflicht im Innenverhältnis nach § 840 II.

Es handelt sich um eine Haftung für vermutete eigene Schuld des Geschäftsherrn. Verschulden setzt Rechtswidrigkeit voraus.

Es ist daher, obwohl im Tatbestand die Rechtswidrigkeit des Handelns des Gehilfen festzustellen war (s. o. [1] [b] [bb]), hier die Rechtswidrigkeit im Hinblick auf den Geschäftsherrn festzustellen. Denn (eigenes) Verschulden setzt (eigenes) rechtswidriges Handeln voraus (s. o. 3., 3.1).

Die Rechtswidrigkeit wird auch hier durch die Erfüllung des Tatbestandes indiziert. Rechtfertigungsgründe für den Geschäftsherrn sind kaum denkbar.

Jauernig/Teichmann § 831 Rdnr. 1.

Im vorliegenden Fall ist kein Rechtfertigungsgrund für B gegeben.

(3) **Verschulden**

§ 831 knüpft die Einstandspflicht des Geschäftsherrn an ein **eigenes Verschulden des Geschäftsherrn** an, lässt aber zugunsten des Verletzten eine **doppelte Vermutung** eingreifen: Hat der Verletzte eine rechtswidrige Schädigung durch den Verrichtungsgehilfen dargetan, dann besteht eine vom Geschäftsherrn zu widerlegende Vermutung dafür,

- ▶ dass er seinen Gehilfen nicht ausreichend ausgewählt, angewiesen, beaufsichtigt oder mit den erforderlichen Vorrichtungen oder Gerätschaften versehen hat – **Verschuldensvermutung** –, § 831 I 2, 1. Halbs.,

- und dass die Verletzung dieser Pflichten für die Schädigung ursächlich geworden ist – **Kausalitätsvermutung** –, § 831 I 2, 2. Halbs.

Im vorliegenden Fall hat B allein durch den Hinweis auf das Warnschild den Entlastungsbeweis nach § 831 I 2 nicht geführt.

(II) **Rechtsfolgen**

B ist zum Ersatz des Schadens verpflichtet, den X dem A zugefügt hat.

– – –

4.2 Mehrere in Betracht kommende Geschäftsherrn

Ist ein Arbeitnehmer mehreren Weisungszuständigkeiten untergeordnet, so ist für die Frage, wessen Verrichtungsgehilfe er ist, maßgeblich, in wessen Weisungszuständigkeit das rechtswidrige Verhalten fällt. Bei mehreren Weisungszuständigkeiten entscheidet das ranghöhere Direktionsrecht.

MünchKomm/Stein § 831 Rdnr. 40 m.w.N.

Praktische Anwendung findet dieser Grundsatz insbes. bei den echten Leiharbeitsverhältnissen.

Beispiel: Kranvermieter V stellte dem Bauunternehmer M für ein bestimmtes Bauvorhaben einen Kran nebst Kranführer K für einen bestimmten Zeitraum zur Verfügung. Während der Bauarbeiten hievte K ein nicht ordnungsgemäß angeschlagenes Lattenbündel hoch, das Lattenbündel rutschte aus dem Schlupf heraus, fiel auf die bereits eingebauten Binder des Dachstuhls und zerbrach diese. M verlangt von K Schadensersatz. –

(I) PVV? Der Vertrag über die Gestellung eines Krans mit Kranführer ist als Mietvertrag bezüglich des Kranes, verbunden mit einem **Dienstverschaffungsvertrag** bezüglich des Kranführers zu qualifizieren. Zwischen dem Kranführer und dem Dritten, an der der Kran vermietet wird, besteht ein sog. echtes **Leiharbeitsverhältnis** (OLG Düsseldorf VersR 1996, 511; NJW-RR 1998, 382[@]; OLG Celle NJW-RR 1997, 469). Zu den vertraglichen Nebenpflichten des Verleihers gehört es, die Leiharbeitnehmer auf ihre generelle Tauglichkeit für die im Entleiherbetrieb zu erbringenden Arbeitsleistungen hin auszusuchen. Verletzt der Verleiher schuldhaft die ihm obliegende Auswahlpflicht, so haftet er dem Entleiher wegen pVV (BGH NJW 1971, 1129; MünchKomm/Müller-Glöge 3. Aufl. 1997, § 611 Rdnr. 36 m.w.N.). Im vorliegenden Fall ist ein Auswahlverschulden des V nicht festzustellen.

(II) Mangels eines eigenen Organisationsverschuldens des V scheidet ein Anspruch gegen V aus § 823 I aus.

(III) Eine Haftung des V aus § 831 setzt voraus, dass K bei dem Hochhieven des Lattenbündels als Verrichtungsgehilfe des V gehandelt hat. Eine nur allgemeine Weisungsbefugnis genügt nicht, vielmehr ist ausschlaggebend, ob V mit einer Weisungsbefugnis vor Ort tatsächlich Einfluss auf die konkrete Verrichtung nehmen konnte (BGH VersR 1970, 934, 935; OLG Düsseldorf NJW-RR 1998, 382[@] m.w.N.). OLG Celle (NJW-RR 1997, 469, 470) hat dies bejaht, V hätte das Recht und die Pflicht gehabt, den sachgerechten Umgang des K mit dem Kran zu überwachen und das Hochhieven des unzureichend befestigten Lattenbündels zu verbieten. Dagegen spricht, dass es gerade Kennzeichen des Dienstverschaffungsvertrages ist, dass die Arbeit nach Weisung des Dritten geleistet wird (MünchKomm/Müller-Glöge a.a.O). Im vorliegenden Fall wäre V auch tatsächlich gar nicht in der Lage gewesen, die Arbeit des K auf der Baustelle des M zu überwachen. Demgemäß hat OLG Düsseldorf (VersR 1996, 511 u. NJW-RR 1998, 382[@]) in ähnlich liegenden Fällen eine Haftung des Vermieters aus § 831 wohl zu Recht abgelehnt.

4.3 Nichterweislichkeit eines verkehrsrichtigen Verhaltens des Gehilfen

Nach der Rspr. stellt das verkehrsrichtige Verhalten einen Rechtfertigungsgrund dar. Die Beweislast für das Eingreifen eines Rechtfertigungsgrundes trägt der Schädiger. In der Situation, in der weder ein verkehrsrichtiges noch ein verkehrswidriges Verhalten des Verrichtungsgehilfen festzustellen ist, haftet der Verrichtungsgehilfe mangels nachgewiesenen Verschuldens nicht aus § 823 I, der Geschäftsherr jedoch mangels Nachweises eines Rechtfertigungsgrundes aus § 831.

BGHZ 24, 21; BGH NJW-RR 1987, 1048; OLG Hamm MDR 1998, 1222@.

Beispiel (nach OLG Hamm MDR 1998, 1222@): Bei einem Verkehrsunfall kam die Radfahrerin R mit ihrem Rennrad zu Fall, als sie von dem von F gelenkten Sattelschlepper überholt wurde. Das linke Bein geriet unter die rechten Hinterräder des Hängers, die R wurde erheblich verletzt. Die R verlangt von F und G, dem Arbeitgeber des F und Halter des Fahrzeuges, als Gesamtschuldner Schmerzensgeld. Im Prozess ist dem F ein schuldhaftes Verhalten nicht nachzuweisen. Es steht fest, dass die R in unmittelbarem Zusammenhang mit dem Überholvorgang durch den Sattelschlepper zu Fall gekommen ist. Es bleibt aber offen, ob der überholende Lkw einen ausreichenden Sicherheitsabstand eingehalten hat oder nicht. –
(A) Ein Anspruch der R gegen F aus §§ 823 I, 847 scheidet aus, da die R dem F kein schuldhaftes Verhalten nachweisen kann.
(B) Dagegen haftet der Geschäftsherr G nach §§ 831, 847: F hat den objektiven Tatbestand des § 823 I erfüllt, da die Fahrt mit dem Sattelschlepper adäquat kausal für die Körperverletzung der R war. Die Rechtswidrigkeit des Verhaltens des F ist damit indiziert. Bei der Nichtaufklärbarkeit der Frage, ob sich F verkehrsrichtig verhalten hat oder nicht, hat G keinen Rechtfertigungsgrund für das Verhalten des F nachgewiesen. Auf ein Verschulden des F Verrichtungsgehilfen kommt es bei § 831 nicht an. Der Geschäftsherr G haftet, wenn er nicht den Entlastungsbeweis nach § 831 I 2 führen kann.

4.4 In Ausführung der Verrichtung

Rein begrifflich könnte man sagen, dass die Schädigung eines Dritten in aller Regel nicht zu den übertragenen Verrichtungen gehört und daher auch nicht in Ausführung der Verrichtung erfolgt ist. Damit würde man aber § 831 seine praktische Bedeutung nehmen. Somit muss ein äußerer und innerer Zusammenhang mit der übertragenen Tätigkeit ausreichen. Zweckmäßigerweise überlegt man sich, ob die Tätigkeit des Verrichtungsgehilfen für sich betrachtet, also wenn man von der Fehlleistung absieht, noch zum übertragenen Aufgabenbereich gerechnet werden kann. Dann liegt ein Handeln „in Ausführung" vor.

Beispiel: Ein angestellter Kraftfahrer überfährt jemanden. Die Tätigkeit an sich ist das Fahren. Dabei handelt es sich um die übertragene Verrichtung. Zwischen der übertragenen Verrichtung und der Schädigung besteht ein äußerer und innerer Zusammenhang. Der Kraftfahrer handelte daher „in Ausführung der Verrichtung".

Gegenbeispiel: Der Malergeselle stiehlt in der Wohnung des Auftraggebers Geld. Das Stehlen ist hier eine Tätigkeit, die mit der übertragenen Aufgabe nur noch in einem gewissen äußeren, nicht mehr in einem inneren Zusammenhang steht. Sie wurde lediglich „bei Gelegenheit" der übertragenen Verrichtung vorgenommen.

Entscheidend ist nicht die ausgeführte Handlung als solche, sondern das Verhältnis dieser Tätigkeit zum übertragenen Aufgabenkreis. Man kann daher nicht sagen, dass ein vom Gehilfen bei der Arbeit durchgeführter Diebstahl immer nur „bei Gelegenheit" erfolgt. Wenn dem Gehilfen speziell die Obhut und Bewahrungspflicht über die Sache anvertraut worden ist, so geschieht der von ihm durchgeführte Diebstahl „in Ausführung der Verrichtung".

Beispiel: Der Juwelier überträgt seiner Angestellten die Aufgabe, eine wertvolle Perlenkette einer Kundin zu säubern und neu zu schnüren. Bei der Arbeit lässt die Angestellte eine der Perlen in ihrer Tasche verschwinden.

Hier besteht die übertragene Aufgabe auch darin, einen Verlust einzelner Perlen (z. B. durch Unachtsamkeit) zu vermeiden. Die Perlen sind der besonderen Obhut der Angestellten anvertraut. Die Verletzung dieser Obhutspflicht durch das Entwenden einer Perle geschieht daher „in Ausführung der Verrichtung".

4.5 Der Unterschied zwischen § 278 und § 831

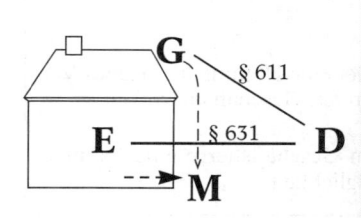

Fall 19: Dachschaden
E ist Eigentümer eines Mietshauses. Da das Dach undicht ist, beauftragt er den Dachdeckermeister D mit der Reparatur. D trifft die erforderlichen Absperrmaßnahmen und betraut den zuverlässigen Gesellen G mit der Ausführung der Reparatur. G lässt versehentlich einen Hammer fallen. Der Mieter M, der gerade das Haus verlassen hat, wird erheblich am Kopf verletzt. M verlangt von E Schadensersatz. (Gegen D ist ein Insolvenzverfahren eröffnet, G hat kein pfändbares Vermögen.)

Anspruch des M gegen E auf Schadensersatz?

(A) **pVV?**

(I) Zwischen E und M bestand im Zeitpunkt der Verletzungshandlung ein wirksamer Mietvertrag.

(II) Dem E wird unter den Voraussetzungen des **§ 278** das schuldhafte Verhalten des G zugerechnet.
Dann muss G als **Erfüllungsgehilfe** des E tätig geworden sein. E war aufgrund des Mietvertrages dem M gegenüber verpflichtet, die Mietwohnung in einem ordnungsgemäßen Zustand zu erhalten (§ 536). Der E musste daher das undichte Dach reparieren, und gemäß § 242 musste er alles unterlassen, was zu einer Schädigung der Mieter führen konnte. Der E hat mit der Erfüllung dieser Vertragspflichten den D betraut und sich stillschweigend damit einverstanden erklärt, dass D die Durchführung der Arbeiten einem zuverlässigen Gesellen übertrug. Daher war G Erfüllungsgehilfe des E.
Der G hat in Erfüllung der Verbindlichkeit die schadensbegründende Handlung begangen, und er hat schuldhaft gehandelt. Daher muss sich E gemäß § 278 das Verhalten des G zurechnen lassen. Er hat eine positive Vertragsverletzung begangen und ist zum Schadensersatz verpflichtet.

(B) § 831?

G war aber – ebenso wie sein Meister D – nicht von Weisungen des E abhängig. Es waren daher weder D noch G **Verrichtungsgehilfen** des E. Ein Anspruch aus § 831 scheidet daher aus.

– – –

§ 278	§ 831
▶ kann nur im Rahmen von Schuldverhältnissen Anwendung finden;	▶ ist unabhängig davon anwendbar, ob ein Schuldverhältnis besteht oder nicht;
▶ ist anwendbar ohne Rücksicht darauf, ob der Erfüllungsgehilfe vom Geschäftsherrn weisungsabhängig ist oder nicht;	▶ setzt voraus, dass der Verrichtungsgehilfe vom Geschäftsherrn weisungsabhängig ist;
▶ ist eine reine Zurechnungsnorm mit der Funktion, in einer gegebenen Anspruchsgrundlage das Merkmal des „Vertretenmüssens" auszufüllen;	▶ ist eine selbständige, deliktsrechtliche Anspruchsgrundlage;
▶ begründet eine Haftung für fremdes Verschulden (nämlich für Verschulden des Erfüllungsgehilfen);	▶ begründet eine Haftung für eigenes Verschulden des Geschäftsherrn;
▶ gibt dem Geschäftsherrn keine Exkulpationsmöglichkeit.	▶ gibt dem Geschäftsherrn eine Exkulpationsmöglichkeit.

§ 278 und § 831 können **nebeneinander** zur Anwendung kommen: Enthält eine Handlung gleichzeitig die Verletzung einer schuldrechtlichen Verhaltenspflicht und einen Verstoß gegen die allgemeinen Rechtspflichten der §§ 823 ff., so haftet der Schädiger regelmäßig sowohl aus Vertrag als auch aus unerlaubter Handlung. Grundsätzlich besteht dann Anspruchskonkurrenz bei Gleichwertigkeit von Vertragsrecht und Deliktsrecht. Ist auf Seiten des Anspruchsgegners ein Gehilfe eingeschaltet, so ist für die vertragliche Haftung des Schuldners auf § 278, für seine Delikthaftung auf § 831 abzustellen.

Beispiel: Im Fall 19 trifft der Hammer den M. M verlangt vom Dachdeckermeister D Schadensersatz. –

D haftet dem E einmal aus pVV des Werkvertrages i.V.m. § 278, da der Erfüllungsgehilfe G des D schuldhaft die dem E geschuldete Sorgfaltspflicht verletzt hat. – D haftet aber auch aus § 831, da G als Verrichtungsgehilfe des D den M rechtswidrig verletzt hat (§ 823 I). Die Ersatzpflicht des D aus § 831 entfällt allerdings, wenn D den Entlastungsbeweis nach § 831 I 2 führen kann.

4.6 Dezentralisierter Entlastungsbeweis; Organisationsverschulden

I) Soweit die Verletzungshandlung des Geschäftsherrn in der mangelnden **Auswahl oder Überwachung** des Verrichtungsgehilfen liegt, ist **§ 831 lex specialis** gegenüber § 823 I.

II) Für den Geschäftsherrn können weitere Betriebsorganisationspflichten bestehen. Verletzt er diese, kann er wegen **„Organisationsverschuldens"** aus § 823 haften. Daneben kann er auch aus § 831 haften.

Staudinger/Belling/Eberl-Borges § 831 Rdnr. 19. Nach MünchKomm/Stein § 831 Rdnr. 3 ist „ein Nebeneinander von § 823 Abs. 1 und § 831 unnötig, allerdings auch unschädlich".

Beispiel: A betreibt eine Autolackiererei. Wegen Brand- und Explosionsgefahr der Lackdämpfe hat er von der Behörde Sicherheitsauflagen bekommen. U.a. ist ihm aufgegeben, jedes offene Feuer in der Werkstatt zu vermeiden und eine Anzahl von Feuerlöschgeräten mit einem bestimmten speziell geeigneten Löschmittel greifbar zu haben. Der A nimmt diese Anordnung nicht sehr ernst. Feuerlöschgeräte sind inzwischen nicht mehr vorhanden. A stellt R ein, ohne ihn auf die besondere Brandgefahr hinzuweisen. Wenn R in der Arbeitspause gelegentlich eine Zigarette raucht, sagt er nichts. An einem Tag, an dem A auswärts ist, kommt es durch Rauchen des R zu einem zunächst kleinen Brand. R gießt, da er keine Feuerlöschgeräte sieht, Wasser in die Flamme, wodurch sich diese vergrößert. Da sich Qualm entwickelt, reißt R alle Fenster und Türen auf. Durch den Luftstrom wird der Brand entfacht. Es entsteht eine Explosion, die das Haus des Nachbarn N in Mitleidenschaft zieht. N verlangt von A Schadensersatz.

(1) § 831? R ist Verrichtungsgehilfe. Als R die zur Brand- und Explosionsverhütung notwendigen Maßnahmen unterließ und rauchte, handelte er in Ausführung der Verrichtung, denn A hatte auch die bei der Arbeit notwendigen Vorsichtsmaßnahmen auf R übertragen. Das Rauchen hat adäquat kausal und rechtswidrig zu einer Eigentumsverletzung bei N geführt. A kann sich nicht exkulpieren, da er den R nicht hinreichend instruiert und überwacht hat. A haftet somit aus § 831.

(2) § 823? A hat seine Verkehrssicherungspflicht verletzt. Er hätte seinen Betrieb so organisieren müssen, dass Feuerlöschgeräte vorhanden waren. Er hätte für den Fall eines Brandes einen „Organisationsplan" aufstellen und für eine Brandbekämpfung sorgen müssen. Das pflichtwidrige Unterlassen des A war für die Eigentumsverletzung des N adäquat kausal. A handelte rechtswidrig und schuldhaft. A haftet somit (auch) aus § 823 I.

III) Dieses Organisationsverschulden erlangt insbesondere Bedeutung im Zusammenhang mit dem sog. **dezentralisierten Entlastungsbeweis**: In Großunternehmen kann sich die nach § 831 erforderliche Sorgfalt des Geschäftsherrn (Betriebsinhabers) nicht auf alle Betriebsangehörigen erstrecken. Der Geschäftsinhaber bedient sich für die Einstellung und Überwachung untergeordneter Personen, die z.T. ihrerseits wiederum Aufgaben delegieren.

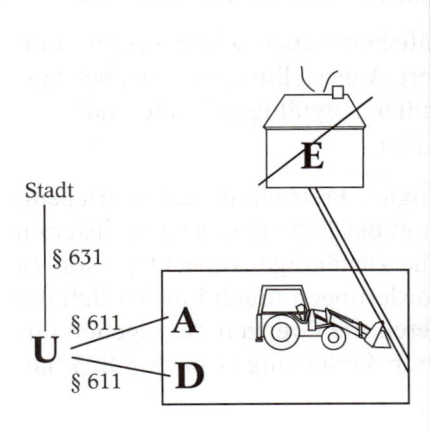

Fall 20: Aufsichts- und Organisationspflicht im Großbetrieb

Tiefbauunternehmer U wurde von der Stadtgemeinde mit der Ausschachtung eines Grabens zur Verlegung einer neuen elektrischen Lichtleitung beauftragt. Bei den Ausschachtungsarbeiten erfasste der vom Arbeiter A gesteuerte Löffelbagger ein quer über die Straße zum Hause des E führendes Anschlussrohr der Gasversorgung. Hierdurch strömte Gas in den Keller des E aus. Das Gas führte 10 Minuten später zu einer Explosion, durch die das Haus des E so schwer beschädigt wurde, dass es abgerissen werden musste. E verlangt von U Schadensersatz. Der U beruft sich darauf, dass er an der Baustelle den D mit der örtlichen Bauleitung beauftragt habe. Dieser

> besitze als graduierter Tiefbauingenieur die erforderliche Qualifikation, technische Aufgaben in eigener Verantwortung durchzuführen. Er sei als Bauführer und Bauleiter bei größeren Bauvorhaben mit besonderer Umsicht tätig gewesen und mit allen Bauarbeiten und Bausicherungsmaßnahmen vertraut. Er habe viele Bauarbeiten in eigener Verantwortung gewissenhaft durchgeführt und in keinem Fall zu Beanstandungen Veranlassung gegeben. Hierfür tritt U Beweis an. (Fall nach BGH NJW 1971, 1313)

(A) Anspruch des E gegen U aus § 831?

A hat als Verrichtungsgehilfe des U adäquat kausal das Eigentum des E beschädigt. A hat damit tatbestandsmäßig und rechtswidrig eine unerlaubte Handlung begangen. Dabei handelte A in Ausführung der ihm aufgetragenen Verrichtung.

U haftet daher aus § 831, wenn er nicht den **Entlastungsbeweis** nach § 831 I 2 führen kann. Hinsichtlich des A hat U zu seiner Entlastung nichts vorgetragen. Er hat aber unter Beweisantritt dargelegt, dass er den für die **örtliche Bauleitung** zuständigen D sorgfältig ausgesucht und überwacht habe. Stellt man allein auf die Person des D ab, so hat U den Entlastungsbeweis i. S. d. § 831 I 2 geführt.

▶ Die Rspr. hat wiederholt den sog. **dezentralisierten Entlastungsbeweis** anerkannt und entschieden, dass es bei Schädigung eines Dritten durch einen Verrichtungsgehilfen, der einer Zwischenperson nachgeordnet ist, zum Ausschluss der Haftung nach § 831 genügt, wenn sich der Geschäftsherr hinsichtlich der Auswahl und Überwachung des von ihm eingesetzten höheren Angestellten exkulpiert.

RGZ 78, 107, 108; BGHZ 4, 1, 2 ff.; BGH VersR 1964, 297; ebenso z. B. Soergel/Zeuner § 831 Rdnr. 41.

▶ Zum Teil wird in dem dezentralisierten Entlastungsbeweis eine ungerechtfertigte Bevorzugung von Großunternehmen gesehen.

MünchKomm/Stein § 831 Rdnr. 66; Larenz/Canaris II/2 § 79 III 3 b; auch BGH NJW 1968, 247, 248 hat es dahinstehen lassen, ob an der den Großbetrieb begünstigenden Rechtsprechung zum dezentralisierten Entlastungsbeweis festgehalten werden kann.

Es wird daher z. T. gefordert, dass der Geschäftsherr neben seiner eigenen Entlastung auch nachweisen muss, dass der höhere Angestellte seinerseits bei Auswahl und Überwachung von Verrichtungsgehilfen sorgfältig gehandelt hat.

Helm AcP 166, 389, 398; Palandt/Thomas § 831 Rdnr. 15.

Zutreffend dürfte es sein, einer ungerechtfertigten Freistellung des Betriebsinhabers dadurch zu begegnen, dass man zwar mit der Rspr. den dezentralisierten Entlastungsbeweis zulässt, aber an den für die zuständige Aufsichtsperson zu erbringenden Entlastungsbeweis strenge Anforderungen (auch hinsichtlich der Überwachung) stellt und dass man zum anderen die Grenzen der eigenen Organisationspflicht des Geschäftsherrn, bei deren Verletzung er nach § 823 haftet, nicht zu eng zieht.

Danach scheidet im vorliegenden Fall ein Anspruch gegen U aus § 831 aus.

(B) Möglich ist ein Anspruch gegen U aus § 823 wegen **Organisationsverschuldens**.

(I) Voraussetzungen (haftungsbegründender Tatbestand)

(1) Tatbestand

Das Eigentum des E ist verletzt worden. Dies müsste durch ein dem U zurechenbares Handeln geschehen sein. U könnte es unterlassen haben, für die notwendigen Sicherheitsvorkehrungen Sorge zu treffen.
Den U traf eine Sorgfaltspflicht aus der tatsächlichen Verfügungsgewalt über ein gefahrbringendes Unternehmen. Er musste dafür sorgen, dass aus diesem Unternehmen keine Gefahren für Dritte entstanden. Die Garantenpflicht bestand dem E gegenüber, da E als Anwohner besonders gefährdet war. U müsste die Garantenpflicht verletzt haben. Daran würde es fehlen, wenn U seine Verpflichtung zu seiner völligen Entlastung auf D übertragen hätte.

▶ Bei der allgemeinen Verkehrssicherungspflicht ist die Übertragung auf einen Dritten mit der Folge voller Entlastung des Übertragenden nur möglich, wo dies durch Rechtsnorm angeordnet oder zugelassen wird (Kötz Rdnr. 240).

So können die Gemeinden, denen die Streupflicht für die dem öffentlichen Verkehr gewidmeten Straßen obliegt, diese Pflicht durch Verordnungen auf die Anlieger abwälzen.

Im übrigen kann ein Verkehrssicherungspflichtiger sich der Pflicht nicht durch Einschaltung eines Dritten völlig entledigen. Überträgt er die erforderlichen Maßnahmen einem Dritten, so muss er dafür sorgen, dass der Dritte der Verkehrssicherungspflicht in gehöriger Weise nachkommt. Es besteht also die **Verkehrssicherungspflicht als Organisationspflicht** fort.

BGH VersR 1983, 152; NJW 1987, 2669, 2670; 1987, 2671, 2673; 1990, 1361, 1363.

▶ Dieser Grundsatz gilt um so mehr, wenn der Inhaber eines Großunternehmens die ihm obliegende Verkehrssicherungspflicht einem weisungsabhängigen Gehilfen überträgt. Der Geschäftsherr hat selbst sicherzustellen, dass eine Betriebsorganisation gegeben ist, die den vertikalen Informations- und Kontrollzusammenhang gewährleistet und die dafür sorgt, dass es an erforderlichen Richtlinien und Anweisungen nicht fehlt. Für eine Verletzung dieser **Organisationspflicht** haftet der Geschäftsherr nach § 823.

BGHZ 11, 151, 155@ f.; st.Rspr.; Erman/Schiemann § 831 Rdnr. 25; Kötz Rdnr. 292; Soergel/Zeuner § 823 Rdnr. 181; zum Organisationsverschulden des Werkunternehmers im Baurecht vgl. Jansen, OLG Report Kommentar, OLG Report 14/1999, K 5 ff.

Im vorliegenden Fall hat U es pflichtwidrig unterlassen, durch eine klare Anweisung seinen örtlichen Bauleiter zu informieren, wie er sich über

Lage und Verlauf der Versorgungsleitungen anhand zuverlässiger Unterlagen der in Betracht kommenden Versorgungsunternehmen zu vergewissern hatte.

Das Unterlassen ist für den Verletzungserfolg kausal, da mit an Sicherheit grenzender Wahrscheinlichkeit anzunehmen ist, dass D bei den notwendigen Informationen und Anweisungen dafür gesorgt hätte, dass es nicht zu der Explosion kommen konnte.

Es ist auch die Adäquanz zu bejahen, denn die Eigentumsverletzung bei E stellt sich als typische Folge des Unterlassens der Sicherungsvorkehrungen dar.

(2) Die Erfüllung des Tatbestandes indiziert die Rechtswidrigkeit.

(3) U hat die im Verkehr erforderliche Sorgfalt nicht beachtet.

(II) Gemäß § 823 I i.V.m. § 249 S. 2 hat U dem E für die Zerstörung des Hauses Schadensersatz in Geld zu leisten.

– – –

4.7 § 31; Verhältnis zu § 831

Nach § 31 haften **juristische Personen**, auch des öffentlichen Rechts (§ 89), für einen Schaden, den eines ihrer **Organe** einem Dritten in Ausführung der dem Organ zustehenden Verrichtung zugefügt hat. § 31 ist keine selbstständige Anspruchsgrundlage, sondern setzt eine zum Schadensersatz verpflichtende Handlung eines Organs voraus. Ein Entlastungsbeweis ist nicht möglich.

Für andere Personen, die mit der Erledigung von Aufgaben der juristischen Person betraut sind, gilt im Bereich der unerlaubten Handlungen § 831.

Problematisch ist, inwieweit die Haftung ohne Entlastungsmöglichkeit auszudehnen ist auf gleichgestellte Personengesellschaften und für andere Personen als „Organe".

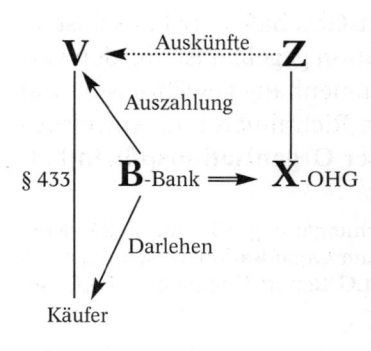

Fall 21: Repräsentanten- und Organisationshaftung

Die B-Bank finanziert Teilzahlungskäufe von Kraftfahrzeugen durch Gewährung von Darlehen an die Käufer. Die Darlehen werden an die Verkäufer ausgezahlt. Voraussetzung dafür ist die Sicherungsübereignung des gekauften Fahrzeuges, die Bürgschaftserklärung des Verkäufers und eine günstige Kreditauskunft über den Käufer. Die X-OHG betreibt eine große Auskunftei mit Büros in 16 Städten der Bundesrepublik. Ihr Büro in S-Stadt wird seit Jahren von dem „Handelsvertreter" Z geleitet. Jahrelang gab Z dem Autohändler V – über dessen Vermögen in-

> zwischen das Insolvenzverfahren eröffnet worden ist – auf dessen Verlangen in insgesamt 1500 Fällen „Kreditauskünfte" über Kunden des V und zwar auf dem Papier mit dem Briefkopf der X-OHG. In 26 Fällen waren die Auskünfte fingiert, es handelte sich um erfundene Personen; in weiteren 5 Fällen existierten die Personen zwar, die Auskünfte waren aber zu günstig. In diesen 31 Fällen fertigte Z die Schreiben, die er der Firmenleitung der X-OHG verheimlichte, ohne jede Nachforschung und Prüfung allein aufgrund der Angaben des V. Mit Hilfe dieser Schriftstücke betrog V die B-Bank, indem er sich von ihr Darlehen auszahlen ließ. Z wusste, dass er durch sein Verhalten das Vermögen der B-Bank gefährdete und nahm dies in Kauf. Der B-Bank entstand ein Schaden in Höhe von 201.145,08 DM. Diesen Schaden verlangt sie von der X-OHG ersetzt. (Fall nach BGHZ 49, 17[@])

Die B-Bank kann gegen die X-OHG (§ 124 HGB) einen Anspruch aus unerlaubter Handlung gemäß §§ 823 ff. i.V.m. § 31 haben.

(I) § 31 ist auf Personalgesellschaften des Handelsrechts entsprechend anzuwenden, weil diese mit einer juristischen Person vergleichbar sind (vgl. § 124 HGB).

(II) Hat ein Organ dieser OHG eine unerlaubte Handlung begangen?

(1) Z ist kein Gesellschafter der X-OHG. Die Rspr. dehnt die deliktische Haftung ohne Entlastungsmöglichkeit auf andere Personen als Organe aus. Dabei hat die Rspr. zwei verschiedene Ansätze:

▶ Es wird der Begriff des verfassungsmäßigen Vertreters ausgedehnt auf alle Repräsentanten, die eigenverantwortlich einen Aufgabenbereich wahrnehmen, der normalerweise von Organen wahrgenommen wird. Entscheidend ist, ob er nach außen einen bestimmten Aufgabenbereich eigenverantwortlich in der Weise erledigt, dass er die juristische Person auf diese Weise repräsentiert – sog. **Repräsentantenhaftung**.
BGHZ 49, 19, 21[@]; BGH NJW 1972, 334; 1977, 2259; BGHZ 77, 74, 79; Kötz Rdnr. 290; MünchKomm/Reuter 3. Aufl. 1993, § 31 Rdnr. 2 ff.; Soergel/Hadding, 12. Aufl. 1987, § 31 Rdnr. 18.

▶ Zum anderen wird an den allgemeinen Gedanken der **Organisationshaftung** (s.o. Fall 20) angeknüpft: Die juristische Person ist verpflichtet, für vom Vorstand nicht übersehbare Tätigkeitsbereiche ein besonderes Organ zu bestellen. Die fehlende verfassungsmäßige Berufung stellt einen Organisationsmangel dar. Die juristische Person muss sich wegen dieses Organisationsmangels so behandeln lassen, als wäre der zuständige Angestellte Organ.
BGHZ 13, 198, 203; 24, 200, 213; 39, 124, 129 f.; Kötz Rdnr. 291; MünchKomm/Reuter § 31 Rdnr. 4; Soergel/Hadding § 31 Rdnr. 15 ff.; ausführlich Brüggemeier AcP 1991, 74 ff.

Im vorliegenden Fall hat der BGH mit der Repräsentantenhaftung gearbeitet: Z war damit betraut, eigenverantwortlich in der betreffenden Stadt Aufgaben der X-OHG wahrzunehmen. Er ist als Repräsentant einem Organ gleichzustellen.

(2) Z hat in Ausführung der ihm zustehenden Verrichtung 26 Auskünfte fingiert und in mehreren Fällen falsche Auskünfte erteilt und damit den Tatbestand des § 823 II i.V.m. §§ 263, 27 StGB und des § 826 in objektiver und subjektiver Hinsicht verwirklicht. Er ist in Ausführung der ihm aufgetragenen Verrichtung tätig geworden (BGHZ 49, 19, 21[@]).

Dieses Handeln des Z gilt als Handeln der juristischen Person. Die X-OHG ist gemäß § 823 II, §§ 263, 27 StGB und § 826 i.V.m. § 31 zum Schadensersatz verpflichtet.

– – –

5. § 832 Haftung des Aufsichtspflichtigen

Aufbauschema für § 832

I. Voraussetzungen („haftungsbegründender Tatbestand")

1. **Tatbestand**
   a) Aufsichtsbefohlener
   b) Tatbestandsmäßige und rechtswidrige unerlaubte Handlung des Aufsichtsbefohlenen
2. **Rechtswidrigkeit**
3. **Verschulden**
   des Aufsichtspflichtigen wird vermutet, wenn kein Entlastungsbeweis

II. Rechtsfolgen („haftungsausfüllender Tatbestand")

Ersatz des zugefügten Schadens

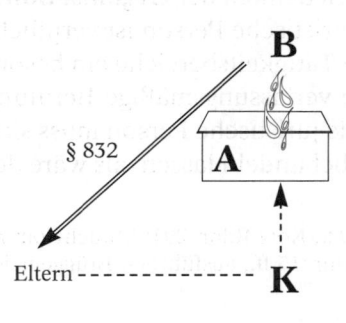

Fall 22: Abgebrannte Scheune

Der 7 1/2 Jahre alte K hatte in der Scheune des B Stroh angezündet und das Feuer kurz darauf mit einer Schaufel gelöscht. Durch Glutreste wurde die Scheune in Brand gesetzt und mitsamt Inventar zerstört. K hatte die Streichhölzer ohne Wissen der Eltern von einem Regal in der Speisekammer entnommen, wo die Eltern die Streichhölzer sichtbar und unverschlossen aufzuheben pflegten. B nimmt die Eltern wegen Verletzung der Aufsichtspflicht in Anspruch. Diese legen dar, dass sie ihren Sohn wiederholt über die Gefährlichkeit von Streichhölzern aufgeklärt und auch auf einen etwaigen unerlaubten Besitz von Zündhölzern kontrolliert haben.

§ 832 B gegen die Eltern des K?

(I) **Voraussetzungen**

(1) **Tatbestand**

(a) **Aufsichtsbefohlener**

Der Anspruchsgegner muss eine **Aufsichtspflicht** gegenüber einer **aufsichtsbedürftigen Person**, nämlich gegenüber einem Minderjährigen oder einem wegen seines geistigen oder körperlichen Zustandes Aufsichtsbedürftigen haben. Die Eltern des K haben eine Aufsichtspflicht über K nach §§ 1626, 1631.

(b) **Tatbestandsmäßige und rechtswidrige unerlaubte Handlung des Aufsichtsbefohlenen:** K hat rechtswidrig das Eigentum des B verletzt.

(2) **Rechtswidrigkeit** des Verhaltens des Aufsichtspflichtigen wird durch die Erfüllung des Tatbestandes indiziert. Rechtfertigungsgründe für die Eltern liegen hier nicht vor.

(3) **Verschulden** des Aufsichtspflichtigen wird vermutet.

Die Haftung tritt nicht ein, wenn er den Entlastungsbeweis führt, § 832 I 2, indem er nachweist, dass er seiner Aufsichtspflicht genügt hat oder dass der Schaden auch bei gehöriger Aufsichtsführung entstanden wäre. Das Maß der gebotenen Aufsicht bestimmt sich nach Alter, Eigenart und Charakter des Kindes, nach der Voraussehbarkeit des schädigenden Verhaltens sowie danach, was dem Aufsichtspflichtigen in seinen jeweiligen Verhältnissen zugemutet werden kann.

BGH JuS 1991, 76; NJW 1996, 1404, 1405[@]; BGH FamRZ 1997, 799, 800; OLG München FamRZ 1997, 740; Großfeld/Mund FamRZ 1994, 1504, 1505.

Besonders häufig haften Eltern für Brände, die ihre Kinder durch Zündeln verursachen. Die Erfahrung zeigt, dass nicht selten durch Kinder Brände mit erheblichen Schäden verursacht werden. Dieses Risiko, welches für Dritte von Kindern ausgeht, soll nach dem Grundgedanken des § 823 in erster Linie von den Aufsichtspflichtigen getragen werden, denen es eher zumutbar ist, als dem außenstehenden Geschädigten, und die überdies eher die Möglichkeit haben, in der gebotenen Weise auf das Kind einzuwirken. An die Überwachung von Kindern hinsichtlich des möglichen Umgangs mit Zündmitteln sind daher strenge Anforderungen zu stellen, die eine gesteigerte Aufsichtspflicht erfordern.

BGH FamRZ 1983, 874; 1996, 600; 1997, 800; OLG Hamm NJW-RR 1996, 153; OLG Schleswig NJW-RR 1999, 606[@].

Es gehört daher zur Pflicht der Eltern, Kinder über die Gefährlichkeit des Entzündens von Streichhölzern aufzuklären und sie ggf. auf den unerlaubten Besitz von Zündhölzern zu kontrollieren. Darüber hinaus haben die Eltern die Pflicht, die Möglichkeit einer Besitzerlangung von Streichhölzern im häuslichen Bereich im Rahmen des Zumutbaren zu unterbinden oder jedenfalls zu erschweren. Dazu gehört, Streichhölzer so zu verwahren, dass Kinder sie nicht ohne weiteres erreichen können. Die Streichhölzer waren für K sichtbar auf dem Regal unverschlossen abgelegt. Die Eltern haben ihre Aufsichtspflicht verletzt.

(II) **Rechtsfolgen**

Der Aufsichtspflichtige ist zum Ersatz des Schadens verpflichtet, den der Aufsichtsbedürftige einem Dritten zufügt. Im vorliegenden Fall haften die Eltern des K als Gesamtschuldner, § 840, dem B auf Schadensersatz.

---

6. § 833 Haftung des Tierhalters

Aufbauschema für § 833

I. Voraussetzungen („haftungsbegründender Tatbestand")

§ 833 S. 1 **Luxustier**	§ 833 S. 1 u. S. 2 **Nutztier**
Tatbestand a) Tierhalter b) durch Tier Mensch getötet, Körper oder Gesundheit verletzt oder Sache beschädigt c) typische Tiergefahr d) Kausalität i.S.d. Äquivalenztheorie (h.M.)	1. **Tatbestand** a) Tierhalter b) durch Tier Mensch getötet, Körper oder Gesundheit verletzt oder Sache beschädigt c) typische Tiergefahr d) Kausalität i.S.d. Adäquanztheorie 2. **Rechtswidrigkeit** 3. **Verschulden** des Tierhalters wird vermutet, wenn kein **Entlastungsbeweis**

II. Rechtsfolgen („haftungsausfüllender Tatbestand")

Ersatz des daraus entstandenen Schadens

Für ein „Luxustier" besteht eine **Gefährdungshaftung**.	Für ein „Nutztier" besteht eine **Verschuldenshaftung**, wobei das Verschulden vermutet wird und der Tierhalter sich **exkulpieren** kann.
Ein „**Luxustier**" ist ein Tier, das entweder nicht als Haustier anzusehen ist oder das als Haustier nicht dem Beruf, der Erwerbstätigkeit oder dem Unterhalt des Tierhalters zu dienen bestimmt ist.	Ein „**Nutztier**" ist ein Haustier, das dem Beruf, der Erwerbstätigkeit oder dem Unterhalt des Tierhalters zu dienen bestimmt ist.
z.B. Reitpferd; Hund oder Katze, die nur Liebhaberzwecken dienen.	z.B. das vom Landwirt gehaltene Zug-, Schlacht- oder Nutzvieh; Blindenhund.

6.1 Luxustiere; Gefährdungshaftung

Bei Luxustieren besteht eine **Tierhalterhaftung** nach § 833 S. 1, **ohne** dass sich der Tierhalter auf den **Entlastungsbeweis** nach § 833 S. 2 berufen kann. Die Haftung tritt ohne Verschulden des Tierhalters ein, es handelt sich um eine **Gefährdungshaftung**.

Typisch für die **„enge" Gefährdungshaftung** (s.o. S. 1) des § 831 S. 1 – ebenso wie für die Kfz-Halter-Haftung nach § 7 StVG – ist, dass die Haftung an eine spezielle Gefahr – in § 833 S. 1: „durch ein Tier" anknüpft und lediglich davon abhängt, dass sich **diese bestimmte von dem Verantwortlichen beherrschte spezifische Gefahr verwirklicht** hat (kein Verschulden!). Voraussetzung für die „enge" Gefährdungshaftung ist daher nach h.M. nur **Kausalität i.S.d. Bedingungstheorie**, nicht dagegen adäquater Kausalzusammenhang.

BGHZ 79, 259, 262 f.; OLG Oldenburg NJW 1990, 3215, 3216; LG Köln MDR 1997, 935; Kirchhoff MDR 1997, 901, 903; a.A. Erman/Schiemann § 833 Rdnr. 5; Jagusch/Hentschel § 7 StVG Rdnr. 10.

Die „enge" Gefährdungshaftung setzt nach der Rspr. und h.M. auch **keine rechtswidrige Handlung** voraus. Es handelt sich um die Kausalhaftung für ein vom Gesetzgeber und der Verkehrsauffassung anerkanntes Risiko.

H.M. vgl. Deutsch Haftungsrecht Rdnr. 661; ders. Unerl. Hdlg. Rdnr. 362; Kötz Rdnr. 333; Larenz/Canaris II/2 § 84 I 3 a, S. 610; Medicus BR Rdnr. 631; a.A. Kunschert in Geigel § 25 Rdnr. 4; s. auch Wussow/Schloën Rdnr. 989 m.w.N.

So ist z.B. die „enge" Gefährdungshaftung des Kfz-Halters nach § 7 I StVG „sozusagen der Preis dafür, dass durch die Verwendung eines Kfz erlaubterweise eine Gefahrenquelle eröffnet wird" (BGH VersR 1991, 111, 112).

Fall 23: Der weigerliche „Elch"

H übte mit seinem Reitpferd „Elch", das nur zum Reitsport gehalten wird, auf dem Gelände des Reitvereins erstmalig Angaloppieren mit Außengalopp. Dabei verhielt „Elch" sich weigerlich. T, ein erfahrener Turnierreiter, der früher einmal „Elch" zugeritten hatte, beobachtete das Verhalten des Pferdes etwa 15 Minuten. Dann rief er dem H zu: „Lass mich mal!" Er wollte beweisen, dass er dem Tier die Lektion leichter, schneller und besser beibringen könne. H übergab das durch Trense gezäumte Pferd dem T. Dieser schwang sich in den Sattel. Unmittelbar danach warf „Elch" ohne ersichtlichen Anlass den Kopf nach hinten, traf den Kopf des T, stieg auf der Hinterhand hoch, verlor das Gleichgewicht und fiel beim Sturz auf den linken Oberschenkel des T. Dieser erlitt einen Bruch des Oberschenkels.

§ 833 S. 1 T gegen H?

(I) **Tierhalter**

Für die Tierhaltereigenschaft ist darauf abzustellen, wem die Bestimmungsmacht über das Tier zusteht und wer aus eigenem Interesse für die Kosten des Tieres aufkommt und das wirtschaftliche Risiko trägt. H ist Halter.

BGH NJW-RR 1988, 655, 656; Eberl-Borges VersR 1996, 1070 ff. m.w.N.

(II) Es muss **durch ein Tier ein Mensch getötet** oder **der Körper oder die Gesundheit eines Menschen verletzt oder eine Sache beschädigt** worden sein.

T hat einen Körperschaden erlitten. Hierfür war das Verhalten des Pferdes kausal i. S. d. Bedingungstheorie. Die Verletzung muss **„durch ein Tier"** eingetreten sein. Damit ist die Verwirklichung der **typischen Tiergefahr** gemeint.

Der Grund für die Haftung des Tierhalters ist in der Unberechenbarkeit tierischen Verhaltens und der dadurch hervorgerufenen Gefährdung von Rechtsgütern Dritter zu sehen (BGHZ 67, 129, 132; BGH NJW 1992, 2474; OLG Koblenz NJW-RR 1998, 1482). Nach einem bekannten Schulbeispiel greift daher § 833 nicht ein, wenn jemand durch eine als Wurfgeschoss verwendete Katze verletzt wird (Medicus Jura 1996, 561, 564).

Eine typische Tiergefahr kann für einen Reitunfall auch dann ursächlich werden, wenn der Unfall nicht unmittelbar durch das tierische Verhalten, sondern dadurch entsteht, dass der Reiter nach Angaloppieren das Pferd sachgerecht zum Stand bringt, dann aber aus Angst vom stehenden Pferd stürzt, weil eine durch den vorausgegangenen Galopp verursachte und nach dem Anhalten des Pferdes noch andauernde Verunsicherung des Reiters bestand (BGH MDR 1999, 1197[@]).

(1) Nach dem **Schutzzweck der Norm** greift die **Tierhalterhaftung** nach **§ 833 S. 1 grds. auch bei unentgeltlicher Überlassung eines Reitpferdes für den Reiter selbst** ein:

- ▶ Die Gefährdungshaftung des Tierhalters kommt auch dem Reiter auf dem Pferd zugute.

  BGH MDR 1999, 1197[@].

- ▶ Eine Haftungsfreistellung des Tierhalters unter dem Gesichtspunkt des Handelns auf eigene Gefahr scheidet nach der Rspr. grundsätzlich aus; sie kann nur ausnahmsweise anerkannt werden, wenn der Reiter im Einzelfall Risiken übernommen hat, die über die gewöhnlich mit einem Ritt verbundene Gefahr hinausgehen, z. B. Zureiten, Dressurreiten, Springen.

  BGH NJW 1992, 2474[@]; 1993, 2611; OLG Düsseldorf VersR 1998, 1385; a. A. Larenz/Canaris II/2 § 84 II 1 e.

- ▶ Eine generelle Freistellung des Tierhalters ist auch nicht mit einer Übertragung der für Insassen von Kraftfahrzeugen in § 8 a StVG getroffenen Regelung zu begründen. Auch § 8 StVG kann als eng auszulegende Ausnahmevorschrift nicht entsprechend auf den Reiter angewandt werden. Der Regelung in §§ 8, 8 a StVG liegt kein allgemeiner, übertragungsfähiger Rechtsgedanke zu Grunde.

  BGH NJW 1992, 2474[@]; 1993, 2611; a. A. Larenz/Canaris II/2 § 84 II 1 e.

- ▶ Bei Gefälligkeiten, denen ein Rechtsbindungswille fehlt, sind vertragliche Ansprüche unter den Beteiligten ausgeschlossen. Deliktische Ansprüche, die im Zusammenhang mit Gefälligkeitserweisen stehen, bleiben dagegen unberührt. Die Annahme einer stillschweigend vereinbarten Haftungsbeschränkung im Wege ergänzender Vertragsauslegung stellt nach h. M. eine künstliche Rechtskonstruktion dar. Diese für die Haftung aus unerlaubter Handlung entwickelten Grundsätze gelten auch für die Gefährdungshaftung nach § 833 S. 1.

BGH NJW 1992, 2474, 2475@ m.w.N.

Anders ist es dagegen, wenn die Parteien nicht ohne Rechtsbindungswillen gehandelt, sondern – zumindest konkludent – einen Leihvertrag i.S.d. § 598 geschlossen haben, so z.B., wenn ein Pferd einem Kaufinteressenten nicht nur für einen bloßen Proberitt, sondern eine Woche lang für eine sorgfältige Eignungsprüfung zur Verfügung gestellt wird. In diesem Fall ist die in § 599 geregelte Beschränkung der vertraglichen Haftung auf deliktische Ansprüche entsprechend anzuwenden; anderenfalls würde die gesetzlich vorgesehene Risikoabwälzung auf den Entleiher bei der unentgeltlichen Überlassung eines Tieres weitgehend gegenstandslos. Nach § 599 hat ein Verleiher nur Vorsatz und grobe Fahrlässigkeit zu vertreten. Ist dem Verleiher ein solcher Vorwurf nicht zu machen, so entfällt dann auch eine Haftung aus § 833 (OLG Düsseldorf VersR 1998, 1385). Ein solcher Fall liegt hier nicht vor.

▶ Auch der Gesichtspunkt von Treu und Glauben (§ 242) ist nicht geeignet, eine generelle Haftungsfreistellung des Tierhalters, der einem anderen gefälligkeitshalber sein Pferd überlässt, zu begründen.

BGH NJW 1992, 2474, 2475@ m.w.N.

Im Normalfall greift daher die Tierhalterhaftung bei Überlassen eines Reitpferdes aus Gefälligkeit auch zu Gunsten des Reiters durch.

(2) Hier besteht aber die Besonderheit, dass der T sich in Kenntnis des weigerlichen Verhaltens des Pferdes dem H quasi aufgedrängt hat, damit er seine bessere Reitkunst demonstrieren konnte. Die der Norm des § 833 S. 1 zu Grunde liegende Interessenlage liegt nicht mehr vor, wenn der Verletzte die Herrschaft über das Tier vorwiegend im eigenen Interesse und in Kenntnis der damit verbundenen besonderen Tiergefahr übernommen hat.

BGH NJW 1974, 234, 235; 1977, 2158 m. Anm. Knütel NJW 1978, 297; vgl. auch BGH NJW 1992, 2474 unter II 1 a.E.; Hans. OLG Hamburg MDR 1986, 499; OLG Nürnberg OLG Report 1997, 285, 286; dazu auch Kipp VersR 2000, 1348.

Auch Ansprüche mehrerer Mithalter eines Tieres untereinander fallen nicht in den Schutzbereich des § 833 (OLG Köln OLG Report 1999, 155).

§ 833 S. 1 ist daher im vorliegenden Fall ausgeschlossen.

– – –

6.2 Nutztiere; vermutete Verschuldenshaftung, Exkulpationsmöglichkeit

Die Abgrenzung des Nutztieres i.S.d. § 833 S. 2 im Gegensatz zum Luxustier erfolgt nach der allgemeinen Zweckbestimmung, nicht nach der konkreten Verwendung beim Unfall.

▶ Nutztiere sind z. B. Reittiere, die gewerblich genutzt werden. Die Entlastungsmöglichkeit des § 833 S. 2 BGB kann einem Tierhalter nur dann zugute kommen, wenn das mit der Tierhaltung zusammenhängende wirtschaftliche Handeln einen wesentlichen Teil seiner Gesamttätigkeit ausmacht und eine maßgebende Grundlage seines Erwerbes bildet.
OLG Düsseldorf VersR 1998, 1385.

▶ Ein Hund ist nur dann ein Nutztier i. S. d. § 833 S. 2, wenn er in erheblichem Umfang zur Förderung der beruflichen Tätigkeit eingesetzt wird. Allein der Umstand, dass der Hund als Wachhund zur Sicherung z. B. eines landwirtschaftlichen Betriebes eingesetzt wird, macht ihn zum Nutztier.
OLG Köln VersR 1999, 1293, 1294.

Die Haftung des Tierhalters eines Nutztieres ist Haftung für vermutetes Verschulden. Die Verschuldenshaftung setzt adäquate Kausalität und Rechtswidrigkeit voraus. Die Ersatzpflicht ist gemäß § 833 S. 2 ausgeschlossen, wenn der Tierhalter bei der Beaufsichtigung des Tieres die im Verkehr erforderliche Sorgfalt beachtet hat oder der Schaden auch bei der Anwendung dieser Sorgfalt entstanden wäre. Der Entlastungsbeweis obliegt dem Tierhalter.

7. § 834 Haftung des Tieraufsehers

Wird die Aufsicht für ein Tier durch **Vertrag** übernommen, so haftet der Tieraufseher – bei Luxus- und Nutztier – aus vermuteter Verschuldenshaftung (wie der Halter eines Nutztieres).
Die Übernahme der Aufsichtsführung muss auf Vertrag beruhen, der auch stillschweigend vereinbart werden kann.

Allerdings erfordert die der Haftung des Tierhalters nach § 833 S. 2 ähnliche Haftung des Tierhüters aus vermutetem Verschulden eine **einschränkende Auslegung des Begriffs des Tierhüters** in dem Sinne, dass er eine der Stellung des Tierhalters angenäherte Stellung einnehmen muss. Zum Wesen der vertraglich übernommenen „Führung der Aufsicht über das Tier" i. S. d. § 834 gehört demgemäß, dass der Übernehmende auch bei einem zwischen ihm und dem Tierhalter bestehenden Abhängigkeitsverhältnis ein gewisses Maß selbstständiger Gewalt über das Tier erlangt, d. h., dass ihm eine gewisse Selbstständigkeit bei dem Ergreifen von Maßnahmen zukommt, die dem Schutz Dritter gegen die von dem Tier ausgehenden Gefahren dienen.
BGH OLG Report 1999, 253[@]: z. B. nicht Stallbursche; angestellter Reitlehrer, der auf Anweisung handelt; dagegen wohl Hirte, Viehtreiber, Viehkommissionär; Mieter eines Pferdes.

8. §§ 836–838 Gebäudehaftung

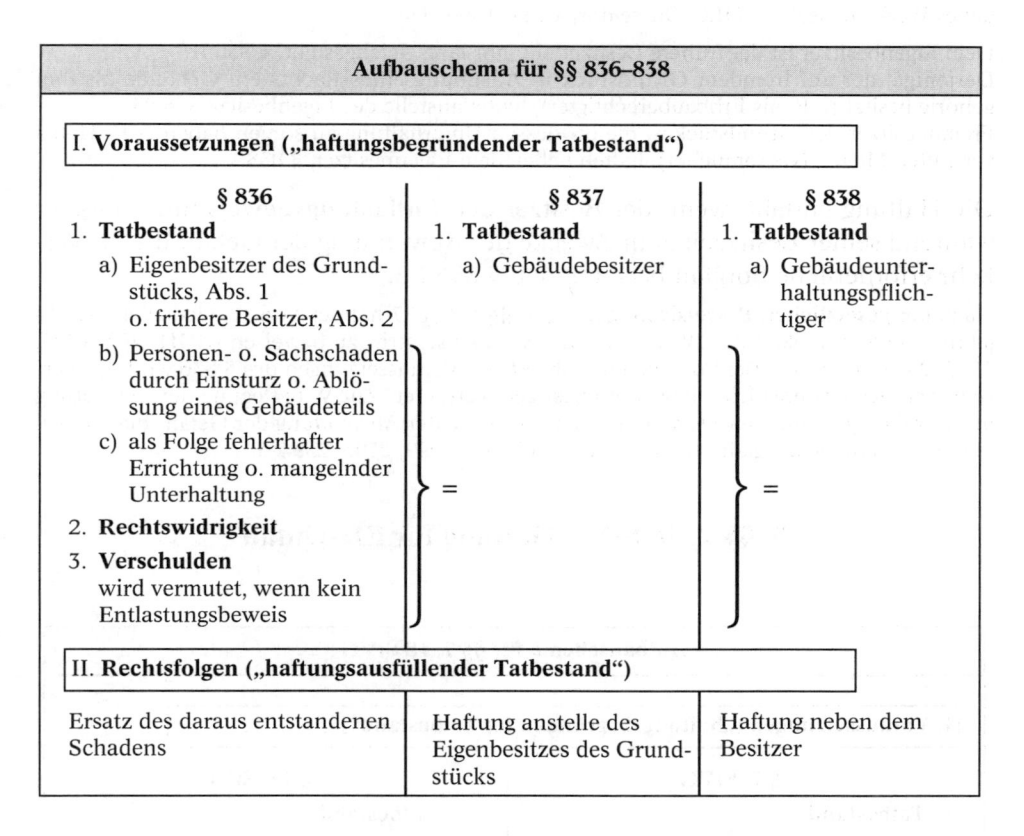

Aufbauschema für §§ 836–838

I. Voraussetzungen („haftungsbegründender Tatbestand")

§ 836	§ 837	§ 838
1. **Tatbestand**	1. **Tatbestand**	1. **Tatbestand**
a) Eigenbesitzer des Grundstücks, Abs. 1 o. frühere Besitzer, Abs. 2	a) Gebäudebesitzer	a) Gebäudeunterhaltungspflichtiger
b) Personen- o. Sachschaden durch Einsturz o. Ablösung eines Gebäudeteils	=	=
c) als Folge fehlerhafter Errichtung o. mangelnder Unterhaltung		
2. **Rechtswidrigkeit**		
3. **Verschulden** wird vermutet, wenn kein Entlastungsbeweis		

II. Rechtsfolgen („haftungsausfüllender Tatbestand")

Ersatz des daraus entstandenen Schadens	Haftung anstelle des Eigenbesitzes des Grundstücks	Haftung neben dem Besitzer

„Gebäudeteil" ist eine Sache nicht nur, wenn sie zur Herstellung eines Gebäudes eingefügt ist, sondern auch, wenn sie in einem so festen baulichen Zusammenhang mit dem Gebäude steht, dass sich daraus nach der Verkehrsanschauung ihre Zugehörigkeit zu dem Bauganzen ergibt.

So ist z.B. ein Baugerüst ein mit dem Grundstück verbundenes „Gebäudeteil" i.S.d. § 836, das der Gerüsthersteller i.S.d. § 837 auf dem Baugrundstück besitzt. Bricht ein zum Begehen des Gerüstes bestimmtes Brett durch, wenn es vom Bauhandwerker betreten wird, so liegt eine Ablösung i.S.d. § 836 vor; darunter ist jede unwillkürliche Aufhebung der Verbindung zum Ganzen zu verstehen (BGH NJW 1997, 1853[@] m.w.N.; BGH NJW 199, 2593, 2594[@]).

Wird jemand durch ein zufallendes Garagentor, eine sich abrollende Markise o.ä. verletzt, so trifft den Eigentümer des Grundstücks (§ 836) oder an dessen Stelle den Gebäudebesitzer (Mieter, Pächter, § 837) die Gebäudehaftung. Bei dem Schwingtor, der Markise o.ä. handelt es sich um einen Teil des (Garagen-) Gebäudes. Eine Ablösung von Gebäudeteilen liegt nicht nur dann vor, wenn sich ein Gebäudeteil vollständig vom Ganzen trennt, sondern auch dann, wenn sich ein Gebäudeteil nur teilweise loslöst, lockert oder in sich löst oder wenn es nur – z.B. durch einen elektrischen Antrieb veranlasst – in seinem inneren Zusammenhalt oder Zusammenhang beeinträchtigt wird (OLG München NJW-RR 1995, 590, 591 m.w.N.).

Eine Schaufensterscheibe ist Teil des mit dem Grund und Boden verbundenen Gebäudes. Zerspringt sie, so löst sie sich von dem Gebäude ab (OLG Koblenz OLG Report 1998, 4).

Mit dem Grundstück verbundene Werke i.S.v. § 836 sind alle Gegenstände, die von Menschenhand unter Verbindung mit dem Grundstück nach gewissen Regeln der Kunst oder der

Erfahrung hergestellt sind und einem bestimmten Zweck dienen sollen. Es kann sich auch um eine vorübergehende Verbindung eher loser Art handeln. Ein allein infolge seiner Schwerkraft auf einem Grundstück stehender Bierpavillon ist daher als ein mit dem Grundstück verbundenes Werk anzusehen (OLG Düsseldorf VersR 1999, 854).

Dem Eigenbesitzer ist der frühere Besitzer ein Jahr lang gleichgestellt, § 836 II.
Derjenige, der auf fremdem Grundstück in Ausübung eines Rechts ein Gebäude als ihm gehörig besitzt (z.B. als Erbbauberechtigter), haftet anstelle des Eigenbesitzers, § 837. Fremdbesitzer des Grundstückes, die für dessen Unterhaltung zu sorgen haben (z.B. Hausverwalter, Mieter, Nießbraucher), haften neben dem Eigenbesitzer, § 838.

Die Haftung entfällt, wenn der Besitzer den **Entlastungsbeweis** führt, dass er während seiner Besitzzeit zum Zwecke der Abwendung der Gefahr die im Verkehr erforderliche Sorgfalt beachtet hat, § 836 I 2.

Nach der **gesetzlichen Beweislastregelung** in §§ 836, 837 hat der Verletzte lediglich die objektive Fehlerhaftigkeit des Werkes für den Schadenseintritt zu beweisen (BGH NJW 1999, 2593, 2594@ m.w.N.). Bei Vorliegen der objektiven Voraussetzungen des § 836 wird das Verschulden des Grundstücks- bzw. Werkbesitzers vermutet. Zur Widerlegung der Vermutung muss er darlegen und beweisen, dass er zum Zwecke der Abwendung der Gefahr die im Verkehr erforderliche Sorgfalt beachtet hat (BGH NJW 1999, 2593, 2594@).

9. §§ 7, 18 StVG Haftung für Kfz-Unfall

Aufbauschema für §§ 7, 18 StVG

I. Voraussetzungen („haftungsbegründender Tatbestand")

§ 7 StVG	§ 18 StVG
1. **Tatbestand**	1. **Tatbestand**
a) Halter	a) Fahrzeugführer
b) bei Betrieb des Kfz Mensch getötet, Körper oder Gesundheit verletzt oder Sache beschädigt	=
c) kein unabwendbares Ereignis	
d) Kausalität i.S.d. Äquivalenztheorie (h.M.)	d) Kausalität i.S.d. Adäquanztheorie
	2. **Rechtswidrigkeit**
	3. **Verschulden** des Fahrzeugführers wird vermutet, wenn kein Entlastungsbeweis

II. Rechtsfolgen („haftungsausfüllender Tatbestand")

Ersatz des daraus entstandenen Schadens gemäß §§ 249 ff., modifiziert nach §§ 8 ff. StVG   =

- Die Haftung des **Kfz-Halters** nach § 7 StVG ist eine **Gefährdungshaftung**. Auch wenn sich der Kfz-Halter weder verkehrswidrig noch schuldhaft verhält, wird er – in den Grenzen des StVG – mit der Schadenshaftung allein deswegen belegt, weil er als Halter die mit dem Betrieb eines Kfz verbundenen Gefahren veranlasst hat.

  BGH VersR 1972, 1074; Wussow/Schloën Rdnr. 989 (s. auch oben S. 85).

- Die Haftung des **Kfz-Fahrers** nach § 18 StVG beruht nicht auf der Gefährlichkeit des Kfz, ist also keine Gefährdungshaftung. Haftungsgrund ist das **vermutete Verschulden** des Fahrers.

  Da es sich bei § 18 StVG um eine Verschuldenshaftung handelt und da Verschulden **adäquate Kausalität** und **Rechtswidrigkeit** voraussetzt, ist im Rahmen des § 18 StVG – anders als bei der Gefährdungshaftung nach § 7 StVG – die adäquate Kausalität und die Rechtswidrigkeit festzustellen!

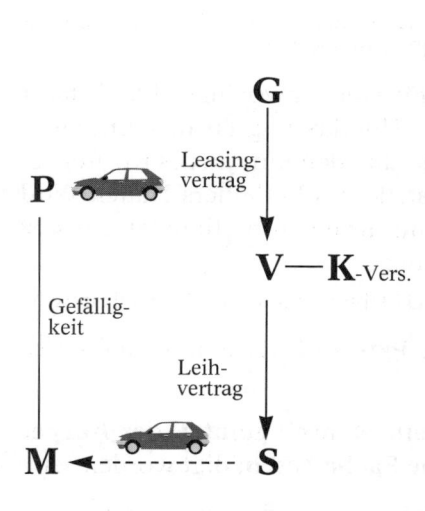

Fall 24: Vereiste Kurve

In einer langgezogenen Linkskurve einer Bundesstraße hatte sich bei um den Gefrierpunkt bewegenden Außentemperaturen und einer Wetterlage, bei der nicht mit Straßenglätte zu rechnen war, auf 60 m Länge Glatteis gebildet, weil bei erhöhtem Grundwasserspiegel von der Anhöhe Wasser auf die Straße geflossen war. Die Pkw-Fahrerin P, in deren Fahrzeug auch die M saß, kam ohne Verschulden ins Rutschen, das Fahrzeug drehte sich um die eigene Achse und kam auf dem rechten unbefestigten Seitenstreifen entgegen der Fahrtrichtung zum Stehen. P und M verließen das Fahrzeug, die P hatte den Motor abgestellt, das Standlicht aber brennen lassen. P und M überquerten die Straße und hielten sich auf einem Parkplatz unweit einer Straßenlaterne auf. Die P entfernte sich, um zu telefonieren. Zugleich näherte sich aus der gleichen Fahrtrichtung, aus der P und M gekommen waren, der S mit einem Pkw, den sein Vater V bei der Fa. G geleast, bei der K-Versicherung versichert und dem S für eine einwöchige Ferienfahrt zur Verfügung gestellt hatte. S verlor auf der eisglatten Fahrbahn die Kontrolle über den von ihm geführten Pkw. Der Pkw geriet zum Innenrand der Kurve und stieß gegen die Straßenlaterne. Die M musste befürchten, von dem auf sie zuschleudernden Pkw erfasst zu werden, falls sie nicht weglief. Bei dem Versuch, das Weite zu suchen, stürzte die 74jährige M und verletzte sich schwer.

(A) **Anspruch der M gegen V aus § 7 StVG**

Die Gefährdungshaftung aus § 7 StVG kann neben der Unrechtshaftung aus § 823 I eingreifen. Für die Prüfungsreihenfolge gibt es dann keine allgemeine Regel. Normalerweise beginnt man mit der Gefährdungshaftung, weil sie weder Rechtswidrigkeit noch Verschulden voraussetzt (Medicus Jura 1996, 561, 565). Im vorliegenden Fall kommt eine Haftung des V nur aus § 7 StVG in Betracht.

(I) **Voraussetzungen der Haftung aus § 7 I StVG** sind:

(1) Der Anspruchsgegner muss **Halter** des am Verkehrsunfall beteiligten Fahrzeuges sein. Halter ist, wer das Kfz zur Unfallzeit für **eigene Rechnung in Gebrauch** hat und die **Verfügungsgewalt** darüber besitzt, die ein solcher Gebrauch voraussetzt. Eigentum ist nicht entscheidend.

BGHZ 13, 351; 116, 200, 202; Kunschert in Geigel 25 Rdnr. 19 ff. m.w.N.

(a) V hatte den Wagen geleast. Beim Leasingvertrag ist regelmäßig der Leasingnehmer der alleinige Halter des Kfz, jedenfalls dann, wenn ihm das Kfz auf längere Zeit überlassen ist, er die Betriebskosten trägt und über den Einsatz des Kfz befindet.

BGHZ 87, 133, 135; BGH NJW 1997, 660; Kunschert in Geigel 25 Rdnr. 25; Jagusch/Hentschel § 7 Rdnr. 16 a; Martis JA 1997 Übungsblätter S. 45.

(b) V hatte seinem Sohn den Wagen für eine einwöchige Urlaubsfahrt geliehen. Bei einer länger dauernden Überlassung an den Entleiher (oder Mieter), bei welcher der Entleiher über den Einsatz des Kfz frei bestimmen kann, wird der Entleiher anstelle des Verleihers Halter. Wird dagegen das Kfz nur für kurze Zeit und für einen bestimmten Einsatz überlassen, so bleibt der Entleiher Halter.

Kunschert in Geigel 25 Rdnr. 24; Martis JA 1997 Übungsblätter S. 45, jeweils m.w.N.

Bei der einwöchigen Überlassung des Pkw an S für eine Urlaubsreise blieb V Halter des Pkw.

(2) Es muss **bei dem Betrieb eines Kfz ein Mensch getötet, der Körper oder die Gesundheit verletzt oder eine Sache beschädigt** worden sein.

Erforderlich und ausreichend hierfür ist – wie bei der Tierhalterhaftung nach § 833 S. 1 (s.o. 6.1) – Kausalität i.S.d. Bedingungstheorie. Sie ist hier bei der Verletzung der M gegeben.

„Bei dem Betrieb" des Kfz verwirklicht sich ein Unfall, wenn sich die betriebsspezifische Gefahr verwirklicht. Ob dies der Fall ist, muss in einer am Schutzzweck der Haftungsnorm orientierten wertenden Betrachtung beurteilt werden.

BGHZ 115, 84, 86[@] = JZ 1992, 95 m. Anm. Deutsch S. 97 f.; dazu auch Roth JuS 1993, 716 ff.; KG OLG Report 1998, 209, 210; SchlOLG OLG Report 1998, 4; Kirchhoff MDR 1997, 901, 902 m.w.N.

▶ Das Haftungsmerkmal „bei dem Betrieb" ist entsprechend dem Schutzzweck der Vorschrift weit auszulegen. Nach der heute herrschenden sog. verkehrstechnischen Auffassung sind im öffentlichen Verkehrsbereich alle Fahrzeuge in Betrieb, die sich darin bewegen oder in verkehrsbeeinflussender Weise ruhen, also auch, wenn ein Fahrzeug auf der Fahrbahn liegen bleibt oder auf der Straße selbst (nicht im öffentlichen Parkraum) abgestellt wird.

BGHZ 29, 163, 169; BGH VersR 1967, 562; KG VR 1978, 140.

Dagegen ist nach der früheren sog. maschinentechnischen Auffassung das Kfz nur solange in Betrieb, als der Motor das Kfz bewegt.

Es genügt, dass sich eine von dem Kfz ausgehende Gefahr ausgewirkt hat. Erforderlich ist ein Zusammenhang mit der Bestimmung des Kfz als einer der Fortbewegung und dem Transport dienenden Maschine.

Eine Verbindung mit dem „Betrieb" als Kraftfahrzeug ist z.B. zu bejahen, wenn eine fahrbare Arbeitsmaschine – z.B. ein langsam fahrender Lkw, der eine Absperrtafel zieht, um Grasmäharbeiten zu sichern – während der Fahrt bestimmungsgemäße Arbeiten verrichtet (BGHZ 113, 164).

Es werden z.B. auch Schäden, die durch das Auswerfen von Streugut aus einem Streukraftfahrzeug entstehen, von der Halterhaftung nach Maßgabe des § 7 StVG erfasst (BGHZ 105, 65, 66 f. = JZ 1988, 1136 m. zust. Anm. Baumgärtel S. 1138).

Führt der von einem Kfz ausgehende Lärm zur Panikreaktion eines normal empfindlichen Tieres, ist der dadurch entstandene Schaden nach § 7 I StVG ersatzfähig (LG Köln MDR 1997, 935; VersR 1999, 633).

„Bei dem Betrieb" kann auch bei fehlender Berührung des Fahrzeuges mit dem Geschädigten zu bejahen sein (KG OLG Report 2000, 316).

▶ Trotz der gebotenen weiten Auslegung des § 7 StVG sind auf der anderen Seite der Haftung aus § 7 StVG Grenzen gesetzt:

– Eine Haftung aus § 7 StVG entfällt, wo die Fortbewegungs- und Transportfunktion des Kraftfahrzeuges keine Rolle mehr spielt und das Fahrzeug nur noch als Arbeitsmaschine eingesetzt wird,

z.B. wenn beim Anliefern von Heizöl der Motor des Fahrzeuges lediglich als Antriebskraft der Pumpvorrichtung von Bedeutung ist (BGH NJW 1993, 2740; OLG Köln VersR 1994, 108);

oder wenn von einem Unimog-Fahrzeug mittels einer besonderen Vorrichtung Klärschlamm als Dünger auf einen Acker gespritzt wird, der Schlamm versehentlich auf einen benachbarten Acker gerät und dort zu Schäden führt (OLG Hamm MDR 1996, 149).

– Ein Zurechnungszusammenhang fehlt auch dann, wenn die Schädigung nicht mehr eine spezifische Auswirkung derjenigen Gefahren ist, für die die Haftungsvorschrift den Verkehr schadlos halten will. Dies gilt insbes. für Schäden, in denen sich ein gegenüber der Betriebsgefahr eigenständiger Gefahrenkreis verwirklicht hat.

BGHZ 79, 259, 263; BGH VersR 1991, 111, 112 f.; BGHZ 115, 84@ = JZ 1992, 95, 96 m. Anm. Deutsch S. 97 f.; dazu auch Roth JuS 1993, 716 ff.

In dem der Entscheidung BGHZ 115, 84@ zu Grunde liegenden Fall waren infolge eines durch einen Verkehrsunfall ausgelösten Knalles in einem etwa 50 m entfernt liegenden Stall einer Schweinezucht Schweine in Panik geraten, wodurch einige verendeten. Die Tiere waren in Massentierhaltung aufgezogen worden, deshalb neigten sie bei außergewöhnlichen Geräuschen zu schreckhaften Reaktionen und aggressivem Verhalten. Darin sieht der BGH die entscheidende Schadensursache. Der Schweinezüchter habe bei der gewählten Art der Schweinehaltung für seinen Betrieb einen gegenüber der Kfz-Betriebsgefahr eigenständigen Gefahrenbereich geschaffen, dessen Risiken er tragen müsse (BGHZ 115, 84, 88@).

Im vorliegenden Fall hat sich der Unfall der Frau M ereignet, ohne dass es zu einer Berührung mit dem Kfz gekommen ist. Das im Verkehr befindliche Kfz hat aber die Abwehrreaktion der M ausgelöst. Selbst wenn diese Abwehrreaktion voreilig und objektiv nicht erforderlich war, hat die Fahrweise des Pkw zu dem Unfall beigetragen; er geschah daher bei dem Betrieb des Kfz.

OLG Hamm zfs 1996, 444@ zum vorliegenden Fall; s. dazu ferner SchlHOLG OLG Report 1998, 4, 5; KG OLG Report 1998, 209, 210.

(3) Gemäß § 7 II StVG tritt die Haftung **nicht** ein, wenn der Unfall durch ein **unabwendbares Ereignis** verursacht wurde. Unabwendbar ist ein Ereignis, das durch äußerst mögliche Sorgfalt nicht abgewendet werden kann. „Dazu gehören erheblich über den Maßstab der im Verkehr erforderlichen Sorgfalt i.S.d. § 276 BGB hinaus Aufmerksamkeit, Geschicklichkeit und Umsicht sowie ein sachgemäßes, geistesgegenwärtiges Handeln im Augenblick der Gefahr im Rahmen des Menschenmöglichen" (OLG Köln VersR 1994, 573, 574).

Vgl. ferner BGHZ 117, 337, 340; OLG Hamm VersR 1993, 711, 712; Medicus Jura 1996, 561, 565.

Der Fahrer muss sich wie ein „Idealfahrer" verhalten haben. Dabei ist auch zu fragen, ob ein „Idealfahrer" überhaupt in eine solche Gefahrenlage geraten wäre. Wer auf der Autobahn die Richtgeschwindigkeit von 130 km/h überschritten hat und in einen Unfall verwickelt wird, kann sich nicht auf ein unabwendbares Ereignis i.S.d. § 7 II StVG berufen, es sei denn, er weist nach, dass es auch bei Einhaltung von 130 km/h zu dem Unfall mit vergleichbar schweren Folgen gekommen wäre (BGHZ 117, 337, 344 u. dazu Reif VersR 1992, 716 f.; s. auch OLG Köln VersR 1991, 1188, 1189).

Im vorliegenden Fall ist nicht auszuschließen, dass ein besonders sorgfältiger und geistesgegenwärtiger Kraftfahrer in der Situation des S die immerhin 60 m lange Glatteisspur so rechtzeitig erkannt hätte, dass er noch unfallverhütend hätte reagieren können. Denn ein „Idealfahrer" hätte angesichts des am rechten Fahrbahnrand in Gegenrichtung mit Abblendlicht stehenden Pkw und bei Berücksichtigung der sich um den Gefrierpunkt bewegenden Außentemperaturen in Betracht gezogen, dass es im Bereich der Kurve glatt sein konnte.

OLG Hamm zfs 1996, 444@.

Der Unfall war somit für S kein unabwendbares Ereignis.

Die Haftung des H gemäß § 7 StVG ist daher dem Grunde nach gegeben.

(II) **Rechtsfolge:** Schadensersatz

Im Rahmen des haftungsausfüllenden Tatbestandes werden die allgemeinen Vorschriften der §§ 249 ff. modifiziert:

(1) Der Umfang der Ersatzpflicht bei Körperverletzung richtet sich nach § 11 StVG.

(2) § 12 StVG nennt die Haftungshöchstbeträge.

(3) Ein eventuelles Mitverschulden des Geschädigten, der selbst nicht als Halter oder Fahrzeugführer beteiligt war (dann gilt § 17 StVG), richtet sich nach § 9 StVG i.V.m. § 254 BGB.

(4) § 7 StVG kann keine Grundlage für einen Schmerzensgeldanspruch nach § 847 BGB sein.

(B) **Anspruch der M gegen die Haftpflichtversicherung des V**

Gemäß § 3 Nr. 1 PflVG hat M gegen den Haftpflichtversicherer des V einen unmittelbaren Anspruch als Gesamtschuldner neben V (§ 3 Nr. 2 PflVG).

(C) **Anspruch der M gegen S**

(I) **Aus § 18 StVG**

S haftet als Führer des Kfz nach § 18 StVG, es sei denn, dass er fehlendes Verschulden nachweist.

Der Fahrer muss sich von der Schuld völlig entlasten, braucht aber nicht nachzuweisen, dass der Unfall für ihn unabwendbar war (Jagusch/Hentschel § 18 StVG Rdnr. 1).

Diesen Nachweis wird S führen können, da er nicht mit dem Auftreten von Glatteis rechnen musste.
OLG Hamm zfs 1996, 444[@].

(II) **Aus § 823 I**

Neben der Haftung aus § 7 StVG oder aus § 18 StVG kann auch eine Haftung aus § 823 I (ohne Beschränkung der Haftungshöhe gemäß §§ 8 ff. StVG und mit der Möglichkeit, dann auch Schmerzensgeld nach § 847 zu verlangen) bestehen. Im vorliegenden Fall scheidet eine derartige Haftung des S mangels Verschuldens aus.

Der S haftet somit nicht.

(D) **Anspruch der M gegen P**

In Betracht kommen könnte hier eine Haftung als Halter nach § 7 StVG. Ein Ausschluss der Halter-Gefährdungshaftung besteht aber nach §§ 8, 8 a StVG.

Gemäß § 8 a StVG besteht ein Haftungsprivileg gegenüber beförderten Personen, es sei denn, dass es sich um eine entgeltliche, geschäftsmäßige Personenbeförderung handelt.

Ein Anspruch der M gegen P scheidet somit aus.

(E) **Ergebnis**:

Die M kann den V als Halter nach § 7 I StVG und dessen Haftpflichtversicherer gemäß § 3 Nr. 1 PflVG als Gesamtschuldner in Anspruch nehmen, der Höhe nach begrenzt durch § 12 StVG.

– – –

3. Abschnitt: Haftung mehrerer Personen

1. § 830 Mittäter, Anstifter, Gehilfen, Beteiligte

Zwei Fallgruppen:

▶ gemeinschaftliche Begehung einer unerlaubten Handlung als **Mittäter, § 830 I 1**, als **Anstifter oder Gehilfe, § 830 II**
§ 830 I 1, II enthält eine Sonderregelung über die Notwendigkeit der Kausalität zwischen dem Verhalten eines Mittäters, Anstifters oder Gehilfen und dem Eintritt des Verletzungstatbestandes. Der Mittäter, Anstifter oder Gehilfe muss sich eine von dem anderen Mittäter oder von dem Haupttäter verursachte Rechts(gut)verletzung als eigene Verletzungshandlung im Rahmen des haftungsbegründenden Tatbestandes zurechnen lassen.

Das gemeinschaftliche Begehen als Mittäter verlangt den gemeinschaftlichen Entschluss und ist daher nur bei – zumindest bedingt – vorsätzlichem Handeln gegeben. Anstiftung bedeutet die vorsätzliche Bestimmung eines anderen zu einer vorsätzlichen unerlaubten Handlung. Beihilfe ist die vorsätzlich geleistete Hilfe zu einer vorsätzlichen unerlaubten Handlung.

▶ **Beteiligung** mehrerer an einer unerlaubten Handlung, ohne dass feststellbar ist, welcher der Beteiligten den Schaden durch seine Handlung verursacht hat oder für welchen Anteil an dem Gesamtschaden jeder einzelne ursächlich geworden ist, **§ 830 I 2**.

Es muss aber bei jedem der Beteiligten – abgesehen vom Nachweis der Ursächlichkeit seines Verhaltens – der haftungsbegründende Tatbestand des § 830 I 2 gegeben sein.

Aufbauschema für § 830

I. Voraussetzungen („haftungsbegründender Tatbestand")

§ 830 I 1, II	§ 830 I 2
1. Tatbestand Verursachung eines Schadens durch Mehrere – als Mittäter, § 830 I 1 – oder als Anstifter oder Gehilfe, § 830 II	**1. Tatbestand** a) Selbständige Beteiligung Bei jedem Beteiligten muss ein anspruchsbegründendes Verhalten gegeben sein, wenn man vom Nachweis der Ursächlichkeit absieht. b) Verursachung Die Rechts(gut)verletzung muss mit Sicherheit entweder durch den einen oder den anderen der Beteiligten, möglicherweise auch durch alle Beteiligte verursacht worden sein. c) Verursacher nicht feststellbar Es darf nicht feststellbar sein, welcher der Beteiligten die Rechts(gut)verletzung verursacht hat.
2. Rechtswidrigkeit Erforderlich ist ein eigenständiges Rechtswidrigkeitsurteil über den Tatbeitrag desjenigen, der nach § 830 I 1, II in Anspruch genommen wird.	**2. Rechtswidrigkeit** Es scheidet die Haftung aller aus, wenn die Handlung eines von ihnen durch einen Rechtfertigungsgrund gedeckt ist.
3. Verschulden Erforderlich ist Vorsatz desjenigen, der nach § 830 I 1, II in Anspruch genommen wird.	**3. Verschulden** Es scheidet die Haftung aller aus, wenn die Handlung einen von ihnen wegen fehlenden Verschuldens nicht ersatzpflichtig macht.

II. Rechtsfolgen („haftungsausfüllender Tatbestand")

Haftung als Gesamtschuldner

§ 830 ist in beiden Fällen eine **echte Haftungsnorm** (selbstständige Anspruchsgrundlage).

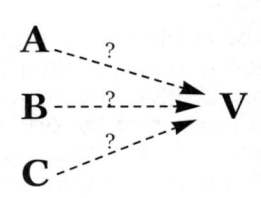

Fall 25: Schlägerei

V wurde bei einer Schlägerei verletzt, an der A, B und C teilnahmen. V hatte nur einen Schlag erhalten. Es kann nicht festgestellt werden, wer den Schlag gegen V führte. Ungeklärt ist auch, ob A, B und C einen gemeinsamen Entschluss gefasst hatten, den V anzugreifen, oder wie im Übrigen die innere Einstellung von A, B und C war.

Gesamtschuldnerische Haftung von A, B und C

(A) **A § 830 I 1, II?**

Der Tatbestand setzt voraus, dass mehrere als Mittäter, Anstifter oder Gehilfen (i. S. d. Strafrechts) einen Schaden verursacht haben; es wird dann der Tatbeitrag des einen dem anderen als eigene Verletzungshandlung zugerechnet.

§ 830 behandelt seinem Wortlaut nach zwar nur die Verantwortlichkeit für den eingetretenen Schaden, also erst die haftungsausfüllende Kausalität. Mittelbar ergibt sich hieraus aber, dass auch bei der vorrangig zu prüfenden haftungsbegründenden Kausalität § 830 zur Anwendung gelangt (BGHZ 72, 355, 358; MünchKomm/Mertens § 830 Rdnr. 2).

Abzustellen ist auf den strafrechtlichen Begriff der Mittäterschaft und Teilnahme.

BGHZ 8, 288, 292; 63, 124, 126; 89, 383, 389.

Das Zusammenwirken als Mittäter, Anstifter oder Gehilfe erfordert vorsätzliches Zusammenwirken zur Herbeiführung des Erfolges. Im vorliegenden Fall ist ein gemeinsamer Entschluss nicht erwiesen. Es ist auch ungeklärt, welche innere Einstellung bei A, B und C eine Rolle spielte. Ein Anspruch aus § 830 I 1, II scheidet daher aus.

(B) **aus § 830 I 2?**

Erste Voraussetzung ist die selbstständige Beteiligung: Bei jedem Beteiligten muss ein anspruchsbegründendes Verhalten gegeben sein, wenn man vom Nachweis der Ursächlichkeit absieht. § 830 I 2 befreit nur von der Notwendigkeit, den Beweis adäquater Verursachung des Schadens gerade durch den in Anspruch genommenen Beteiligten zu führen. Die Haftung setzt aber den vom Anspruchsteller zu führenden Nachweis einer gegen das verletzte Rechtsgut gerichteten unerlaubten Handlung des Beteiligten voraus, wobei nur die haftungsbegründende Kausalität nicht bewiesen werden muss.

Im vorliegenden Fall lässt sich nicht feststellen, dass A, B oder C Handlungen begangen haben können, da nur ein Schlag gegen V geführt wurde und nicht feststellbar ist, wer den Schlag geführt hat. Eine Haftung von A, B oder C aus § 830 I 2 scheidet daher aus.

LG Gießen NJW-RR 1995, 281.

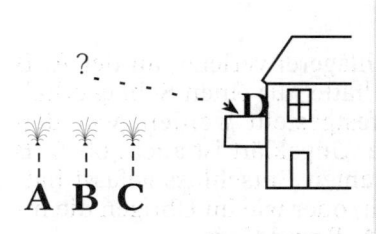

– – –

Fall 26: Silvesterfeuerwerk

In der Silvesternacht haben sich A, B, C und D durch Doppelkopfspielen und Biertrinken auf das neue Jahr vorbereitet. Um 24.00 Uhr begeben sich A, B und C mit Feuerwerkskörpern, die jeder für sich mitgebracht hat, nach draußen, um sie dort abzubrennen. Dem D ist die Sache zu gefährlich. Er bleibt im Hause. Als er dann aber das Knallen der Feuerwerkskörper und das Johlen von A, B und C hört, wird er

neugierig und geht auf den Balkon, um sich das Schauspiel anzusehen. Eine der Raketen startet nicht ordnungsgemäß, nimmt eine andere als die vorgesehene Flugbahn und zerplatzt am Balkongeländer. D erleidet erhebliche Verbrennungen.
D bittet seine Freunde unter Hinweis darauf, dass diese den auf der Gebrauchsanleitung angegebenen Sicherheitsabstand von bewohnten Gebäuden nicht beachtet und weit unterschritten haben, um Ersatz der Arztkosten. Die Freunde weisen zutreffend darauf hin, es stehe nicht fest, wer die fehlgestartete Rakete gezündet habe.
D möchte nunmehr gegen A, der von den dreien am vermögensten ist, vorgehen.
(Fall nach OLG München MDR 1967, 671; vgl. auch BGH NJW 1986, 52)

(A) D kann gegen A einen Anspruch aus § 823 I haben.
D ist verletzt. Es lässt sich aber nicht feststellen, dass A diese Körperverletzung verursacht hat. Sie kann auch aus einer von B oder C gestarteten Rakete herrühren. Der Verletzungserfolg lässt sich somit nicht dem Verhalten des A zurechnen. § 823 I scheidet daher als Anspruchsgrundlage aus.

(B) Die Körperverletzung des D ist hier auch nicht aufgrund einer unerlaubten Handlung eingetreten, die A, B oder C gemeinsam als Mittäter, Anstifter oder Gehilfen begangen haben (§ 830 I 1 u. II); denn jeder hat für sich neben dem anderen selbstständig gehandelt.

(C) A kann als Beteiligter i. S. d. **§ 830 I 2** ersatzpflichtig sein.

(I) **Voraussetzungen**

(1) **Tatbestand**

(a) **Selbstständige Beteiligung mehrerer in der Weise, dass bei jedem Beteiligten ein anspruchsbegründendes Verhalten gegeben ist, wenn man vom Nachweis der Ursächlichkeit absieht**

▶ Die mehreren Beteiligten dürfen nicht als Mittäter, Gehilfen oder Anstifter zusammengewirkt haben, denn dann würde ihnen der Tatbeitrag der anderen bereits gemäß § 830 I 1 u. II zugerechnet. Die – insoweit „subsidiäre" – Vorschrift des § 830 I 2 setzt voraus, dass mehrere Beteiligte **„selbstständig"** beteiligt waren, d. h. als Nebentäter der Schädigung in Frage kommen (BGHZ 89, 383, 399[@]).

▶ **Jeder der Beteiligten** müsste – **bei unterstellter Kausalität** – **ersatzpflichtig** sein.

▶ Die Rspr. und h. M. verlangen die Beteiligung an einem sachlich, räumlich und zeitlich **einheitlichen Vorgang** (z. B. RGZ 58, 357, 361; BGHZ 25, 271, 274; 33, 286, 291). Es kann die Einheitlichkeit auch bei zeitlich aufeinanderfolgenden Handlungen gegeben sein, so z. B., wenn bei einem Verkehrsunfall der Geschädigte von mehreren Fahrzeugen nacheinander erfasst wird (BGHZ 33, 286; 72, 355; KG VersR 1989, 713).

A, B und C haben selbstständig in der Weise gehandelt, dass jeder von ihnen eine unerlaubte Handlung i. S. d. § 823 I rechtswidrig und schuldhaft erfüllt hat, wenn man unterstellt, dass jeweils die Rakete des A, B oder C für die Körperverletzung des D ursächlich war.

Zwar sind in der Silvesternacht die Anforderungen an die Verkehrssicherungspflicht beim Abbrennen von Feuerwerkskörpern herabgesetzt. In der Silvesternacht ist es zulässig und in allen Städten und Gemeinden üblich, nichterlaubnispflichtige Feuerwerkskörper zu zünden. Das entbindet aber denjenigen, der ein Feuerwerk abbrennt, nicht von der Verantwortung dafür, die Feuerwerkskörper nur bestimmungsgemäß und unter Beachtung der Gebrauchsanleitung, insbesondere unter Einhaltung der vom Hersteller verlangten Sicherheitsvorkehrungen zu verwenden (BGH NJW 1986, 52, 53). Im vorliegenden Fall haben A, B und C es unterlassen, den vorgeschriebenen Sicherheitsabstand einzuhalten und einen Standort zu wählen, von dem aus andere Personen nicht (ernsthaft) gefährdet werden konnten. Sie haben daher die erforderliche Sorgfalt verletzt.

Es ist auch der von der Rspr. geforderte sachliche, örtliche und zeitliche Zusammenhang gegeben, da A, B und C ein Feuerwerk veranstalteten.

(b) Die Rechts(gut)verletzung **muss mit Sicherheit entweder durch den einen oder den anderen der Beteiligten, möglicherweise auch durch alle Beteiligten verursacht worden sein**.

- Für die Anwendung des § 830 I 2 ist daher kein Raum, wenn der **Geschädigte** seinen Schaden selbst verursacht haben kann, so z.B., wenn der Fahrer eines Kfz auf der Autobahn ohne Einwirkung Dritter die Gewalt über sein Fahrzeug verliert, herausgeschleudert wird, auf der Fahrbahn liegend von anderen Kraftwagen überrollt wird und sich nicht klären lässt, ob der Unfalltod bereits dadurch verursacht wurde, dass der Fahrer auf die Fahrbahn geschleudert wurde (BGHZ 60, 177, 181; vgl. auch BGHZ 67, 14, 20; Bauer JZ 1973, 599).
- § 830 I 2 ist dagegen hinsichtlich der „Alternativtäter" nicht ausgeschlossen, wenn **ein Dritter eine andere Schadensbedingung** gesetzt hat, wie in dem in BGHZ 67, 14, 20 gebildeten Beispiel: Der Verletzte fällt, von zwei Personen gestoßen, infolge des einen (welchen?) der Stöße in einen Kanalschacht, dessen Abdeckung ein Dritter pflichtwidrig versäumt hat. Die Haftung des Dritten steht fest. Da der Dritte außerhalb des Kreises der Beteiligten an dem Stoß steht, haften diese beide nach §§ 823 I, 830 I 2. (Vgl. dazu auch BGHZ 55, 86, 90; 72, 355, 359.)

Die Körperverletzung des D ist mit Sicherheit durch die Rakete des A, des B oder des C verursacht worden; A kann seine Verursachung nicht ausschließen.

(c) **Es darf nicht feststellbar sein, welcher der Beteiligten die Rechts(gut)verletzung** (bzw. im haftungsausfüllenden Tatbestand: den Schaden) **tatsächlich – ganz oder teilweise – verursacht hat**.

- § 830 I 2 greift sowohl bei sog. „Urheber-Zweifel" als auch bei sog. „Anteils-Zweifel" ein (BGHZ 67, 14, 18).
- § 830 I 2 greift **aber nicht** ein, wenn einer der für die „Beteiligung" in Frage kommenden **erwiesenermaßen** haftet, auch wenn der andere daneben möglicherweise als Verursacher in Betracht kommen kann (BGHZ 67, 14, 20; 72, 355, 361).

Es ist nicht feststellbar, welcher der Beteiligten – etwa nur der A oder nur der B oder nur der C – die Körperverletzung des D verursacht hat.

Es ist somit der Tatbestand des § 830 I 2 erfüllt.

(2) **Rechtswidrigkeit**

Bei der Inanspruchnahme aus § 830 I 2 muss – bei unterstellter Kausalität des Handelns – jeder der Beteiligten rechtswidrig gehandelt haben.

Es entfällt daher die Haftung aller Beteiligten, wenn die Haftung eines von ihnen durch einen Rechtfertigungsgrund gedeckt ist.
Larenz/Canaris II/2 § 82 II 3 a, S. 576 m.w.N.

Im vorliegenden Fall ist weder für A noch für B oder C ein Rechtfertigungsgrund gegeben.

(3) **Verschulden**

Wie die Rechtswidrigkeit, so muss auch das Verschulden bei allen Beteiligten vorliegen. Es entfällt daher die Haftung aller Beteiligten, wenn einer von ihnen – bei unterstellter Kausalität – wegen fehlenden Verschuldens nicht ersatzpflichtig wäre, es sei denn, es liegen ausnahmsweise die Voraussetzungen aus § 829 vor.
Larenz/Canaris II/2 § 82 II 3 a, S. 576 f. m.w.N.

Im vorliegenden Fall ist Fahrlässigkeit bei A, B und C – bei unterstellter Kausalität – zu bejahen.

Es liegen daher die Voraussetzungen des § 830 I 2 bei A vor.

(II) **Rechtsfolgen**

(1) Der Umfang der Ersatzpflicht erstreckt sich gemäß § 830 I 2 auf den gesamten Schaden, den D erlitten hat. Allerdings mindert sich der Ersatzanspruch gemäß § 254, wenn den D ein Mitverschulden trifft.

(2) Wenn A von D in Anspruch genommen wird, kann er von B und C gemäß § 426 anteilmäßigen Ausgleich verlangen, da auch B und C – wie A – dem D als Gesamtschuldner nach §§ 830 I 2, 840 I ersatzpflichtig sind.

– – –

2. § 840 Gesamtschuldnerschaft

I) Täter einer unerlaubten Handlung, die nebeneinander verantwortlich sind, haften im Außenverhältnis dem Geschädigten nach § 840 I als Gesamtschuldner. Das bedeutet, dass der Geschädigte grundsätzlich nach seinem Belieben von jedem der Verantwortlichen ganz oder teilweise – insgesamt aber nur einmal – Schadensersatz verlangen kann, § 421.
Zur Gesamtschuldnerschaft im Einzelnen AS-Skript Schuldrecht AT 2.

Nebeneinander verantwortlich i.S.d. § 840 I sind insbesondere

▶ Mittäter, Anstifter und Gehilfen, § 830 I 1 u. II,

▶ Beteiligte i.S.d. § 830 I 2,

▶ sonstige Nebentäter.

Der Begriff der „unerlaubten Handlung" in § 840 I ist weit. Er erfasst grds. auch die Tatbestände der Gefährdungshaftung, gleichgültig, ob sie im BGB oder in anderen Gesetzen geregelt sind.

II) Nach § 426 I 1 sind die Gesamtschuldner im Verhältnis zueinander zu gleichen Anteilen verpflichtet, soweit nicht ein anderes bestimmt ist.

Für die Gesamtschuldner des § 840 I enthalten § 840 II und III sowie § 841 abweichende Bestimmungen.

4. Abschnitt: Die Haftung für fehlerhafte Produkte

Für jedermann besteht die Verantwortlichkeit aus § 823 I, wenn er schuldhaft die allgemeine Verkehrssicherungspflicht verletzt und dadurch ein Dritter Schaden an seinen Rechten oder Rechtsgütern erleidet. Eine besondere Ausprägung hat sich für die sog. **Produzentenhaftung nach § 823 I** herausgebildet, sie betrifft einen bestimmten Personenkreis, für den „herstellerspezifische" Verkehrssicherungspflichten bestehen. Bei bestimmten Pflichtverletzungen in diesem Bereich hat sich nach der Rechtsprechung eine Umkehr der Beweislast zum Nachteil des „Produzenten" herausgebildet.

Am 1.1.1990 trat außerdem das **Produkthaftungsgesetz (ProdHG)** in Kraft, das eine „erweiterte Gefährdungshaftung" vorsieht.

Bei einer Falllösung ist i.d.R. mit dem ProdHG anzufangen, weil es sich dabei wegen der verschuldensunabhängigen Haftung um die einfachere Anspruchsgrundlage handelt. Zum besseren Verständnis und zur Verdeutlichung der Unterschiede zwischen der verschuldensabhängigen Produzentenhaftung nach §§ 823 ff. und der verschuldensunabhängigen Haftung nach ProdHG wird hier mit der verschuldensabhängigen Produzentenhaftung nach §§ 823 ff. angefangen.

1. Die Produzentenhaftung nach § 823 I

Die Produzentenhaftung ist eine spezielle Ausprägung der Haftung für die Verletzung einer Verkehrssicherungspflicht. Wer **Produkte herstellt oder in den Verkehr bringt**, muss die von diesen Produkten ausgehenden Gefahren möglichst gering halten und dafür sorgen, Schäden bei späteren Abnehmern, Verbrauchern oder Benutzern der Produkte zu vermeiden. Wegen der spezifischen Interessenlage haben sich für die Produzentenhaftung besondere Grundsätze entwickelt.

▶ Als **typische Pflichten der Hersteller**, deren Verletzung die Produzentenhaftung nach § 823 I auslösen kann, haben sich herausgebildet:

– Pflicht zur fehlerfreien Entwicklung und Konstruktion

– Pflicht zur fehlerfreien Fabrikation

– Pflicht zur Instruktion

– Pflicht zur Produktbeobachtung

▶ Wenn der Schaden durch einen objektiven Mangel des Produktes verursacht worden ist oder wenn der Hersteller die sog. Befundsicherungspflicht verletzt hat, tritt eine **Umkehr der Beweislast** zu Gunsten des Geschädigten ein.

Bei dem Aufbauschema für einen Anspruch aus § 823 I (s.o. S. 2) ergeben sich für die Produzentenhaftung folgende Besonderheiten:

Aufbauschema für die Produzentenhaftung aus § 823 I

I. Voraussetzungen („haftungsbegründender Tatbestand")

1. **Tatbestand**
   a) Rechts- oder Rechtsgutverletzung
   b) durch ein Handeln, das dem Antragsgegner zuzurechnen ist

   > Herstellerspezifische Verkehrssicherungspflicht verletzt
   > ▶ personeller Anwendungsbereich
   >   – industrielle Hersteller
   >   – Produktionsleiter
   >   – Inhaber von Klein- u. Familienbetrieben
   >   – Zulieferer
   >   – Importeure
   >   – Händler
   > ▶ objektive Pflichtverletzung
   >   – Konstruktionsfehler
   >   – Fabrikationsfehler
   >   – Instruktionsfehler
   >   – Produktbeobachtungsfehler

2. **Rechtswidrigkeit**
3. **Verschulden**

II. Rechtsfolgen („haftungsausfüllender Tatbestand")

Ersatz des durch die Rechtsgut- bzw. Rechtsverletzung verursachten Schadens gemäß §§ 249 ff., 842 ff. (s. 2. Teil des Skriptes)

1.1 Personeller Anwendungsbereich

Die besondere herstellerspezifische Produzentenhaftung trifft nur den „Produzenten". Dieser Personenkreis ist nicht identisch mit dem „Hersteller" i. S. d. § 4 ProdHG.

Der Produzentenhaftung nach § 823 unterliegen insbes.:

▶ **industrielle Hersteller**

Hühnerpest-Urteil, BGHZ 51, 91[@] = JZ 1969, 387 m. Anm. Deutsch = NJW 1969, 269 m. Anm. Diederichsen.

▶ **Produktionsleiter mit herausgehobener und verantwortlicher Stellung**

Spannkupplungen-Urteil, BGH NJW 1975, 1827:
Bei der Herstellung von Armierungsgrundstäben verwendeten die Bauarbeiter eine Spannpresse. An einer Spannkupplung zerbarst die Spannhülse, sodass der Draht aus dem Spannbett herausschoss, den Arbeiter S traf und ihn durchbohrte. Er starb am selben Tage. Der BGH hat u.a. den verantwortlichen Geschäftsleiter für die Produktion der Werkzeuge für Spannbetonteile als verantwortlich angesehen und ihm die für die Produzentenhaftung typische Beweislast aufgebürdet.

▶ **Inhaber von Klein- und Familienbetrieben**

Hochzeitsessen-Urteil, BGHZ 116, 104[@] = JZ 1993, 671 m. Anm. Giesen = JA 1992, 501 m. Anm. Baumgärtel:
Nach dem Hochzeitsessen in einer Gaststätte erkrankten die Brautleute und ihre Gäste an einer Salmonellenvergiftung. Der BGH hat die bis dahin von der Rspr. offen gelassene und im Schrifttum umstrittene Frage, ob die Produzentenhaftung mit der Übernahme des Beweisrisikos nur bei industrieller Massenfabrikation durchgreife oder auch dem Inhaber eines kleinen Betriebes, dessen Herstellungsverfahren überschaubar und durchsichtig sei (Familien- und Einmannbetriebe) zugemutet werden könne, im letzteren Sinne bejaht.

▶ **Zulieferer**

für Schäden, welche die von ihm gelieferten Teile verursachen (Staudinger/Hager § 823 Rdnr. F 28); die Haftung des Zulieferers für Schäden am Endprodukt ist bestritten (s. dazu Staudinger/Hager § 823 Rdnr. F 29 m.w.N.).

▶ **Importeure**

Sie haften grds. nicht für Fabrikations- und Konstruktionsfehler, wohl aber für Instruktions- und Produktbeobachtungsfehler (BGHZ 99, 167, 170[@]; Staudinger/Hager § 823 Rdnr. F 33 m.w.N.).

▶ **Händler**

Als Nicht-Produzenten sind die Händler nicht Adressaten der spezifischen produzentenhaftungsrechtlichen Herstellerverkehrspflichten. Sie haften daher nicht nach den Grundsätzen der Produzentenhaftung für Konstruktions- oder Fabrikationsfehler. Sie haben aber eigene – händlerspezifische – Verkehrspflichten. Es kann sie eine Untersuchungs-, Instruktions- oder Beratungspflicht treffen (Brüggemeier Rdnr. 603 ff.; Schmidt-Salzer Rdnr. 4.366 m.w.N.).

1.2 Typische Fehler im Herstellerbereich sind:

▶ **Konstruktionsfehler**

▶ **Fabrikationsfehler**

▶ **Instruktionsfehler**

▶ **Produktbeobachtungsfehler**

Vgl. dazu: Kullmann NJW 1996, 18 ff.; 1997, 1746 ff.; 1999, 96 ff.; ferner Groß VersR 1996, 657 ff.; Michalski BB 1998, 961 ff.; Graf von Westphalen MDR 1998, 805 ff.

1.2.1 Konstruktionsfehler

Ein Konstruktionsfehler liegt vor, wenn ein Hersteller nicht alle technisch möglichen Sicherheitsvorkehrungen trifft, die gewährleisten, dass „derjenige Sicherheitsgrad erreicht wird, den die im entsprechenden Bereich herrschende Verkehrsauffassung für erforderlich erachtet" (BGH VersR 1992, 559, 560).

Beispiele für Konstruktionsfehler:

Schwimmerschalter   BGHZ 67, 359 = JZ 1977, 342 m. Anm. Lieb u. Rengier
Pistole   OLG Saarbrücken NJW-RR 1993, 931[@]

Sind für die Produktsicherheit mehrere Aspekte entscheidend, so darf bei der Frage, ob der Sicherheitsstandard dem Stand der Technik entspricht, nicht ein Sicherheitselement isoliert betrachtet werden, sondern es kann ein mit erhöhter Sicherheit in einem Bereich konstruktionsbedingtes Sicherheitsdefizit in sonstiger Hinsicht ausgeglichen werden.

In dem vom OLG Saarbrücken entschiedenen Fall hatte sich aus einer Pistole eines Polizeibeamten, die aus dem Halfter herausgefallen war, ein Schuss gelöst, der einen anderen Polizeibeamten verletzte. OLG Saarbrücken hat es abgelehnt, als Maßstab möglicher Sicherungstechnik eine Pistole mit einem anderen Sicherungssystem zu Grunde zu legen, weil bei dieser anderen Pistole eine zusätzliche manuelle Sicherung fehlte, welche die verunfallte Pistole hatte. Der BGH hat die Revision gegen dieses Urteil nicht angenommen (vgl. dazu auch Kullmann NJW 1994, 1698, 1699).

Ein Konstruktionsfehler liegt nicht schon dann vor, wenn ein Produkt eine gewisse Gefährlichkeit in sich birgt und sich diese Gefahr bei einem schon vorgeschädigten Benutzer realisiert. Fehlerhaft ist das Produkt nur, wenn es objektiv nicht die Sicherheit bietet, die die Allgemeinheit nach der Verkehrsauffassung in dem entsprechenden Bereich für erforderlich hält.

Fall 27: Nautik-Jet-Bahn

B ist Hersteller einer Nautik-Jet-Bahn, die auf einem Vergnügungspark zum Einsatz kommt. Das Boot fährt auf einer Wasser-Gefällestrecke hinab und springt über eine schanzenähnlich gebaute Gleisbahn in ein sich anschließendes Gewässer. Die Anlage war vom TÜV überprüft und freigegeben. Die V benutzte das Boot und zog sich beim Aufschlag des Bootes auf der Wasseroberfläche Verletzungen im Lendenwirbelbereich zu. Spätere Untersuchungen ergaben, dass die V durch eine hochgradige osteoporotische Erkrankung vorgeschädigt war und dass darin die Erklärung für die Verletzung der V beim Aufprall des Bootes liegt.
Der Vermögensschaden wird durch Versicherungen abgedeckt. V verlangt von P Schmerzensgeld.

V kann gegen P einen Schmerzensgeldanspruch aus §§ 823 I, 847 haben. Voraussetzung ist, dass die Körperverletzung der V durch eine unerlaubte Handlung des P herbeigeführt worden ist. P könnte aus dem Gesichtspunkt der Produzentenhaftung nach § 823 I ersatzpflichtig sein.

Voraussetzungen des haftungsbegründenden Tatbestands sind:

(I) **Rechts- oder Rechtsgutverletzung**

    V hat eine Körperverletzung erlitten.

(II) **Durch ein Handeln, das dem Anspruchsgegner zuzurechnen ist**

    In Betracht kommt ein Handeln des P durch Unterlassen, nämlich durch Verletzung einer Verkehrssicherungspflicht. Hier könnte P seine herstellerspezifische Verkehrssicherungspflicht schuldhaft verletzt und dadurch seine Produzentenhaftung ausgelöst haben.

(1) **Personeller Anwendungsbereich**

P ist als **Hersteller der** Nautik-Jet-Bahn verantwortlich.

(2) **Objektive Pflichtverletzung**

(a) Im vorliegenden Fall könnte sich ein **Konstruktionsfehler** aus der Gefährlichkeit des Bootes für vorgeschädigte Fahrgäste ergeben.
Für den Benutzerkreis des Sprungbootes ist allgemein und objektiv erkennbar, dass das Boot mit einer vordefinierten Geschwindigkeit schräg auf die Wasseroberfläche auftritt. Das macht den eigentlichen und im Prinzip ausschließlichen Reiz dieses Unterhaltungsgerätes aus. Wie bei einem Autoskooter birgt auch das Sprungboot aus seinem eigentlichen Reiz heraus auch bei bestimmungsgemäßen Gebrauch gewisse Gefahren, die jedoch von den Benutzern im Allgemeinen erkannt und grundsätzlich „in Kauf genommen" werden. Mit dieser Maßgabe erwartet die Allgemeinheit Sicherheit nur insoweit, als das Boot von einem durchschnittlichen Benutzer ggf. auch mit gesellschaftsüblichen degenerativen Veränderungen an der Wirbelsäule gefahrlos benutzt werden kann. Die V entsprach damit gerade nicht dem Benutzerkreis, für den die Allgemeinheit nach der Verkehrsauffassung entsprechende Sicherheit verlangt. So wie der Autoskooter auf der Kirmes nicht deshalb einen Konstruktionsfehler aufweist, weil ein stark durch Osteoporose vorgeschädigter Benutzer durch die gezielten und den Reiz des Gerätes darstellenden Kollisionen und Fahrmanöver verletzt werden kann, so ist der Nautik-Jet nicht deshalb konstruktionsbedingt fehlerhaft, weil ein gleichermaßen Kranker durch den Aufprall auf die Wasseroberfläche zu Schaden kommen kann (OLG Hamm OLG Report 2000, 248[@]).

Beachte: Dieser Fall ist nicht zu verwechseln mit der Zurechnung psychischer Folgeschäden, welche aufgrund einer konstitutiven Schwäche des Verletzten eingetreten sind (s. dazu oben S. 7). In den dort beschriebenen Fällen ist bereits der **haftungsbegründende Tatbestand** (i.d.R. rechtswidrige und schuldhafte Körperverletzung) erfüllt, es geht dort nur noch um die Schadensfolge im **haftungsausfüllenden Tatbestand**. In dem hier zum Konstruktionsfehler beschriebenen Fall fehlt es aber schon an den Voraussetzungen des haftungsbegründenden Tatbestandes des § 823 I.

(b) Es ist auch kein **Fabrikationsfehler** festzustellen, da nicht ersichtlich ist, dass das Boot, welches die V benutzt hat, sich von anderen baugleichen Booten des P unterscheidet und individuelle Fehler aufweist.

(c) Es liegt auch kein **Instruktionsfehler** vor. P musste nicht darauf hinweisen, dass osteoporosegeschädigte Benutzer durch das Aufprallen des Sprungbootes gefährdet werden können (OLG Hamm OLG Report 2000, 248[@]).

Ergebnis: P hat keine Pflichtverletzung begangen. Die Voraussetzungen des § 823 I liegen nicht vor. V kann von P kein Schmerzensgeld fordern.

– – –

1.2.2 Fabrikationsfehler

In der **Fabrikationsphase** muss der Produzent alle nach dem jeweiligen Stand der Wissenschaft und Technik möglichen und zumutbaren Sicherheitsvorkehrungen treffen, damit kein fehlerhaftes Produkt in den Rechtsverkehr gelangt. Es gilt der Grundsatz der Verhältnismäßigkeit: Je größer eine mögliche Gefahr ist, desto höhere Anforderungen sind im Hinblick auf die ordnungsgemäße Erfüllung der Verkehrssicherungspflicht zu stellen.

Von einem **Fabrikationsfehler** spricht man, wenn nur einzelne Exemplare aufgrund eines (planwidrigen) Fehlverhaltens eines Arbeiters oder einer Fehlfunktion einer Maschine beim Herstellungsverfahren, das an sich ordnungsgemäß war, mangelhaft sind.

Beispiele für Fabrikationsfehler:

Spannkupplungen	BGH NJW 1975, 1827
Hochzeitsessen	BGHZ 116, 104@ = JZ 1993, 671 m. Anm. Giesen = JR 1992, 501 m. Anm. Baumgärtel
Ventilbruch	OLG Köln VersR 1991, 348
Verunreinigtes Tierfutter	OLG Hamm NJW-RR 1993, 853

Hat der Produzent die erforderlichen Sicherungsmaßnahmen getroffen und ist dennoch infolge eines einmaligen Fehlverhaltens eines Arbeitnehmers bzw. einer Fehlleistung einer Maschine ein Fehler entstanden – sog. „Ausreißer" –, so scheidet eine deliktische Haftung des Produzenten aus (vgl. BGHZ 51, 91, 105 f.; BGH NJW 1975, 1827, 1828; v. Westphalen Jura 1983, 57, 61; Palandt/Thomas § 823 Rdnr. 205 m.w.N.).

Beachte: Im Rahmen der verschuldensunabhängigen Haftung nach dem Produkthaftungsgesetz (s. unten unter 2.) ist der Ausreißer-Einwand nicht zulässig! (OLG Koblenz NJW-RR 1999, 1624, 1625).

1.2.3 Instruktionsfehler

Der Hersteller eines Erzeugnisses und auch der Hersteller und Vertreiber von Zubehör ist grundsätzlich auch zum Ersatz solcher Schäden verpflichtet, die dadurch eintreten, dass er die Verwender des Produkts pflichtwidrig nicht **auf Gefahren hingewiesen** hat, die sich trotz einwandfreier Herstellung aus der Verwendung ergeben können.

BGHZ 64, 46, 49; 116, 60, 65@; BGH NJW 1999, 2815@ m.w.N.

Diese Pflicht kann auch den Importeur treffen (s.o.).

Eine solche **Warnpflicht** besteht nicht nur in Bezug auf den bestimmungsgemäßen Gebrauch des Produkts; sie erstreckt sich innerhalb des allgemeinen Verwendungszwecks auch auf einen naheliegenden Fehlgebrauch.

BGHZ 105, 346, 351; BGH NJW 1999, 2815@ f. m.w.N.

Die Pflicht entfällt nur dann, wenn das Produkt nach den berechtigten Erwartungen des Herstellers ausschließlich in die Hand von Personen gelangen kann, die mit den Gefahren vertraut sind, wenn die Gefahrenquelle offensichtlich ist oder wenn es um die Verwirklichung von Gefahren geht, die sich aus einem vorsätzlichen oder äußerst leichtfertigen Fehlgebrauch ergeben.

BGH NJW 1999, 2815, 2816@ m.w.N.

Beispiele für Instruktionsfehler:

Kindertee/ BGHZ 116, 60$^{@}$ = JZ 1992, 633 m. Anm. Damm; dazu Fahrenhorst JuS 1994,
Dauernuckeln 288; BGH NJW 1994, 932; dazu Kullmann NJW 1994, 1698, 1700; BGH NJW 1999, 2273$^{@}$; dazu Kurzkomm. Cahn EWiR § 823 BGB 2/99, 405.

Das sog. Baby-Bottle-Syndrom, d. h. die Risiken gezuckerten Kindertees oder von Fruchtsäften für das Gebiss des Kleinkindes, insbes. durch „Dauernuckeln" beschäftigt Rspr. und Lit. immer wieder, vgl. BVerfG ZIP 1996, 2168; mit Kurzkomm. Foerste EWiR § 823 BGB 1/97, 21; BGH JZ 1995, 902 m. Anm. Brüggemeier JZ 1995, 905; OLG Frankfurt a. M. NJW-RR 1999, 25, 27 u. 30; VersR 1996, 861; OLG Hamm MDR 1995, 269; Littbarski NJW 1995, 217, 218; Meyer ZIP 1995, 716; Kullmann NJW 1999, 96, 97 f.

Nach OLG Hamm NJW-RR 1993, 633 genügt der **Hersteller von zuckerhaltigem Kindertee** seiner Instruktionspflicht, wenn er in die Banderole der Teeverpackung von sonstigen Gebrauchsinformationen abgesetzt mit einer fettgedruckten Überschrift und insgesamt schwarz umrandet den Hinweis aufnimmt: „Wichtige Hinweise: Flasche selbst halten und nicht dem Kind als Nuckelfläschchen überlassen; häufiges oder andauerndes Umspülen der Zähne, z. B. vor dem Einschlafen, kann Karies verursachen. Nach der abendlichen Zahnpflege sollte grundsätzlich nichts Süßes gegessen oder getrunken werden."

Eine Instruktionspflicht obliegt nicht nur dem Hersteller, sondern auch dem **Vertreiber von Zubehör**, hier dem Hersteller und Vertreiber von **Flaschen mit Schnullern** für Kleinkinder. Da ein Einlegezettel in der Verpackung von einem unachtsamen Produktbenutzer möglicherweise nicht zur Kenntnis genommen wird, müssen die Flaschen selbst mit einem deutlichen Hinweis versehen werden, in dem vor den Gefahren einer länger andauernden Zufuhr kariogener Getränke gewarnt wird (BGH NJW 1999, 2273$^{@}$; zum Nachweis der Kausalität zwischen einer Instruktionspflicht des Herstellers von Babysaugflaschen und Zahnschäden vgl. OLG Celle OLG Report 2000, 51).

Papierreißwolf BGH NJW 1999, 2815$^{@}$; s. dazu Kullermann NJW 2000, 1912, 1913; kritisch dazu Möllers VersR 2000, 1177, 1181 ff.; Littbarski NJW 2000, 1161 ff.; Foerste JZ 1999, 949.

Im Papierreißwolf-Fall hatte ein zwei Jahre altes Mädchen im Arbeitszimmer der Wohnungsnachbarn mit einer Hand in den Papiereinführungsschlitz eines Aktenvernichtes gefasst. Dadurch wurde eine Lichtschranke des betriebsbereiten Gerätes durchbrochen. Dadurch wurden die von außen nicht sichtbaren, 2 cm hinter dem Einführungsschlitz liegenden Messerwalzen in Gang gesetzt. Die Hand des Mädchens wurde schwer verletzt.

Der BGH hat eine Verletzung der Informationspflicht bejaht: Die Voraussetzungen für das Entfallen der Pflichten waren nicht erfüllt: Die Gefahrenquelle war nicht erkennbar. Der Hersteller konnte auch nicht erwarten, dass das Gerät nur in die Hand von Personen gelangte, die mit den Gefahren vertraut waren. Der BGH hat daher die Anbringung eines auf die Gefahr hinweisenden Piktogramms an dem Aktenvernichter verlangt. Das Unterlassen eines solchen Warnhinweises war ursächlich für die Verletzung des Mädchens: Der Nachbar wäre bei jeder Benutzung des Gerätes auf desen Gefährlichkeit hingewiesen worden; er hätte daher bei Anwesenheit des zweijährigen Mädchens das Gerät ausgeschaltet.

1.2.4 Produktbeobachtungsfehler

Der Produzent ist auch nach Auslieferung der Ware verpflichtet, seine Produkte sowohl auf noch nicht bekannte schädliche Eigenschaften hin zu beobachten als auch sich über deren sonstige, eine Gefahrenlage schaffende Verwendungsfolgen ständig zu informieren. Zeigen sich Mängel oder Risiken, so muss er durch geeignete Maßnahmen für künftige gefahrlose Nutzung sorgen; u. U. trifft ihn sogar eine Rückholpflicht.

Vgl. dazu Michalski BB 1998, 961 ff.

Beispiele für Produktbeobachtungsfehler:

Pistolen   OLG Saarbrücken NJW-RR 1993, 990, 991
weist darauf hin, dass der Hersteller einer Ware verpflichtet ist, „auch die Produkte fremder Hersteller, soweit sie als Zubehör für die eigenen Erzeugnisse in Betracht kommen, darauf zu beobachten, ob von ihnen Gefahren für die Handhabung des eigenen Produktes ausgehen können, wobei sich, soweit es sich um notwendige Zubehörteile handelt, die Beobachtung grundsätzlich auf den gesamten Zubehörmarkt zu erstrecken hat."

Atemüberwachungsgerät   BGH NJW 1994, 3349 = JuS 1995, 354 = ZIP 1994, 1960.
Der Hersteller eines Atemüberwachungsgerätes muss im Rahmen des Zumutbaren alle Gefahren abwenden, die sich bei der Benutzung seines Gerätes ergeben und von denen er im Rahmen der Produktbeobachtung Kenntnis erhalten hatte. Dazu gehören auch Gefahren, die aus der falschen Handhabung von Zubehör entstehen können, die er zwar nicht selbst hergestellt, aber mitgeliefert hatte. Dies gilt auch dann, wenn Konkurrenten ihre Produkte noch nicht umgestellt haben und wenn noch keine neue DIN-Norm erlassen ist.

Quasi-Hersteller   BGH NJW-RR 1995, 342, 343.
Den sog. „Quasi-Hersteller", der ein von einem anderen Hersteller hergestelltes Produkt mit seinem Namen oder Warenzeichen versehen in den Verkehr bringt, trifft zwar grds. keine Herstellerverantwortung. Er muss aber, wenn ihm bisher unbekannte Produktgefahren und -risiken bekannt werden bzw. schon wenn für ihn ein hinreichender Falschverdacht besteht, wie ein Hersteller für Gefahrenabwendung sorgen (vgl. Foerste NJW 1994, 909, 911).

1.3 Verteilung der Beweislast bei Fabrikations- oder Konstruktionsfehlern

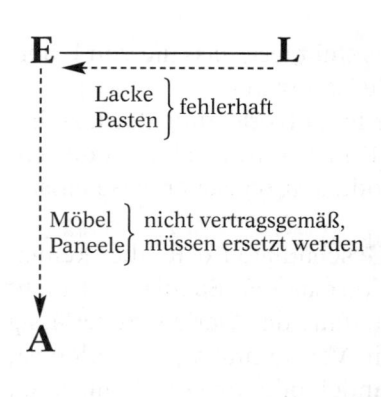

```
E ←---------- L
  │ Lacke  }
  │ Pasten } fehlerhaft
  │
  │ Möbel   } nicht vertragsgemäß,
  │ Paneele } müssen ersetzt werden
  ↓
  A
```

Fall 28: Fehlerhafte Lacke

E, Inhaber eines Einrichtungshauses, hatte von A den Auftrag, mehrere Räume mit Einbaumöbeln und Paneelen auszustatten, und zwar in „Eiche gekalkt". E wandte sich an L, welcher eine Lack- und Farbenfabrik betreibt und übermittelte die Wünsche des Kunden A. L empfahl dem E nach Untersuchung der Probe eine bestimmte Anwendungsweise im Einzelnen näher bezeichneter Lacke und Pasten aus seiner Herstellung. E bestellte bei L die in der Arbeitsanweisung des L angegebenen Erzeugnisse, fertigte unter Beachtung der Arbeitsanweisung die bestellten Möbel und lieferte diese aus. Zwei Jahre später zeigten sich Mängel in der Oberflächenerscheinung des Holzes; das Holz vergilbte, der optische Effekt des Kalkeichenfurniers fehlte, die Lackoberfläche versprödete, der Lack platzte ab. Ein Sachverständiger stellte fest, dass die aufgetretenen Schäden auf einen Fehler in einem der von L hergestellten Erzeugnisse zurückzuführen sind und dass andere Ursachen, insbes. Verarbeitungsfehler, ausgeschlossen sind. E musste die Einrichtung austauschen. E verlangt von L Schadensersatz. (Fall nach BGH WM 1996, 1638@)

(A) Ein Schadensersatzanspruch aus §§ 463, 480 II scheitert jedenfalls an der Verjährung.

(B) Anspruch aus **Produzentenhaftung, § 823 I?**

(I) **Voraussetzungen**

(1) **Tatbestand**

(a) **Rechts- oder Rechtsgutverletzung**

Die im Eigentum des E stehenden Möbel sind dadurch beschädigt worden, dass sie durch das Aufbringen fehlerhafter Lacke in ihrem Wert beeinträchtigt worden sind.

Problem des sog. „weiterfressenden Mangels", s. dazu schon oben S. 16 ff.; ferner BGH NJW-RR 1992, 283; BGH NJW 1996, 2224, dazu Emmerich JuS 1996, 1031; BGH NJW 1996, 2507, dazu Kullmann NJW 1999, 96.

(b) **Handeln, das dem Antragsgegner zuzurechnen ist**

Die Zurechnung des Handelns könnte hier nach den Grundsätzen der Produzentenhaftung auf Grund der Verletzung einer herstellerspezifischen Verkehrssicherungspflicht erfolgen.

(aa) **Personeller Anwendungsbereich**

L unterliegt als industrieller Hersteller den besonderen Voraussetzungen der Produzentenhaftung.

(bb) **Objektive Pflichtverletzung**

Aufgrund des Sachverständigengutachtens steht fest, dass die von L hergestellten und an E gelieferten Lacke fehlerhaft waren.
Wegen dieses Fehlens wäre eine objektive Pflichtverletzung des L zu bejahen, wenn ein Entwicklungsfehler (= Konstruktionsfehler) oder ein Fabriktionsfehler vorläge, für den der Produzent typischerweise einstehen muss.
Bei einem fehlerhaften Produkt hat der Geschädigte i. d. R. aber keinen Einblick in den Produktionsvorgang. Er vermag den Sachverhalt nicht in solcher Weise darzulegen, dass im Streitfalle das Gericht zuverlässig beurteilen kann, ob der Betriebsleitung ein Versäumnis vorzuwerfen ist, ob es sich um einen Fabrikationsfehler handelt oder ob es sich um einen „Ausreißer" oder um einen nach dem Stand der Technik nicht vorhersehbaren Entwicklungsfehler handelt.

Es ist daher anerkannt, dass **der Geschädigte nicht nur von dem Beweis des Verschuldens, sondern auch von dem Beweis der objektiven**

Pflichtwidrigkeit des Herstellers entlastet ist, wenn er nachgewiesen hat, dass sein Schaden durch einen objektiven Mangel des Produktes ausgelöst worden ist.

BGHZ 51, 91, 102; BGH NJW 1996, 2507, 2508; 1999, 1028, 1029@; dazu Kurzkomm. Foerste EWiR § 823 BGB 1/99, 315.

Der **Kausalitätsnachweis** ist grds. vom Geschädigten zu erbringen. Zu dessen Gunsten kann aber eine tatsächliche Vermutung eingreifen, z.B. bei dem Hersteller und Vertreiber von Dauernuckelflaschen (s.o. unter 1.2.3) die Vermutung des Inhalts, dass bei ordnungsgemäßer Instruktion die Warnung beachtet und der Schaden vermieden worden wäre (BGH NJW 1999, 2273@; dazu Kurzkomm. Cahn EWiR § 823 BGB 2/99, 405, 406).

Im vorliegenden Fall steht fest, dass der Schaden durch ein Erzeugnis des L verursacht worden ist und dass fremde Einflüsse ausscheiden. Hierdurch steht fest, dass L Lacke hergestellt und in den Verkehr gebracht hat, die Fehler aufweisen und welche die geltend gemachten Schäden verursacht haben.

Es ist deshalb Sache des L zu beweisen, dass der geltend gemachte Schaden nicht auf einer ihm anzurechnenden Pflichtwidrigkeit beruht. Solange dies nicht geschehen ist, ist von der objektiven Pflichtwidrigkeit auszugehen.

BGH NJW 1996, 2507, 2508; BGH Urt. v. 21.1.1999 – VII ZR 269/97, JP 4/1999.

Der Tatbestand des § 823 I ist somit erfüllt.

(2) **Rechtswidrigkeit**

Mit der Erfüllung des Tatbestandes ist die Rechtswidrigkeit indiziert.

(3) **Verschulden**

Bei der Produzentenhaftung ist der Geschädigte vom Beweis des Verschuldens des Produzenten entlastet. Solange der Produzent nicht nachgewiesen hat, dass ihn kein Verschulden trifft, ist von seinem Verschulden auszugehen.

Die Voraussetzungen des § 823 I liegen somit vor.

(II) **Rechtsfolgen**

L ist dem E zum Ersatz des durch die Eigentumsverletzung entstandenen Schadens gemäß §§ 249 ff. verpflichtet.

– – –

1.4 Befundsicherungspflicht

Die Haftung des Produzenten und die Beweislastumkehr setzt grundsätzlich den vom Geschädigten zu erbringenden Nachweis voraus, dass der Produktfehler zum Verantwortungsbereich des Produzenten gehört.

Vielfach lässt sich dies nicht nachweisen, und es besteht die Möglichkeit, dass das Produkt erst auf dem Wege vom Produzenten zum Verbraucher beschädigt worden ist. Diese Situation ergab sich wiederholt in Fällen, in denen kohlensäurehaltige Erfrischungsgetränke in Einheits-Mehrwegflaschen abgefüllt und beim Verbraucher auf Grund des starken Innendrucks geborsten waren.

In Fällen dieser Art kann ausnahmsweise eine weitere Beweislastumkehr zu Gunsten des Geschädigten in Betracht kommen: Den Produzenten trifft die Pflicht, sich über das Freisein von Mängeln, die typischerweise aus dem Herstellerbereich stammen, zuverlässig zu vergewissern und in diesem Rahmen den „Status" des Produktes vor der Inverkehrgabe zu überprüfen und den Befund zu sichern.

Die Befundsicherungspflicht ist in der Praxis wiederholt bei einer **Verletzung durch geplatzte Mineralwasserflaschen** von Bedeutung geworden. Für solche Getränkeflaschen, bei denen nach oft mehrfachem und langjährigem Vorgebrauch eine Vorschädigung und damit verbundene Berstgefahr nicht auszuschließen ist, trifft den Hersteller eine **Prüfungs- und Befundsicherungspflicht** dahin, den Zustand des Glases jeder Falsche vor Inverkehrgabe auf seine Berstsicherheit hin zu ermitteln und sich darüber zu vergewissern, dass nur unbeschädigte Flaschen den Herstellungsbereich verlassen (OLG Koblenz NJW-RR 1999, 1624, 1625 m.w.N.).

Weist der Geschädigte nach, dass der Produzent dieser **Befundsicherungspflicht** nicht hinreichend nachgekommen ist, so muss nach der Rechtsprechung der Produzent nachweisen, dass der beim Verbraucher zutage getretene Mangel nicht dem Herstellerbereich zuzurechnen ist.

Nach dem Limonadenflaschen-Beschluss des BGH hat der Limonadenhersteller seine Befundsicherungspflicht dadurch verletzt, dass er nur Flaschen mit Gewindeschäden, Dichtlippenschäden, Flaschenbodenschäden und Glassprüngen ausgesondert hat, nicht aber auch solche, die äußerlich stark zerkratzt waren. Es stehe fest, dass alte, häufig benutzte Flaschen ein weit höheres Berstrisiko in sich trügen als neue Flaschen und dass äußerlich erkennbar zerkratzte Flaschen ersichtlich stärker beansprucht seien als andere Flaschen. Es fehle daher an einem Kontrollverfahren, durch das, „soweit technisch möglich und dem Hersteller zumutbar", die nicht einwandfreien Flaschen von der Wiederbefüllung ausgeschlossen wurden. Demgemäß habe der Produzent die Beweislast dafür, dass die Ursache für das Zerbersten der Flasche nicht dem Herstellerbereich zuzurechnen sei.

BGHZ 104, 323, 333; BGH NJW-RR 1993, 988[@]; s. auch BGH NJW 1993, 528 = JZ 1993, 628 m. Anm. Foerste S. 680; OLG Koblenz NJW-RR 1999, 1624[@]; dazu auch Kunz BB 1994, 450 ff.; vgl. auch BGH MDR 1999, 229 zur Beweiserleichterung bei unterlassener Befunderhebung durch Ärzte.

1.5 Produktsicherheitsgesetz

Am 1.8.1997 ist das Produktsicherheitsgesetz (= ProdSG) in Kraft getreten (BGBl. I 1997, 934).

Zu den zivilrechtlichen Folgen vgl. Nickel/Lars VersR 1998, 948, 950 ff.; Wagner BB 1997, 2541 ff.; Vieweg/Schrenk Jura 1997, 561 ff. (Produktrückruf).

Das ProdSG selbst enthält keine eigene Haftungsbestimmung. Es hat aber für die Produzentenhaftung insoweit Bedeutung, als es die Verhaltenspflichten des Produzenten präzisiert. § 4 II ProdSG statuiert die Instruktions- und Produktbeobachtungspflicht, § 6 ProdSG bestimmt, wann ein Produkt als „sicher" gelten kann.

2. Die Haftung nach dem Produkthaftungsgesetz

Der Grund für die verschuldensunabhängige Haftung nach § 1 ProdHG ist die moderne Warenfertigung mit Lieferketten, die für den Verbraucher unüberschaubar sind.

Aufbauschema für die Produkthaftung nach § 1 ProdHG

I. Anwendbarkeit in zeitlicher Hinsicht, § 16 ProdHG

II. Voraussetzungen („haftungsbegründender Tatbestand")

Tatbestand
1. Rechtsgutverletzung i. S. d. § 1 I ProdHG
2. Verursacht durch Produkt i. S. d. § 2 ProdHG
3. Produktfehler i. S. d. § 3 ProdHG
4. Hersteller i. S. d. § 4 ProdHG
5. Kein Haftungsausschluss, § 1 II, III ProdHG

III. Rechtsfolgen („haftungsausfüllender Tatbestand")

Beschränkung der Ersatzpflicht nach §§ 1, 5, 6, 7–11 ProdHG

2.1 Anwendung in zeitlicher Hinsicht, § 16 ProdHG

Das ProdHG gilt gemäß § 16 nur für solche Produkte, die nach dem 1.1.1990 in den Verkehr gebracht wurden.

2.2 Die Voraussetzungen der Haftung nach § 1 ProdHG

I) Die Rechtsgutverletzung i. S. d. § 1 I ProdHG

Während § 1 I 1 ProdHG eine Haftung für alle durch ein fehlerhaftes Produkt verursachten **Körper- und Gesundheitsschäden** begründet, werden von § 1 I 2 ProdHG nur **Sachschäden** erfasst, die infolge Zerstörung oder Beschädigung einer „anderen Sache" erwachsen, und diese andere Sache ihrer Art nach gewöhnlich für den privaten Ge- oder Verbrauch bestimmt und hierzu von dem Geschädigten auch tatsächlich verwendet worden ist.

Da durch § 1 I ProdHG nur die sog. privaten Sachschäden der Endverbraucher erfasst werden und nach § 11 ProdHG selbst diese Schäden nur insoweit zu ersetzen sind, als sie den Betrag von 1.125 DM übersteigen, richtet sich die Haftung für Schäden an freiberuflich und gewerblich genutzten Sachen sowie für Sachschäden privater Endverbraucher bis 1.125 DM ausschließlich nach den herkömmlichen Haftungsregeln, die insoweit auch trotz Inkrafttretens des ProdHG erhebliche praktische Bedeutung behalten haben.

Der Sachschaden muss an einer **anderen Sache** als dem fehlerhaften Produkt eingetreten sein. Fraglich ist, ob die Voraussetzung „andere Sache" auch dann zu bejahen ist, wenn zunächst nur ein Teil der Sache schadhaft ist, sich dieser Schaden aber auf die Gesamtsache auswirkt. Soll dann – wie im Falle der Eigentumsverletzung beim sog. **„weiterfressenden Mangel"** (s. o. S. 16) – das ProdHG bei fehlender Stoffgleichheit zwischen dem ursprünglichen Mangelunwert und dem durch den Fehler an der Gesamtsache entstandenen Schaden anwendbar sein?

▶ Nach ganz h. M. sind jedenfalls bei dem **Endhersteller** die Grundsätze des „weiterfressenden Mangels" nicht anwendbar. Mit der Regelung des ProdHG sei es nur vereinbar, bereits ursprünglich zu einer Gesamtsache verbundene Teilprodukte im Verhältnis zueinander stets als eine (fehlerhafte) Sache zu qualifizieren.

MünchKomm/Cahn § 1 ProdHaftG Rdnr. 10 m. w. N.; zu dem Meinungsstand vgl. Staudinger/Oechsler § 1 ProdHaftG Rdnr. 10.

Beispiel: (Klemmender Gaszug)

Im Gaszug-Fall (s. o. Fall 5, S. 17) ist eine Eigentumsverletzung durch den Autohersteller zu bejahen; dagegen scheidet nach h. M. eine Haftung nach § 1 ProdHG aus.

▶ Umstritten ist die Frage bei **Zulieferung eines Teilproduktes**.

Nach einem Teil der Lit. ist der Schaden am fehlerhaften zusammengesetzten Produkt weder vom Endhersteller noch vom Teilhersteller nach § 1 ProdHG zu ersetzen. Danach haftet auch der Teilhersteller immer nur für Schäden an anderen Sachen als dem Endprodukt.

Honsell JuS 1995, 211, 215; MünchKomm/Cahn § 1 ProdHaftG Rdnr. 10 m. w. N.

Dagegen lässt ein Teil der Lit. die Sperrwirkung von § 1 I 2 ProdHG dann nicht eingreifen, wenn der Geschädigte einen Anspruch gegen den Teilhersteller richtet, soweit durch die zugelieferte Teilsache an der Gesamtsache ein Schaden entstanden ist.

Graf von Westphalen Jura 1992, 511, 513; weitere Nachweise bei MünchKomm/Cahn § 1 ProdHaftG Rdnr. 10.

Beispiel: Nach der letzteren Ansicht haftet der Reifenhersteller dem Endverbraucher (nicht dem Endhersteller, da „gewerblicher" Sachschaden) nach § 1 I 1 ProdHG für Sachschäden am Wagen, die durch fehlerhafte Reifen verursacht wurden mit Ausnahme des Schadens am Reifen selbst.

II) Produkt i. S. d. § 2 ProdHG

Die verschuldensunabhängige Haftung nach dem ProdHG kommt nur bei Produkten i. S. d. § 2 ProdHG in Betracht, d. h. bei allen beweglichen Sachen unabhängig vom Aggregatzustand und von der Verarbeitung (§ 2 S. 1 ProdHG) einschließlich Elektrizität.

Die bisherige Ausnahme für landwirtschaftliche Erzeugnisse des Bodens, der Tierhaltung etc. wurde mit Wirkung ab 1.12.2000 aufgehoben.

III) Produktfehler i. S. d. § 3 ProdHG

Ein **Produktfehler** i. S. d. § 3 ProdHG liegt vor, wenn das **Produkt im Zeitpunkt** seines **Inverkehrbringens** nicht die **Sicherheit** bietet, die die **Allgemeinheit** insbesondere unter Berücksichtigung des Verwendungszwecks, des durchschnittlichen Benutzerkreises, des Preis-Leistungs-Verhältnisses, des Zeitpunkts des Inverkehrbringens und des über die Zweckbestimmung hinausgehenden üblichen sowie nicht fernliegenden Fehlgebrauchs erwarten darf.

Das Merkmal der **berechtigten Sicherheitserwartung** hat der Produktfehler mit der Verkehrssicherungspflicht gemeinsam. Es lässt sich daher die herstellerspezifische Fehlertypologie in Bezug auf **Fabrikations-, Konstruktions- und Instruktionsfehler** (s.o. S. 104) auf die Gefährdungshaftung aus § 1 ProdHG übertragen. Der Fehlerbegriff in § 3 ProdHG ist zwar nicht mit dem der Produzentenhaftung identisch, er unterscheidet sich aber nur in Teilbereichen von den Voraussetzungen der herstellerspezifischen Verkehrssicherungspflicht in § 823 I.

So begründet z.B. ein sog. Ausreißer bei der Fabrikation keine Produzentenhaftung nach § 823 I, während der Ausreißer-Einwand bei der verschuldensunabhängigen Haftung aus dem ProdHG nicht zulässig ist (OLG Koblenz NJW-RR 1999, 1624@; MünchKomm/Cahn § 3 ProdHaftG Rdnr. 2)

Nach h.M. erfasst § 3 ProdHG daher nicht nur dem Produkt unmittelbar anhaftende Fehler, sondern gerade im Bereich der Haftung für Konstruktions- und Instruktionsfehler auch ein Fehlverhalten des Herstellers.

OLG Hamm OLG Report 2000, 248: „Die Haftung aus unerlaubter Handlung unterscheidet sich ... von der Gefährdungshaftung nach dem ProdHaftG im Wesentlichen nur durch das Erfordernis des Verschuldens". Vgl. ferner Erman/Schiemann § 3 ProdHaftG Rdnr. 2; Staudinger/Oechsler § 3 ProdHaftG Rdnr. 12 m.w.N.; a.A. MünchKomm/Cahn § 3 ProdHaftG Rdnr. 3.

Da für die Bestimmung des Produktfehlers i.S.d. § 2 ProdHG ausschließlich der **Zeitpunkt des Inverkehrbringens maßgeblich** ist, kommt die Haftung nach § 1 I ProdHG nicht in Betracht, wenn nach dem Inverkehrbringen des konkreten Produktes die Produktsicherheit auf Grund nachträglicher Erkenntnisse (vgl. § 1 II Nr. 5 ProdHG) verbessert wurde bzw. werden könnte. Die **Haftung für die Verletzung** der nachträglichen herstellerspezifischen **Produktbeobachtungs- und Reaktionspflichten** bestimmt sich daher nicht nach § 1 I ProdHG, sondern nach den allgemeinen Deliktsregeln.

IV) „Hersteller" i.S.d. § 4 ProdHG

Der Kreis der Haftungsadressaten des § 1 I ProdHG deckt sich nicht mit dem der Produzentenhaftung nach §§ 823 ff. Als **Haftungsadressaten nach § 4 ProdHG** kommen in Betracht:

▶ **Endprodukthersteller**, d.h. derjenige, der das Endprodukt tatsächlich hergestellt hat, § 14 I 1 ProdHG.

▶ **Zulieferant** von Einzelteilen oder Grundstoffen, § 4 I 1 ProdHG

Er haftet nur für die Schäden, die durch das von ihm gelieferte „Teilprodukt" verursacht wurden.

▶ **Quasi-Hersteller**, d.h. derjenige, der ein fremdes Produkt mit eigenem Namen oder Warenzeichen versieht und sich damit als Hersteller dieses Produktes ausgibt, § 4 I 2 ProdHG.

▶ **Importeur**, d.h. derjenige, der im Rahmen seiner geschäftlichen Tätigkeit Waren zum Zweck wirtschaftlichen Vertriebes in ein EG-Land aus einem Land außerhalb der EG einführt oder verbringt, § 4 II ProdHG.

▶ **Lieferant**, wenn der Produkthersteller (auch Quasi-Hersteller) bzw. bei importierten Produkten der Importeur (auch wenn Hersteller bekannt) nicht festgestellt werden kann und er nicht innerhalb eines Monats nach entsprechender Aufforderung durch den Geschädigten seinen eigenen Vorlieferanten oder den Hersteller bei EG-Waren bzw. den Importeur bei „Drittländer-Waren" benennt, § 4 III ProdHG.

2.3 Die Beweislastverteilung gemäß § 1 IV ProdHG

Der Geschädigte muss nach § 1 IV 1 ProdHG beweisen: den Fehler, den Schaden, den Kausalzusammenhang zwischen Fehler und Schaden und ggf. die Herstellereigenschaft des Anspruchsgegners (Beweislast auf Grund allgemeiner Grundsätze).

Der **Hersteller** i.S.d. § 4 ProdHG **muss** dagegen nach § 1 IV 2 ProdHG **beweisen**, dass die **Ausschlussgründe des § 1 II u. III ProdHG** eingreifen. Außerdem muss er nach allgemeinen Beweislastgrundsätzen beweisen, dass der Anspruch nach § 13 ProdHG wegen Ablaufs von 10 Jahren nach dem Inverkehrbringen des Produktes erloschen bzw. nach § 12 ProdHG verjährt ist.

2.4 Die Rechtsfolgen der Haftung nach § 1 I ProdHG

I) § 1 I ProdHG beschränkt den ersatzfähigen Schaden auf die Vermögensnachteile, die durch den Tod oder Körperverletzung sowie die Beschädigung bzw. Zerstörung privater Sachen entstanden sind. Daraus folgt, dass nach § 1 I ProdHG weder der Ersatz **reiner Vermögensschäden noch Schmerzensgeld** verlangt werden kann. Die Ersatzfähigkeit dieser Schäden richtet sich vielmehr allein nach den allgemeinen Deliktsregeln.

II) Im Falle der **Tötung oder der Verletzung eines Menschen** durch ein fehlerhaftes Produkt, richten sich die Schadensersatzansprüche nach **§§ 7, 9 ProdHG** (Tötung) bzw. **§§ 8, 9 ProdHG** (Körperverletzung), wobei in § 10 ProdHG die Haftung auf den Höchstbetrag von 160 Mio. DM beschränkt ist.

III) Bei **Beschädigung oder Zerstörung von Sachen**, die gemäß § 1 I ProdHG in den Schutzbereich des ProdHG fallen, hat der Hersteller nach **§ 11 ProdHG** nur den über 1.125 DM hinausgehenden Schaden zu ersetzen.

IV) **Mehrere Ersatzpflichtige** haften dem Geschädigten gemäß § 5 S. 1 ProdHG als **Gesamtschuldner**, wobei sich der Ausgleich im Innenverhältnis zwischen den Gesamtschuldnern nach § 5 S. 2 ProdHG richtet.

V) Bei **Mitverursachung des Schadens** gilt bezüglich des Haftungsumfangs des Herstellers § 6 ProdHG.

3. Nebeneinander von Produkt- und Produzentenhaftung

Der Anspruch aus § 1 I ProdHG steht zum möglichen Anspruch aus § 823 I in einem **Verhältnis freier Anspruchskonkurrenz** (vgl. § 15 II ProdHG). Es sind daher alle vertraglichen und außervertraglichen Anspruchsgrundlagen neben dem ProdHG anwendbar.

Staudinger/Oechsler Einl. zum ProdHaftG Rdnr. 51 u. § 15 ProdHaftG Rdnr. 12; Münch-Komm/Cahn § 15 ProdHaftG Rdnr. 4.

Wäre § 1 I 1 ProdHG als lex specialis (lex specialis derogat lex generalis, Schwab, Einführung in das Zivilrecht, 14. Aufl. 2000, Rdnr. 25) ausgestattet, sodass der Geschädigte nicht auch einen Anspruch aus § 823 I geltend machen könnte, so wäre der Geschädigte benachteiligt: Zwar verlangt § 1 I 1 ProdHG weniger an Voraussetzungen (kein Verschulden). Er bleibt aber in den Rechtsfolgen hinter § 823 I zurück (vgl. dazu Staudinger/Oechsler Einl. zum ProdHaftG Rdnr. 52; Medicus, Bürgerliches Recht, 18. Aufl. 1999, Rdnr. 650).

Der Anspruch aus § 1 I 1 ProdHG

▶ greift nicht ein bei Verletzung der Produktbeobachtungspflicht (vgl. § 1 II Nr. 4, 5 u. § 3 ProdHG);

▶ gibt kein Schmerzensgeld (vgl. § 847);

▶ beschränkt die Haftung für Sachschäden auf andere Sachen als das fehlerhafte Produkt selbst und auch nur für Schäden an privat genutzten Sachen (§ 1 I 2 ProdHG und auch nur nach Abzug eines Selbstbehaltes gemäß § 11 ProdHG);

▶ ist im Hinblick auf Personenschäden höhenmäßig begrenzt, § 10 ProdHG.

Bei einer Falllösung, bei der § 1 I 1 ProdHG eingreift, ist daher immer auch zu prüfen, ob daneben § 823 I vorliegt. Zu dem Nebeneinander der beiden Vorschriften noch folgender Fall:

Fall 29: „Feuer-Wirbel"
Der 10jährige T kaufte am Kiosk des K eine Packung der Kleinst-Feuerwerkskörper der Artikelbezeichnung „Feuer-Wirbel", die vom Importeur I aus China nach Deutschland importiert und hier u.a. auch an K vertrieben wurden. Diese Feuerwerkskörper waren nach dem Zulassungsbescheid der Bundesanstalt für Materialprüfung in die Klasse I eingeordnet, deren ganzjähriger Betrieb und deren Abgabe an Personen unter 18 Jahren keinem Verbot unterliegen. I hatte auf der Rückseite der Packung, in der 10 „Feuer-Wirbel" enthalten waren, folgenden Hinweis angebracht:

„Ganzjahresfeuerwerk
Abgabe an Personen unter 18 Jahren erlaubt
Nur im Freien verwenden
Gebrauchsanweisung:
Kreisel auf den Boden legen. Am äußersten Ende der Zündschnur anzünden und sich rasch entfernen"

> T steckte mehrere der Feuerwerkskörper in seine rechte Hosentasche; einen „Feuer-Wirbel" entzündete er. Auf nicht näher geklärte Weise kam es zur Entzündung auch der in der Hosentasche befindlichen Feuerwerkskörper, was bei T zu erheblichen Verbrennungen am rechten Oberschenkel mit schweren gesundheitlichen Folgen führte.
> Kann T von I Schadensersatz und Schmerzensgeld verlangen?
> Hat T gegen K einen Schmerzensgeldanspruch?
> (Fall nach der Entscheidung des BGH vom 9.6.1998 – VI ZR 238/97[@] –, in BGHZ 139, 79 nur bzgl. der Haftung des Importeurs abgedruckt).

(A) **Anspruch des T gegen den Importeur I**

(I) **§ 1 I 1 ProdHG**

(vom BGH nicht geprüft, s. dazu Möllers JZ 1999, 24, 27)

(1) **Voraussetzungen**

(a) Eine **Rechtsgutverletzung** i.S.d. § 1 I ProdHG liegt in der Körperverletzung des T.

(b) Sie wurde durch ein **Produkt** i.S.d. § 2 ProdHG verursacht.

(c) Es liegt ein **Produktfehler** i.S.d. § 3 ProdHG vor, wenn I angesichts der Gefährlichkeit des Produktes seine Instruktionspflicht verletzt hat. Die öffentlich-rechtliche Zulassung der Feuerwerkskörper ohne weitergehende Auflagen und Beschränkungen schließt nicht aus, dem Hersteller und Importeur zum Schutz der Rechtsgüter der Verwender zusätzliche Pflichten aufzuerlegen, da öffentlich-rechtliche Genehmigungen immer nur einen Mindeststandard setzen können und der Hersteller ebenso wie der Importeur selbst zur Gefahrenabwehr aufgerufen ist.
BGH, Urteil vom 9.6.1998 – VI ZR 238/97[@] – m.w.N.; Möllers JZ 1999, 24, 27.

Feuerwerkskörper besitzen ein erhebliches Gefahrenpotential, was der Importeur auch weiß. Der von ihm einzuhaltende Sicherheitsmaßstab wird durch das ProdSG (s.o. in diesem Abschnitt unter 1.5) präzisiert. Feuerwerkskörper, welche bei bestimmungsgemäßem Gebrauch explodieren, haben ein hohes Gefahrenpotential. Das ProdHG schützt nicht nur den bestimmungsgemäßen Gebrauch, sondern den Gebrauch, „mit dem billigerweise gerechnet werden kann" (§ 3 I b ProdHG) bzw. die „zu erwartende Verwendung" (§ 6 I 1 ProdSG). Das Gefahrenpotential ist erhöht und es sind an die Sicherungsvorkehrungen besonders hohe Maßstäbe anzulegen, wenn das Produkt für besonders schutzwürdige Verbrauchergruppen wie Kinder hergestellt wurde, § 6 II Nr. 4 ProdSG. Hersteller von Feuerwerkskörpern und diejenigen, welche pyrotechnische Produkte einführen und im Inland vertreiben, müssen dem Letztverkäufer, der häufig nicht über Fachkenntnisse im Umgang mit pyrotechnischen Produkten verfügt, die besonderen Sicherheitsanforderungen verdeutlichen. Die erforderlichen Hinweise müssen dem Letztverkäufer u.a. klar machen, dass Feuerwerkskörper an Kinder im Grundschulalter i. d. R. nur ausgehändigt werden dürfen, wenn konkret davon ausgegangen werden kann, dass sie sie nur unter Aufsicht Erwachsener verwenden. Die Hinweise, welche I auf den Verpackungen der „Feuer-Wirbel" angebracht hatte, genügen den an die Erfüllung der Instruktionspflicht zu stellenden Anforderungen nicht.

BGH, Urt. v. 9.6.1998 – VI ZR 238/97@ –; Möllers JZ 1999, 24, 27.

I hat daher gegen seine Informationspflicht verstoßen. Dieser Verstoß war für den Schaden des T kausal. Zum Schadensereignis wäre es nicht gekommen, hätte T die Feuerwerkskörper nicht erhalten.

BGH, Urteil v. 9.6.1998 – VI ZR 238/97@ –.

(d) Als Importeur ist I gemäß § 4 II ProdHG **Hersteller** i. S. d. ProdHG.

(e) Es greift **kein Haftungsausschluss** nach § 1 II, III ProdHG ein.

(2) Rechtsfolgen

I kann Schadensersatz für den erlittenen Körperschaden mit der Beschränkung des § 10 ProdHG sowie für Sachschäden (z. B. Kleidung) mit der Begrenzung des § 11 ProdHG verlangen.

(II) § 823 I – Produzentenhaftung –

Bei Eingreifen des § 823 I kann T neben Ersatz des Vermögensschadens gemäß §§ 249 ff. auch Schmerzensgeld gemäß § 847 verlangen.

(1) Die **Anwendbarkeit** des § 823 I wird durch das Eingreifen des § 1 I 1 ProdHG nicht ausgeschlossen, § 15 II ProdHG.

S. dazu oben S. 117. Jedenfalls missverständlich insoweit Möllers JZ 1999, 24, 27, wonach das ProdHG gegenüber der Produzentenhaftung aus § 823 I „als lex specialis vorrangig" ist.

(2) **Voraussetzungen** der Produzentenhaftung aus § 823 I

(a) Tatbestand

Der haftungsbegründende Tatbestand für die Produzentenhaftung aus § 823 I ist erfüllt, denn I hat als Importeur seine Instruktionspflicht verletzt und dadurch den Schaden des T verursacht [s.o. (I)].

(b) Rechtswidrigkeit

Mit der Erfüllung des Tatbestandes ist die Rechtswidrigkeit indiziert. Rechtfertigungsgründe liegen nicht vor.

(c) Verschulden

Der Fahrlässigkeitsvorwurf ist begründet, da die Gefährlichkeit von Feuerwerkskörpern gerade im Hinblick auf das mangelnde Risikobewusstsein von Kindern bekannt ist.

(3) Rechtsfolge

I haftet dem T aus §§ 823 I, 249 ff. auf Ersatz des Vermögensschadens und aus §§ 823 I, 847 auf Schmerzensgeld.

(B) Anspruch des T gegen den Händler K

Gefragt ist nur nach einem Anspruch des K auf **Schmerzensgeld**. Ein solcher Anspruch kann sich allenfalls aus §§ 823 I, 847 ergeben.

Bei dieser Fragestellung ist ein Anspruch des T aus pVV des Kaufvertrages oder aus c.i.c. nicht zu erörtern (Geschäftsunfähige, § 104, und beschränkt Geschäftsfähige, §§ 106, 114, haften nicht aus c.i.c., werden aber berechtigt, vgl. BGH NJW 1973, 1790, 1791; Jauernig/Vollkommer § 276 Rdnr. 84), da diese Anspruchsgrundlagen nicht zu einem Schmerzensgeldanspruch führen.

Aus dem gleichen Grunde scheidet § 1 I 1 ProdHG als Anspruchsgrundlage aus. Im Übrigen ist der Händler nicht Adressat des ProdHG (Möllers JZ 1999, 24).

Voraussetzungen der Produzentenhaftung nach § 823 I

(I) **Tatbestand**

(1) **Rechts- oder Rechtsgutverletzung**

T hat eine Körperverletzung erlitten.

(2) **Zurechenbares Handeln**, hier durch Verletzung einer „herstellerspezifischen" Verkehrssicherungspflicht:

(a) **Personeller Anwendungsbereich**

Händler unterfallen insoweit der Produzentenhaftung nach § 823 I, als sie eine händlerspezifische Untersuchungs-, Instruktions- oder Beratungspflicht haben.

Brüggemeier Rdnr. 603 ff.; Schmidt/Salzer Rdnr. 4.366; BGH, Urteil vom 9.6.1998 – VI ZR 238/97@ –; dazu Möllers JZ 1999, 24 ff.

(b) **Objektve Pflichtverletzung**

Auch ohne dass eine entsprechende Verhaltensregel ausdrücklich normiert ist trägt der Verkäufer die Verantwortung dafür, dass er kein Produkt in die Hände eines Erwerbers gibt, bei dem von vorneherein eine typische und erhebliche Gefahrenlage zu erkennen ist; in einem solchen Fall muss der Verkäufer das seinerseits Erforderliche tun, um dieser Gefahrenquelle zu begegnen. Dies gilt im vorliegenden Fall auch dann, wenn eine sprengstoffrechtliche Zulassung vorliegt.

BGH, Urteil vom 9.6.1998 – VI ZR 238/97@ – unter Anknüpfung an BGH JZ 1999, 48; insoweit zustimmend Möllers JZ 1999, 24, 27.

Feuerwerkskörper besitzen ein erhebliches Gefahrenpotential, gerade in der Hand von Kindern und Jugendlichen. Ein Händler muss damit rechnen, dass Kinder sich die nötigen Zündmittel verschaffen und Feuerwerkskörper ohne entsprechende Aufsicht benutzen. Er muss durch entsprechende Hinweise oder Vorsichtsmaßnahmen dies verhindern und – falls dies nicht anders geht – die Abgabe dieser Produkte an Kinder, insbesondere solche, die sich erst im Grundschulalter befinden, unterlassen.

BGH a.a.O.; Möllers a.a.O.

Diese Pflicht hat K objektiv verletzt.

(II) **Rechtswidrigkeit**

Mit der Erfüllung des Tatbestandes wird die Rechtswidrigkeit indiziert; ein Rechtfertigungsgrund liegt nicht vor.

(III) **Verschulden**

K müsste die dem T gegenüber bestehende Verkehrssicherungspflicht schuldhaft verletzt haben. Hierfür ist Voraussetzung, dass die Gefahr, die von den „Feuer-Wirbeln" für das Kind tatsächlich ausging, für den Kioskbesitzer K, der nicht über besondere Kenntnisse auf dem Gebiet der Pyrotechnik verfügte, hinreichend erkennbar war.

(1) Der BGH verneint ein Verschulden.

> Aus den der Instruktionspflicht des Herstellers und des Importeurs solcher Gegenstände nicht genügenden Hinweisen (s.o. A) ergab sich die tatsächliche Gefahrenlage nicht. K hatte auch nicht aus anderen Gründen Anlass zu der Annahme, dass die „Feuer-Wirbel" ein allgemein für Kinder im Grundschulalter relevantes Gefahrenpotential aufweisen. Schließlich war K auch nicht im Hinblick auf Kenntnisse, die er über T hatte oder hätte haben müssen, gehalten, von einem Verkauf der Feuerwerkskörper an T abzusehen (BGH, Urteil vom 9.6.1998 – VI ZR 238/97[@] –).

Folgt man dieser Ansicht, haftet K nicht.

(2) Möllers bejaht die Verantwortlichkeit des Händlers.

> Der Händler dürfe nicht „im Tal der Ahnungslosen" leben. Die Ansicht des BGH sei abzulehnen, weil der Händler anderenfalls umso mehr seiner Verantwortlichkeit enthoben werde, je stärker der Händler oder Importeur die Gefahr verharmlose. Es sei auch ohne besondere Kenntnisse auf dem Gebiet der Pyrotechnik allgemein die Tatsache bekannt, „dass Feuerwerkskörper explodieren oder zumindest nicht so kontrolliert wie Kerzen abbrennen". Schließlich verlasse der BGH seine bisherige Rechtsprechung, die ganz bewusst den Vertrauensgrundsatz gegenüber Kindern einschränke. Schon für weit ungefährlichere Gegenstände habe die Rechtsprechung die Gefahr des nicht bestimmungsgemäßen Gebrauchs und damit eine Haftung bejaht (Möllers JZ 1999, 24, 28).

Folgt man dieser Ansicht, haftet K dem T aus §§ 823 I, 847 auf Zahlung von Schmerzensgeld.

– – –

2. Teil: Allgemeines Schadensrecht

Die §§ 249–253 regeln nicht den **Grund**, sondern nur den **Inhalt** einer anderweitig angeordneten Schadensersatzpflicht. Sie gelten für eine Vielzahl von haftungsbegründenden Normen (z. B. §§ 31, 122, 179, 280, 283 I 2, 286, 307, 309, 325, 326, 463, 480, 538, 545 II, 635, 678, 823, 818 IV, 819 I, 989, 990, 991 II, 992 BGB; 7 I StVG) und werden für bestimmte Schadensersatznormen durch andere Vorschriften ergänzt (z. B. §§ 842 ff. für den deliktischen Schadensersatzanspruch).

1. Abschnitt: Schaden und Interesse; Umfang der Schadensersatzpflicht

Unter einem **Schaden** als Tatbestandsmerkmal einer haftungsbegründenden Norm ist die Einbuße an rechtlich geschützten Gütern zu verstehen. Der Umfang des auf der Rechtsfolgenseite für den entstandenen Schaden zu leistenden Ersatzes wird als das **Interesse** des Geschädigten bezeichnet. Der Schaden verhält sich zum Interesse wie das Unrecht zu seiner Wiedergutmachung.

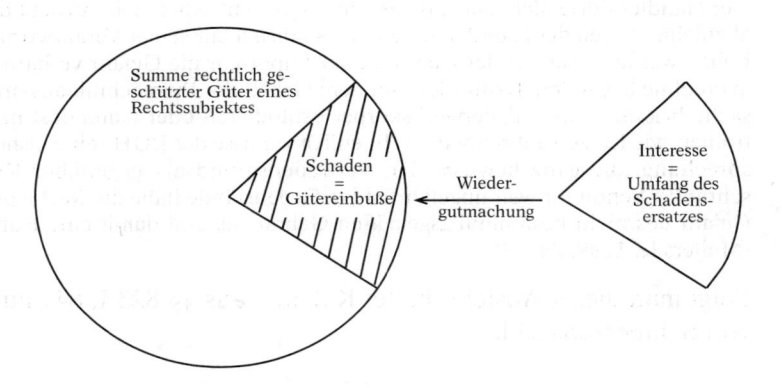

1. Bestimmung des Interesses

Hängen Schaden und Interesse in dieser Weise zusammen, so ist das Interesse des Geschädigten abhängig davon, an welchem **rechtlich geschützten Gut** ihm eine Einbuße und damit ein Schaden entstanden ist. Welches Gut rechtlich geschützt ist, sodass seine Verletzung eine Schadensersatzpflicht in einem bestimmten Umfang (Interesse) begründet, lässt sich nicht aus der Natur der Sache oder aus den §§ 249 ff. herleiten, sondern allein aus dem **Schutzzweck** der speziellen Anspruchsgrundlage.

Lange § 2 IV 1; MünchKomm/Grunsky vor § 249 Rdnr. 47; Rüßmann JuS-Lernbogen 5/2000 L 34.

Beispiel: Rechtlich geschütztes Gut im Falle des § 179

Handelt jemand als Vertreter ohne Vertretungsmacht und genehmigt der Vertretene das Vertretergeschäft nicht, so kann man den Schaden des Verhandlungspartners in zweierlei Umständen erblicken:

▶ Zum einen ist denkbar, dass der erstrebte **Erfüllungsanspruch** das rechtlich geschützte Gut ist, dessen Einbuße einen Schaden begründet.

▶ Zum anderen kann das enttäuschte **Vertrauen in das Bestehen der Vertretungsmacht** dasjenige rechtlich geschützte Gut sein, dessen Einbuße als Schaden anzusehen ist.

Das Gesetz entscheidet in der Anspruchsnorm des § 179 dahin, dass im Falle der Kenntnis des Vertreters von seiner Vollmachtlosigkeit der erstrebte Erfüllungsanspruch das geschützte Rechtsgut ist; der Vertreter haftet aus einer Garantiehaftung dafür, dass es ihm gelingt, eine Genehmigung des Vertretenen herbeizuführen (§ 179 I). Im Falle der Unkenntnis des Vertreters von seiner Vollmachtlosigkeit dagegen ist das Vertrauen des Verhandlungspartners in das Bestehen der Vertretungsmacht das geschützte Rechtsgut (§ 179 II).

Ist das geschützte Gut bestimmt, an dem eine Einbuße und damit ein Schaden entstanden ist, lässt sich das **Interesse** (Umfang des Ersatzanspruchs) **des Geschädigten** bestimmen, das ihm zum Ausgleich der Einbuße zu leisten ist.

Hat in obigem **Beispiel** der Vertreter den Mangel seiner Vertretungsmacht nicht gekannt, so besteht der Schaden in der Einbuße an Vertrauen in das Bestehen der Vertretungsmacht und damit in das Zustandekommen des erstrebten Rechtsgeschäftes. Diese Einbuße ist gemäß **§ 179 III** wiedergutzumachen durch Ersatz des **Vertrauensinteresses** (negativen Interesses): Es sind die vertrauensbedingten Einbußen zu ersetzen (z. B. Vertragskosten; entgangener Gewinn aus einem anderen Rechtsgeschäft, das im Vertrauen auf das Zustandekommen des erstrebten Rechtsgeschäfts nicht vorgenommen wurde). Der Schadensersatzgläubiger ist also so zu stellen, als habe er auf das Bestehen der Vertretungsmacht des Vertreters nicht vertraut.

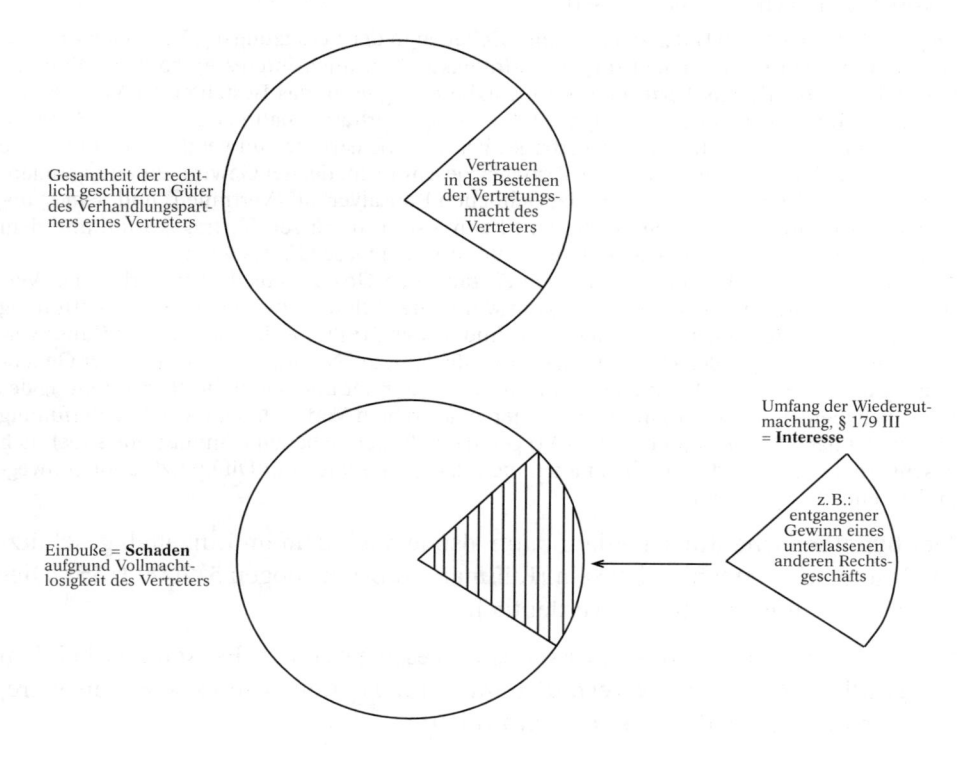

2. Differenztheorie

Die Bestimmung des Interesses erfolgt nach der das gesamte Schadensersatzrecht beherrschenden **Differenztheorie** (vgl. § 249 S. 1) aus der Differenz zweier zu vergleichender **Kausalverläufe**: des **tatsächlichen**, über das Schadensereignis zur Einbuße (Schaden) führenden Kausalverlaufs und eines **hypothetischen** Kausalverlaufs, der sich bei Hinwegdenken des Schadensereignisses ergibt (s. dazu Rüßmann JuS-Lernbogen 5/2000 L 34).

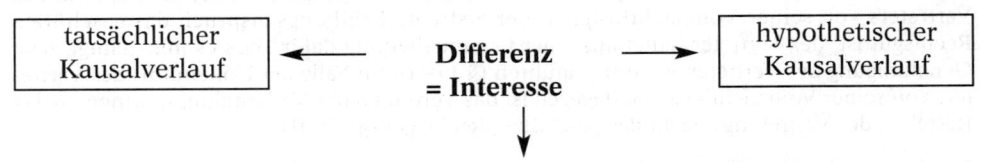

| tatsächlicher Kausalverlauf | ← **Differenz = Interesse** → | hypothetischer Kausalverlauf |

Der Umfang eines Schadens ergibt sich aus der Differenz zweier zu vergleichender Kausalverläufe.

Welches Ereignis hinwegzudenken ist, ergibt sich aus der anspruchsbegründenden Norm. Der Schutzzweck dieser Norm gibt an, welches nach der Vorstellung des Gesetzgebers das zum Schadensersatz verpflichtende und zur Bestimmung des hypothetischen Kausalverlaufs hinwegzudenkende Ereignis ist. Dieses Ereignis stellt gewissermaßen die „Weiche" zwischen den zu vergleichenden Kausalverläufen dar.

Beispiel: Vertrauensinteresse, § 179 II

Liegt im Falle des **§ 179 II** der zu ersetzende Schaden in der Verletzung des Vertrauens auf das Bestehen der Vertretungsmacht (negatives Interesse; Vertrauensinteresse), so ist im Rahmen der Differenztheorie **das Vertrauen** des Ersatzberechtigten in das Bestehen der Vertretungsmacht das hinwegzudenkende Ereignis. Ohne dieses Vertrauen hätte er etwa keine Aufwendungen für die Durchführung des Vertrages gemacht (frustrierte Aufwendungen) und hätte statt dessen einen anderen günstigen Vertrag abgeschlossen, dessen Gewinn ihm nun entgangen ist. Die Differenz zwischen dem tatsächlichen Kausalverlauf (Vertrauen) und dem hypothetischen Kausalverlauf (kein Vertrauen) kann also in unnützen Vertragskosten und dem entgangenen Gewinn aus einem anderen, unterlassenen Geschäft bestehen.

Dagegen kann die Differenz nicht in dem entgangenen Gewinn aus dem unwirksamen Vertragsschluss bestehen. Denn dieser Gewinn würde die Differenz zwischen der Nichterfüllung des Vertrages (tatsächlicher Kausalverlauf) und seiner Erfüllung (hypothetischer Kausalverlauf) bilden. Hinwegzudenkendes Ereignis müsste dann die Nichtherbeiführung einer Genehmigung des Vertretenen durch den vollmachtlosen Vertreter und damit die Nichterfüllung des vom ersatzberechtigten Verhandlungspartner angestrebten Vertrages sein. Die Nichterfüllung aber bildet nach § 179 III (anders § 179 I) gerade nicht den Schaden (Einbuße eines rechtlich geschützten Gutes) und kann damit auch nicht das im Rahmen der Differenztheorie hinwegzudenkende Ereignis sein.

Der hypothetische Kausalverlauf kann also je nach dem im Einzelfall geschützten Interesse unterschiedlich sein (Rüßmann JuS-Lernbogen 5/2000 L 35). Dies soll die nachfolgende Skizze verdeutlichen:

▶ Durch § 179 II wird das **Vertrauensinteresse** geschützt. Es ist daher bei dem **hypothetischen Kausalverlauf** darauf abzustellen, wie es gewesen wäre, wenn der Geschädigte **nicht vertraut** hätte.

▶ Durch § 179 I wird das **Erfüllungsinteresse** geschützt. Es ist daher bei dem **hypothetischen Kausalverlauf** darauf abzustellen, wie es gewesen wäre, wenn das **Vertretergeschäft wirksam** zu Stande gekommen wäre.

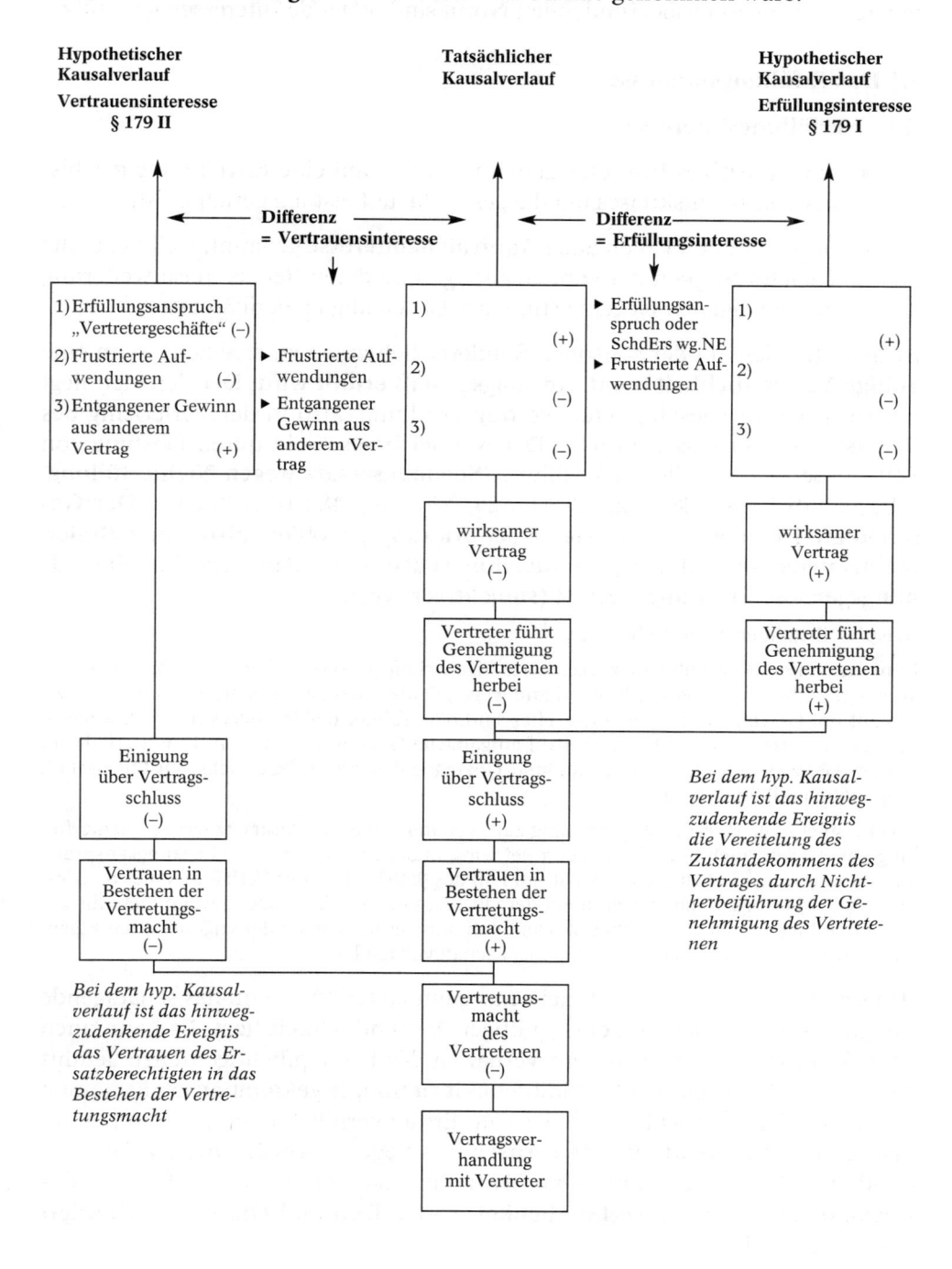

Hypothetischer Kausalverlauf Vertrauensinteresse § 179 II	Tatsächlicher Kausalverlauf	Hypothetischer Kausalverlauf Erfüllungsinteresse § 179 I

◄──── Differenz ────► = Vertrauensinteresse

◄──── Differenz ────► = Erfüllungsinteresse

Hypothetischer Kausalverlauf Vertrauensinteresse § 179 II:
1) Erfüllungsanspruch „Vertretergeschäfte" (−)
2) Frustrierte Aufwendungen (−)
3) Entgangener Gewinn aus anderem Vertrag (+)

▶ Frustrierte Aufwendungen
▶ Entgangener Gewinn aus anderem Vertrag

Tatsächlicher Kausalverlauf:
1) (+)
2) (−)
3) (−)

Hypothetischer Kausalverlauf Erfüllungsinteresse § 179 I:
▶ Erfüllungsanspruch oder SchdErs wg. NE
▶ Frustrierte Aufwendungen

1) (+)
2) (−)
3) (−)

- wirksamer Vertrag (−)
- wirksamer Vertrag (+)
- Vertreter führt Genehmigung des Vertretenen herbei (−)
- Vertreter führt Genehmigung des Vertretenen herbei (+)

- Einigung über Vertragsschluss (−)
- Einigung über Vertragsschluss (+)

Bei dem hyp. Kausalverlauf ist das hinwegzudenkende Ereignis die Vereitelung des Zustandekommens des Vertrages durch Nichtherbeiführung der Genehmigung des Vertretenen

- Vertrauen in Bestehen der Vertretungsmacht (−)
- Vertrauen in Bestehen der Vertretungsmacht (+)

Bei dem hyp. Kausalverlauf ist das hinwegzudenkende Ereignis das Vertrauen des Ersatzberechtigten in das Bestehen der Vertretungsmacht

- Vertretungsmacht des Vertretenen (−)
- Vertragsverhandlung mit Vertreter

3. Die geschützten Interessen

Je nach der anspruchsbegründenden Norm sind folgende Interessen geschützt:

3.1 Das Erfüllungsinteresse

I) Das **Erfüllungsinteresse**

- auch **positives Interesse** genannt, weil es auf eine Erweiterung des bisherigen Rechtskreises um die geschuldete Leistung gerichtet ist,

- in bestimmten Fällen auch **Äquivalenzinteresse** genannt, weil es auf die Gleichwertigkeit der vom Gegner geschuldeten Rechtskreiserweiterung mit der eigenen Gegenleistung des Geschädigten gerichtet ist,

ist in vertraglichen oder sonstigen Sonderbeziehungen zu ersetzen, wenn eine **gültige Verbindlichkeit nicht ordnungsgemäß erfüllt** wird. Der Schaden liegt im Ausgleich der geschuldeten Vertragserfüllung, also in der Verletzung des Rechtsgutes „Vertragsanspruch". Der Ausgleich geschieht durch Leistung von Schadensersatz anstelle der Erfüllung (**Schadensersatz wegen Nichterfüllung**, z. B. §§ 179 I, 280, 283 I 2, 286 II, 325, 326, 463, 480 II, 538, 635). **Der Geschädigte ist so zu stellen, wie er bei ordnungsgemäßer (also mangelfreier, rechtzeitiger etc.) Erfüllung stünde, ihm ist also zu ersetzen, was ihm die ordnungsgemäße Erfüllung wert ist (subjektiver Wert).**

Beispiel: Erfüllungsinteresse bei § 463

Dem verkauften Pkw fehlt eine zugesicherte Eigenschaft (§ 463). Daher ist sein Wert geringer als der gezahlte Kaufpreis; der Käufer kann wegen Fehlens der Eigenschaft des Pkw nicht wie geplant mit Gewinn weiterverkaufen. Hier sind dem Käufer der Minderwert des Pkw sowie der aus dem gescheiterten Weiterverkauf entgangene Gewinn zu ersetzen. Damit erhält der Käufer das, was ihm die Übereignung und Übergabe des mit der zugesicherten Eigenschaft ausgestatteten Pkw wert ist.

Das Beispiel zeigt, dass die Verpflichtung zur Leistung von Schadensersatz wegen Nichterfüllung vom Gesetz auch in Fällen angeordnet wird, in denen kein primärer Leistungsanspruch auf ordnungsgemäße Erfüllung besteht: Im Fall des § 463 erfüllt der Verkäufer einer Speziessache seine Vertragspflichten schon mit der Übereignung der Sache, auch wenn diese die zugesicherte Eigenschaft nicht aufweist. Dennoch muss er bei Fehlen der zugesicherten Eigenschaft den Käufer so stellen, als sei die Eigenschaft vorhanden.

II) Das Erfüllungsinteresse ist nicht nur dann zu leisten, wenn das schädigende Ereignis in der Verletzung einer gültigen Verbindlichkeit liegt. Es kann auch dann zu ersetzen sein, wenn ein Verhalten des Ersatzpflichtigen dazu geführt hat, dass gar **keine gültige Verbindlichkeit zu Stande gekommen** ist. Es kommt in solchen Fällen darauf an, ob der zum Ersatz verpflichtende Umstand in der **Erweckung des unzutreffenden Anscheins liegt, es werde eine gültige Verbindlichkeit entstehen, oder** ob er darin liegt, dass der Ersatzverpflichtete das **Zustandekommen der Verbindlichkeit wider Treu und Glauben verhindert** hat, Lange § 2 IV 1.

1) Im ersteren Fall ist das **Vertrauensinteresse** zu ersetzen, also die Differenz zwischen dem tatsächlichen Kausalverlauf und jenem hypothetischen Kausalverlauf, der sich ergibt, wenn man den Vertrauenstatbestand hinwegdenkt.

Beispiel: Vertrauensinteresse bei der Anfechtung

Der wegen eines Irrtums nach § 119 anfechtende Verkäufer hat dem in seinem Vertrauen auf die Beständigkeit der angefochtenen Willenserklärung enttäuschten Käufer gemäß § 122 die unnütz aufgewandten Vertragskosten (z.B. Kosten zum Transport der gekauften Ware) zu ersetzen. Denn diese wären ohne das Vertrauen des Käufers nicht angefallen.

2) Im letzteren Fall dagegen ist das **Erfüllungsinteresse** zu ersetzen, also die Differenz zwischen dem tatsächlichen Kausalverlauf und jenem hypothetischen Kausalverlauf, der sich ergibt, wenn man die Vereitelung des wirksamen Vertragsschlusses hinwegdenkt.

1. Beispiel: Erfüllungsinteresse wegen treuwidrigen Verhinderns eines wirksamen Vertragsschlusses

Eine Siedlungsgesellschaft als Verkäuferin eines Grundstückes, die den Käufer über die Formbedürftigkeit des Kaufvertrages (§ 313) täuscht und später die Erfüllung des Vertrages verweigert, haftet dem Käufer aus c.i.c. auf das Erfüllungsinteresse, also auf das Interesse des Käufers an der Wirksamkeit und Erfüllung des Vertrages (BGH NJW 1965, 812, 814).

2. Beispiel: Erfüllungsinteresse bei § 179 I

Im Fall der Schadensersatzpflicht des Vertreters ohne Vertretungsmacht, der den Mangel seiner Vertretungsmacht kennt (§ 179 I), könnte man meinen, das schädigende Ereignis liege in der Erweckung des Vertrauens darauf, dass ein Vertrag mit dem vollmachtlos Vertretenen zu Stande komme. Demnach wäre das Vertrauensinteresse zu ersetzen. Das Gesetz gewährt dem Geschädigten jedoch einen auf das Erfüllungsinteresse gerichteten Schadensersatzanspruch und zeigt damit, dass es als schädigendes Ereignis die Vereitelung des Zustandekommens des Vertrages (durch Nichtherbeiführung einer Genehmigung des Vertretenen) und damit den Schaden letztlich im Ausgleich der Erfüllung sieht.

III) **Das positive Interesse kann umfassen:** den Minderwert der nicht ordnungsgemäßen Vertragsleistung; Gutachterkosten für die Feststellung des Minderwertes; die vom geschädigten Gläubiger bereits erbrachte Leistung als Mindestschaden; aus dem mangelhaft oder nicht erfüllten Vertrag entgangener Gewinn; durch die Nichterfüllung bedingte Aufwendungen (z.B. Mehrkosten eines Deckungskaufs); infolge der Nichterfüllung frustrierte Aufwendungen (z.B. Beurkundungskosten).

3.2 Das Vertrauensinteresse

I) Das Vertrauensinteresse

> ▶ auch **negatives Interesse** genannt, weil es auf die Unterlassung der Beeinträchtigung bereits vorhandenen Vermögens und bereits vorhandener Rechte und Rechtsgüter, also auf den Schutz des status quo gerichtet ist,

ist in vertraglichen oder sonstigen Sonderbeziehungen zu ersetzen, wenn die zum Schadensersatz verpflichtende Handlung darin besteht, dass der Schädiger in seinem Verhandlungspartner das **Vertrauen auf das Zustandekommen einer**

Verbindlichkeit hervorgerufen und dann enttäuscht hat (z. B. §§ 122 I, 179 II, 307, 309, c. i. c.) Es liegt ein Verhalten des Ersatzpflichtigen vor, das dazu geführt hat, dass keine gültige Verbindlichkeit zu Stande gekommen ist. Ein solches Verhalten kann unter Umständen zwar auch zum Ersatz des Erfüllungsinteresses verpflichten, dies jedoch nur, wenn dem Schädiger die treuwidrige Verhinderung des Zustandekommens der Verbindlichkeit vorzuwerfen ist (s. o. 3.1 unter II 2). In den hier interessierenden Fällen der Ersatzpflicht wegen Nichtzustandekommens einer Verbindlichkeit liegt der zum Ersatz verpflichtende Umstand dagegen nicht in der treuwidrigen Vereitelung des Entstehens der Verbindlichkeit, sondern in der Erweckung des unzutreffenden Anscheins, es werde eine gültige Verbindlichkeit zu Stande kommen
Der Schaden liegt im Abschluss eines Vertrages, in dem später enttäuschten Vertrauen auf dessen Beständigkeit. **Der Geschädigte ist so zu stellen, als hätte er sich auf den Vertrag nicht eingelassen, als wäre das später enttäuschte Vertrauen in ihm nicht erweckt worden.** Der Geschädigte ist also nicht so zu stellen, als wenn das enttäuschte Vertrauen berechtigt gewesen wäre; dies würde dem positiven Interesse entsprechen (z. B. bei Vertrauen auf das Vorhandensein einer zugesicherten Eigenschaft beim Kauf).

II) Das Vertrauensinteresse ist auch dann zu ersetzen, wenn bei wirksam zu Stande gekommener Verbindlichkeit der Schädiger den **Anschein einer ordnungsgemäßen Leistung hervorgerufen** und enttäuscht hat. Nicht gemeint sind hiermit Fälle des Gewährleistungsrechts, in denen z. B. wegen Fehlens einer zugesicherten Eigenschaft gemäß § 463 Ersatz des positiven Interesses geschuldet wird. Zwar wird auch in diesen Fällen der Geschädigte auf den Anschein einer ordnungsgemäßen Leistung (z. B. Vorhandensein der zugesicherten Eigenschaft) vertraut haben und dann enttäuscht worden sein. Jedoch ist der im Gewährleistungsrecht nach Ansicht des Gesetzgebers zum Schadensersatz verpflichtende – und bei der Interessenermittlung nach der Differenztheorie hinwegzudenkende – Umstand die Nichterfüllung einer Verbindlichkeit (positives Interesse).
Gemeint sind hier vielmehr Fälle der **Verletzung einer Aufklärungspflicht** als Nebenpflicht im Rahmen der c. i. c. Der Schädiger bewirkt durch Unterlassen einer Auskunft oder durch Erteilung einer unrichtigen Auskunft, dass der Geschädigte einen Vertrag überhaupt oder mit einem bestimmten Inhalt abschließt, weil der Geschädigte darauf vertraut, der Vertragsgegenstand entspreche seinen Erwartungen. Schädigender – und bei der Interessenermittlung im Rahmen der Differenztheorie hinwegzudenkender – Umstand ist das Hervorrufen von später enttäuschtem Vertrauen. **Der Geschädigte ist so zu stellen, als habe er nicht vertraut.**

Beispiel: Verschwiegene Überschuldung

Bei der Veräußerung von GmbH-Anteilen verschweigt der Verkäufer die Überschuldung der GmbH. Die §§ 459 ff. sind unanwendbar, da nur ein so geringer Anteil am Stammkapital veräußert wird, dass der Käufer nicht wie beim Erwerb des von der GmbH betriebenen Unternehmens selbst steht, auf den Sachmängelrecht anwendbar wäre. Der Kaufvertrag wurde wegen der Nichterteilung einer Auskunft bzgl. der Überschuldung geschlossen. Dem am Vertrag im Übrigen festhaltenden Käufer ist das Vertrauensinteresse zu ersetzen, hier der Betrag, um den der Käufer den Geschäftsanteil vertrauensbedingt zu teuer gekauft hat (BGH NJW 1980, 2408, 2410).

III) **Das negative Interesse kann umfassen**: die Rückgängigmachung des Vertrages; eine überhöhte Leistung des Geschädigten; vergebliche Aufwendungen im Vertrauen auf die Vertragswirksamkeit (z.B. Transportkosten des Käufers im Fall der Irrtumsanfechtung durch den Verkäufer); den Haftungsschaden aus der Inanspruchnahme durch Dritte (z.B. Abkäufer), Nachteile auf Grund des Nichtabschlusses eines anderen Geschäftes (z.B. entgangener Gewinn aus dem unterlassenen anderweitigen Geschäft, nicht aber entgangener Gewinn aus dem angefochtenen Geschäft). Nicht zu ersetzen sind Aufwendungen, die gemacht werden, um den beabsichtigten Geschäftserfolg doch noch herbeizuführen, obwohl der vom Vertragspartner erregte Irrtum über den Leistungsgegenstand bereits erkannt ist.

IV) Die **Höhe des zu ersetzenden negativen Interesses** ist durch das Gesetz in vielen Fällen auf die Höhe des positiven Interesses **beschränkt** (§§ 122 I a.E., 179 II a.E., 307 I a.E., 309). Dahinter steht die Überlegung, dass man vernünftigerweise für einen Vertrag keine Aufwendungen (negatives Interesse) macht, die dasjenige übersteigen, was der Vertrag an Gewinn (positives Interesse) brächte (s. dazu Rüßmann JuS-Lernbogen 5/2000 L 35).

Der Grundsatz der Begrenzung des negativen Interesses durch die Höhe des positiven gilt i.d.R. nicht für den Ersatz des negativen Interesses aus c.i.c.

RGZ 151, 357, 359; BGH BB 1955, 429; BGHZ 57, 191, 193; 69, 53, 56; MünchKomm/Emmerich vor § 275 Rdnr. 194 m.w.N. in FN 487.

3.3 Das Erhaltungsinteresse

I) Auch zur Bestimmung des Umfanges des wegen einer **unerlaubten Handlung** geschuldeten Schadensersatzes wird z.T. vom **negativen Interesse** (weil auf die Unterlassung der Beeinträchtigung bereits vorhandenen Vermögens – § 826 – und bereits vorhandener Rechte und Rechtsgüter, also auf den Schutz des status quo gerichtet) gesprochen. Es ist aber zu beachten, dass es beim Schadensersatz aus unerlaubter Handlung mangels eines durchzuführenden Vertrages keinen Erfüllungsanspruch und damit auch kein positives Interesse gibt, das ersetzt werden könnte. Da der Begriff des negativen Interesses zur Abgrenzung vom positiven Interesse verwendet wird, letzteres aber im Bereich der unerlaubten Handlung mangels Erfüllungsanspruch nicht denkbar ist, wird es im Bereich der unerlaubten Handlung von vielen für nicht sinnvoll gehalten, vom negativen Interesse zu sprechen.

Fikentscher Rdnr. 460 a.E.; MünchKomm/Grunsky vor § 249 Rdnr. 47 a.E.

Statt dessen wird vom **Erhaltungsinteresse** (auch **Integritäts- oder Schutzinteresse** genannt) gesprochen.

Larenz I § 27 II b 4; Lange § 2 IV 4, V 5; Keuk, Vermögensschaden und Interesse, 1972, S. 162 f.

Der Begriff Integritätsinteresse wird in einer anderen Bedeutung auch im Zusammenhang mit der Naturalrestitution (§ 249) in Abgrenzung zum Wertinteresse bei der Schadenskompensation (§ 251) verwendet. Der klaren Unterscheidung wegen wollen wir bei der Frage des Schadensumfanges den Ausdruck Integritätsinteresse vermeiden und dort vom **Schutzinteresse** sprechen.

Das Erhaltungsinteresse stimmt insofern mit dem negativen Interesse überein, als es ebenfalls auf den Schutz der Integrität (d.h. Unverletzlichkeit) vorhandenen Vermögens und bereits vorhandener Rechte und Rechtsgüter, also auf die Erhaltung des status quo gerichtet ist und nicht – wie das positive Interesse – auf den Schutz des Hinzuerwerbs als Erweiterung des vorhandenen Rechtskreises.

Zwischen dem negativen Interesse im Bereich der Sonderbeziehungen (negatives Vertragsinteresse) und dem Erhaltungsinteresse im außervertraglichen Bereich bestehen jedoch auch inhaltliche Unterschiede, sodass die Unterscheidung zwischen den beiden Arten des Interesses nicht nur begrifflicher Natur ist. Zum einen werden nur im Rahmen des negativen Vertragsinteresses Vermögensdispositionen ersetzt, die in Erwartung des Vertrages getroffen oder unterlassen wurden (z.B. frustrierte Aufwendungen), nicht aber im außervertraglichen Bereich der unerlaubten Handlung. Zum anderen ist das Erhaltungsinteresse der Höhe nach nicht durch das positive Interesse begrenzt, das negative Vertragsinteresse dagegen wohl (s.o.).

II) Entsprechendes gilt im Rahmen der **c.i.c. und pVV**, wenn der Schädiger aus der Sonderbeziehung sich ergebende **Sorgfalts-, Obhuts- oder Schutzpflichten**, also Verkehrssicherungspflichten **verletzt** und dadurch Rechte oder Rechtsgüter des Partners der Sonderverbindung verletzt.

Beispiel: Umstürzende Linoleumrolle

Der Kaufinteressent wird durch Unachtsamkeit des Kaufhausangestellten von einer umstürzenden Linoleumrolle getroffen und verletzt (RGZ 79, 239).

Hier besteht zwar eine vorvertragliche oder vertragliche Sonderbeziehung. Jedoch fehlt es an einem verletzten Erfüllungsanspruch: Es gibt keinen Anspruch des Käufers, nicht durch eine umstürzende Linoleumrolle verletzt zu werden, sondern nur im Falle der Schädigung einen Anspruch des Käufers auf Schadensersatz. Daher ist hier – wie im Fall der unerlaubten Handlung – eine Differenzierung zwischen positivem und negativem Interesse wenig sinnvoll; es werden keine nutzlosen Aufwendungen ersetzt und der Schadensersatz ist nicht der Höhe nach durch ein Erfüllungsinteresse begrenzt. Auch hier ist daher das **Erhaltungsinteresse** des Geschädigten zu ersetzen.

III) Das Erhaltungsinteresse kann umfassen: die Wiederherstellung des geschädigten Rechts(gutes); den zur Wiederherstellung erforderlichen Geldbetrag; den trotz Wiederherstellung verbleibenden merkantilen Minderwert; bei Unmöglichkeit, Unzulänglichkeit oder Unzumutbarkeit der Wiederherstellung den Wertersatz (§ 251); Verdienstausfall.

3.4 Übersicht über die geschützten Interessen

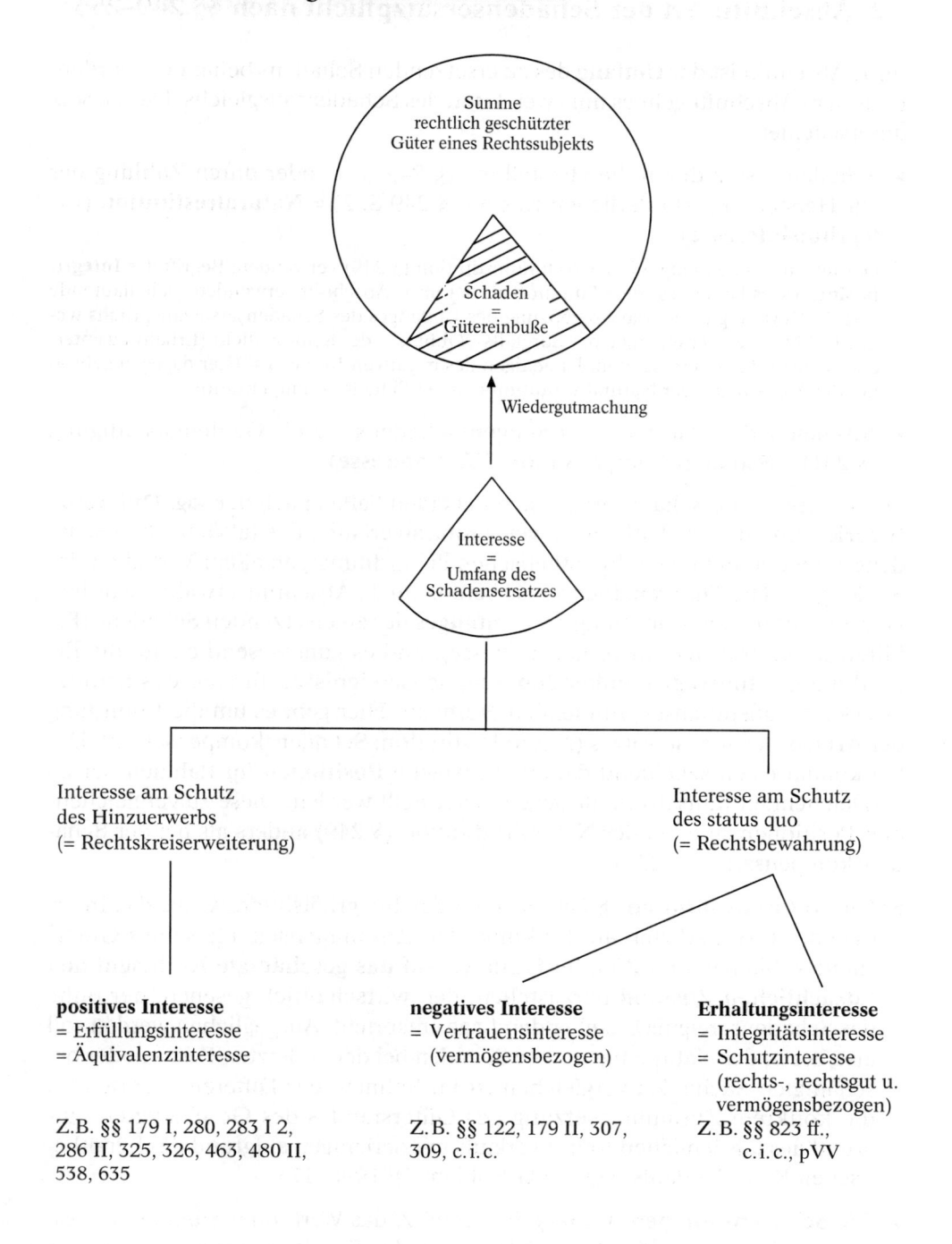

Summe rechtlich geschützter Güter eines Rechtssubjekts

Schaden = Gütereinbuße

Wiedergutmachung

Interesse = Umfang des Schadensersatzes

Interesse am Schutz des Hinzuerwerbs (= Rechtskreiserweiterung)

Interesse am Schutz des status quo (= Rechtsbewahrung)

positives Interesse
= Erfüllungsinteresse
= Äquivalenzinteresse

Z.B. §§ 179 I, 280, 283 I 2, 286 II, 325, 326, 463, 480 II, 538, 635

negatives Interesse
= Vertrauensinteresse
(vermögensbezogen)

Z.B. §§ 122, 179 II, 307, 309, c.i.c.

Erhaltungsinteresse
= Integritätsinteresse
= Schutzinteresse
(rechts-, rechtsgut u. vermögensbezogen)

Z.B. §§ 823 ff., c.i.c., pVV

2. Abschnitt: Art der Schadensersatzpflicht nach §§ 249–253

Im 1. Abschnitt ist der **Umfang** des zu ersetzenden Schadens behandelt worden. In diesem Abschnitt geht es um zwei **Arten** des Schadensausgleichs. Das Gesetz unterscheidet:

▶ Schadensersatz durch die Herstellung (§ 249 S. 1) oder durch Zahlung der zur Herstellung erforderlichen Kosten (§ 249 S. 2) = **Naturalrestitution (Integritätsinteresse)**.

> Der im Zusammenhang mit der Naturalrestitution (§ 249) verwendete Begriff des **Integritätsinteresses** hat eine andere Funktion als der im 1. Abschnitt verwendete gleichlautende Begriff. Dort ging es um die Abgrenzung des Umfanges des Schadensersatzanspruchs wegen Delikts oder Verletzung einer Sorgfalts-, Obhuts- oder Schutzpflicht (Erhaltungsinteresse = Integritätsinteresse) von demjenigen des negativen Interesses. Hier dagegen geht es um die Abgrenzung der Naturalrestitution von der Schadenskompensation.

▶ Ausgleich des (Gesamt-) Vermögensschadens durch Geldentschädigung (§ 251) = **Schadenskompensation (Wertinteresse)**.

Der zu ersetzende Schaden ergibt sich in beiden Fällen nach der sog. **Differenztheorie**, d.h. aus der Differenz zweier Kausalverläufe: des tatsächlichen schadensstiftenden mit einem hypothetischen bei ordnungsgemäßem Verhalten des Schädigers. Die Differenztheorie ist bereits im 1. Abschnitt erwähnt worden. Dort ging es um die Ermittlung des **Umfanges** des zu ersetzenden Schadens (Erfüllungs-, Vertrauens-, Integritätsinteresse), und es kam wesentlich auf die Ermittlung des **hinwegzudenkenden** Schadensereignisses anhand des Schutzzwecks der anspruchsbegründenden Norm an. Hier geht es um die Ermittlung der **Art** des Schadensersatzes (Naturalrestitution; Schadenskompensation). Dabei kommt es entscheidend darauf an, welche **Positionen** im Rahmen der zu vergleichenden Kausalverläufe gegenübergestellt werden. Diese zu vergleichenden Positionen sind bei der Naturalrestitution (§ 249) anders als bei der Schadenskompensation (§ 251).

▶ Die **Naturalrestitution** (§ 249) schützt das Integritätsinteresse als das Interesse des Geschädigten an der konkreten Zusammensetzung seines Güterstandes. Sie hat zum Ziel, **im Hinblick auf das geschädigte Rechtsgut den tatsächlichen Zustand** herzustellen, der, wirtschaftlich gesehen, der ohne das Schadensereignis bestehenden Lage entspricht. Ausgeglichen werden soll also der in der Natur eingetretene Schaden bei der verletzten Person oder beschädigten Sache. Zu vergleichen ist im Rahmen der Differenztheorie also die konkrete Zusammensetzung des Güterstandes des Geschädigten aufgrund des tatsächlichen Kausalverlaufs mit derjenigen aufgrund des hypothetischen Kausalverlaufs (vgl. OLG Koblenz JP 1998, 174[@]).

▶ Die **Schadenskompensation** (§ 251) schützt das Wert- oder Summeninteresse als das Interesse des Geschädigten an der Erhaltung seines Vermögens dem Werte (nicht: der konkreten Zusammensetzung) nach. Sie hat zum Ziel, eine durch das Schadensereignis eingetretene Einbuße am Vermögen insgesamt auszugleichen. Die Schadenskompensation setzt daher – anders als die Naturalrestitution – einen Vermögensschaden voraus. Der Schaden ergibt sich aus einem **rechnerischen Vergleich** der bestehenden mit der hypothetischen **Vermögenslage insgesamt**.

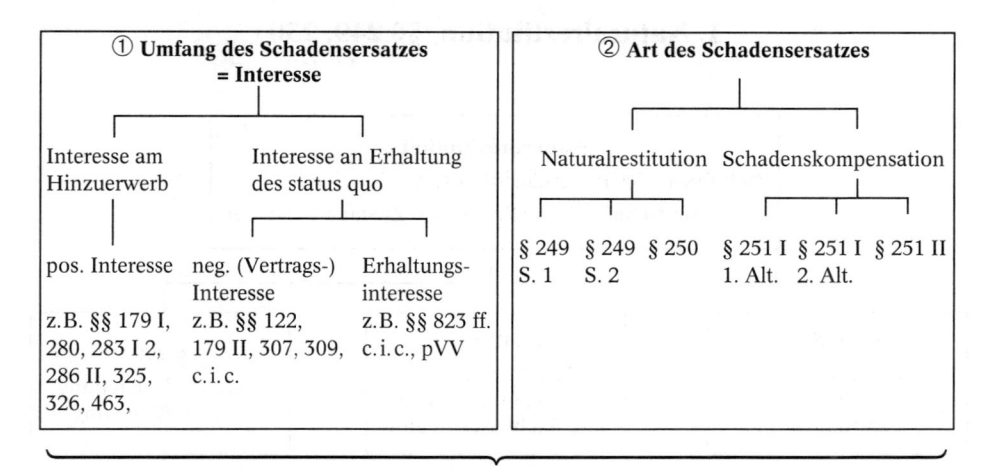

```
① Umfang des Schadensersatzes                    ② Art des Schadensersatzes
      = Interesse
      
Interesse am      Interesse an Erhaltung         Naturalrestitution   Schadenskompensation
Hinzuerwerb       des status quo
                                                 § 249   § 249  § 250    § 251 I   § 251 I   § 251 II
pos. Interesse   neg. (Vertrags-)  Erhaltungs-   S. 1    S. 2             1. Alt.   2. Alt.
                 Interesse         interesse
z.B. §§ 179 I,   z.B. §§ 122,      z.B. §§ 823 ff.
280, 283 I 2,    179 II, 307, 309, c.i.c., pVV
286 II, 325,     c.i.c.
326, 463,
```

Umfang und Art des Schadensersatzes, zu ermitteln nach der **Differenzhypothese** unter **zwei Gesichtspunkten:**

① **Umfang** des Schadensersatzes:
Welches ist beim hypothetischen Kausalverlauf das hinwegzudenkende Ereignis? Zu ermitteln nach dem Schutzzweck der Norm (pos. Interesse? neg. Interesse? Erhaltungsinteresse?)

② **Art** des Schadensersatzes:
Welche Positionen sind gegenüberzustellen?
▶ hyp. Güterstand – tats. Güterstand bei Naturalrestitution (§§ 249, 250)
▶ hyp. Vermögenslage – tats. Vermögenslage bei Schadenskompensation (§ 251)

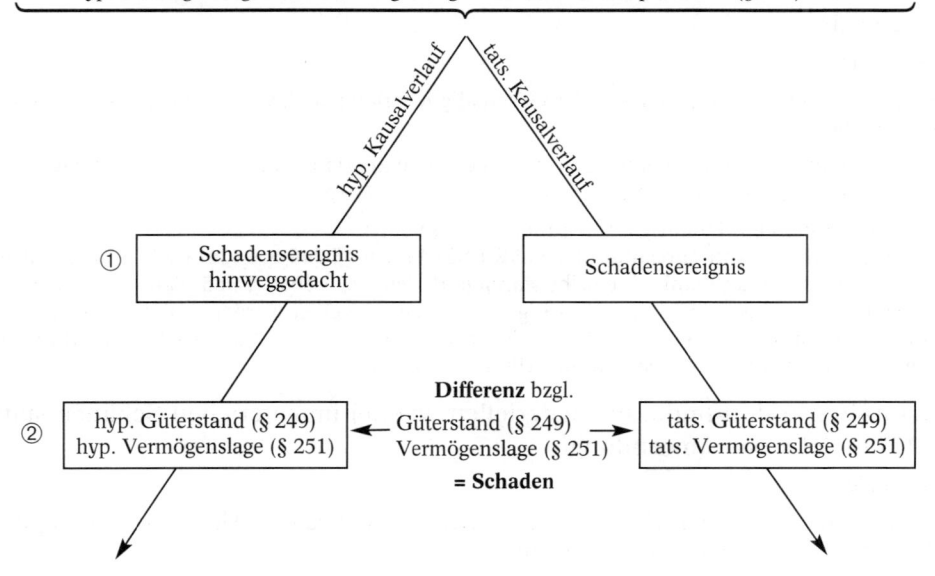

```
                    hyp. Kausalverlauf    tats. Kausalverlauf
                    
            ①   Schadensereignis              Schadensereignis
                hinweggedacht

                                      Differenz bzgl.
            ②   hyp. Güterstand (§ 249)  ← Güterstand (§ 249) →   tats. Güterstand (§ 249)
                hyp. Vermögenslage (§ 251)  Vermögenslage (§ 251)   tats. Vermögenslage (§ 251)
                                       = Schaden
```

Unter den beiden Schadensarten hat die **Naturalrestitution** den **Vorrang. Die Schadenskompensation** greift **nur ein, wenn die Voraussetzungen des § 251 vorliegen.**

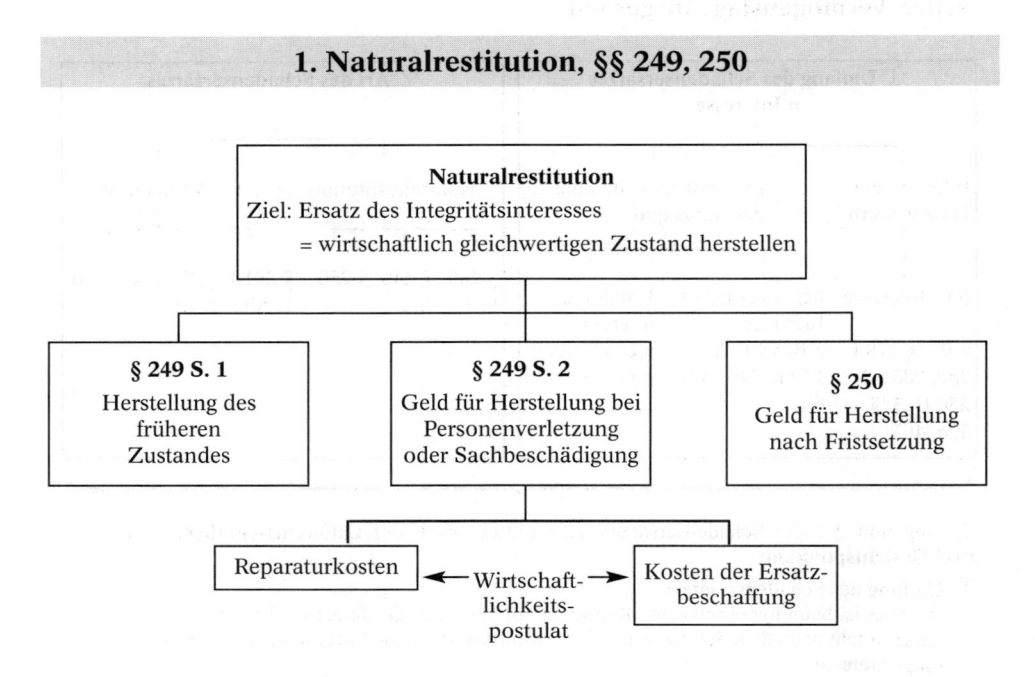

1. Naturalrestitution, §§ 249, 250

```
                    Naturalrestitution
              Ziel: Ersatz des Integritätsinteresses
          = wirtschaftlich gleichwertigen Zustand herstellen

    § 249 S. 1          § 249 S. 2              § 250
   Herstellung des   Geld für Herstellung bei  Geld für Herstellung
      früheren       Personenverletzung        nach Fristsetzung
      Zustandes      oder Sachbeschädigung

                    Reparaturkosten ← Wirtschaft- → Kosten der Ersatz-
                                      lichkeits-     beschaffung
                                      postulat
```

1.1 Herstellung des früheren Zustandes, § 249 S. 1

Nach § 249 S. 1 muss der Schadensersatzpflichtige selbst den tatsächlichen Zustand herstellen, der bestehen würde, wenn das Schadensereignis nicht eingetreten wäre.

Beispiele:

Bei einer Sachbeschädigung kann der Geschädigte verlangen, dass der Schädiger die beschädigte Sache repariert.

Der Eigentümer hat gegen denjenigen, der eine Sache unerlaubt an sich genommen hat, einen Herausgabeanspruch nach § 823 I (s. o. S. 12) i. V. m. § 249 S. 1.

Daneben besteht ein Herausgabeanspruch nach § 985.
Der Anspruch auf Naturalrestitution gemäß § 823 I i. V. m. § 249 S. 1 kann selbstständig abgetreten werden. Er hat damit eine selbstständige Bedeutung neben § 985; denn der Anspruch auf Herausgabe aus § 985 kann vom Eigentum nicht losgelöst werden, zulässig ist nur eine Einziehungsermächtigung nach § 185 (Baur, Sachenrecht, 17. Aufl. 1999, § 11 Rdnr. 44 m. w. N.; vgl. auch Coester-Waltjen Jura 1996, 270, 271).

Naturalrestitution findet bei materiellen wie bei immateriellen Schäden statt; § 253 findet keine Anwendung.

Beispiele:

Der Verletzte kann bei fortwirkenden ehrverletzenden Äußerungen Widerruf verlangen (RGZ 88, 133; 148, 122; BGH NJW 1953, 1386).

1.2 Geld für Herstellung, § 249 S. 2

Ist wegen Verletzung einer Person oder wegen Beschädigung einer Sache Schadensersatz zu leisten, so kann der Gläubiger den für die Herstellung erforderlichen Geldbetrag fordern. Es handelt sich um einen Fall der Ersetzungsbefugnis des Gläubigers.

1.2.1 § 249 S. 2 bei Sachbeschädigung

Gemäß § 249 S. 2 kann der Geschädigte wegen Beschädigung einer Sache statt der Herstellung (§ 249 S. 1) den dazu erforderlichen Geldbetrag verlangen.

I) Reparaturaufwand oder Wiederbeschaffungsaufwand? Wirtschaftlichkeitspostulat

Bei dem Vorgehen nach § 249 S. 2 – Geld für Herstellung – stehen dem Geschädigten zwei Wege zur Verfügung: Er kann

- auf der Basis der **Reparaturkosten** abrechnen und den **Reparaturaufwand** (= Reparaturkosten zzgl. Minderwert) verlangen oder

- er kann sich eine **(gleichwertige) Sache anschaffen** und den **Wiederbeschaffungsaufwand** (= Wiederbeschaffungswert abzgl. Restwert der geschädigten Sache) verlangen.

Auch die letzte Art der Schadensbeseitigung ist nach gefestigter Rechtsprechung des BGH eine Form der Naturalrestitution. „Denn das Ziel der Restitution beschränkt sich nicht auf eine (Wieder-) Herstellung der beschädigten Sache; es besteht in umfassender Weise gemäß § 249 Satz 2 BGB darin, den Zustand herzustellen, der, wirtschaftlich gesehen, der ohne das Schadensereignis bestehenden Lage entspricht."
BGHZ 115, 364, 368[@]; vgl. ferner BGHZ 115, 375, 378[@]; BGH NJW 1992, 1618, 1619 = JZ 1992, 805 m. Anm. Grunsky S. 806 f.; dazu auch Schopp MDR 1993, 313 ff.; MünchKomm/Grunsky § 249 Rdnr. 7.

Nach der Gegenmeinung ist Wiederbeschaffung nicht eine Form der Naturalrestitution nach § 249, sondern der Geldentschädigung nach § 251 (so z.B. Staudinger/Schiemann § 251 Rdnr. 43; Soergel/Mertens § 249 Rdnr. 3 mit FN 4).

Bei unterschiedlicher Höhe des Reparaturaufwandes und des Wiederbeschaffungsaufwandes sind dem Geschädigten bei der Wahl der einen oder der anderen Art der Schadensbeseitigung Grenzen gesetzt: Unter den mehreren zum Schadensausgleich führenden Möglichkeiten der Naturalrestitution hat der Geschädigte grundsätzlich diejenige zu wählen, die den geringsten Aufwand erfordert. Dieses **Wirtschaftlichkeitspostulat** ergibt sich aus dem Tatbestandsmerkmal der Erforderlichkeit des § 249 S. 2. Danach sind dem Geschädigten nur diejenigen Aufwendungen vom Schädiger abzunehmen, die vom Standpunkt eines verständigen, wirtschaftlich denkenden Menschen in der Lage des Geschädigten zur Behebung des Schadens zweckmäßig und angemessen erscheinen.
BGHZ 115, 364, 368[@] f. m.w.N. = NJW 1992, 302 = JZ 1992, 477 m. Anm. Lange; OLG Hamm JP 1998, 171[@]; Saarländisches OLG JP 1999, 23[@] u. OLG Report 1998, 318, 319.

Die Frage, ob der Geschädigte den Reparaturaufwand oder den Wiederbeschaffungsaufwand verlangen kann, ist insbes. bei dem Massenphänomen der Kfz-Schäden als Folge von Kfz-Unfällen in der Praxis bedeutsam geworden.

1) Eine **Schadensregulierung auf Neuwertbasis** setzt die Neuwertigkeit des beschädigten Fahrzeuges voraus. Die Kriterien für die Bestimmung der Neuwertigkeit eines Kfz werden nicht einheitlich bestimmt. Im Wesentlichen sind die Faktoren Laufleistung, Zulassungsdauer sowie Art und Ausmaß der Beschädigung maßgebend.

Allgemein wird hinsichtlich der **Laufleistung** die Grenze für die Neuwertigkeit **bei 1.000 km** gezogen. Dabei handelt es sich aber nicht um eine starre Grenze sondern um eine „Faustregel". Eine geringfügige Überschreitung der 1.000 km-Marke steht einer Einstufung eines Fahrzeuges als neuwertig nicht entgegen. Hinsichtlich der **Zulassungsdauer** wird die Grenze **grds. bei einem Monat** gezogen; aber auch hier ist eine kurzfristige Überschreitung für sich genommen kein ausreichender Grund, die Neuwertigkeit zu verneinen. Bei dem **Ausmaß der Beschädigung** ist weniger auf den Betrag der Reparaturkosten abzustellen, als auf **Art und Umfang der Beschädigung**. Ein erheblicher Schaden, der als dritter Faktor für eine Abrechnung auf Neuwagenbasis vorliegen muss, ist nur dann anzunehmen, wenn am Kfz Richtarbeiten vorzunehmen oder tragende Teile betroffen sind oder wenn der Schaden auch durch eine fachgerechte Reparatur nicht vollwertig beseitigt werden kann (vgl. dazu OLG Karlsruhe JP 1999, 498@; OLG Hamm zfs 2000, 63).

2) Im Regelfall kommt eine **Abrechnung auf Reparaturkostenbasis oder nach den Kosten eines wirtschaftlich gleichwertigen Gebrauchtwagens** in Betracht.

Hier liegen die Reparaturkosten häufig höher, als es der Wiederbeschaffungsaufwand sein würde. Es ist anerkannt, dass der Geschädigte ein besonderes schützenswertes Interesse daran haben kann, seinen ihm vertrauten Wagen reparieren zu lassen, um ihn weiter zu benutzen, anstatt sich einen ihm unbekannten Gebrauchtwagen zu kaufen, der möglicherweise versteckte Mängel hat. Dieses **Integritätsinteresse** wird von der Rspr. in der Weise berücksichtigt, dass der Geschädigte unter bestimmten Voraussetzungen den verunfallten Wagen auch dann auf Kosten des Schädigers reparieren lassen darf, wenn der Reparaturaufwand höher ist als es der Wiederbeschaffungsaufwand sein würde.

> **Fall 30: Reparatur oder Ersatzbeschaffung? Wirtschaftlichkeitspostulat**
> Bei einem Verkehrsunfall hat S als Halter und Fahrer eines Pkw schuldhaft den zum Betrieb des G gehörenden Lkw des G beschädigt. Für den Fahrer des G war der Unfall ein unabwendbares Ereignis.
> Laut eines von G eingeholten Sachverständigengutachtens belaufen sich die Kosten einer fachgerechten Reparatur auf 35.000 DM, wobei ein Minderwert von 2.000 DM verbleibt. G verlangt von S 37.000 DM. S verweigert die Zahlung unter Hinweis darauf, dass auf dem Gebrauchtwagenmarkt ein dem verunfallten Fahrzeug gleichwertiges Fahrzeug für 29.000 DM zu haben sei und dass außerdem das dann bei G verbleibende Fahrzeug einen Restwert von 3.000 DM habe.

(I) **Voraussetzungen („haftungsbegründender Tatbestand")**

Die Voraussetzungen für eine Haftung des S aus § 823 I und § 7 StVG sind gegeben.

(II) Rechtsfolgen („haftungsausfüllender Tatbestand")

(1) Der **Umfang** des Schadensersatzes wegen **unerlaubter Handlungen** ist auf das **Erhaltungsinteresse** des Geschädigten gerichtet.

(2) Die **Art** des Schadensersatzes richtet sich, da die Voraussetzungen des § 251 hier nicht eingreifen, nach § 249. Bei der **Naturalrestitution** bestimmt sich der zu ersetzende Schaden nach dem **Integritätsinteresse**.

Nach § 249 S. 2 kann der Geschädigte als Naturalrestitution entweder den **Reparaturaufwand** oder den **Wiederbeschaffungsaufwand** ersetzt verlangen. Der Geschädigte hat dabei grds. diejenige Ersatzmöglichkeit zu wählen, die den geringsten Aufwand erfordert – sog. **Wirtschaftlichkeitspostulat** –.

Wegen des schützenswerten **Integritätsinteresses** wird dem Geschädigten bei einem **Kfz-Schaden** aber zugebilligt, dass er seinen Wagen reparieren lässt, auch wenn die Kosten höher liegen als beim Kauf eines gebrauchten Ersatzfahrzeuges. Es müssen dazu folgende Voraussetzungen vorliegen:

▶ **Die Reparaturkosten dürfen nicht höher liegen als 130% des reinen Wiederbeschaffungswertes** (= ohne Abzug des Restwertes) – **Toleranzgrenze** –.

BGHZ 115, 364, 371@ ff.; BGH MDR 1999, 293@ ff. OLG Hamm JP 1998, 171@; Saarl. OLG OLG Report 1998, 318 u. JP 1999, 23@; zu den Schadenspositionen beim Verkehrsunfall vgl. auch Kirchhoff MDR 1999, 273 ff.

Es sei vertretbar, bei dem Massenphänomenen der Kraftfahrzeugunfälle im Interesse einer einfachen und praktikablen Handhabung der Schadensregulierung auf eine Einstellung des häufig nur schwer zu ermittelnden und mit vielen Unsicherheiten behafteten Restwertes in die Vergleichsrechnung als besonders ausgewiesenen Rechnungsposten zu verzichten und für den prozentualen Zuschlag zur Ermittlung der Wirtschaftlichkeitsgrenze allein auf den Wiederbeschaffungswert des Fahrzeugs abzustellen (BGHZ 115, 364, 371@ ff.).

Die Toleranzgrenze gilt grds. auch für gewerblich genutzte Fahrzeuge. BGH MDR 1999, 293@.

Im vorliegenden Fall wird die Toleranzgrenze eingehalten:
    29.000,00 DM Wiederbeschaffungswert (ohne Abzug Restwert)
130% = 37.700,00 DM Toleranzgrenze
    37.000,00 DM liegen innerhalb der Toleranzgrenze von 30%

▶ **Der Geschädigte muss den Wagen reparieren lassen, um ihn selbst weiter zu benutzen.**

Nach OLG Hamm JP 1999, 554@ muss die Entscheidung zur Weiterbenutzung am Anfang stehen und nicht am Ende, wenn die Reparatur durchgeführt ist. Führt der Geschädigte die Reparatur durch, gibt er aber seine ursprünglich vorhandene Absicht, den Wagen weiter zu benutzen, während der Reparatur auf, so scheidet eine Abrechnung auf Reparaturkostenbasis aus (OLG Hamm NJW-RR 1993, 1436).

Erfolgt die Reparatur erst 29 Monate nach dem Unfall, und hatte der Geschädigte das Fahrzeug zwischenzeitlich stillgelegt, so ist ein besonderes Interesse des Geschädigten an einer alsbaldigen Weiterbenutzung des Fahrzeugs nicht zu erkennen. Es sind dann die Reparaturkosten auf den Wiederbeschaffungsaufwand zu begrenzen (Saarl. OLG JP 1999, 23[@]).

Im Gegensatz zum Saarl. OLG (s. o.) hat das OLG München (JP 1999, 499[@]) in dem Sonderfall, dass der Geschädigte keine eigenen Mittel zur Reparatur hatte und er wegen des bislang ungesicherten Ausgangs des Rechtsstreits auch nicht auf eine Abtretung seiner Ersatzansprüche an die Reparaturfirma verwiesen werden könne, dem Geschädigten den Integritätszuschlag schon vor der Kfz-Reparatur zugebilligt. So auch OLG Stuttgart JP 2000, 328[@].

▶ Gerechtfertigt ist ein Reparaturaufwand, der über dem Wiederbeschaffungsaufwand liegt, aus dem Gesichtspunkt des Integritätsinteresses nur dann, wenn die **Reparatur** den **Standard einer Werkstattreparatur** hat.

Erfolgt nur eine **notdürftige Reparatur**, und wäre eine Reparatur erforderlich, deren Kosten mindestens den Wiederbeschaffungsaufwand (= Wiederbeschaffungsaufwand abzgl. Restwert) betragen hätte, erfolgt die Abrechnung auf der Basis des Wiederbeschaffungsaufwandes (OLG Hamm JP 1998, 171[@]; vgl. dazu auch OLG Karlsruhe JP 1999, 553[@]; OLG Köln OLG Report 1999, 185, 186; Saarl. OlG OlG Report 1999, 100).

Die erforderlichen Reparaturkosten bis zur 130%-Grenze sind auch bei einer **Selbstreparatur** zu ersetzen. Voraussetzung ist aber auch hier, dass die Reparatur vollständig und fachgerecht durchgeführt wird (SchlH OLG OLG Report 1997, 274). Der Geschädigte kann dann als Herstellungskosten das verlangen, was die Instandsetzung in einer fremden Werkstatt gekostet hätte (BGH NJW 1992, 1618, 1619 = JZ 1992, 805 m. Anm. Grunsky S. 806 f.) nicht aber bei einer „Billigreparatur" (OLG Karlsruhe JP 2000, 326[@]).

Lässt der Geschädigte die Reparatur **in einer fremden Werkstatt** durchführen, so zählen zu den Reparaturkosten auch die Mehrkosten, die ohne eigene Schuld des Geschädigten die von diesem beauftragte Werkstatt infolge unsachgemäßer Maßnahmen verursacht hat. **Der Schädiger trägt** also **das Werkstatt- und Prognoserisiko** (BGHZ 115, 364, 370[@] m.w.N.).

Hier sind die Voraussetzungen für die Ausnutzung der Toleranzgrenze von 130% gegeben. G kann von S Zahlung i. H. v. 37.000 DM verlangen.

Beachte: Wenn die o. g. Voraussetzungen für die Geltendmachung des Reparaturaufwandes vorliegen (u. a. also die Reparatur im Standard einer Werkstattreparatur durchgeführt wird, die Reparaturrechnung aber niedriger ist als die Berechnung im Schadensgutachten), kann grds. Schadensersatz auf Gutachtenbasis verlangt werden

SchlHOLG OLG Report 2000, 371; OLG Oldenburg JP 2000, 650[@].

– – –

Fall 31: Zu hohe Reparaturkosten
Durch einen von S verschuldeten Unfall wurde der Pkw des G schwer beschädigt. G ließ den Wagen fachgerecht reparieren, um ihn weiter zu benutzen. Die Reparaturkosten betragen 34.038,44 DM. Ein Sachverständigengutachten beziffert den Wiederbeschaffungswert auf 21.000 DM und den Restwert auf 4.000 DM. G ist der Ansicht, dass ihm S 130% des Wiederbeschaffungswertes, mithin 27.300 DM zahlen muss, den darüber hinausschießenden Betrag der Reparaturkosten will G aus eigener Tasche zahlen.

▶ Im vorliegenden Fall betragen

        21.000,00 DM Wiederbeschaffungswert ohne Abzug Restwert
130 % = 27.300,00 DM
        34.038,44 DM übersteigen Toleranzgrenze von 30 % um 6.738,44 DM

In diesem Fall war daher die Reparatur wirtschaftlich nicht sinnvoll, sodass dem Geschädigten ein die Wiederbeschaffungskosten übersteigender „Integritätszuschlag" nicht zusteht. Die **Reparaturkosten können nicht in einen vom Schädiger auszugleichenden wirtschaftlich vernünftigen Teil** (130 % des Wiederbeschaffungswertes) **und einen vom Geschädigten selbst zu tragenden wirtschaftlich unvernünftigen Teil** (den über 130 % des Wiederbeschaffungswertes hinausgehenden Teil) aufgespalten werden. Der Geschädigte erhält **nur den Wiederbeschaffungsaufwand**.

BGHZ 115, 375, 381@; zustimmend Lange JZ 1992, 482.

Bei der Abrechnung nach dem **Wiederbeschaffungsaufwand** besteht der Schaden in der **Differenz zwischen** dem **Wiederbeschaffungswert** und dem **Restwert**.

▶   21.000,00 DM Wiederbeschaffungswert
./.   4.000,00 DM Restwert
    17.000,00 DM Wiederbeschaffungsaufwand

S braucht daher dem G nur 17.000 DM zu zahlen.

Der Geschädigte verletzt grds. seine aus § 254 II folgende Schadensminderungspflicht in Bezug auf die Höhe des Restwertes des Unfallfahrzeugs nicht, wenn er es zum Schätzwert des Sachverständigen verkauft, es sei denn, dass er mühelos einen höheren Gewinn zu erzielen vermag oder dass der Schädiger ihm eine ohne weiteres zugängliche günstigere Verwertungsmöglichkeit nachweist (BGH JP 2000, 194@; dazu Emmerich JuS 2000, 709 f.).

– – –

II) Abrechnung auf Reparaturkostenbasis; fiktive Reparaturkosten

1) Gemäß § 249 S. 2 kann der Gläubiger im Falle der Verletzung einer Person oder wegen Beschädigung einer Sache statt der Herstellung den dazu **erforderlichen Geldbetrag** verlangen. Im Falle der **Sachbeschädigung** ist ihm eine **Dispositionsfreiheit** eingeräumt: Er kann den (gutachterlich festgestellten) Entschädigungsbetrag für die Reparatur einsetzen oder die Beschädigung der Sache im Ausgleich durch die Bezahlung der notwendigen Reparaturkosten hinnehmen. Ob und in welchem Umfang eine Reparatur erfolgt ist, ist mithin allein Sache des Geschädigten. **Dem Geschädigten steht es frei, die beschädigte Sache in Stand setzen zu lassen oder den dazu erforderlichen Geldbetrag anderweitig zu verwenden** (BGH NJW 1989, 3009; 1997, 520).

Dies gilt in § 249 S. 2 für die Sachbeschädigung grundsätzlich. Die schadensrechtliche Abrechnung auf Reparaturkostenbasis ist nicht etwa auf das Massenphänomen von Kfz-Unfallschäden beschränkt, sondern entspricht dem allgemeinen Schadensrecht.

OLG Hamm JP 1999, 174@; Steffens NJW 1995, 2057 ff., 2059, 2061 m.w.N.

2) Aus der Möglichkeit, den Schaden auf Reparaturkostenbasis abzurechnen, obwohl die Sache unrepariert bleibt, ergibt sich schon, dass der nach § 249 S. 2 zu zahlende Geldbetrag **kein „Vorschussanspruch"** ist. Eine nachträgliche Abrechnung, etwa nach Vorlage der Rechnungen im Anschluss an eine durchgeführte Reparatur, findet nicht statt (BGH NJW 1997, 520).

Eine Vorschusspflicht

▶ besteht
- für den Anspruch des **Auftragnehmers**, § 669,
- für den Anspruch des **Werkbestellers** gegen den Unternehmer für Kosten der Mängelbeseitigung unter den Voraussetzungen des § 633 III (unter Anlehnung an § 669 aus Billigkeitsgründen nach § 242 entwickelt, vgl. BGHZ 110, 205, 207 m.w.N.);
auch bei der Haftung des Nachunternehmers gegenüber dem Hauptunternehmer aus Gewährleistung (BGHZ 110, 205, 207);
- für den Anspruch des **Mieters** gegen den Vermieter für die Kosten der Mängelbeseitigung unter den Voraussetzungen des § 538 II (BGHZ 47, 272, 274; 136, 141);
- für den Anspruch des **Ehegatten** für **Prozesskosten**, § 1360 a IV;
- für den Anspruch des **Vormundes** für Aufwendungen, § 1835 I 1.

▶ besteht nicht
- für den **Beseitigungsanspruch nach § 1004** (OLG Oldenburg JP 1999, 66);
- für den **Schadensersatzanspruch nach § 249 S. 2** (s.o.).

3) Voraussetzung für einen Anspruch auf Naturalrestitution ist, dass eine **Wiederherstellung grds. möglich** ist (arg. § 251 I).

Die Möglichkeit der Wiederherstellung und damit auch einen Ersatzanspruch nach § 249 S. 2 verneint der BGH grds. in den Fällen, in denen der Geschädigte die beschädigte Sache veräussert.

Dazu im Einzelnen noch später unter 2.

Eine Ausnahme besteht wiederum bei verunfallten Kraftfahrzeugen.

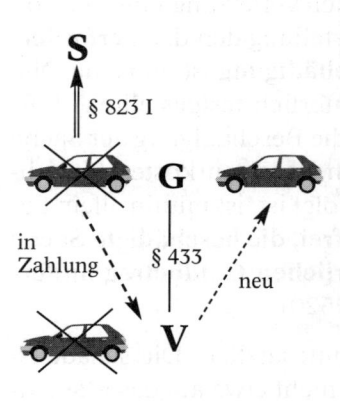

> **Fall 32: Fiktive Reparaturkosten bei Inzahlunggabe**
>
> S muss dem G den durch einen Verkehrsunfall entstandenen Schaden ersetzen. Laut Sachverständigengutachten betragen die Reparaturkosten zzgl. Minderwert 19.000 DM, der Wiederbeschaffungswert 25.800 DM und der Restwert 8.550 DM. Die Gutachterkosten belaufen sich auf 1.346 DM. G will den Wagen unrepariert in Zahlung geben. Beim Kauf eines Neuwagens gelingt es dem G, dass er von dem Verkäufer für den Unfallwagen eine Gutschrift i.H.v. 10.000 DM erhält.
> (Fall nach OLG Köln NJW-RR 1993, 1437)

(I) Bei einem **Sachschaden** kann der Geschädigte aufgrund seiner Dispositionsfreiheit die durch einen Sachverständigen zu ermittelnden Kosten der Wiederherstellung gemäß § 249 S. 2 als sog. **fiktive Reparaturkosten** ersetzt verlangen, auch wenn er auf die Schadensbeseitigung verzichtet.

BGHZ 61, 56, 58; 66, 239; BGH NJW 1992, 903; NJW-RR 1993, 1437; Larenz I § 28 I; Münch Komm/Grunsky § 249 Rdnr. 17; Palandt/Heinrichs § 249 Rdnr. 4; dagegen will eine Mindermeinung die Herstellungskosten nur bei tatsächlich erfolgter Herstellung geben, so z.B. Esser/Schmidt I/2 § 32 I 2 a, S. 191; Keuk, Vermögensschaden und Interesse, 1972, S. 222; Köhler in 2. Festschr. für Larenz, 1983, S. 351 ff., 365 ff.

Bei **Kraftfahrzeugschäden** besteht die Besonderheit, dass der Geschädigte den Anspruch auf Ersatz **fiktiver Reparaturkosten nicht dadurch verliert, dass er das Fahrzeug unrepariert in Zahlung gibt.**

BGHZ 66, 239, 241 ff.; BGH NJW 1985, 2469; 1992, 903; OLG Köln NJW-RR 1993, 1437; MünchKomm/Grunsky § 249 Rdnr. 15 m.w.N.; a.A. LG Hannover NJW-RR 1999, 251.

(II) Bei der Geltendmachung der Kosten für eine nicht beabsichtigte Reparatur wird die **obere Grenze** durch die Abrechnung nach dem **Wiederbeschaffungsaufwand** (Wiederbeschaffungswert abzgl. Restwert) gezogen.

BGH NJW 1985, 2469; 1992, 903; BGHZ 115, 364, 373[@]; OLG Köln NJW-RR 1993, 1437; OLG Hamm OLG Report 2000, 184; MünchKomm/Grunsky § 249 Rdnr. 7 c.

Als Restwert kann der Betrag zu Grunde gelegt werden, mit dem die dem Geschädigten vertraute Vertragswerkstatt oder ein angesehener Gebrauchtwagenhändler den Wagen in Zahlung nimmt oder den ein eingeschalteter Sachverständiger ermittelt.

BGH NJW 1992, 903, 904; BGH BB 1993, 1617.

$$
\begin{array}{rl}
& 25.800{,}00 \text{ DM Wiederbeschaffungswert} \\
./. & 8.550{,}00 \text{ DM Restwert} \\ \hline
& 17.250{,}00 \text{ DM Wiederbeschaffungsaufwand}
\end{array}
$$

(III) Erzielt der Geschädigte für seinen Unfallwagen aus Gründen, die mit dem Zustand des Fahrzeuges nichts zu tun haben, einen überdurchschnittlichen Erlös, wie hier durch eine besonders günstige Inzahlunggabe beim Erwerb eines Neuwagens, so steht dieser „verdeckte Rabatt" nicht dem Schädiger, sondern dem Geschädigten zu. Eine über den tatsächlichen Restwert des Fahrzeuges hinausgehende Gutschrift bleibt daher bei der Bestimmung des Restwertes außer Betracht.

BGH NJW 1992, 903; OLG Köln NJW-RR 1993, 1437.

G kann somit von S Zahlung i.H.v. 17.250 DM verlangen.

— — —

Schadensersatz bei Kfz-Schäden
§ 249 S. 2: erforderliche Geldbetrag

Reparaturaufwand
= Reparaturkosten zzgl. Minderwert

Wiederbeschaffungsaufwand
= Wiederbeschaffungswert abzgl. Restwert

Bei Reparatur, wenn
- Rep.-Kosten nicht höher als 130% des reinen Wiederbeschaffungswertes (ohne Abzug des Restwertes)
- und wenn im Standard einer Werkstattreparatur
- und wenn alsbald repariert, um selbst zu benutzen.

1. Bei Wiederbeschaffung
2. Ohne Wiederbeschaffung und ohne Reparatur als obere Grenze der Rep.-Kosten (fiktive Rep.-Kosten)
3. Bei Reparatur Obergrenze, wenn
- Rep.-Kosten höher als 130% des reinen Wiederbeschaffungswertes (ohne Abzug des Restwertes)
- oder wenn nicht im Standard einer Werkstattreparatur
- oder repariert, um nicht selbst zu benutzen.

1.2.2 § 249 S. 2 bei Personenschäden

I) Grundsätzlich ist der deliktische Ersatzanspruch – von Ausnahmen abgesehen (vgl. §§ 844, 845) – auf einen Ausgleich der dem Verletzten selbst entstandenen Schäden beschränkt. Die **Kosten der Krankenhausbesuche** „nächster" – nicht lediglich naher – Angehöriger des Verletzten sind allerdings nach der Rechtsprechung des BGH ausnahmsweise als eigener Schaden des Verletzten erstattungsfähig, wenn und soweit die Besuche für die Gesundung des Verletzten nach seiner Befindlichkeit notwendig sind.

In diesem Fall sind die mit den Besuchen zwangsläufig verbundenen Aufwendungen, insbesondere die Fahrtkosten der wirtschaftlichsten Beförderungsart einschließlich evtl. notwendiger Übernachtungskosten und erhöhtem Verpflegungsaufwand zu ersetzen. Ein evtl. Verdienstausfall des Angehörigen ist nur dann zu ersetzen, wenn er nicht durch Vor- oder Nacharbeit aufgefangen werden kann. Im Übrigen sind Einkommensnachteile nicht erstattungsfähig.

BGH NJW 1991, 2340[@]; dazu Grunsky JuS 1991, 907; dazu Völcker JuS 1992, 176; vgl. auch OLG Karlsruhe VersR 1998, 1256; Hans. OLG OLG Report 2000, 95[@].

II) Anders als bei der Sachbeschädigung wird ein Ersatz **fiktiver Heilungskosten** – etwa wenn ein Verletzter die Verletzung ohne Inanspruchnahme einer an sich notwendigen Arzt- oder Krankenhausbehandlung auskuriert – allgemein abgelehnt, da bei Personenschäden dem Verletzten die Dispositionsfreiheit fehlt.

BGHZ 97, 14[@] = JR 1986, 365 m. Anm. Hohloch S. 367 = JZ 1986, 638 m. Anm. Zeuner S. 640; OLG Köln OLG Report 2000, 169[@]; Staudinger/Schiemann § 249 Rdnr. 237; MünchKomm/Grunsky § 249 Rdnr. 18.

1.3 Geld für Herstellung nach Fristsetzung, § 250

In anderen Fällen als der Körperverletzung oder Sachbeschädigung kann der Geschädigte den für die Herstellung erforderlichen Geldbetrag erst dann verlangen, wenn die Herstellung „in Natur" trotz Fristsetzung nicht erfolgt ist.

Beispiel: G hat von S wegen dessen fortwirkenden ehrverletzenden Äußerungen Widerruf verlangt (§ 249 S. 1) und hierzu eine Frist gesetzt mit der Bestimmung, dass er nach Ablauf der Frist die Herstellung ablehne. Nach Fristablauf gibt G selbst ein Zeitungsinserat zur Richtigstellung auf. Die hierzu erforderlichen Inseratskosten kann G von S nach § 250 S. 2 ersetzt verlangen.

2. Die Abgrenzung der Naturalrestitution von der Schadenskompensation

Bei der Schadenskompensation (§ 251) geht der Ersatzanspruch des Geschädigten nicht mehr auf Herstellung (§ 249), sondern allein auf Wertausgleich des Verlustes in der Vermögensbilanz (Kompensation, § 251).

Vorrang der Naturalrestitution; Schadenskompensation im Falle des § 251

Die Naturalrestitution hat in beiden Formen – Herstellung in Natur, § 249 S. 1, und Geld für Herstellung, § 249 S. 2 – Vorrang vor der Schadenskompensation. Der Schädiger kann dem Geschädigten die Herstellung (Naturalrestitution) nur dann verweigern und ihn auf Entschädigung in Geld für den erlittenen Wertverlust (= Wertausgleich des Verlustes in der Vermögensbilanz) verweisen, wenn und soweit die Herstellung nicht möglich oder zur Entschädigung nicht genügend ist (§ 251 I) oder unverhältnismäßige Aufwendungen erfordert (§ 251 II 1). BGHZ 115, 364, 367[@].

2.1 Unmöglichkeit der Herstellung, § 251 I, 1. Alt.

I) Wird die Reparatur der unvertretbaren Sache zunächst nicht durchgeführt und nachträglich unmöglich, so geht der zunächst entstandene Anspruch auf Naturalrestitution und damit auch der Anspruch auf Zahlung des für die Reparatur erforderlichen Geldbetrages nach § 249 S. 2 **unter, und es kann dann der Geschädigte allenfalls Ersatz des Vermögensschadens nach § 251 I verlangen.** Denn der Zahlungsanspruch nach § 249 S. 2 ist nur eine besondere Form des Herstellungsanspruchs gemäß § 249 S. 1 und daher nach der Konzeption des Gesetzes von der Möglichkeit einer Wiederherstellung der beschädigten Sache abhängig.

BGHZ 81, 385, 388[@]; 102, 322, 325[@]; OLG Hamm OLG Report 1998, 358, 359; vgl. dazu Staudinger/Schiemann § 249 Rdnr. 220 m.w.N.; einschränkend MünchKomm/Grunsky § 249 Rdnr. 16, wonach der Geldersatzanspruch ausnahmsweise bestehen bleibt, wenn die Naturalrestitution nur innerhalb einer bestimmten Zeit möglich war, der Schädiger innerhalb dieser Zeit den Geldersatz aber nicht geleistet hat, obwohl er sich in Verzug befand.

Der maßgebliche Zeitpunkt ist die letzte Tatsachenverhandlung über den Anspruch (BGHZ 81, 385, 389).

Beispiel nach BGH NJW 1985, 2413: Wegen der Beschädigung einer Dunstabzugshaube in der Küche eines Lokals wird der Schadensersatzanspruch auf Ersatz der – fiktiven – Reparaturkosten (§ 249 S. 2) eingeklagt. Vor der letzten Tatsachenverhandlung wird die Dunstabzugshaube ausgebaut und verschrottet, weil das Lokal inzwischen anderweitig genutzt wird. Da hierdurch die Herstellung unmöglich geworden ist, ist der zunächst entstandene Anspruch auf Herstellung (§ 249) erloschen. Es kann jetzt nur noch ein Anspruch auf Schadenskompensation gemäß § 251 I in Betracht kommen, wenn dem Kläger ein Vermögensschaden entstanden ist.

II) Nach der Rspr. des BGH führt auch die **Veräußerung der beschädigten Sache vor der Reparatur** zum Untergang des Anspruchs auf Ersatz der Reparaturkosten.

Dem Geschädigten verbleibt dann nur der Anspruch auf einen Ausgleich der Minderung seines Vermögens („Kompensation") nach § 251.

BGHZ 81, 385, 390@; BGH MDR 1993, 537, 538; BGH NJW 1998, 2905; OLG Hamm VersR 1997, 1497, 1498.

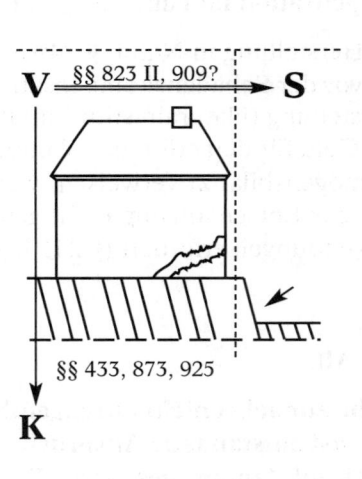

Fall 33: Veräußerung des beschädigten Hauses

V ist Eigentümer eines Hausgrundstücks. Der Nachbar S verursacht durch schuldhafte unsachgemäße Aushubarbeiten Schäden am Hause des V. Durch ein Gutachten eines Bausachverständigen wird festgestellt, dass es 200.000 DM kosten würde, das Haus vollständig zu reparieren. Ein zweites Gutachten über den Verkehrswert ergibt eine Wertminderung i. H. v. 120.000 DM. V verklagt den S auf Zahlung von Schadensersatz i. H. v. 200.000 DM. Noch vor der letzten mündlichen Verhandlung veräußert V das nach wie vor beschädigte Grundstück an K, dieser wird als Eigentümer des Grundstücks eingetragen. Welche Ansprüche hat V gegen S? Die mitgeteilten Zahlen sind als richtig anzusehen. (Fall vereinfacht nach BGHZ 81, 385@)

(I) **Voraussetzungen** („haftungsbegründender Tatbestand")

Für einen Schadensersatzanspruch wegen Schäden an Gebäuden infolge einer Vertiefung des Nachbargrundstücks ist Anspruchsgrundlage **§ 823 II i. V. m. § 909**. Die Voraussetzungen liegen hier vor.

§ 909 ist Schutzgesetz i. S. d. § 823 II (RGZ 51, 177; BGH NJW 1969, 2140; MünchKomm/Säcker § 909 Rdnr. 22). Die nachbarrechtliche Regelung geht einem Anspruch aus § 823 I vor (BGH NJW 1970, 608; OLG Hamm VersR 1997, 1497, 1498).

(II) **Rechtsfolgen** („haftungsausfüllender Tatbestand")

S muss für den durch die Schutzgesetzverletzung verursachten Schaden Ersatz leisten.

(1) Das geschützte **Erhaltungsinteresse** umfasst in erster Linie (Vorrang der Naturalrestitution) die Wiederherstellung des geschädigten Rechtsgutes, hier durch **Zahlung des zur Wiederherstellung erforderlichen Geldbetrages gemäß § 249 S. 2.**

§ 249 S. 2 erlaubt bei Sachschäden die Abrechnung auf Reparaturkostenbasis, d.h. der Schädiger muss den durch einen Sachverständigen ermittelten Betrag, der für die Instandsetzung erforderlich ist, zahlen, selbst wenn der Geschädigte die Reparatur nicht durchführt, sog. **fiktive Reparaturkosten** (s.o. 1.2.1 unter II).

Im vorliegenden Fall betragen die Reparaturkosten 200.000 DM. Diesen Betrag könnte V nach § 249 S. 2 auch dann verlangen, wenn er das Haus unrepariert weiterbenutzen würde.

Der Anspruch auf Ersatz der fiktiven Reparaturkosten i.H.v. 200.000 DM ist auch unabhängig davon entstanden, dass der Vermögensschaden des V – eingetretene Wertminderung des Hauses – nur 120.000 DM beträgt. Anders als bei der Schadenskompensation nach § 251 kommt es für den Schadensersatz durch Naturalrestitution auf die Entstehung und den Fortbestand einer rechnerischen Vermögenseinbuße (Gesamtvermögensschaden) nicht an (BGHZ 81, 385, 393@ m.w.N.).

(2) Nach **§ 251 I, 1. Alt.** tritt an die Stelle der Naturalrestitution nach § 249 die **Schadenskompensation**, wenn die **Herstellung nicht möglich** ist. Es ist dann auf das **Wertinteresse** abzustellen: der Schaden ist die Differenz zwischen der hypothetischen Vermögenslage und der tatsächlichen Vermögenslage. Der Vermögensschaden beträgt hier nur 120.000 DM.

Allein die Beschädigung des Hauses macht die Wiederherstellung nicht unmöglich.

Der Begriff der Wiederherstellung ist ein normativer Begriff, der weit zu fassen ist, damit dem – vom Gesetzgeber durch § 249 in den Vordergrund gestellten – Interesse des Geschädigten an einer vollständigen Restitution Rechnung getragen werden kann. Bei der Beseitigung von Gebäudeschäden ist daher die Möglichkeit einer Wiederherstellung i.S.d. §§ 249, 251 nur dann zu verneinen, wenn sich das Ergebnis der Wiederherstellung bei wertender Betrachtung gegenüber dem früheren Zustand als „aliud" darstellt. Hingegen ist auch bei zum Teil völliger Neuherstellung von einer Wiederherstellung im Rechtssinne auszugehen, wenn das neue Gebäude dem früheren Bauwerk baulich-technisch und wirtschaftlich-funktionell gleichwertig ist (BGHZ 102, 322, 327@ ff.; BGH NJW 1997, 250@; s. dazu auch OLG Hamm VersR 1999, 237).

Unmöglichkeit könnte hier aber dadurch eingetreten sein, dass der Geschädigte das geschädigte Haus an einen Dritten veräußerte.

(a) Nach der Rspr. wird grundsätzlich die **Herstellung in Natur unmöglich, wenn der Geschädigte den beschädigten Gegenstand veräußert hat. Es geht dann der Anspruch aus § 249 S. 2 unter.**

BGHZ 81, 385, 390@ ff.; BGH MDR 1993, 537, 538; BGH NJW 1998, 2905; OLG Hamm VersR 1997, 1497, 1498.

Bei der Beschädigung eines Hauses geht daher der Herstellungsanspruch aus § 249 S. 2 in dem Zeitpunkt unter, in dem das Eigentum von dem Geschädigten auf den Erwerber übergeht.

Ausnahmen von diesem Grundsatz:

▶ bei der Beschädigung von Kfz (s.o. Fall 30)

▶ bei dem SchdErs-Anspruch aufgrund werkvertraglicher Gewährleistung nach § 635 (BGHZ 99, 81 = JZ 1987, 247 m. Anm. Köhler)

▶ bei dem „kleinen" SchdErs-Anspruch aus § 463, soweit es um Ersatz des Schadens geht, der sich aus der Differenz zwischen dem Wert der mangelhaften Sache und dem Wert der Sache im mangelfreien Zustand ergibt (BGH NJW 1998, 2905).

(b) Ein Teil des Schrifttums will in allen Fällen, in denen die Sache unrepariert veräußert wird (auch beim Kfz), den Anspruch nach § 251 I richten (so z. B. Esser/Schmidt § 32 I 2 a). Andere wollen immer bei der Veräußerung einer beschädigten Sache – auch eines Hausgrundstücks – die Abrechnung auf Reparaturkostenbasis nach § 249 S. 2 vornehmen (so z. B. Staudinger/Schiemann § 249 Rdnr. 223).

(c) Folgt man der Ansicht des BGH, ist mit dem Übergang des Eigentums am Hausgrundstück von V auf K der Herstellungsanspruch des V gegen S aus § 249 S. 2 erloschen.

Gemäß § 251 I kann V von S den Vermögensschaden geltend machen. Dieser beträgt nur 120.000 DM.

– – –

2.2 Herstellung zur Entschädigung nicht genügend, § 251 I, 2. Alt.

§ 251 I, 2. Alt. ist anwendbar, wenn eine Reparatur dem Geschädigten wegen des Schadensumfanges **nicht zugemutet** werden kann oder „soweit" trotz der Reparatur ein **technischer oder merkantiler Minderwert** verbleibt. Je nach Lage des Falles kann die Schadenskompensation gemäß § 251 I, 2. Alt. neben den Anspruch auf Naturalrestitution gemäß § 249 S. 2 treten („soweit") oder ihn ganz ersetzen.

2.3 Unverhältnismäßige Aufwendungen, § 251 II

I) Nach **§ 251 II 1** ist der Schadensersatz nicht in der Art der Naturalrestitution, sondern durch Schadenskompensation zu leisten, wenn die **Herstellung nur mit unverhältnismäßigen Aufwendungen möglich** ist.

Fall 34: Mietwagenkosten
Der Taxiunternehmer G mietet während der Reparaturzeit seines unfallgeschädigten Taxifahrzeuges ein Ersatztaxi an und verlangt von dem für den Unfall allein verantwortlichen S Ersatz der Mietwagenkosten. S weist nach, dass die angefallenen Mietkosten doppelt so hoch sind wie der Gewinnausfall, der bei G entstanden wäre, wenn G kein Ersatztaxi angemietet hätte. S will daher nur die Hälfte der Mietwagenkosten zahlen. (Fall nach BGH VersR 1994, 64)

(I) **Mietwagenkosten** gehören zu dem **Herstellungsaufwand**, den der Schädiger nach **§ 249 S. 2** zu ersetzen hat, unabhängig davon, ob das geschädigte Kfz privat oder gewerblich genutzt wird.

BGH VersR 1994, 64; BGHZ 132, 373, 375[@] f. m.w.N.; vgl. auch Bültmann Zeitschrift für Schadensrecht – zfs – 1994, 1 ff.

Nach h.M. kann der Unfallgeschädigte ohne Verstoß gegen seine Schadensminderungspflicht einen Ersatzwagen nach dem **Unfallersatztarif** anmieten; er muss nicht nach günstigeren Sondertarifen Ausschau halten (BGHZ 132, 373[@]; BGH JP 1999, 21; OLG Düsseldorf OLG Report 1998, 5).

Die Grenze, bis zu der in solchen Fällen Naturalrestitution durch Anmietung eines Ersatzwagens verlangt werden kann, wird durch § 251 II 1 bestimmt. Hiernach tritt erst dann Wertersatz durch Ausgleich des Vermögensschadens (hier: Ersatz des entgangenen Gewinns) an die Stelle der Wiederherstellung, wenn letztere nur mit einem unverhältnismäßigen Aufwand möglich ist. Eine die Naturalrestitution ausschließende Unverhältnismäßigkeit der Herstellungskosten liegt nicht schon dann vor, wenn diese Kosten den bei einer Schadenskompensation zu ersetzenden Geldbetrag – wenn auch erheblich – übersteigen, hier also, wenn die Kosten für einen Mietwagen erheblich höher sind als der ansonsten drohende Gewinnausfall. **Die Grenze des § 251 II 1 wird erst dann überschritten, wenn die Herstellung** (hier: Anmietung des Ersatztaxis) **für einen wirtschaftlich denkenden Geschädigten unternehmerisch unvertretbar ist.**

So ist z.B. die Erneuerung eines Fußbodens aus Carrara-Marmor in einem Einfamilienhaus wegen leicht fahrlässig verursachter Flecken, die nur bei Gegen- und Streiflicht zu erkennen sind und infolge der Wischpflege nach einigen Jahren fast völlig unsichtbar werden, mit unverhältnismäßigen Aufwendungen i.S.d. § 251 II 1 verbunden (OLG Düsseldorf MDR 2000, 885).

Aus dem Blickwinkel eines verständigen Kaufmanns erscheint es nicht unvertretbar, „einige Wochen lang Mietkosten hinzunehmen, die den mit der Mietsache zu erwirtschaftenden Ertrag voraussichtlich erheblich übersteigen werden, wenn er dadurch seinen Betrieb ungestört aufrechterhalten, den Goodwill sichern, sich seine Stammkundschaft erhalten, am Markt und in der Organisation der Funkzentrale präsent bleiben kann etc." (BGH VersR 1994, 64, 66).

Bei der Beschädigung eines Fahrzeuges der **Sonderklasse** oder eines **exklusiven Sportwagens** will der BGH die Vorteile, die nur einen immateriellen Wert darstellen (lediglich Freude am Fahren, Bequemlichkeit beim Fahren, luxuriöse Ausstattung des Wagens, seinen „Look" und dergl.) nicht berücksichtigen (BGH NJW 1970, 1120, 1121). Das OLG Düsseldorf (JP 1999, 500[@]) hat eine derartige Einschränkung abgelehnt, allerdings bei außergewöhnlich hohen Mietwagenkosten an die Erkundigungspflicht nach günstigen Mietangeboten (vgl. dazu BGH JP 1999, 21[@]) strenge Anforderungen gestellt.

Im vorliegenden Fall ist die Grenze i.S.v. § 251 II 1 noch nicht überschritten. G kann von S Ersatz der Mietwagenkosten verlangen.

(II) Wenn ein Mietwagen nicht nur für kurze Zeit und für eine unterdurchschnittliche Fahrstrecke in Anspruch genommen wird, sind die ersparten Kosten des eigenen Fahrzeuges im Wege des **Vorteilsausgleichs** von den Mietwagenkosten abzuziehen.

Nach OLG Hamm OLG Report 2000, 244 i.d.R. 10%; dagegen sieht OLG Nürnberg MDR 2000, 1245 nur 3% für ausreichend.

Umstritten ist, ob sich der Geschädigte die ersparten Eigenbetriebskosten auch dann anrechnen lassen muss, wenn er einen einfacheren, klassetieferen Pkw anmietet. Die früher h.M. hat dies bejaht. In neuerer Zeit wird zunehmend die Ansicht vertreten, dass der Geschädigte in diesen Fällen keinen Abzug hinzunehmen braucht (vgl. dazu OLG Hamm JP 1999, 439[@]).

___

II) Nach § 251 II 2 sind die aus der **Heilbehandlung eines Tieres** entstandenen Aufwendungen nicht bereits dann unverhältnismäßig, wenn sie dessen Wert erheblich übersteigen. Zu berücksichtigen ist hier auch der besondere immaterielle Wert, den ein Tier für den Geschädigten haben kann. In die Verhältnismäßigkeitsprüfung müssen daher auch immaterielle Interessen des Geschädigten eingehen (Soergel/Mertens § 251 Rdnr. 11).

3. Schadenskompensation

Bei der Schadenskompensation geht der Ersatzanspruch des Geschädigten nicht auf Herstellung (Naturalrestitution), sondern auf **Wertausgleich** des Verlustes in der Vermögensbilanz (Kompensation).
Der Schaden besteht in der Verminderung von Aktiv- oder der Vermehrung von Passivposten in einem rechnerischen Vergleich der durch das schädigende Ereignis eingetretenen Vermögenslage mit derjenigen, die sich ohne das Ereignis ergeben hätte.
BGH GSZ BGHZ 98, 212, 217[@] = NJW 1987, 50; BGH NJW 1994, 788, 792.

Bei der Schadenskompensation sind zu vergleichen: die **hypothetische Vermögenslage** mit der **tatsächlichen Vermögenslage**. Die **Differenz** bzgl. der Vermögenslage ist der **Schaden** (s.o. S. 133).

Ersatzfähiger Vermögensschaden

Die Schadenskompensation nach § 251 setzt einen ersatzfähigen Vermögensschaden voraus.

- ▶ Wegen eines Schadens, der nicht **Vermögensschaden** ist, kann nach § 253 Entschädigung in Geld (als Schadenskompensation!) nur in den im Gesetz bestimmten Fällen (z.B. § 847: Schmerzensgeld) gefordert werden.

- ▶ Für die Frage, ob ein **ersatzfähiger Vermögensschaden** vorliegt, ist der **Schutzzweck der Norm** zu beachten: Der Grundsatz, dass derjenige, der pflichtwidrig ein schädigendes Ereignis verursacht, dem Geschädigten für alle dadurch ausgelösten Schadensfolgen haftet, gilt nicht ohne Einschränkung. Es ist anerkannt, dass der Verstoß gegen eine Rechtspflicht nur zum Ersatz des Schadens verpflichtet, dessen Eintritt die Pflicht verhindern sollte. Dies gilt nicht nur für den Bereich des Deliktsrechts, sondern auch im Vertragsrecht und für vorvertragliche Schuldverhältnisse. Der Schaden muss nach Art und Entstehungsweise aus dem Bereich der Gefahren stammen, zu deren Abwendung die verletzte Pflicht bestimmt war.

BGHZ 116, 209, 212@ m.w.N. = NJW 1992, 555, 556 = JR 1992, 289, 290 m. zust. Anm. Haase S. 291 f.

Die Frage, ob ein ersatzfähiger Vermögensschaden angenommen werden kann, stellt sich insbesondere bei folgenden Fallgruppen:

3.1 Entgangene Nutzungen einer Sache

Stellt es einen ersatzfähigen Vermögensschaden dar, wenn der Eigentümer einer von ihm selbst genutzten Sache diese vorübergehend nicht nutzen kann, ohne dass ihm hierdurch zusätzliche Kosten entstehen oder Einnahmen entgehen?
S. dazu Medicus NJW 2000, 2921, 2923 f.

I) Nach der Rspr. und h.M. kann der Verlust von Gebrauchsvorteilen einer Sache als ersatzfähiger Vermögensschaden in Betracht kommen. Zunächst wurde dies beim Nutzungsausfall eines Kfz anerkannt (BGH NJW 1964, 542), dann aber auch auf andere Gebrauchsgegenstände ausgedehnt. Nach einem Beschluss des Großen Zivilsenats des BGH ist ein **Nutzungsausfall dann als zu ersetzender Vermögensschaden anzusehen, wenn es sich um einen Gegenstand handelt, auf dessen ständige Verfügbarkeit der Berechtigte für die eigenwirtschaftliche Lebenshaltung typischerweise angewiesen ist.**
BGH GSZ BGHZ 98, 212, 215@; BGH NJW 1994, 442 m.w.N.

Das Schrifttum lehnt überwiegend einen Vermögensschaden ab und bewertet den Ausfall als bloße Schadensquelle, aus der bei eigenwirtschaftlicher Verwendungsplanung nur eine nicht zu ersetzende immaterielle Einbuße erwachsen könnte (vgl. die Übersicht zum Schrifttum bei BGH GSZ BGHZ 98, 212, 215@; ferner MünchKomm/Grunsky vor § 249 Rdnr. 19 ff.; zur Nutzungsausfallentschädigung vgl. auch Schulze NJW 1997, 3337 ff.).

1) Nach der Rspr. wird ein **ersatzfähiger Vermögensschaden bejaht** bei

▶ **Kraftfahrzeugen**,
da der Gebrauch eines privat genutzten Kfz innerhalb und außerhalb eines Erwerbslebens geeignet ist, Zeit und Kraft zu sparen, sodass die durch die Verfügbarkeit gewonnenen Vorteile Geldwert besitzen.
BGHZ 66, 239, 249; 98, 212, 216; Palandt/Heinrichs Vorbem. v. § 249 Rdnr. 20; kritisch z.B. Larenz I § 29 II c m.w.N.; Gebührentabelle NJW Beilage zu Heft 6/2000.

Die Nutzungsentschädigung für **privat genutzte** Fahrzeuge wird i.d.R. abstrakt anhand von Tabellen ermittelt.

Bei dem Ausfall eines **gewerblich genutzten** Kfz kann der Schaden grds. nicht abstrakt berechnet werden; er bemisst sich i.d.R. nach dem entgangenen Gewinn (§ 252), den Vorhaltekosten eines Reservefahrzeuges oder der Miete eines Ersatzfahrzeuges (OLG Köln VersR 1997, 506; OLG Hamm MDR 2000, 1010).

▶ **Vereitelung eines vertraglich eingeräumten Nutzungsrechts**
Bei der Vorenthaltung einer vertraglich eingeräumten, zeitlich begrenzten Gebrauchsmöglichkeit durch den Vertragspartner hat das Gebrauchsrecht einen selbstständigen Vermögenswert. Die Beeinträchtigung führt zu einem ersatzfähigen Vermögensschaden, der aufgrund einer abstrakten Schadensberechnung auszugleichen ist.

- So, wenn die geschiedene Ehefrau ihrem ehemaligen Mann vertraglich eine zeitlich begrenzte Nutzung eines Ferienhauses einräumt und ihm dann die Nutzung vorenthält (BGHZ 101, 325@ = JR 1988 m. Anm. Schiemann S. 369 ff. = JZ 1988, 196 m. Anm. Zeuner S. 200 f.),
- ebenso bei der Vereitelung der vertraglich eingeräumten Gebrauchsmöglichkeit eines Wohnwagens (OLG Frankfurt VersR 1998, 641).

▶ **Wohnraum**
Für den vorübergehenden Entzug der Möglichkeit, Wohnraum zu benutzen, kann der Geschädigte Schadensersatz (nur) verlangen, wenn der Wohnraum für seine Lebensführung von zentraler Bedeutung war und er ihn auch selbst bewohnen wollte.
BGH GS BGHZ 98, 212@ = NJW 1987, 50 m. Anm. Rauscher S. 53 f.; BGH NJW 1987, 771, 772; BGHZ 117, 260, 262 = NJW 1992, 1500.

Dagegen begründet die vorübergehende Gebrauchsbeeinträchtigung eines eigengenutzten Hauses durch eine unerlaubte Handlung keinen ersatzfähigen Vermögensschaden, wenn der Eigentümer, sei es auch unter fühlbaren Erschwernissen, sein Haus weiter benutzen kann.
BGH NJW 1980, 775; OLG Köln MDR 1992, 943/944.

Bleibt der Wohnraum objektiv nutzbar und dem Eigentümer eine sinnvolle Verwendung des Gebäudes – z.B. durch Vermieten – möglich, so hat er keinen Entschädigungsanspruch für entgangenen „Wohngenuss", wenn er aus finanziellen Gründen den Komfort des Hauses nicht selbst genießen kann.
BGH NJW 1994, 442 = BB 1994, 171.

▶ **Fahrrad**
Im Falle des Verlustes oder der Beschädigung eines Fahrrades gibt die Rspr. dem Geschädigten für die Zeit bis zur Wiederbeschaffung bzw. Reparatur einen Nutzungsentschädigungsanspruch. Die Höhe richtet sich nach dem Betrag, den die Anmietung eines Fahrrades gekostet hätte.
KG NJW-RR 1993, 1438; AG Frankfurt NJW-RR 1990, 1308; AG Paderborn zfs 1999, 195 m. Anm. Diehl.

2) Dagegen hat die Rspr. **Schadensersatz wegen Nutzungsausfalls abgelehnt** bei

▶ **Privatflugzeug**,
wenn der Geschädigte nicht substantiiert darlegt, dass er in seiner Lebensführung in besonderem Maße auf die Nutzbarkeit des Flugzeuges angewiesen ist und sie ein zentraler Posten seiner Wirtschaftsführung ist.
OLG Oldenburg NJW-RR 1993, 1437, 1438; AG Rendsburg VersR 2000, 67; a.A. OLG Karlsruhe MDR 1983, 575; dazu Klaas VersR 1999, 799 ff.

▶ **Privat genutztes Motorsportboot**
Der zeitweilige Verlust der Nutzungsmöglichkeit stellt nur eine individuelle Genussschmälerung dar und keinen vermögensrechtlichen Schaden.
BGHZ 89, 60, 64; a.A. Jahr JZ 1984, 573.

II) Für die Fälle, in denen nach der Rspr. grundsätzlich der Nutzungsausfall als Vermögensschaden angesehen wird, ist weiter anerkannt, dass für den vorübergehenden Verlust der Gebrauchsfähigkeit der Ersatzpflichtige keine Entschädigung zu leisten braucht, wenn der Geschädigte die Sache in der Reparaturzeit nicht hätte nutzen können. **Der vorübergehende Verlust der Nutzungsmöglichkeit ist für den Geschädigten nur dann ein ersatzfähiger Vermögensschaden, wenn er für ihn fühlbar ist**. Dieser Gesichtspunkt schließt einen Anspruch auf Nutzungsausfall auch in einem Fall aus, in dem der Geschädigte aus unfallbedingten Gründen an der Nutzung gehindert war.

BGH NJW 1968, 1778; 1985, 2471; KG NJW-RR 1993, 1438.

3.2 Verlust der Arbeitskraft

Fall 35: Schriftsteller im Krankenhaus
Der selbstständige Schriftsteller G wurde durch Fahrlässigkeit des S verletzt. Während der Heilungsdauer von vier Wochen konnte G nicht seinem Beruf nachgehen. S hat die durch die Behandlung entstandenen Kosten erstattet. G verlangt darüber hinaus Ersatz für den Ausfall seiner Arbeitskraft.

Nach st.Rspr. stellt nicht bereits der Wegfall der Arbeitskraft als solcher, sondern **erst die negative Auswirkung des Ausfalls der Arbeitsleistung im Vermögen des Verletzten einen Schaden** dar. Der Unternehmer kann einen Schaden nicht abstrakt in Höhe des Gehalts einer gleichwertigen Ersatzkraft geltend machen. Es kommt vielmehr darauf an, ob sich die Beeinträchtigung der Erwerbsfähigkeit als konkreter Verlust in der Vermögensbilanz ausgewirkt hat.

BGHZ 54, 45, 53; BGH NJW-RR 1992, 852; BGHZ 106, 28, 31@ f.; OLG Celle OLG Report 2000, 254; zur Berechnung des entschädigungspflichtigen Verdienstausfallschadens eines Arbeitnehmers vgl. BGHZ 127, 391 = JZ 1995, 403 m. Anm. Lange S. 406 f.

Nach a.A. ist die Arbeitskraft als solche ein vermögenswertes Gut, unabhängig davon, ob der Geschädigte sie zum Gelderwerb nutzen wollte. So MünchKomm/Grunsky Vor § 249 Rdnr. 24; Staudinger/Schiemann § 251 Rdnr. 105 f. m.w.N.

Zur „Beeinträchtigung der Arbeitskraft und Schäden" s. auch Würthwein, JZ 2000, 337 ff.

Ein **Privatmann**, der ohnehin nicht gearbeitet hätte, kann daher keinen Erwerbsschaden geltend machen. (Zu den Besonderheiten des Ausfalls der Tätigkeit einer haushaltsführenden Ehefrau s. unten zu § 842).

Ein Arbeitnehmer, der unverschuldet arbeitsunfähig wird, erhält das Entgelt eine gewisse Zeit weitergezahlt.

Für eine vorübergehende Dienstverhinderung, die **nicht auf Krankheit** (Körperverletzung) beruht, ergibt sich dies aus **§ 616 I**.

Die Fortzahlung des Arbeitsentgelts **im Krankheitsfall** ist in dem **Entgeltfortzahlungsgesetz** geregelt (Einzelheiten AS-Skript Arbeitsrecht „Entgeltfortzahlung im Krankheitsfall").

Bei einem **Selbständigen** kann sich ein konkreter Vermögensschaden als Folge des Wegfalls der Arbeitskraft im Verlust bisher bezogener Einnahmen oder zu erwartender Gewinne zeigen. Dabei kann sich der Geschädigte der Beweiserleichterung des § 252 BGB oder des § 287 ZPO bedienen. Ein solcher Schaden muss aber konkret dargetan werden. Eine abstrakte Berechnung ohne jede

Berücksichtigung der tatsächlichen Entwicklung des Unternehmens ist nicht zulässig (BGHZ 54, 45, 53; 86, 212, 214).

Erst dann, wenn der konkrete Nachweis eines Schadens geführt ist, kann der Geschädigte seinen Schaden gemäß § 252 nach dem gewöhnlichen Lauf der Dinge, also „abstrakt" berechnen, indem er dartut, was er ohne den Unfall wahrscheinlich verdient haben würde (BGHZ 54, 45, 54; zur Ersatzfähigkeit des Erwerbsschadens ausführlich Stürner JZ 1984, 412 ff. u. 461 ff.).

Im vorliegenden Fall hat G keinen konkreten Gewinnausfall dargetan. Er kann daher keinen Ersatz für den Ausfall seiner Arbeitskraft verlangen.

– – –

3.3 Vertaner Urlaub

Nach der Rspr. des BGH kommt ein ersatzfähiger Vermögensschaden wegen vertanen Urlaubs nur dann in Betracht, wenn der Urlaubsgenuss unmittelbar oder mittelbar Gegenstand einer vertraglichen Leistung ist und der Zweck des Vertrages gerade auch darauf gerichtet ist, dem Reisenden durch die versprochene Gestaltung der Urlaubszeit Urlaubsfreude zu ermöglichen.

BGHZ 63, 98 ff.; 86, 212, 215@; BGH NJW 1985, 906, 907; LG München BB 1984, 2222; OLG Köln MDR 1994, 658. Für den Reisevertrag (§ 651 a) besteht eine Ersatzpflicht nach § 651 f. II; dazu LG Köln NJW-RR 1994, 741.

Dagegen steht dem Ersatzanspruch im Fall der deliktischen Haftung § 253 entgegen.

BGHZ 86, 212, 214@.

3.4 Unterhaltsaufwand für ein Kind

> **Fall 36: Fehlerhafte Sterilisation**
> Auf Wunsch des M und seiner Ehefrau F behandelte Dr. D den M mit dem Ziel, eine Sterilisation des M herbeizuführen. Die Eheleute M und F hatten sich hierzu aufgrund ihrer schlechten wirtschaftlichen Lage entschlossen und auch gegenüber Dr. D den Wunsch zur Sterilisation des M damit begründet, dass sie neben ihren bereits vorhandenen drei Kindern aus finanziellen Gründen keine gemeinsamen Kinder mehr bekommen wollten. Infolge einer fehlerhaften Durchführung des Eingriffs blieb M weiterhin zeugungsfähig, was M nicht wusste. Es kam zu der Geburt eines vierten Kindes.
> M verlangt von Dr. D Zahlung eines Geldbetrages für die Unterhaltskosten des Kindes sowie den Verdienstausfall, der ihm durch die Betreuung des Kindes entsteht. Die F fordert von Dr. D wegen der mit der Schwangerschaft und der Geburt verbundenen körperlichen Beschwerden ein Schmerzensgeld.

(A) **Unterhaltsaufwand für das Kind**

(I) Schadensersatzanspruch aus **pVV des Behandlungsvertrages**

(1) Der Behandlungsvertrag war wirksam, insbes. nicht etwa gemäß § 134 oder § 138 nichtig: Verträge, mit welchem ein geschäftsfähiger Mensch

die **Ausschaltung seiner Fortpflanzungsfähigkeit** durch einen medizinischen Eingriff erreichen will, lösen hinsichtlich ihrer Rechtswirksamkeit keine Bedenken aus.

BGH NJW 1995, 2407, 2408@ m.w.N.

Anders ist die Beurteilung der **Rechtmäßigkeit** bei einem **Schwangerschaftsabbruch**. Bis zur Entscheidung des Bundesverfassungsgerichts vom 28. Mai 1993 (2. Senat, BVerfGE 88, 203@ = NJW 1993, 1751) ist der BGH davon ausgegangen, dass ein nach § 218 StGB a.F. nicht strafbarer Schwangerschaftsabbruch auch nicht rechtswidrig sei. Nach dem Urteil des BVerfG vom 28. Mai 1993 begründet § 218 StGB nur die Straffreiheit des Schwangerschaftsabbruchs, nicht auch seine Rechtmäßigkeit. Eine Rechtfertigung des Schwangerschaftsabbruchs kann danach nur in Betracht kommen, wenn eine Notlage gegeben ist, die so schwerwiegt, dass der schwangeren Frau die Austragung der Schwangerschaft nicht zugemutet werden kann. Eine solche Notlage wird in § 218 a I StGB n.F. nicht vorausgesetzt (BVerfGE 88, 203, 299@). Diese Entscheidung des BVerfG ist hinsichtlich der Beurteilung der Rechtswidrigkeit des Schwangerschaftsabbruchs für die Zivilgerichte bindend (BGHZ 129, 178, 183@; s. dazu auch Roth NJW 1995, 2399). Deshalb kann ein Vertrag über einen Schwangerschaftsabbruch, der nicht aus einer vom BVerfG beschriebenen besonderen Notlage der Schwangeren zu Stande gekommen ist, nicht Ansatz für einen auf Unterhaltszahlung gerichteten Schadensersatzanspruch sein (BGHZ 129, 178, 185@).

Einen wirksam geschlossenen Behandlungsvertrag auf Beendigung der eigenen Fortpflanzungsfähigkeit muss der Arzt nach allgemeinen zivilrechtlichen Grundsätzen erfüllen. Unterläuft ihm dabei ein Fehler, durch den es entgegen dem Vertragszweck zur Geburt eines Kindes kommt, so hat der Arzt haftungsrechtlich für die Vertragserfüllung einzustehen.

BGH NJW 1995, 2407, 2409@; zur fehlerhaften Sterilisation vgl. ferner Saarl. OLG OLG Report 1997, 303; OLG Zweibrücken NJW-RR 1997, 666.

(2) M hat einen Anspruch gegen Dr. D aus pVV i.V.m. § 251 auf Ersatz des durch die schuldhafte Pflichtverletzung entstandenen **Vermögensschaden**. Bei ordnungsgemäßer Vertragserfüllung wäre das vierte Kind der F und des M nicht zur Welt gekommen und der Unterhaltsanspruch des Kindes nicht entstanden. Ein Schadensersatzanspruch aus § 251 ist aber nur dann gegeben, wenn hierdurch ein **ersatzfähiger Vermögensschaden** entstanden ist.

(a) **Geburt und Existenz des Kindes** stellen keinen Schaden dar. Das folgt zwingend aus Art. 1 GG, wonach die Würde des Menschen unantastbar ist.

BVerfGE 88, 203, Leitsatz Nr. 14@; dazu Deutsch NJW 1993, 2361, 2362; BGHZ 76, 249, 253@; BGH NJW 1994, 788, 791 m.w.N.

(b) Leidenschaftlich umstritten ist aber die Frage, ob die mit der Geburt eines Kindes entstehende **Unterhaltspflicht** der Eltern einen ersatzfähigen Vermögensschaden darstellen kann.

Vgl. Waibl, Kindesunterhalt als Schaden, Rechtswissenschaftliche Forschung und Entwicklung, Band 104, 1986, S. 30; Engelhardt VersR 1988, 540 ff.; Dannemann

VersR 1989, 676 ff.; Harrer FuR 1990, 106 ff.; Franzki VersR 1990, 1181 ff.; Deutsch NJW 1993, 2361 ff.; ders. NJW 1994, 776 ff.; ders. VersR 1995, 609; Giesen JZ 1994, 286 ff.; Picker AcP 195 (1995) S. 483 m.w.N.; s. dazu auch Zimmermann JZ 1997, 131; Weber VersR 1999, 389 ff.; Looschelders JURA 2000, 169 ff.

(aa) Im **Schrifttum** wird die Frage **unterschiedlich** beantwortet.

Ein Teil lehnt einen Anspruch auf Zahlung von Unterhalt ab. Man könne nicht zwischen dem Kind als Wert und seinen Kosten als Schaden differenzieren. Die Unterhaltspflicht knüpfe an die Abstammung an; man könne sie nicht nach schuldrechtlichen Grundsätzen im Wege der Schadensersatzpflicht auf Dritte abwälzen. Dies verbiete sich auch deshalb, weil es nachteilige seelische Folgen für das Kind mit sich bringen könne, wenn es später erfahre, dass seine Existenz unerwünscht sei und als Schadensereignis gewertet werde.

Vgl. die Nachweise bei BGHZ 76, 249, 251@ f.; ferner Stürner VersR 1984, 297, 307 f. u. 1985, 753 ff. u. JZ 1986, 122 ff.; Picker AcP 195 (1995), S. 483 ff.

Andere im Schrifttum bejahen die Unterhaltspflicht der Eltern als Schaden und stehen damit in Übereinstimmung mit der Rspr. des BGH.

Grunsky JZ 1983, 873; 1986, 170, 171; 1987, 82, 83; Deutsch Haftungsrecht Rdnr. 836; ders. VersR 1995, 609; Staudinger/Schiemann § 249 Rdnr. 208 m.w.N.

(bb) **Nach st. Rspr. umfasst der vertragliche Schadensersatzanspruch gegen den Arzt**, der für eine fehlgeschlagene Sterilisation (oder für eine fehlerhafte genetische Beratung) verantwortlich ist, **im Grundsatz auch den Unterhaltsaufwand für ein Kind**, welches infolge dieses Fehlers gezeugt und geboren wird.

BGHZ 76, 249@; BGHZ 124, 128@; 1997, 1638@; Saarl. OLG OLG Report 1997, 303; OLG Zweibrücken NJW-RR 1997, 666; OLG Karlsruhe OLG Report 1999, 424@ m.w.N.

Die beiden Senate des **Bundesverfassungsgerichts** sind **unterschiedlicher Auffassung**.

▶ *Der **Zweite Senat** hat in seinem Urteil zum Schwangerschaftsabbruch vom 28. Mai 1993 ausgesprochen: „Die Verpflichtung aller staatlichen Gewalt, jeden Menschen in seinem Dasein um seiner selbst willen zu achten (...), verbietet es, die Unterhaltspflicht für ein Kind als Schaden zu begreifen." (BVerfGE 88, 203, 296@).*

Vor einer Entscheidung, die beim Ersten Senat anstand, hat der Zweite Senat durch Beschluss vom 22.10.1997 in einer Stellungnahme zu dem Verfahren des Ersten Senats gesagt, die im Urteil vom 28. Mai 1993 geäußerte Rechtsauffassung des Zweiten Senats, die Unterhaltspflicht für ein Kind dürfe nicht als Schaden begriffen werden, habe entscheidungstragende Bedeutung gehabt. Falls der Erste Senat die geäußerte Auffassung des Zweiten Senats nicht für tragend halte, müsse diese Vorfrage vom Plenum entschieden werden (BVerfG NJW 1998, 523@ = JZ 1998, 356 = FamRZ 1998, 605).

▶ *Der **Erste Senat** hat jedoch im Beschluss vom 12.11.1997 die Notwendigkeit, eine Entscheidung des Plenums herbeizuführen, verneint und entschieden, die Rechtsprechung der Zivilgerichte zur Arzthaftung bei fehlgeschlagener Sterilisation und fehlerhafter genetischer Beratung vor Zeugung eines Kindes verstoße nicht gegen Art. 1 GG. „Hinsichtlich der Vertragshaftung fußen die angegriffenen Entscheidungen auf dem herkömmlichen Verständnis des Vermögensschadens, wonach grundsätzlich auch Unterhaltsverpflichtungen als Schaden im Sinne des § 249 BGB angesehen werden können, sowie auf der Schadensermittlung nach der Differenzmethode" (BVerfG NJW 1998, 519@ = MDR 1998, 216 = JZ 1998, 352).*
Vgl. zu dem Konflikt der beiden Senate des BVerfG: Benda NJW 1998, 3330; Stürner JZ 1998, 317; Gehrlein NJW 2000, 1771.

Der BGH hält auch nach den Entscheidungen des BVerfG daran fest, dass die Belastungen der Eltern mit dem Unterhaltsaufwand für ein Kind einen Vermögensschaden darstellen können.
BGHZ 124, 128, 136@ ff. = JR 1994, 456 m. Anm. Weiß S. 461; BGH NJW 1995, 2407@; im Ergebnis zustimmend Roth NJW 1995, 2399, 2400; BGH NJW 1997, 1638, 1640@; s. auch OLG Zweibrücken NJW-RR 1997, 666 u. FamRZ 2000, 1213; Saarl. OLG OLG Report 1997, 303; Pfälz. OLG Zweibrücken OLG Report 2000, 307.

Voraussetzung für Anerkennung eines Ersatzanspruches der Eltern ist allerdings nach dem **Schutzzweck der Norm, dass der** – rechtswirksame (s.o.) **Vertrag des Arztes mit den Eltern jedenfalls auch darauf gerichtet ist, die wirtschaftliche Belastung durch ein Kind zu vermeiden.**
BGHZ 124, 128, 138@: „Bei entsprechender Vertragsabrede ist auch dieser wirtschaftliche Schutz Teil der vom Arzt übernommenen und von der Rechtsordnung gebilligten Aufgabe. Der Senat bleibt deshalb bei seiner schon mehrfach dargelegten Auffassung, dass sich die Haftung des Arztes auch auf diese wirtschaftliche Folge erstreckt, wenn er durch den jeweiligen Behandlungs- oder Beratungsvertrag den Schutz vor solchen Belastungen mit übernommen hat". Vgl. auch BGH JZ 2000, 727.

Vgl. dazu auch OLG Karlsruhe OLG Report 1999, 424, 425@ "... ist ein Anspruch auf Ersatz des Unterhalts gegeben, wenn die Arztleistung von ihrer Schutzrichtung her auf die wirtschaftliche Familienplanung der Eheleute und damit darauf gerichtet war, dass diese keine gemeinsamen Kinder (mehr) bekommen sollten."

Im vorliegenden Fall liegen diese Voraussetzungen vor. Denn die Eheleute F und M hatten sich zu der Sterilisation des M aufgrund ihrer wirtschaftlichen Lage entschlossen. Sie hatten dies auch dem Dr. D mitgeteilt und den Wunsch zur Sterilisation des M damit begründet, dass sie neben ihren bereits vorhandenen drei Kindern aus finanziellen Gründen keine Kinder mehr bekommen wollten.

(II) Ein **deliktischer Anspruch** auf Ersatz des Unterhaltsaufwandes scheidet aus. Insbes. ist kein Anspruch aus § 823 I gegeben: Weder Frau F noch ihr Ehemann sind in einem der durch § 823 I geschützten Rechtsgüter betroffen, bzw., soweit eine Rechtsgutverletzung in Betracht kommt (s. unten zum Schmerzensgeldanspruch!) beruht darauf nicht die Unterhaltspflicht.
OLG Köln MDR 1997, 940, 941 m.w.N.

„Die Beeinträchtigung des körperlichen Wohlbefindens liegt ausschließlich in den Beschwernissen, die die Schwangerschaft normalerweise mit sich bringt. Hierauf beruht die Existenz des Kindes, die die Unterhaltspflicht auslöst, nicht. Insoweit fehlt es jedenfalls am erforderlichen Zurechnungszusammenhang". In Betracht kommen könnte allenfalls das allgemeine Persönlichkeitsrecht in der besonderen Ausprägung eines Rechts auf selbstbestimmte Familienplanung. „Ein solch weites Verständnis des allgemeinen Persönlichkeitsrechts ist aber abzulehnen, da es zu uferlosen, vom Gesetzgeber nicht gewollten Ausweitungen des deliktischen Schutzes führen würde" (OLG Köln a.a.O.).

(B) Anspruch auf **Verdienstausfall**

Ein solcher Anspruch scheidet aus. Der fehlerhaft behandelnde Arzt hat von den wirtschaftlichen Belastungen, die aus der von ihm zu verantwortenden Geburt eines Kindes hergeleitet werden, nur denjenigen Teil zu übernehmen, der für die Existenzsicherung des Kindes erforderlich ist.

BGHZ 124, 128, 145@ f.; BGH NJW 1997, 1638, 1640@ m.w.N.

(C) Anspruch der F auf **Schmerzensgeld**

Anspruchsgrundlage sind **§§ 823 I, 847**. Die Voraussetzungen sind erfüllt. Die Herbeiführung einer **Schwangerschaft gegen den Willen der betroffenen Frau** stellt eine **Körperverletzung** der Frau dar und zwar selbst dann, wenn der fehlgeschlagene Sterilisationseingriff beim Mann vorgenommen wurde.

BGH NJW 1995, 2407, 2408@ m.w.N.

Der Zurechnungszusammenhang zwischen der Pflichtverletzung des Arztes und dem Eintritt der Körperverletzung wird nicht deshalb unterbrochen, weil der Verletzungserfolg beim schließlich Verletzten erst durch eine zusätzliche Ursache, nämlich den Geschlechtsverkehr mit dem fehlerhaft behandelten Patienten, eintritt (BGH a.a.O.).

Die F kann somit von Dr. D Schmerzensgeld verlangen.

– – –

3.5 Pflegeleistungen von Eltern

Der Betreuungsaufwand naher Angehöriger eines durch unerlaubte Handlung an Körper und Gesundheit Geschädigten kann im Rahmen des § 843 I grds. ersatzpflichtig sein.

So sind bei verletzungsbedingter Pflegebedürftigkeit als Teil des Anspruchs des Verletzten auf Ersatz eines Mehrbedarfs vom Schädiger die Pflegedienste auch dann angemessen abzugelten, wenn sie statt von fremden Pflegekräften von Angehörigen (dem Verletzten gegenüber unentgeltlich) erbracht werden, wobei nicht entscheidend ist, ob der Angehörige, der die Pflegeleistungen erbringt, seinerseits einen Verdienstausfall erleidet. Denn eine solche Hilfeleistung naher Angehöriger darf dem Schädiger entsprechend dem Rechtsgedanken des § 843 IV nicht zugute kommen.

Eine derartige Ersatzpflicht hat jedoch zur Voraussetzung, dass sich der geltend gemachte Aufwand in der Vermögenssphäre als geldwerter Verlustposten konkret niedergeschlagen hat.

Dies ist einerseits bei einem Verdienstausfall der unentgeltlich einspringenden Angehörigen gegeben, andererseits aber auch dort, wo der Vermögenswert der geleisteten Dienste im Sinne eines „Marktwerts" objektivierbar ist, da sie ihrer Art nach in vergleichbarer Weise ohne weiteres auch von einer fremden Hilfskraft übernommen werden könnten. Hingegen sind Aufwendungen an Zeit, die sich nicht in diesem Sinne konkret in der Vermögenssphäre niederschlagen, im Rahmen deliktischer Haftungsbeziehungen nicht ersatzfähig.

Auf der Grundlage dieser Überlegungen kann eine zusätzliche Betreuung, die Eltern – wie hier in ihrer Freizeit – ihrem gesundheitlich geschädigten Kind zuteil werden lassen, nur dann als vermögenswerte Leistung im Rahmen der vermehrten Bedürfnisse des Kindes schadensersatzrechtlich ersatzpflichtig sein, wenn sie den Bereich der allein den Eltern als engsten Bezugspersonen zugänglichen „unvertretbaren" Zuwendung verlässt und sich so weit aus dem selbstverständlichen, originären Aufgabengebiet der Eltern heraushebt, dass nicht nur theoretisch, sondern als praktische Alternative ein vergleichbarer Einsatz fremder Hilfskräfte in Betracht kommt.

Diese Voraussetzungen sind etwa dann erfüllt, wenn Eltern (oder auch andere nahe Angehörige) die Pflege eines schadensbedingt in seinen täglichen Verrichtungen erheblich eingeschränkten, pflegebedürftig gewordenen Kindes übernehmen (BGH MDR 1999, 1137@).

3.6 Warenhausdiebstahl

> **Fall 37: Vorbeugekosten; allgemeine Verwaltungskosten; Fangprämie**
> Die 16jährige S wurde ertappt, nachdem sie in einem Kaufhaus einen Pulli im Werte von 40 DM heimlich in die Tasche gesteckt hatte. Die S gab die Diebstahlsabsicht zu und den Pulli zurück. Der Kaufhausinhaber K erstattet Strafanzeige und verklagt die S, vertreten durch ihre Eltern, auf Zahlung von 140 DM. Dieser Betrag setzt sich wie folgt zusammen:
> 1) Einmal seien dem Kaufhaus sog. „Vorbeugekosten" zur Verhinderung von Kaufhausdiebstählen entstanden, die anteilig von den ermittelten Kaufhausdieben zu tragen seien. Die S müsse daher 40 DM als anteilige Kosten des Gehalts für den Kaufhausdetektiv und 40 DM als anteilige Kosten für die Installation von Fernsehkameras zur Beobachtung von Kaufhausdieben, insgesamt also 80 DM zahlen.
> 2) An Bearbeitungskosten seien für Porto, Telefon und Papier insgesamt 10 DM angefallen. Diese müsse die S ebenfalls ersetzen.
> 3) Schließlich müsse die S eine „Fangprämie" in Höhe von 50 DM erstatten, die das Kaufhaus seinen Angestellten vor der Tat für jeden von ihnen ertappten Ladendieb versprochen und die es im Falle der S auch an die Verkäuferin gezahlt habe, die den Diebstahl der S bemerkt und die dem Kaufhausdetektiv den Hinweis gegeben habe.

(A) Ein Anspruch aus **c. i. c.** scheidet wegen der Minderjährigkeit der S aus; der Minderjährige haftet aus c. i. c. nur, wenn er nach den §§ 827, 828 schuldfähig ist und die Zustimmung des gesetzlichen Vertreters zur Aufnahme der Vertragsverhandlungen oder des geschäftlichen Kontaktes besaß.

(B) In Betracht kommt ein Schadensersatzanspruch aus **§ 823 I**.

(I) Die S hat durch den Sachentzug (heimliches Einstecken in ihre Tasche) Eigentum und Besitz des K verletzt. Sie handelte rechtswidrig und auch schuldhaft, da sie die zur Erkenntnis der Verantwortlichkeit erforderliche Einsicht (§ 828 II) besaß.

(II) Art und Umfang der Ersatzpflicht richten sich nach §§ 249 ff.

Da hinsichtlich der geltend gemachten Schadensposten Naturalherstellung unmöglich ist, kommt Schadenskompensation nach § 251 I, 1. Alt. in Betracht.

(1) Die anteiligen Kosten für Detektiv und Überwachungskamera sind sog. **Vorbeugekosten**. Vorbeugekosten, die nicht die Verhinderung oder Abwehr eines bevorstehenden **konkreten** Eingriffs im Auge haben, sondern das Eigentum **allgemein** gegen Diebe sicher machen sollen, werden von dem Schutzzweck des § 823 I nicht erfasst.

BGHZ 59, 286, 288; 75, 230, 237 = JZ 1980, 99 m. Anm. Deutsch S. 102 f.; zu BGHZ 75, 230, 237 auch Mertins JR 1980, 357 ff.; zustimmend z.B. MünchKomm/Grunsky vor § 249 Rdnr. 75; Staudinger/Schliemann § 249 Rdnr. 119.

(2) Bei den **allgemeinen Verwaltungskosten** (Porto, Telefon, Papier etc.) gilt:

Die Auslagen für die Einleitung eines Strafverfahrens sind nicht erstattungsfähig, denn Eigentums- u. Besitzschutz erstrecken sich nicht auf die Verwirklichung des Strafanspruchs.

Auslagen zur Verfolgung zivilrechtlicher Ansprüche sind nicht selbstständig einklagbar, sondern es muss bei der Klage (z.B. wegen der Fangprämie) im Kostenfestsetzungsverfahren Erstattung verlangt werden.

BGHZ 75, 232, 235.

(3) Die **Fangprämie** weist insoweit einen konkreten Bezug zum Diebstahl auf, als der bestimmte, von der S begangene Diebstahl die Auszahlung der Fangprämie bewirkt hat. Sie ist daher nach h.M. grds. erstattungsfähig.

BGHZ 75, 232, 238; Palandt/Heinrichs Vorbem. v. § 249 Rdnr. 44; Deutsch JZ 1980, 102; Mertins JR 1980, 357. Allerdings hält der BGH (im Jahre 1979!) grds. nur eine Pauschale bis 50 DM oder bei höherwertigen Waren einen zu einem Prozentsatz der Diebesbeute darüber hinausgehenden Betrag für vertretbar, so BGHZ 75, 232, 240; a.A. insoweit Mertins JR 1980, 357 ff.; Zimmermann JZ 1981, 86 ff.

K kann daher – wenn man der h.M. folgt – von der S Zahlung von 50 DM verlangen.

– – –

Beachte in diesem Zusammenhang zur **Taschenkontrolle im Einkaufsmarkt**: Nach der Rspr. des BGH stellt die auf den im Eingangsbereich angebrachten Hinweis

„Information und Taschenannahme
Sehr geehrte Kunden!
Wir bitten Sie höflich, Ihre Taschen hier an der Information vor dem Betreten des Marktes abzugeben",

folgende Erklärung

„anderenfalls weisen wir Sie höflich darauf hin, dass wir an den Kassen gegebenenfalls Taschenkontrollen durchführen müssen",

eine AGB dar, die gemäß § 9 AGBG unwirksam ist.

BGHZ 133, 184 (in teilweiser Abweichung von BGHZ 124, 39; s. dazu Christensen JuS 1996, 874).

4. Bestimmung der Ersatzpflicht nach dem Schutzzweck der Norm

Ob und in welchem Umfang Schadensersatz zu leisten ist, bestimmt sich auch danach, ob er nach dem Schutzzweck der Norm durch die Ersatzleistung ausgeglichen werden soll.

Beispiele:

Der **Anwalt**, der seinen **Mandanten falsch berät**, hat für solche Schäden einzustehen, die nicht eine bloß zufällige ursächliche Verbindung zu seinem Verhalten aufweisen, sondern im Kreis der Gefahren liegen, zu deren Abwendung die verletzte Vertragspflicht übernommen wurde. Der Schutzzweck der Beratung ergibt sich aus dem für den Anwalt erkennbaren Ziel, das der Mandant mit der Beauftragung verfolgt (BGH VersR 1997, 1489).

Vgl. dazu auch schon oben Fall 34. Danach haftet der **Arzt** wegen Vertragsverletzung auf Ersatz des Unterhaltsaufwandes nur dann, wenn der Vertrag auch darauf gerichtet war, die wirtschaftliche Belastung durch ein Kind zu vermeiden (BGHZ 124, 128, 138@).

Der Halter eines **Kfz** haftet nicht für Schäden, die durch **Panikreaktionen bei Tieren** infolge von Unfallgeräuschen ausgelöst werden, wenn sich in dem Schadensfall in erster Linie ein von dem Geschädigten selbst gesetztes Risiko – hier: moderne Intensivzucht von einer Vielzahl von Schweinen in engen Stallungen – verwirklicht (BGHZ 115, 84@; vgl. auch OLG Hamm zfs 1997, 202: Panikreaktion von Hühnern in Intensivhaltung).

Es besteht eine Parallele zu der Zurechnung beim haftungsbegründenden Tatbestand. Für den Begriff „Schutzzweck der Norm" werden auch hier synonym die Begriffe **„Rechtswidrigkeitszusammenhang"** oder **„Zurechnungszusammenhang"** verwendet (vgl. MünchKomm/Grunsky vor § 249 Rdnr. 44; Palandt/Heinrichs Vorbem. v. § 249 Rdnr. 62).

Da in den Schadensbegriff über die Berücksichtigung des Schutzzwecks der Norm rechtliche Wertungen einfließen, spricht man vielfach von einem **„normativen Schadensbegriff"** im Gegensatz zum **„natürlichen Schadensbegriff"** (BGH GSZ BGHZ 98, 212, 217@: „In diesem Sinne ist die Differenzmethode ... normativ eingebunden").

Der Begriff „normativer Schaden" wird allerdings vielgestaltig verwendet (vgl. dazu BGH WM 1986, 266, 268; Lange, Schadensersatz, § 1 III; MünchKomm/Grunsky § 249 Rdnr. 8). In seiner ursprünglichen Bedeutung werden damit die Fälle erfasst, in denen nach der Differenzmethode an sich kein Schaden vorläge, die gesetzliche Wertung aber von dem Vorhandensein eines Schadens ausgeht, so z. B. in den Fällen der Lohnfortzahlung (BGHZ 47, 378, 381; 59, 109, 110).

Es ist daher sowohl bei der Frage, welche **Nachteile** auszugleichen sind, als auch bei der Frage, ob dem Geschädigten eventuell entstandene **Vorteile** anzurechnen sind, auf den **Schutzzweck der Norm** abzustellen. Hierbei sind insbes. folgende Problemkreise bedeutsam:

4.1 Hypothetische oder überholende Kausalität

Fraglich ist, ob auch solche Schäden zu ersetzen sind, die letztlich auch ohne das Fehlverhalten eingetreten wären.

Beispiel: Der Wagen des E wird infolge eines allein von S verschuldeten Unfalls beschädigt. E lässt den beschädigten Wagen abschleppen und stellt ihn in seine Garage. In der darauffolgenden Nacht setzt ein Blitz die Garage in Brand. Das Auto brennt vollständig aus.

Müssen die eingetretenen Nachteile wegen der **„Reserveursache"** unberücksichtigt bleiben?

I) **Zufallsbedingte Ursachen** (s. o. Beispiel) berücksichtigt die Rspr. und h. M. nicht, „weil mit dem Eingriff sogleich der Anspruch entstanden war und das Gesetz den späteren Ereignissen keine schuldtilgende Kraft beigelegt hat" (BGHZ 29, 207, 215).

II) Beruht das hypothetische Schadensereignis auf dem **schuldhaften Verhalten eines Dritten** (z. B. ein Dritter hat die Garage mit dem darin stehenden geschädigten Auto in Brand gesetzt), kann nach der h. M. die hypothetische Schadensursache nicht zu Gunsten des Schädigers berücksichtigt werden (BGH NJW 1958, 705).

III) Beruht das hypothetische Schadensereignis auf dem **schuldhaften Verhalten des Geschädigten selbst** (z. B.: der E hat selbst vorsätzlich den Brand der Garage verursacht), verstößt die Geltendmachung des Schadens durch den vorsätzlich handelnden Geschädigten (etwa um einen Versicherungsbetrug zu begehen) gegen das Verbot des „venire contra factum proprium" (§ 242). Bei nur fahrlässigem Handeln hält die h. M. das hypothetische Schadensereignis für unbeachtlich.

So z. B. Lange AcP 152 (1952/53), 163.

4.2 Eine Sonderproblematik besteht bei den sog. **„Anlagefällen"**, in denen eine anderweitige Schädigung des angegriffenen Objektes aufgrund einer im Zeitpunkt der Verletzung bereits vorhandenen Schadensanlage mit Sicherheit zu erwarten war.

Beispiel nach BGH MDR 1952, 214, 215: Infolge unsachgemäßer Baggerarbeiten stürzt ein Haus ein. Dieses Haus wäre auch ohne die Baggerarbeiten infolge von bereits vorhandenen, im Kriege durch Fliegerbomben hervorgerufenen Schäden, wenn auch zeitlich später, eingestürzt.

Da in diesen Fällen die tatsächlich wirksam gewordene Schadensursache bereits auf ein mehr oder weniger im Wert gemindertes Schadensobjekt trifft, kann dem Geschädigten kein voller Schadensersatzanspruch zustehen. Vielmehr muss der Schädiger Schadensersatz nur insoweit leisten, als dem Geschädigten durch die vorzeitige Verwirklichung der Schadensanlage ein Verlust erwachsen ist – sog. Verfrühungseffekt –.

4.3 Eine besondere Fallgruppe bilden die Fälle des **rechtmäßigen Alternativverhaltens**: Der Schädiger beruft sich darauf, dass der eingetretene Schaden auch bei rechtmäßigem Verhalten entstanden wäre.

Die Beachtlichkeit des rechtmäßigen Alternativverhaltens ist umstritten:
Ein Teil des Schrifttums lässt die Berufung auf das rechtmäßige Alternativverhalten generell zu (so z. B. Esser/Schmidt I/2 § 33 III 2 a; MünchKomm/Grunsky vor § 249 Rdnr. 90; Palandt/Heinrichs Vorbem. v. § 249 Rdnr. 106), andere lehnen sie allgemein ab (so z. B. Niederländer JZ 1959, 621).

Der BGH folgt der Ansicht, dass der Schutzzweck der jeweils verletzten Norm darüber entscheidet, ob und inwieweit der Einwand im Einzelfall erheblich ist.
BGHZ 96, 157, 173@ im Anschl. an BAG NJW 1984, 2846, 2847; vgl. auch BGH NJW 1996, 311; Lange, Schadensersatz, § 4 XII 5; Larenz I § 30 I, S. 525 f.; Fikentscher Rdnr. 561; Staudinger/Medicus § 249 Rdnr. 111.

Die Frage des rechtmäßigen Alternativverhaltens hat insbes. für den Vermögensschaden (§ 251) Bedeutung. Sie kann aber auch bei der Naturalrestitution (§ 249) auftauchen.
So ist z. B. im Arztrecht der Einwand, der Patient würde bei ordnungsgemäßer Aufklärung über die Risiken des Eingriffs seine Einwilligung erteilt haben, von der Rspr. anerkannt (s. o. S. 57; BGH NJW 1992, 2342; 1980, 1333, 1334).

4.4 Vorteilsausgleichung

Nach dem Sinn des Schadensersatzes soll der Geschädigte den erlittenen Schaden ersetzt erhalten, aber nicht besser gestellt werden, als er ohne das Schadensereignis stehen würde. Vorteile, die durch das Schadensereignis entstanden sind, müssen daher berücksichtigt werden.

Es sind aber nicht alle durch das Schadensereignis bedingten Vorteile auf den Schadensersatzanspruch anzurechnen, sondern nur solche, die dem jeweiligen Zweck des Anspruchs nicht entgegenstehen. Die Anrechnung des Vorteils muss vielmehr dem Geschädigten zumutbar sein und darf den Schädiger nicht unangemessen entlasten. Letztlich folgt der Rechtsgedanke der Vorteilsausgleichung dem in § 242 festgelegten Grundsatz von Treu und Glauben.
BGHZ 49, 56, 61, 62; 77, 151, 153; 81, 271, 275; BGH NJW 1978, 536 ff.; OLG München OLG Report 1999, 18.

I) Ein Schaden kann grds. nicht deshalb verneint werden, weil zugleich ein anderer **Schadensersatzanspruch gegen einen Dritten** besteht, durch dessen Realisierung der vom Schädiger schuldhaft verursachte Vermögensverlust ausgeglichen werden könnte. Dem Gläubiger muss es freistehen, sich den Schuldner auszuwählen, von dem er Ersatz fordert. Der in Anspruch genommene Schädiger kann durch entsprechende Anfrage lediglich erreichen, dass er zur Leistung an den Geschädigten nur gegen Abtretung der anderweitigen Ansprüche verurteilt werden kann (BGH WM 1997, 1062).

II) **Ersparte Eigenaufwendungen** werden als Vorteil angerechnet.

So erspart zum **Beispiel** der Geschädigte bei der Anmietung eines Ersatzfahrzeuges Eigenaufwendungen, insbes. Abnutzung des eigenen Fahrzeugs. Diese Eigenersparnisse muss er sich anrechnen lassen.

Werden für eine Heilbehandlung Krankenhauskosten verlangt, sind die ersparten häuslichen Verpflegungskosten anzurechnen.

III) Entstehen dem Verletzten **aus eigener Tätigkeit Vorteile**, so mindern diese die Ersatzpflicht des Schädigers, soweit der Geschädigte pflichtgemäße Maßnahmen zur Schadensminderung i.S.d. § 254 II 1 ergreift (das ist ja gerade der Sinn der Schadensminderungspflicht!). Der Geschädigte braucht sich aber nicht alle Vorteile aus eigener Tätigkeit anrechnen zu lassen; der Schädiger würde einen ungerechtfertigten Vorteil erlangen, wenn er durch überpflichtgemäße Anstrengungen des Geschädigten entlastet würde.

Ein Fahrschullehrer kann daher Ausgleich für den durch die Beschädigung des Fahrschulwagens entgangenen Gewinn verlangen, wenn er über die durch die Schadensminderungspflicht gezogene Opfergrenze hinaus den Ausfall durch Überstunden wettmacht (BGHZ 55, 329).

IV) Wenn der Schaden insgesamt vom Schädiger ausgeglichen wird, muss der Geschädigte die aufgrund des Schadens bestehenden **Ansprüche gegen Dritte** an den Schädiger abtreten.

V) Wird eine beschädigte Sache im Wege der Naturalrestitution durch eine neue ersetzt, so kann die neue Sache im Verhältnis zu der beschädigten Sache (im unbeschädigten Zustand) höherwertig sein. Es ist dann nach dem Grundsatz „**neu für alt**" von den zu ersetzenden Herstellungskosten ein Abzug zu machen, der sich nach der Wertsteigerung wegen der Neuheit der Sache bemisst.

BGH NJW 1988, 1835; BGHZ 30, 29; 55, 294, 302; BGH NJW 1992, 2884; BGH WM 1997, 1813@.

Ausnahmsweise ist ein Vorteilsausgleich unter dem Gesichtspunkt „neu für alt" dann nicht zu machen, wenn dies für den Geschädigten unzumutbar ist (§ 242), etwa weil ihm mangels eigener Mittel die Ersatzbeschaffung im Falle eines Abzugs nicht möglich wäre.

Brox, SchuldR AT, Rdnr. 353; Larenz I § 29 II a.

VI) Bei Körper- oder Gesundheitsverletzung ist als Ausgleich für dauernde Nachteile dem Geschädigten Schadensersatz durch Entrichtung einer Geldrente zu leisten, § 843 I. **Nach § 843 IV** schließen andere **Unterhaltspflichtige** den Anspruch des Verletzten gegen den Schädiger nicht aus, und zwar auch dann nicht, wenn der Unterhaltspflichtige bereits geleistet hat (BGHZ 54, 269, 274).

Hierin kommt der **allgemeine Rechtsgedanke zum Ausdruck, dass auf den Schaden keine Leistungen anderer anzurechnen sind, die ihrer Natur nach dem Schädiger nicht zugute kommen sollen** (BGH NJW 1963, 1051, 1052; OLG Frankfurt VersR 1995, 1450). Dies gilt auch für Heilungskosten.

Beispiele:

S hat schuldhaft das minderjährige Kind G verletzt. Die Eltern haben inzwischen die Arztkosten bezahlt. Dennoch hat G gegen S einen Anspruch auf Ersatz der Heilungskosten nach § 823 I i.V.m. § 249 S. 2.

G, der Geschäftsführer einer GmbH, wurde bei einem Verkehrsunfall durch ein bei S versichertes Fahrzeug verletzt. Der Geschäftsführervertrag sieht Weiterzahlung der Bezüge bei Erkrankung vor. Die GmbH hat dem G Bezüge nach dem Unfall weitergezahlt und fordert nach Abtretung der Ansprüche durch G an sie von S Ersatz. –

Die S ist als Haftpflichtversicherer des Unfallgegners für die Folgen des Verkehrsunfalls einstandspflichtig und haftet dem G gemäß den §§ 823, 252 auf Ersatz des ihm unfallbedingt entstandenen Verdienstausfalls. Die Aktivlegitimation der GmbH ergibt sich aus der Abtretung, § 398.

Durch die unfallbedingten Verletzungen ist dem G ein Vermögensschaden in Gestalt von Verdienstausfall während der Dauer seiner Arbeitsunfähigkeit entstanden. Hätte G von der GmbH während der Zeit seiner Arbeitsunfähigkeit keine Vergütung erhalten, weil er die geschuldeten Dienste nicht erbringen konnte, stellte sich dies als ein Schaden dar, für den ihm der für den Unfall verantwortliche Schädiger Ersatz zu leisten hätte. Die Tatsache, dass G aufgrund des Geschäftsführungsvertrages sein Gehalt weiterhin erhielt, kann nicht dazu führen, ihm Ersatzansprüche wegen fehlender Vermögenseinbußen zu versagen. „Es entspricht allgemeiner Meinung, dass Leistungen Dritter, deren alleiniger Zweck darin begründet liegt, dem Geschädigten zugute zu kommen, den Schädiger nicht entlasten können" (OLG Köln OLG Report 2000, 368).

VII) Gleichzeitiger Wertzuwachs

Fall 38: Überschreitung des Kostenvoranschlages
In einer Kostenermittlung für ein zu errichtendes Betriebsgebäude des E errechnete der als Architekt tätige A Gesamtkosten von ca. 1,15 Mio. DM. Der E hat den A bei zahlreichen Gelegenheiten darauf hingewiesen, dass die Gesamtkosten den Betrag von 1,15 Mio. DM nicht übersteigen dürften, weil er sonst in finanzielle Bedrängnis gerate. Der A hat mehrfach versichert, dass dieser Preis in jedem Fall eingehalten werde. Tatsächlich sind Gesamtkosten i. H. v. 1.362.086,50 DM angefallen. Der Sachverständige errechnete für das fertiggestellte Bauwerk einen Verkehrswert von 1,314 Mio. DM. Dem E gelang es, den finanziellen Mehrbedarf durch eine Nachfinanzierung aufzubringen. Der E behauptet, ihm sei ein Schaden i. H. d. Mehrkosten von 212.086,50 DM entstanden und verlangt diesen Betrag von A ersetzt.

(A) Bausummengarantie

Übernimmt der Architekt eine ausdrückliche Garantie bezüglich der Einhaltung der veranschlagten Baukosten, haftet er bei Überschreitung unabhängig von einem Verschulden auf Schadensersatz. Eine solche Bausummengarantie ist wegen der damit verbundenen hohen Risiken in der Baupraxis auf seltene Ausnahmefälle beschränkt. Erforderlich ist eine klare und unmissverständliche Vereinbarung. Daran fehlt es hier. Bei objektiver Betrachtung aus der Sicht des E konnte die Erklärung des A nicht dahin verstanden werden, dass der A für die Einhaltung dieses Betrages persönlich einstehen wollte, und zwar ohne Rücksicht auf die möglichen Ursachen einer Kostenüberschreitung und unabhängig davon, ob ihn ein Verschulden trifft oder nicht (OLG Hamm NJW-RR 1994, 211, 212).

(B) Unrichtige Zusicherung der voraussichtlichen Baukosten

In Betracht kommen kann ein Anspruch aus pVV oder § 635. Unabhängig von der Wahl der Anspruchsgrundlage sind Voraussetzungen: die objektive Pflichtverletzung des Architekten, sein Verschulden und der Schaden des Bauherrn.

(I) Im vorliegenden Fall liegt die objektive Pflichtverletzung in der unrichtigen Zusicherung der voraussichtlichen Baukosten. Eine Toleranzgrenze (ob eine solche überhaupt in Betracht kommt und in welcher Höhe, richtet sich nach dem Vertrag, vgl. BGH NJW-RR 1997, 850, 851) kann dem A jedenfalls angesichts seiner Zusicherung nicht zugebilligt werden (OLG Hamm NJW-RR 1994, 211, 212). Der A, den in analoger Anwendung des § 282 insoweit die Beweislast trifft, hat nicht dargelegt, dass ihn an der Kostenüberschreitung kein Verschulden trifft.

(II) Fraglich ist jedoch, ob E einen Schaden erlitten hat, weil dem Mehraufwand des E ein entsprechender Wertzuwachs in dem errichteten Bauwerk gegenübersteht.
Nach den Regeln der **Vorteilsausgleichung** erleidet der Bauherr durch eine Baukostenüberschreitung keinen Schaden, wenn dem zu seinen Lasten gehenden Mehraufwand im Zeitpunkt der letzten mündlichen Tatsachenverhandlung ein entsprechender Wertzuwachs in Form des errichteten Bauwerks gegenübersteht.
OLG Hamm NJW-RR 1994, 211, 212; OLG Köln NJW-RR 1994, 981, 982.

Die Anrechnung des Vorteils muss allerdings aus der Sicht des Geschädigten zumutbar sein; die Vorteilsausgleichung muss dem Zweck des Schadensersatzes entsprechen und darf den Schädiger nicht unbillig entlasten.
OLG Hamm NJW-RR 1994, 211, 212; OLG Köln NJW-RR 1994, 981, 982.

OLG Köln hat in einem Fall, in dem der Architekt eine falsche Kubaturberechnung vorgenommen und deshalb die Herstellungskosten um ca. 148.483,70 DM zu niedrig veranschlagt hatte, den Bauherrn mit den reinen Mehrkosten i. H. v. 148.483,70 DM belastet, da ihnen ein echter Mehrwert gegenüberstehe. Dagegen muss der Architekt die für die Finanzierung dieses Betrages anfallenden Zinsen und Gebühren – nicht die Tilgungsleistungen – tragen.

Diese Schadensverteilung bietet sich auch im vorliegenden Fall an.
– – –

4.5 Frustrationsschaden

Macht jemand im Hinblick auf einen zu schließenden oder bereits geschlossenen Vertrag außerhalb dieses Vertrages Aufwendungen und erweisen sich diese Kosten später als nutzlos, so fragt es sich, ob auch für diesen Schaden Ersatz verlangt werden kann.
Bei den **nutzlosen Aufwendungen** handelt es sich um einen sog. „**Frustrationsschaden**". Hier kann nach dem Gesetz Ersatz in bestimmten Fällen der Haftung auf das **negative Interesse** (Vertrauensinteresse) verlangt werden, z. B. nach §§ 122, 179 II, 307, 309, oder aus c. i. c. Der Vertrauensschaden umfasst auch nutzlose Aufwendungen. Der wegen c. i. c. zu ersetzende Schaden ist nicht durch das Erfüllungsinteresse begrenzt.
BGHZ 136, 102[@]; s. dazu auch BGHZ 114, 87, 94; 99, 182, 201; 69, 53, 56; Timme zfs 1999, 502 ff.

Fraglich ist jedoch, ob der **Frustrationsschaden** auch dann zu ersetzen ist, wenn **Schadensersatz wegen Nichterfüllung** zu leisten ist.

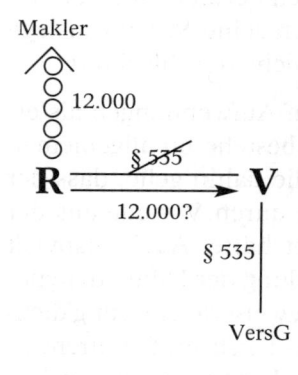

Fall 39: Nutzlose Maklerkosten für Anwaltsräume
RA R bemühte sich, in einem Gebäude neben dem Landgericht eine Etage für seine Anwaltskanzlei zu mieten. Durch Vermittlung des Maklers M schloss er mit dem Vermieter V einen Mietvertrag auf unbestimmte Zeit, Einzugstermin 1.3. Am 15.2. teilte V dem R mit, dass R die Räume nicht erhalten könne, da diese nunmehr an eine Versicherungsgesellschaft vermietet seien; dies sei endgültig, die Versicherungsgesellschaft sei auch bereits eingezogen. RA R hatte dem Makler für die Vermittlung des Objektes 12.000 DM gezahlt. Er verlangt von V Ersatz.

Als Anspruchsgrundlage kommt pVV wegen ernsthafter Erfüllungsverweigerung des V in Betracht (BGHZ 99, 182, 189). Die Anspruchsgrundlage geht auf **Schadensersatz wegen Nichterfüllung**.
Die Voraussetzungen der pVV sind gegeben. Fraglich ist, ob R einen Nichterfüllungsschaden hat. Zu dem Nichterfüllungsschaden gehört der entgangene Gewinn, § 252 S. 1. Einen entgangenen Gewinn macht R nicht geltend; er wäre auch schwer zu berechnen. R verlangt vielmehr Ersatz seiner Aufwendungen, die nutzlos geworden sind.

(I) **Vermögensschäden** sind im allgemeinen nach der sog. **Differenzmethode** zu ermitteln durch einen rechnerischen Vergleich der durch das schädigende Ereignis eingetretenen **Vermögenslage** mit derjenigen, die sich ohne das schädigende Ereignis ergeben hätte.
Diese sog. Differenzhypothese umfasst zugleich das Erfordernis der Kausalität zwischen dem haftungsbegründenden Ereignis und einer dadurch eingetretenen Vermögensminderung. Nur eine Vermögensminderung, die durch das haftungsbegründende Ereignis verursacht worden ist, das heißt ohne dieses nicht eingetreten wäre, ist als ersatzfähiger Schaden anzuerkennen. Die Frage, ob **Aufwendungen** einen **Schaden** darstellen, lässt sich daher nicht generell, sondern nur unter Berücksichtigung der jeweiligen Haftungsgrundlage beurteilen. Handelt es sich – wie auch im vorliegenden Fall – um die **Nichterfüllung eines Vertrages**, so liegt der **Schaden in der Differenz zwischen der vorhandenen Vermögenslage und derjenigen, die bei weiterer ordnungsgemäßer Erfüllung eingetreten wäre**. Dementsprechend geht der Anspruch auf Schadensersatz wegen Nichterfüllung dahin, den Geschädigten vermögensmäßig so zu stellen, wie er bei ordnungsgemäßer Erfüllung des Vertrages gestanden hätte, d.h. nicht schlechter, aber auch nicht besser.
Die schadensrechtliche Problematik von Aufwendungen, die im Hinblick auf einen abgeschlossenen Vertrag gemacht und durch dessen Nichterfüllung nutzlos werden, besteht darin, dass sie auch bei vertragstreuem Ver-

halten des Schuldners entstanden wären: Wäre im vorliegenden Fall der Mietvertrag ordnungsgemäß erfüllt worden und hätte der R die Räume beziehen können, so hätte er die Maklerprovision auch bezahlen müssen. Im Hinblick auf die gezahlte Maklerprovision hat sich seine Vermögenslage demnach durch das schädigende Ereignis an sich nicht verschlechtert.

(II) Dennoch hat der BGH solche nutzlos gewordenen Aufwendungen als erstattungsfähig angesehen mit der Begründung, es bestehe im allgemeinen eine (widerlegbare!) **„Rentabilitätsvermutung"**, die dahin gehe, dass der enttäuschte Vertragspartner seine Aufwendungen durch Vorteile aus der vereinbarten Gegenleistung wieder erwirtschaftet hätte. Auch insoweit handelt es sich indessen um eine schlichte Anwendung der Differenzhypothese auf der Grundlage der der Darlegungs- und Beweiserleichterung dienenden, jedoch nicht zu einer Erweiterung des Schadensbegriffs führenden **Rentabilitätsvermutung. Der Nichterfüllungsschaden liegt** in diesen Fällen – genau genommen – nicht in den Aufwendungen als solchen, sondern **in dem Verlust der im Falle der Vertragserfüllung bestehenden Kompensationsmöglichkeit.**
BGHZ 114, 193, 197[@]; 123, 96, 99[@]; 136, 102[@]; BGH JP 1999, 326[@]; KG JP 1998, 584[@]; BGH ZIP 2000, 27, 29, dazu Kurzkomm. Grunsky EWiR § 249 BGB 1/2000, 117; BGH, Urteil vom 15.3.2000 – XII ZR 81/97[@].

Für R hätte bei Durchführung des Mietvertrages die Kompensationsmöglichkeit darin bestanden, dass er bei seiner Anwaltstätigkeit in einem Büro gleich neben dem Landgericht, also in einer für einen Anwalt sehr günstigen Lage, im Laufe der Zeit die Maklerkosten wieder ausgeglichen hätte. Der Verlust dieser Kompensationsmöglichkeit ist sein Vermögensschaden. V muss daher an R 12.000 DM zahlen.

– – –

Das Problem des Frustrationsschadens bzw. der „Rentabilitätsvermutung" taucht in der höchstrichterlichen Rechtsprechung immer wieder in verschiedenen Formen auf. Dazu noch der folgende Fall:

> **Fall 40: Die Herrichtung der neuen Praxisräume**
> M hatte mit V einen Mietvertrag über Räumlichkeiten für eine Arztpraxis mit einer festen Laufzeit von zehn Jahren sowie einer dreimaligen Verlängerungsoption von jeweils fünf Jahren abgeschlossen. Da sich die Räume in einem schlechten baulichen Zustand befanden, waren zur Einrichtung der Praxis erhebliche Bau- und Renovierungsarbeiten erforderlich, die von der M übernommen wurden. Drei Jahre nach Abschluss des Mietvertrages wurden durch schuldhaftes Verhalten des V die Praxisräume unbenutzbar und eine Weiterführung der Praxis unmöglich. M erklärte die außerordentliche Kündigung und mietete anderweitige Praxisräume an. Sie verlangt von V Schadensersatz wegen infolge Beendigung des Mietverhältnisses nutzlos gewordener Aufwendungen für die Herstellung der von V gemieteten und inzwischen aufgegebenen Räume, zum anderen wegen verschiedener bei der Einrichtung der neuen Praxisräume entstandener Kosten.

M kann gegen V einen Schadensersatzanspruch aus § 554 a haben.

(I) Voraussetzungen (haftungsbegründender Tatbestand)
Wegen der Vertragsverstöße des V war M gemäß § 554 a S. 1 zur fristlosen Kündigung des Mietverhältnisses berechtigt. Eine Vertragspartei, die die andere Partei durch eine Vertragsverletzung veranlasst, das Mietverhältnis fristlos zu kündigen, ist dem Kündigenden zum Ersatz des durch die Kündigung entstandenen Schadens verpflichtet.
BGH, Urteil vom 15.3.2000 – XII ZR 81/97[@]; diesem Urteil ist der vorliegende Fall – vereinfacht – nachgebildet.

(II) Rechtsfolgen (haftungsausfüllender Tatbestand)
Zu ersetzen ist der **Nichterfüllungsschaden**. Als Nichterfüllungsschaden ist der Betrag zu ersetzen, der erforderlich ist, um den **Verlust der Kompensationsmöglichkeit** auszugleichen. Wenn es möglich ist, durch einen neuen Vertragsschluss die früher getätigten Aufwendungen zu erwirtschaften, dann sind **die durch den neuen Vertrag bedingten Aufwendungen** der zu ersetzende Schaden. Denn durch die wiedererlangte Gewinnerzielungsmöglichkeit wird der Ersatzberechtigte infolge der neuen Aufwendungen wieder so gestellt, wie er bei ordnungsmäßiger Erfüllung des zunächst abgeschlossenen Vertrages gestanden hätte.
BGH, Urteil vom 15.3.2000 – XII ZR 81/97[@]; demgegenüber hatte das OLG Dresden als Berufungsgericht dem M Schadensersatz für die nutzlos gewordenen Aufwendungen zur Renovierung der alten Praxis zuerkannt, für diejenigen der neuen Praxis dagegen teilweise nicht. Dieser Auffassung ist der BGH – wie oben dargelegt – nicht gefolgt.

– – –

Nicht immer sind nutzlos aufgewandte Kosten als Nichterfüllungsschaden auszugleichen, so u.a. nicht,

▶ wenn die Rentabilitätsvermutung widerlegt wird, z.B., wenn nachgewiesen wird, dass das angemietete Lokal die (nutzlos) getätigten Investitionen nicht erwirtschaftet, sondern notwendigerweise zu weiteren Verlusten geführt hätte (BGHZ 136, 102[@]);

▶ wenn die Mietsache zu ideellen Zwecken genutzt werden sollte. Die Vereitelung des ideellen Zwecks (z.B. Werbekosten für eine Parteiveranstaltung) stellt nur einen immateriellen Schaden dar, der gemäß § 253 grds. nicht zu ersetzen ist (BGHZ 99, 182, 198; vgl. auch OLG Köln NJW-RR 1994, 687).

▶ Der BGH hat Nichterfüllungsschaden abgelehnt bei im Rahmen eines Preisausschreibens gemachten Aufwendungen für eine später zu Unrecht abgelehnte Arbeit, weil sich hier nicht beiderseitige Leistungen eines gegenseitigen Vertrages gleichwertig gegenüberstanden (BGH NJW 1983, 442, 443).

▶ Die Rentabilitätsvermutung ist widerlegt, wenn der andere Teil wegen eines vorbehaltenen Rücktrittsrechts berechtigt war, von dem Vertrag zurückzutreten, weil sich dann der jetzt Schadensersatzberechtigte im Zeitpunkt der nunmehr nutzlos gewordenen Aufwendungen nicht auf deren Rentabilität verlassen konnte (BGHZ 123, 96, 100[@] f.).

Anders ist es aber, wenn der Vertrag durch einen vollmachtlosen Vertreter abgeschlossen war, der Schadensersatzberechtigte während der schwebenden

Unwirksamkeit die Aufwendungen machte und der Vertragspartner den Vertrag später genehmigte. Hier greift wegen der Rückwirkung der später erfolgten Genehmigung die Rentabilitätsvermutung ein (BGH JP 1999, 326@; dazu zustimmender Kurzkomm. Grunsky EWiR § 249 2/99, 681; zustimmend Timme JZ 2000, 100).

▶ OLG Hamm hat die Ersatzfähigkeit von frustrierten Aufwendungen eines Hobbyrennfahrers abgelehnt (OLG Hamm MDR 1998, 536).

3. Abschnitt: Sondervorschriften für den deliktischen Ersatzanspruch

1. § 842 Umfang der Ersatzpflicht bei Verletzung einer Person

Nach § 842 gehören zu dem zu ersetzenden Schaden die Nachteile, welche die unerlaubte Handlung für den Erwerb oder das Fortkommen des Verletzten herbeigeführt haben.

Derjenige Ehepartner, der den Haushalt führt und der durch eine unerlaubte Handlung verletzt und dadurch in der Haushaltsführung beeinträchtigt wird, hat einen eigenen Ersatzanspruch gegen den Schädiger (BGHZ 54, 45, 52). Die Höhe bestimmt sich auf der Grundlage der Kosten, die für eine den Ausfall ausgleichende Hilfskraft aufzuwenden sind (Soergel/Zeuner § 843 Rdnr. 5).

2. § 843 Geldrente oder Kapitalabfindung

Wird infolge einer Verletzung des Körpers oder der Gesundheit die Erwerbsfähigkeit des Verletzten aufgehoben oder gemindert oder tritt eine Vermehrung seiner Bedürfnisse ein, regelt § 843 gewisse Besonderheiten:

▶ Schadensersatz durch Entrichtung einer Geldrente (§ 843 I).

▶ Bei wichtigem Grunde statt der Rente Abfindung in Kapital (§ 843 III).

▶ Der Ersatzanspruch wird nicht dadurch ausgeschlossen, dass ein anderer dem Verletzten Unterhalt zu gewähren hat, § 843 IV. Diese Vorschrift gilt auch dann, wenn der Unterhaltspflichtige bereits geleistet hat (BGHZ 54, 269, 274).

Ein infolge der Verletzung des Kindes hervorgerufener besonderer Betreuungsaufwand der Eltern (z.B. Beruhigung, Ablenkung, Tröstung, Sprechübungen) kann nur unter besonderen Voraussetzungen einen ersatzfähigen Vermögensschaden des geschädigten Kindes wegen Vermehrung seiner Bedürfnisse begründen (BGH JP 1999, 617@).

3. § 844 Ersatzansprüche Dritter der Tötung

I) Im Falle der Tötung hat derjenige, der die Kosten der Beerdigung zu tragen hat (i.d.R. der Erbe, § 1968), einen Anspruch auf Ersatz der Beerdigungskosten gegen den Täter, **§ 844 I**. (Dazu im Einzelnen Freyberger MDR 2000, 117 ff.)

II) Stand der Getötete zur Zeit der Verletzung zu einem Dritten in einem Verhältnis, vermöge dessen er diesem gegenüber kraft Gesetzes unterhaltspflichtig war, und ist dem Dritten infolge der Tötung das Recht auf den Unterhalt entzogen, so hat der Ersatzpflichtige dem Dritten durch Entrichtung einer Geldrente insoweit Schadensersatz zu leisten, als der Getötete während der mutmaßlichen Dauer seines Lebens zur Gewährung des Unterhalts verpflichtet gewesen sein würde, § 844 II.

4. § 845 Ersatzansprüche wegen entgangener Dienste

Im Falle der Tötung, der Verletzung des Körpers oder der Gesundheit sowie im Falle der Freiheitsentziehung hat der Ersatzpflichtige, wenn der Verletzte kraft Gesetzes einem Dritten zur Leistung von Diensten in dessen Hauswesen oder Gewerbe verpflichtet war, dem Dritten für die entgehenden Dienste durch Entrichtung einer Geldrente Ersatz zu leisten.

§ 845 kommt **nicht** zur Anwendung bei der Tötung eines Ehepartners, denn die Haushaltsführung entspringt der Unterhaltspflicht, und zwar auch, soweit eine Mitarbeitspflicht im Beruf oder Geschäft des anderen vom Zweck der Unterhaltssicherung her angenommen werden kann. Die Vorschrift bezieht sich daher heute auf die eventuell bestehende Dienstleistungspflicht der Kinder nach § 1619 und hat somit wenig praktische Bedeutung (vgl. z.B. OLG Saarbrücken FamRZ 1989, 180).

5. § 847 Schmerzensgeld

I) Voraussetzung des § 847 ist, dass eine **unerlaubte Handlung** zur Verletzung des Körpers oder der Gesundheit oder zu einer Freiheitsentziehung geführt hat; vgl. ferner § 847 II (Verbrechen wider die Sittlichkeit usw.).

Als „unerlaubte Handlungen" i.S.d. heutigen § 847 sind alle TB der §§ 823 ff. anzusehen, auch die Gefährdungshaftung nach § 833 S. 1, nicht aber die außerhalb des BGB geregelten Fälle der Gefährdungshaftung.
Das Bundesjustizministerium hat einen **Gesetzesentwurf** vorgelegt, der u.a. die Einführung von Schmerzensgeldansprüchen bei Gefährdungstatbeständen bei schwerwiegenden Verletzungen vorsieht (s. dazu Deutsch ZRP 1998, 291 ff.).

Bei der Verletzung des allgemeinen Persönlichkeitsrechts (§ 823 I) ist ein Anspruch auf Schmerzensgeld gemäß § 847 dann anerkannt, wenn es sich um eine schwere Verletzung des Persönlichkeitsrechts handelt und wenn nach Art der Verletzung Genugtuung auf andere Weise nicht zu erlangen ist.

II) **Die Bemessungsfaktoren**

> **Fall 41: Höhe des Schmerzensgeldes**
> A hat gegen B ein Urteil auf Zahlung von Schmerzensgeld erstritten. Bei der Bemessung der Höhe des Schmerzensgeldes hat das Gericht u.a. berücksichtigt, dass B den Unfall grob fahrlässig verschuldet hat und dass er haftpflichtversichert ist. B überlegt sich, ob er Berufung einlegen soll und fragt, ob die Begründung des Urteils rechtlich einwandfrei ist.

A hat gegen B dem Grunde nach einen Schmerzensgeldanspruch aus §§ 823 I, 847. Es geht hier um die Höhe des Anspruchs. Insoweit bestimmt das Gesetz nur, dass eine „billige Entschädigung in Geld" verlangt werden kann. Die Bemessung von Schmerzensgeldansprüchen ist grds. Aufgabe des Tatrichters, der die Höhe nach § 287 ZPO zu ermitteln hat.

Maßgebend für die Höhe des Schmerzensgeldanspruchs sind im Wesentlichen die Schwere der Verletzungen, das durch diese bedingte Leiden, dessen Dauer, das Ausmaß der Wahrnehmung der Beeinträchtigung durch den Verletzten und der Grad des Verschuldens des Schädigers.

BGHZ 138, 388, 391[@]; zur Schmerzensgeldbemessung vgl. ferner BGH NJW 1997, 455 m. Kurzkommentar Grunsky in EWiR § 847 BGB 1/97, S. 105 f.; KG KG Report 1997, 136.

Der Anspruch auf Schmerzensgeld ist kein gewöhnlicher Schadensersatzanspruch, sondern ein Anspruch eigener Art mit einer doppelten Funktion.

BGH GSZ BGHZ 18, 149[@]; OLG Düsseldorf VersR 1996, 1508.

▶ § 847 hat – wie jeder Schadensersatzanspruch – eine **Ausgleichsfunktion**: Das Schmerzensgeld soll dem Geschädigten einen angemessenen Ausgleich bieten für diejenigen Schäden nichtvermögensrechtlicher Art, die die Verletzung zur Folge hat. Derartige Schäden sind vor allem die erlittenen und noch zu erleidenden Schmerzen, ausgestandene Ängste und Sorgen und die Beeinträchtigungen der Lebensfreude. Art und Maß derartiger Beeinträchtigungen bestimmen in erster Linie die Höhe des Schmerzensgeldes.

Handelt es sich bei geringfügigen Verletzungen nur um vorübergehende Beeinträchtigungen – sog. Bagatellschäden –, kann mangels eines Ausgleichsbedürfnisses ein Schmerzensgeld zu versagen sein (BGH MDR 1992, 349; OLG Köln OLG Report 1998, 389).

Bei Personenschäden, die durch Verkehrsunfälle entstanden sind, steht regelmäßig die Ausgleichsfunktion des Schmerzensgeldes derart im Vordergrund, dass der Genugtuungsfunktion keine eigenständige Bedeutung mehr zukommt (OLG Düsseldorf VersR 1996, 1508).

▶ Ein wirklicher Ausgleich immaterieller Schäden ist zumindest schwierig, vielfach unmöglich. Man denke nur an schwere Verletzungen wie Querschnittslähmung, Erblindung. Es gibt keinen Geldbetrag, der derartige Nachteile ausgleichen könnte. Dem Schmerzensgeldanspruch kommt daher auch eine **Genugtuungs- und Sühnefunktion** zu.

Unter dem Gesichtspunkt der Genugtuungsfunktion sind insbes. Art und Maß des Verschuldens beim Schädiger zu berücksichtigen.

BGH GSZ BGHZ 18, 149, 156[@] f.; OLG Köln OLG Report 2000, 192; das Genugtuungsbedürfnis des Geschädigten gerät nicht in Wegfall, wenn der Schädiger wegen der von ihm begangenen Tat zu einer Freiheitsstrafe verurteilt wird (BGHZ 128, 117, 121 ff.; BGH NJW 1996, 1591).

▶ Darüber hinaus müssen alle Umstände berücksichtigt werden, die dem einzelnen Schadensfall sein besonderes **Gepräge** geben. Für den Schadensfall bedeutsam sind auch die wirtschaftlichen Verhältnisse der Beteiligten, und zwar sowohl des Schädigers wie des Geschädigten. Unter diesem Gesichtspunkt ist es zulässig, beim Schädiger zu berücksichtigen, ob er haftpflichtversichert ist.

BGH GSZ BGHZ 18, 149, 165[@] f.

▶ Nach OLG Frankfurt a.M. ist dem Geschädigten über ein an sich angemessenes Schmerzensgeld hinaus ein deutlich höheres Schmerzensgeld – im konkreten Fall der doppelte Betrag – zuzusprechen, wenn der Haftpflichtversicherer des Schädigers die Bezahlung eines Schmerzensgeldes ungebührlich verzögert hat.

OLG Frankfurt JP 1999, 180[@].

III) Entgegen der früheren Rechtslage (Vererblichkeit des Schmerzensgeldanspruchs erst nach Rechtshängigkeit) ist der Anspruch auf Schmerzensgeld seit dem 1.7.1990 **übertragbar und vererblich.**
Trotz der „höchstpersönlichen" Natur des Schmerzensgeldes ist nach der Gesetzesänderung keine Willensbekundung des Verletzten selbst, Schmerzensgeld zu fordern, mehr notwendig. Demgemäß kann der Erbe den Schmerzensgeldanspruch auch dann geltend machen, wenn der Verletzte in der Zeit zwischen Unfall und Tod ohne Bewusstsein war.

BGH MDR 1995, 265; KG NJW-RR 1995, 91.

Problematisch ist die Schmerzensgeldbemessung bei alsbaldigem Tod.

Vgl. dazu Jaeger MDR 1998, 450 ff.; derselbe auch schon VersR 1996, 1177 ff.

▶ Ein Schmerzensgeldanspruch entsteht nicht, wenn die schädigende Handlung **unmittelbar den Tod** herbeigeführt hat.

BGH NJW 1976, 1147, 1148; KG JP 1997, 223; OLG Düsseldorf NJW 1997, 806; OLG Karlsruhe OLG Report 2000, 192.

▶ Ein Schmerzensgeldanspruch entsteht aber dann, wenn der Geschädigte nur **kurze Zeit überlebt** und dann an den Folgen der Verletzung stirbt. Dies gilt selbst dann, wenn sich der Verletzte bis zu seinem Tod durchgehend oder überwiegend in einem Zustand der Empfindungsunfähigkeit oder Bewusstlosigkeit befunden hat. Der Umstand, dass der Geschädigte die Verletzungen nur kurze Zeit überlebt hat, kann allerdings schmerzensgeldmindernd berücksichtigt werden.

BGHZ 138, 388, 392[@]; OLG Düsseldorf VersR 1996, 985; OLG München VersR 1998, 644, 645; SchlHOLG MDR 1999, 230[@].

IV) **Prozessuale Fragen**

S. dazu v. Gerlach VersR 2000, 525 ff.

▶ **Unbezifferter Klageantrag**

Bei Zahlungsklagen ist der verlangte Geldbetrag grundsätzlich zu beziffern. Eine Ausnahme gilt u.a. beim Schmerzensgeldanspruch, § 847, da hier die Höhe des geschuldeten Betrages vom Gericht nach billigem Ermessen festzusetzen ist. Der Klageantrag kann daher lauten: „ ... den Beklagten zu verurteilen, an den Kläger ein angemessenes, der Höhe nach in das Ermessen des Gerichts gestelltes Schmerzensgeld zu zahlen".

St.Rspr. seit RGZ 21, 386; vgl. auch BGHZ 45, 91; 132, 341, 350[@].

Allerdings muss der Kläger nach der neueren Rspr. des BGH, um dem Bestimmtheitsgrundsatz des § 253 II Nr. 2 ZPO zu genügen, auch bei unbezifferten Leistungsanträgen nicht nur die tatsächlichen Grundlagen, sondern auch die Größenordnung des geltend gemachten Betrages so genau wie möglich angeben.

BGHZ 132, 341, 350@ m.w.N.

▶ **Entscheidungsfreiheit des Gerichts**

Bei der Festsetzung des für angemessen gehaltenen Schmerzensgeldes sind dem Richter im Rahmen des § 308 ZPO nach oben keine Grenzen gezogen. Über eine vom Kläger angegebene Mindestgröße des Schmerzensgeldbetrages kann das Gericht auch erheblich hinausgehen, ohne gegen § 308 ZPO zu verstoßen.

BGHZ 132, 351, 350@; OLG Brandenburg VersR 2000, 489.

▶ **Beschwer bei unbeziffertem Antrag**

Hat der Kläger ein angemessenes Schmerzensgeld unter Angabe einer Betragsvorstellung verlangt und hat ihm das Gericht in eben dieser Höhe ein Schmerzensgeld zuerkannt, so ist der Kläger durch das Urteil nicht beschwert, selbst wenn der angemessene Betrag höher liegen sollte. Will sich der Kläger die Möglichkeit eines Rechtsmittels offen halten, so muss er den Betrag nennen, den er auf jeden Fall zugesprochen haben will und bei dessen Unterschreitung er sich als nicht befriedigt ansehen würde.

BGH JP 1999, 242@; dazu Karsten Schmidt JuS 1999, 1237; OLG Hamm JP 1999, 620@.

▶ **Umfang der Rechtskraft eines Schmerzensgeldurteils**

Wird für eine Körperverletzung uneingeschränkt ein Schmerzensgeld verlangt, so werden durch den zuerkannten Betrag alle diejenigen Schadensfolgen abgegolten, die entweder bereits eingetreten oder objektiv erkennbar waren oder deren Eintritt jedenfalls vorhergesehen und bei der Entscheidung berücksichtigt werden konnte. War eine später aufgetretene Verletzungsfolge nicht derart naheliegend, so steht die Rechtskraft der früheren Entscheidung der Zubilligung eines weiteren Schmerzensgeldes nicht entgegen.

BGH MDR 1995, 357; OLG Köln zfs 1997, 134; OLG Stuttgart JP 1999, 618@.

▶ **Kein Schmerzensgeld für eine Kapitalgesellschaft**

Einer juristischen Person wird zwar nach heute einhellig vertretener Auffassung auch ein Persönlichkeitsrecht zuerkannt. Bei der Verletzung des Persönlichkeitsrechts einer am Wirtschaftsleben teilnehmenden Handels- oder Kapitalgesellschaft kann jedoch – z.B. bei einem widerrechtlichen Eingriff in das allgemeine Persönlichkeitsrecht durch falsche Berichterstattung – kein Schmerzensgeld gewährt werden.

OLG Frankfurt OLG Report 2000, 200, 201.

6. § 848 Zufallshaftung des Deliktsschuldners

Fall 42: Der bestohlene Dieb
D stiehlt dem Eigentümer E ein Motorrad und stellt es in seine verschlossene Scheune. Landstreicher L, der sich unbemerkt gewaltsam Zutritt zu der Scheune verschafft hat, um dort zu übernachten, hat die noch neuwertigen Reifen abmontiert und mitgenommen. E verlangt von D Herausgabe des Motorrades und Ersatz für die Reifen.

(A) E hat gegen D einen Anspruch auf Herausgabe des Motorrades nach § 985.

(B) Anspruch auf Ersatz der Reifen

(I) Anspruchsgrundlage §§ 990, 989?

Zwischen dem Eigentümer E und dem Dieb D bestand ein Eigentümer-Besitzer-Verhältnis. D war bei dem Besitzerwerb nicht in gutem Glauben. Somit haftet D nach §§ 990, 989 dafür, dass infolge seines Verschuldens die Sache verschlechtert worden ist. Das Abmontieren der Reifen ist von D nicht verschuldet worden. Allein der Diebstahl reicht zur Annahme eines Verschuldens nicht aus, was sich daraus ergibt, dass in §§ 990, 989 zwischen dem bösen Glauben beim Besitzerwerb und dem Verschulden im Hinblick auf die Unmöglichkeit unversehrter Rückgabe unterschieden wird. Also besteht kein Anspruch aus §§ 990, 989.

(II) Anspruchsgrundlage können **§§ 823, 848** sein.

(1) D hat sich den Besitz durch eine strafbare Handlung verschafft, sodass er dem E gemäß § 992 aus unerlaubter Handlung haftet.

(2) Die Voraussetzungen des § 823 I sind gegeben; der Diebstahl bedeutet eine Eigentumsverletzung.

(3) Der Täter einer unerlaubten Handlung haftet für jeden Schaden, der sich adäquat kausal aus der unerlaubten Handlung ergibt. Ob das Wegnehmen der Reifen durch L ein durch den Diebstahl adäquat kausal verursachter Schaden ist, ist zweifelhaft. Diese Frage braucht aber nicht entschieden zu werden, wenn § 848 eingreift:

(a) § 848 erweitert die Haftung desjenigen, der durch unerlaubte Handlung eine Sache entzogen hat und zur Rückgabe verpflichtet ist. Diese Voraussetzungen liegen im Verhältnis des D zu E vor. Die erweiterte Haftung besteht darin, dass der Deliktsschuldner „auch für den zufälligen Untergang, eine aus einem anderen Grunde eintretende zufällige Unmöglichkeit der Herausgabe oder eine zufällige Verschlechterung der Sache verantwortlich" ist. Dabei braucht zwischen der unerlaubten Handlung und dem eingetretenen Schaden kein adäquater Kausalzusammenhang zu bestehen. Ausreichend ist, dass der Schaden nach dem Sachentzug eingetreten ist. Es gilt dasselbe wie bei der Parallelvorschrift des § 287 (der im Verzug befindliche Schuldner haftet für Zufall).

(b) Eine Verantwortlichkeit aus § 848 besteht allerdings nicht, wenn der Schaden auch ohne die Entziehung eingetreten wäre. Das ist hier jedoch nicht der Fall. Eine Schadensersatzpflicht des D aus §§ 992, 823 I, 848 ist daher begründet.

---

7. § 852 Verjährung

Nach § 852 I verjährt der Deliktsanspruch in 3 Jahren nach Kenntniserlangung von Schaden und Ersatzpflichtigem, spätestens aber in 30 Jahren. Dies gilt für alle Tatbestände aus unerlaubter Handlung (einschließlich der Gefährdungshaftung) im BGB und anderen Gesetzen, soweit nicht dort eine Sonderregelung getroffen ist (BGHZ 57, 170, 176).

I) Nach dem Wortlaut des § 852 I setzt der Beginn der Verjährungsfrist die **positive Kenntnis** des Geschädigten von dem Schaden einschließlich des Schadenshergangs und des Schädigers voraus.
BGHZ 133, 192, 198[@]; BGH NJW 2000, 953.

Es müssen **Name** und **Anschrift** des Ersatzpflichtigen bekannt sein (BGH ZIP 1998, 328, 329), bei einem Anspruch aus § 831 vom Geschäftsherrn (BGH Urt. v. 17.11.1998 – VI ZR 32/97).

Bereits die **allgemeine Kenntnis vom Schaden** genügt, um die Verjährungsfrist in Lauf zu setzen; wer sie erlangt, dem gelten auch solche **Folgezustände** als bekannt, die im Zeitpunkt der Erlangung jener Kenntnis überhaupt nur als möglich voraussehbar waren. Bei Körperschäden ist die Sicht der medizinischen Fachkreise entscheidend. Ausnahmen von diesem Grundsatz sind nur in eng begrenzten Fallkonstellationen hinnehmbar. Dazu gehören Sachverhalte, in denen sich Folgezustände erst später unerwartet einstellen. In solchen Fällen ist der Beginn der Verjährung i.d.R. von dem Zeitpunkt an zu rechnen, in dem der Verletzte von den nachträglich eingetretenen Schäden Kenntnis hat (BGH MDR 2000, 270).

II) **Ernsthafte Zweifel** über die Person des Ersatzpflichtigen schließen den Beginn der Verjährung aus. Die Verjährungsfrist beginnt erst dann, wenn die Zweifel ausgeräumt sind. Eine **grob fahrlässige Unkenntnis** steht der positiven Kenntnis grds. nicht gleich; dies ist nur dann der Fall, wenn der Geschädigte bzw. sein gesetzlicher Vertreter es versäumt hat, eine gleichsam auf der Hand liegende Erkenntnismöglichkeit wahrzunehmen.
BGH JP 1999, 440[@]; BGH NJW 2000, 953.

III) Da es sich bei einem Zusammentreffen von Ansprüchen aus Vertragsverletzung und aus unerlaubter Handlung um eine echte **Anspruchskonkurrenz** handelt, unterliegt jeder Anspruch grds. seiner eigenen Verjährungsfrist.
BGHZ 116, 297, 300 m.w.N; vgl. auch schon oben zum „weiterfressenden Mangel" S. 16 ff.

Ausnahmsweise wirkt sich eine gesetzliche Einschränkung der Vertragshaftung auf die Haftung aus unerlaubter Handlung aus, wenn der gesetzlichen Regelung der Vertragshaftung aufgrund ausdrücklicher Vorschrift oder nach ihrem Zweck zu entnehmen ist, dass sie einen Sachverhalt erschöpfend regeln und dementsprechend auch die Haftung aus unerlaubter Handlung beschränken will.

So entspricht es z.B. st.Rspr. des BGH, dass die kurze Verjährungsfrist des § 558 für Ansprüche des Vermieters wegen Veränderungen und Verschlechterungen der vermieteten Sache auch dann gilt, wenn die Ansprüche nicht auf Mietvertrag, sondern auf unerlaubter Handlung des Mieters gestützt werden (BGHZ 116, 293, 295).

4. Abschnitt: Haftungsbeschränkungen; Mitverursachung und Mitverschulden

1. Gesetzliche Haftungsbeschränkungen

I) Während im allgemeinen für eine Verschuldenshaftung jede Fahrlässigkeit ausreicht, sieht das Gesetz für bestimmte Fälle eine Haftungsminderung vor, indem es den **Verschuldensmaßstab** verändert.

- Nach §§ 104, 105 SGB VII (abgedruckt im Schönfelder bei § 618 BGB) ist die Haftung des Unternehmers gegenüber dem in seinem Unternehmen tätigen Versicherten, dessen Angehörigen und Hinterbliebenen für bestimmte Fälle auf **Vorsatz** beschränkt.
- Nur für **Vorsatz und grobe Fahrlässigkeit** haften der Schenker (§ 521), der Verleiher (§ 599), der Finder (§ 968), der Schuldner im Annahmeverzug (§ 300) und der Geschäftsführer ohne Auftrag bei Gefahrenabwehr (§ 680).
- Nur für **Vorsatz, grobe Fahrlässigkeit und für eigenübliche Sorgfalt** (diligentia quam in suis) haften der unentgeltliche Verwahrer (§ 690), die Gesellschafter bei Erfüllung ihrer Pflichten aus Gesellschaftsvertrag (§ 708; gilt nach BGHZ 46, 313 nicht bei Teilnahme am Straßenverkehr, dazu Medicus BR Rdnr. 930); der Ehegatte (§ 1359; gilt nach BGHZ 53, 352; 61, 101; 63, 51, 57 ebenfalls nicht bei Teilnahme am Straßenverkehr!); die Eltern gegenüber dem Kinde (§ 1664) und der Vorerbe (§ 2131).

Zu beachten ist hier aber § 277: Auch der von Haus aus besonders Unvorsichtige haftet für grobe Fahrlässigkeit immer. Weiter wird aus der Formulierung „wer nur" in § 277 gefolgert, dass der besonders Sorgfältige nicht etwa für größere als die verkehrserforderliche Sorgfalt einzustehen hat.

Soweit eine gesetzliche Begrenzung der Vertragshaftung auf bestimmte Schuldformen vorliegt, kann wegen derselben Handlung nach Deliktsrecht keine strengere Haftung eingreifen (BGHZ 46, 313, 316 f.; 93, 23, 29; OLG Köln JuS 1988, 487).

II) In einigen Fällen der Gefährdungshaftung ist die Ersatzpflicht auf eine **bestimmte Höchstsumme** begrenzt.

- Vgl. z.B. §§ 12, 18 StVG für die Haftung des Halters und Führers eines Kfz; § 9 HaftpflG; § 10 ProdHG.

Die Begrenzung gilt aber nur für die bestimmte Gefährdungshaftung, nicht zugleich für andere Anspruchsgrundlagen (z.B. §§ 823 ff. oder Vertrag).

2. Rechtsgeschäftliche Haftungsbeschränkungen

2.1 Aufgrund der im Schuldrecht herrschenden Vertragsfreiheit kann die Haftung grds. durch Vertrag im voraus ausgeschlossen oder eingeschränkt werden. Der vertragliche Haftungsausschluss ist aber **nicht unbegrenzt möglich**.

- Nicht möglich ist ein Ausschluss der Haftung für Vorsatz (§ 276 II), wohl aber für Vorsatz des Erfüllungsgehilfen (§ 278 S. 2 i.V.m. § 276 II).
- Nach § 11 Nr. 7 AGBG ist in Allgemeinen Geschäftsbedingungen ein Ausschluss oder eine Begrenzung der Haftung für einen Schaden unwirksam, der auf einer grob fahrlässigen Vertragsverletzung eines gesetzlichen Vertreters oder Erfüllungsgehilfen des Verwenders beruht; dies gilt auch für Schäden aus der Verletzung von Pflichten bei den Vertragsverhandlungen.
- Bestimmte Gefährdungshaftungen können überhaupt nicht oder nur beschränkt abbedungen werden, vgl. z. B. für die Gastwirtshaftung § 702 a; für die Haftung des Kfz-Halters § 8 a II StVG; ferner § 7 HaftpflG.

2.2 Die rechtsgeschäftliche Haftungsbeschränkung kann grds. **formfrei** (Ausnahme z.B. beim Gastwirt nach § 702 a II) und auch **konkludent** erfolgen. An die Annahme einer stillschweigenden Haftungsbeschränkung sind aber strenge Anforderungen zu stellen. Allein der Umstand, dass jemand aus Gefälligkeit handelt, reicht hierzu nach h. M. nicht aus.

Auch der Gesichtspunkt von Treu und Glauben (§ 242) ist nicht geeignet, eine generelle Haftungsfreistellung zu begründen. Dazu bedarf es vielmehr des Hinzutretens besonderer Umstände (OLG Koblenz OLG Report 1999, 435, 436).

Der Gefällige haftet grds. gemäß § 823 I auch bei leichter Fahrlässigkeit. Nur bei Hinzutreten besonderer Umstände, aus denen auf den Willen der Parteien geschlossen werden kann, einen Haftungsausschluss zu vereinbaren, kann etwas anderes gelten (OLG Dresden JP 1997, 591$^@$).

Bei Gefälligkeitsfahrten wird nach der Rspr. ein konkludenter (oder durch ergänzende Vertragsauslegung zu konstruierender) Haftungsausschluss unter folgenden Voraussetzungen angenommen:

- Es muss sich um eine Gefälligkeitsfahrt handeln.
- Der Fahrer ist für die geltend gemachten Schäden nicht versichert.
- Es müssen „besondere Umstände" hinzutreten.
- Rechtsfolge ist der Haftungsausschluss für Sachschäden und für leichte Fahrlässigkeit.

(OLG Saarbrücken OLG Report 1998, 114; OLG Frankfurt NJW 1998, 1232).

Der BGH (VersR 1972, 863; WM 1979, 367) hat eine Ersatzpflicht abgelehnt, wenn ein Kaufinteressent anlässlich einer Probefahrt dem Kraftfahrzeughändler durch leichte Fahrlässigkeit einen Sachschaden zugefügt hat, wenn die Beschädigung im Zusammenhang mit den einer Probefahrt eigentümlichen Gefahren steht.

2.3 Ob eine vertraglich vereinbarte Haftungsmilderung sich auch auf konkurrierende Deliktsansprüche erstreckt, ist durch **Auslegung** zu ermitteln. Regelmäßig wird eine solche Erstreckung zu bejahen sein.

BGHZ 9, 301, 306; SchlHOLG OLG Report 1996, 321; Medicus BR Rdnr. 640.

Eine in AGB enthaltene Haftungsfreizeichnung ist grds. eng auszulegen. Nach der sog. „Unklarheitsregel" des § 5 AGBG gehen verbleibende Zweifel zu Lasten desjenigen, der sie aufgestellt hat und sich ihrer bedient.

2.4 Eine **Einwilligung des Verletzten** kann in Ausnahmefällen die Rechtswidrigkeit entfallen lassen (z. B. Einwilligung des Patienten in ärztlichen Eingriff).

Allein der Umstand, dass sich jemand bewusst und freiwillig in eine Gefahrenlage begibt, ist nach heute h.M. aber noch keine rechtfertigende Einwilligung. Eine solche Annahme wäre im Regelfall eine Fiktion (BGHZ 34, 355, 360). Die Fälle bewusster Selbstgefährdung, insbesondere die Mitfahrt im Kfz, löst die h.M. über § 254 (BGHZ 34, 355, 364).

3. Mitwirkendes Verschulden gemäß § 254

3.1 Voraussetzungen und Rechtsfolgen des § 254 I

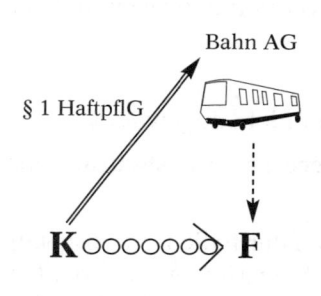

Fall 43: Sturz aus anfahrendem Zug
Die 75jährige Frau F hat bei einer Bahnreise einen Unfall erlitten. Sie war aus Versehen in einen falschen Zug gestiegen. Als sie dies bemerkte, wollte sie wieder aussteigen. Sie hatte Schwierigkeiten beim Öffnen der Tür und geriet in Hektik. Sie hat die Tür ihres Waggons erst geöffnet und den Zug verlassen, als dieser bereits angefahren war. Frau F kam auf dem Bahnsteig zu Fall und verletzte sich. Ihre gesetzliche Krankenkasse K zahlte die Kosten der Heilbehandlung. Die K verlangt nunmehr Ersatz ihrer Aufwendungen von der Deutschen Bahn AG. Diese lehnt eine Ersatzpflicht mit der Begründung ab, dass der Unfall allein auf das schuldhafte Verhalten der Frau F zurückzuführen sei.

Anspruch aus § 1 I HaftpflG i.V.m. § 116 SGB X

(I) **Anspruchsberechtigt** kann der Träger der gesetzlichen Krankenversicherung (K) sein aufgrund einer cessio legis nach **§ 116 I SGB X**.

§ 116 I SGB X ordnet u.a. einen gesetzlichen Forderungsübergang für den Fall an, dass der Krankenversicherungsträger dem Geschädigten Leistungen zur Heilbehandlung erbringt. Es geht dann in Höhe der erbrachten Leistungen der Schadensersatzanspruch des Geschädigten gegen den Schädiger auf den Versicherungsträger kraft Gesetzes über.

(II) **Anspruchsverpflichtet** ist bei einem Anspruch aus **§ 1 I HaftpflG**, der sich bei dem Betrieb einer Eisenbahn ergibt, die Deutsche Bahn AG.

(III) Der **Haftungstatbestand** des § 1 I HaftpflG wegen der während der Zuganfahrt erfolgten Verletzung der F ist erfüllt: Es ist bei dem Betrieb einer Schienenbahn der Körper der F verletzt worden. Ein Ausschlussgrund der höheren Gewalt i.S.v. § 1 II HaftpflG liegt nicht vor.

(IV) Dennoch kann eine Haftung der Deutschen Bahn AG wegen eines **Mitverschuldens** der F nach § 4 HaftpflG i.V.m. **§ 254 I** entfallen.

Hat bei der Entstehung des Schadens ein Verschulden des Geschädigten mitgewirkt, so gilt gem. § 4, 1. Halbs. HaftpflG die Vorschrift des § 254.

§ 116 III 1 SGB X enthält eine Spezialregelung für die Schadensregulierung in dem Fall, dass die Leistungen des Versicherungsträgers nicht zum vollen Ausgleich des Schadens führen. Ein solcher Fall liegt hier nicht vor.

(1) Mitverschulden des Geschädigten

Es sind die **Voraussetzungen des § 254 I** in der Person des Geschädigten zu prüfen:

▶ Der Geschädigte muss den **haftungsbegründenden Tatbestand mit herbeigeführt** haben.

Das Verhalten der F war adäquat kausal für den Unfall.

▶ Der Geschädigte muss in **vorwerfbarer Weise gegen seine eigenen Interessen verstoßen** haben – „Verschulden gegen sich selbst" –.

Abzustellen ist auf die Außerachtlassung derjenigen Sorgfalt, die ein ordentlicher und verständiger Mensch zur Vermeidung eigenen Schadens anzuwenden pflegt.
BGHZ 74, 25, 28; BGH NJW 1998, 1137, 1138@.

Im vorliegenden Fall hat die F diese Sorgfalt nicht angewandt.

▶ Es ist eine **Abwägung der beiderseitigen Verursachungsbeiträge** vorzunehmen.

Im vorliegenden Fall steht dem Mitverschulden der F die Betriebsgefahr der Eisenbahn gegenüber. Das Verhalten der F begründet auch bei Unterstellung einer gewissen Hektik ein so erhebliches Verschulden, dass die Betriebsgefahr der Bahn völlig zurücktritt. „Jedem erwachsenen Fahrgast ist bekannt, dass die Türen eines fahrenden Zuges aus Sicherheitsgründen nicht geöffnet werden dürfen. Ein Verstoß gegen dieses Verbot ist – auch wenn es nur aus Unachtsamkeit erfolgt – als schwerwiegende Verletzung der eigenen Sorgfalt zu werten und lässt eine Inanspruchnahme des Zugbetriebes aus Gefährdungshaftung nicht gerechtfertigt erscheinen."
OLG Hamm NJW-RR 1993, 1180; vgl. auch OLG Frankfurt/M NJW-RR 1986, 965.

(2) Das Eigenverschulden der F muss sich der Träger der Krankenversicherung, auf den der Schadensersatzanspruch der F kraft **cessio legis** übergegangen ist, gem. **§§ 412, 404** entgegenhalten lassen.
OLG Hamm NJW-RR 1993, 1180.
Das Mitverschulden ist eine **rechtshindernde Einwendung**, die von vornherein die Entstehung des Ersatzanspruchs teilweise oder ganz verhindert. Im Versäumnisurteil ist es zu Gunsten des Schädigers zu berücksichtigen, wenn der Geschädigte selbst die dafür erforderlichen Tatsachen vorbringt (Erman/Kuckuk § 254 Rdnr. 112).

– – –

3.2 § 254 II 1 erwähnt zwei Fälle **mitwirkenden Verschuldens** besonders. Hier besteht das mitwirkende Verschulden des Geschädigten in einer **Unterlassung**:

I) Der Geschädigte hat es unterlassen, den Ersatzpflichtigen vor der Gefahr eines ungewöhnlich hohen Schadens zu **warnen**.

Beispiel: Dem Gläubiger droht als Folge eines Zahlungsverzuges des Schuldners der wirtschaftliche Zusammenbruch. Der Gläubiger muss dies nach § 254 II 1 dem Schuldner anzeigen. Das schuldhafte Unterlassen begründet ein Mitverschulden.

II) Die Unterlassung der Abwendung und Minderung des Schadens

1) Wer von Schaden bedroht ist, ist verpflichtet, jede ihm mögliche und zumutbare Maßregel zu ergreifen, die den **drohenden Schaden verhüten oder abschwächen** kann.

Beispiel: Das Haus des B ist baufällig. Sein Nachbar A weiß das, unternimmt aber nichts. Das Haus des B stürzt ein und beschädigt das Haus des A. Hier hat A schuldhaft gegen seine Abwendungspflicht verstoßen. A hätte sich nachdrücklich um die Beseitigung der Gefahr bemühen müssen, notfalls bei der Baubehörde (BGH VersR 1958, 131).

Gegenbeispiel: A hat aufgrund einer Kriegsverletzung eine außergewöhnlich dünne Bauchdecke. Er wird vom Hund des B in die Bauchdecke gebissen, was zu schweren Verletzungen führt. War A verpflichtet, ein die Bauchdecke schützendes Korsett zu tragen? BGH (NJW 1982, 168) verneint die Frage.

2) Wer vom Schaden betroffen ist, muss alles Zumutbare tun, was den **Schaden mindern** kann.

Beispiele:

Ein Verletzter muss zur Erfüllung seiner Schadensminderungspflicht sich dann einer ärztlichen Behandlung, notfalls auch einer Operation unterziehen, falls sie „einfach und gefahrlos, nicht mit besonderen Schmerzen verbunden ist und sich weiter die sichere Aussicht auf Heilung oder wesentliche Besserung bietet" (BGHZ 12, 18, 19; BGH MDR 1994, 667).

Der Geschädigte ist aufgrund seiner Schadensminderungspflicht gehalten, sich ein Fahrzeug anzuschaffen, wenn er einen ihm angebotenen Arbeitsplatz unter zumutbaren Bedingungen wohl mit dem Fahrzeug, nicht aber mit öffentlichen Verkehrsmitteln erreichen kann (BGH JP 1999, 24@; dazu Kurzkommentar Reinking EWiR § 254 BGB 1/99, 5).

Gegenbeispiel: Eine Pflicht des Geschädigten, zur Schadensbeseitigung einen Kredit aufzunehmen, kann nur unter besonderen Umständen angenommen werden. Es ist grds. Sache des Schädigers, die vom Geschädigten zu veranlassende Schadensbeseitigung zu finanzieren (BGH BB 1988, 2278).

Allerdings hat OLG Düsseldorf eine Schadensminderungspflicht zur Kreditaufnahme für die Reparatur eines gewerblich genutzten Fahrzeugs (Taxi) bejaht, wenn die Kreditkosten erheblich unter dem ansonsten entstehenden Verdienstausfallschaden liegen (OLG Düsseldorf JP 1997, 324@).

3.3 Bedeutung des § 254 II 2 mit seiner Verweisung auf § 278

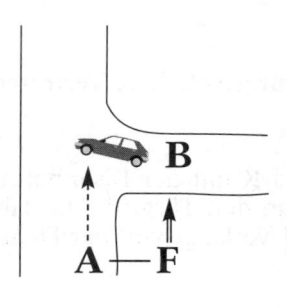

Fall 44: Mitverschulden des Angestellten

An einer Kreuzung übersieht der Autofahrer B schuldhaft, dass er wartepflichtig ist. Auf der vorfahrtsberechtigten Straße fährt der Angestellte A der Firma F auf einem Geschäftsfahrrad. A hätte die Vorfahrtsverletzung des B bemerken und noch ausweichen können. A passt aber nicht auf und prallt daher mit dem Fahrrad gegen das Auto des B. Das Fahrrad wird beschädigt. Wie ist der Schadensersatzanspruch der Firma F gegen B wegen des beschädigten Fahrrades zu beurteilen?

(A) Die Voraussetzungen des **§ 7 StVG** liegen vor. Es könnte eine Mitverantwortlichkeit der Firma F vorliegen. Nach **§ 9 StVG** ist **§ 254** anwendbar mit der Besonderheit, dass das Verschulden des A, der die tatsächliche Gewalt über das Fahrrad ausübte, dem Verschulden der F gleichsteht. A hat schuldhaft gehandelt. Somit muss sich die Firma F das Mitverschulden des A anspruchsmindernd entgegenhalten lassen. Aus § 7 StVG kann sie also nur einen Teil des am Fahrrad entstandenen Schadens ersetzt verlangen.

(B) Anspruchsgrundlage könnte weiterhin § 823 I sein. Die Voraussetzungen liegen vor. Wegen des Mitverschuldens gilt hier § 254. Ein eigenes Mitverschulden der F ist nicht gegeben. Entscheidende Frage ist, ob F sich auch hier das Mitverschulden des A entgegenhalten lassen muss.

§ 278 gilt für § 254 I und II. Die Vorschrift des § 254 II 2 ist so zu lesen, als wäre sie ein selbstständiger Absatz 3, der sich sowohl auf Absatz 1 als auch auf Absatz 2 bezieht.

St. Rspr. seit RGZ 62, 107; BGHZ 1, 248, 249; 103, 338, 342[@]; KG VersR 1996, 235, 236; Palandt/Heinrichs § 254 Rdnr. 60 m.w.N.

Nach der Rspr. und heute h.M. handelt es sich um eine **Rechtsgrundverweisung**. Voraussetzung für die **Anwendung des § 278** ist daher, dass zwischen den Parteien **im Zeitpunkt der Entstehung des Schadens vertragliche Beziehungen** oder eine sonstige **rechtliche Sonderverbindung** bestand. Ist eine solche nicht gegeben, so ist nicht § 278, sondern § 831 entsprechend anzuwenden.

St. Rspr. BGHZ 103, 338, 343[@]; KG VersR 1996, 235, 236; zustimmend z.B. Erman/Kuckuk § 254 Rdnr. 73 ff.; Fikentscher Rdnr. 574; MünchKomm/Grunsky § 254 Rdnr. 77; Palandt/Heinrichs § 254 Rdnr. 60; Staudinger/Schliemann § 254 Rdnr. 95.

A.A. Deutsch Haftungsrecht Rdnr. 577: § 254 II 2 führt zu einem unbedingten Einstehen des Verletzten für Vertreter- und Gehilfenverschulden unabhängig von dem Vorliegen einer Sonderverbindung; s. auch Gernhuber AcP 152, 68, 82 f.; einschränkend Larenz I § 31 I d.

Folgt man der Rspr. und h.L., ist im vorliegenden Fall § 278 nicht anwendbar, weil zwischen der Firma F und B im Zeitpunkt des Unfalls kein Schuldverhältnis bestand.

Bei der hier möglichen entsprechenden Anwendung des § 831 (s.o.) braucht nicht festgestellt zu werden, dass A eine unerlaubte Handlung begangen hat, sondern es reicht aus, dass A Verrichtungsgehilfe der Firma F ist und den Unfall mitverursacht hat. Die Firma F hat entsprechend § 831 I 2 die Exkulpationsmöglichkeit. Gelingt der Firma F der Exkulpationsbeweis, so kann sie B in voller Höhe aus § 823 I in Anspruch nehmen.

— — —

3.4 Mitverschulden eines Kindes; Einstehenmüssen für gesetzliche Vertreter

> **Fall 45: Mitverschulden der Eltern**
> Die Mutter M fuhr mit ihrem 4 1/2 Jahre alten Kind K mit der Eisenbahn. Während die Mutter nicht aufpasste, hängte K sich an den Türgriff. Die Tür öffnete sich, K fiel aus dem Zug und verletzte sich. K verlangt von der Deutschen Bahn AG Schadensersatz.

(I) Anspruchsgrundlage ist **§ 1 I HaftpflG**. Die Voraussetzungen liegen vor.

(II) Nach § 4, 1. Halbs. HaftpflG gilt **§ 254 BGB** entsprechend, wenn bei der Entstehung des Schadens ein Verschulden des Geschädigten mitgewirkt hat.

(1) Auch bei Mitverschulden ist Verschuldensfähigkeit erforderlich. Nach § 828 I ist K nicht deliktsfähig.

Da Haftungsbegründung und Haftungsbegrenzung korrespondieren, sind die §§ 827, 828 für die Frage der Zurechnungsfähigkeit im Bereich des Mitverschuldens entsprechend anzuwenden (BGHZ 9, 316, 317; KG VersR 1996, 235, 236@ m.w.N.).

(2) K könnte sich ein Mitverschulden der M entgegenhalten lassen müssen. Das ist nur über die entspr. Anwendung des § 278 möglich, nicht über § 831, weil nur § 278 den gesetzlichen Vertreter erwähnt und dieser kein Verrichtungsgehilfe i.S.d. § 831 ist.

(a) Nach einer Auffassung (vgl. z.B. Larenz I § 31 I d) ergibt sich aus §§ 278, 831, 832, dass im Deliktsrecht der gesetzlich Vertretene niemals für ein rechtswidriges Handeln, auch nicht für ein Mitverschulden seines gesetzlichen Vertreters einzustehen hat.

Für diese Auffassung spricht sehr viel: Für ein Kind ist es schon ein Unglück, Eltern zu haben, die nicht aufpassen. Es wäre eine Ungerechtigkeit, wenn der Umstand, dass die Eltern nachlässig sind, für das Kind die Folge hätte, dass seine eigenen Ersatzansprüche gekürzt oder ganz ausgeschlossen werden. Nach der anderen Auffassung gilt praktisch der Satz: Kinder haften für ihre Eltern.

(b) Die h.M. behandelt das **Einstehenmüssen für Hilfspersonen im Hinblick auf Erfüllungsgehilfen und gesetzliche Vertreter gleichmäßig**: Für beide ist (nur) einzustehen, wenn ein Schuldverhältnis besteht. Besteht ein Schuldverhältnis, so gilt eine Anspruchsminderung nach §§ 254, 278 nicht nur gegenüber dem Anspruch aus dem Schuldverhältnis, sondern auch gegenüber dem Anspruch aus Delikt.

BGHZ 9, 316; 24, 325, 327; BGH NJW 1964, 1670; NJW-RR 1993, 480; Münch-Komm/Grunsky § 254 Rdnr. 78 m.w.N.

(aa) Ein Schuldverhältnis zwischen K und der Deutschen Bahn AG besteht.

Hat die M die Fahrkarte im Namen des Kindes gekauft, dann besteht ein Vertrag unmittelbar zwischen K und der Bahn. Hat die M die Fahrkarte im eigenen Namen gekauft, so ergibt sich das Schuldverhältnis zwischen Bahn und K aus § 328 (vgl. BGHZ 9, 318).

(bb) Die M war gesetzliche Vertreterin.

(cc) Im Falle des § 278 muss die Hilfsperson in Erfüllung der Verbindlichkeit handeln. Im Einklang mit dem Grundgedanken des § 254 ist es ausreichend, dass die Hilfsperson zur Wahrung der Belange des Geschädigten tätig geworden ist (BGHZ 3, 50; 36, 339). Nach § 1631 I hat die Mutter die Pflicht, das Kind zu beaufsichtigen. Diese Pflicht hat die Mutter schuldhaft verletzt.

Nach h. M. muss sich K daher das Mitverschulden der M anspruchsmindernd entgegenhalten lassen (BGHZ 9, 319, 320).

– – –

4. Besondere Vorschriften des StVG, §§ 9, 17 StVG

I) **§ 9 StVG** enthält die **allgemeine Grundregel** mit der Verweisung auf § 254. § 9 StVG ist **nicht anwendbar in den Spezialfällen des § 17 StVG**.

Die Formulierung des § 9 StVG ist missverständlich. Sie ist so zu verstehen, wie es die verständlicheren Formulierungen in § 4 HaftpflG, § 34 LuftVG, § 6 ProdhaftG und § 11 UmweltHG ausdrücken:

„§ 34 LuftVG (mitwirkendes Verschulden)
Hat bei Entstehung des Schadens ein Verschulden des Verletzten mitgewirkt, so gilt § 254 des Bürgerlichen Gesetzbuches; bei Beschädigung einer Sache steht das Verschulden desjenigen, der die tatsächliche Gewalt darüber ausübt, dem Verschulden des Verletzten gleich."

§ 9 StVG enthält somit zwei Aussagen:

1) Zum einen ordnet § 9 StVG an, dass auch bei Ansprüchen aus §§ 7, 18 StVG ein **Mitverschulden des Verletzten** nach **§ 254 BGB** zu berücksichtigen ist (es sei denn, dass die Spezialvorschrift des § 17 StVG eingreift!).

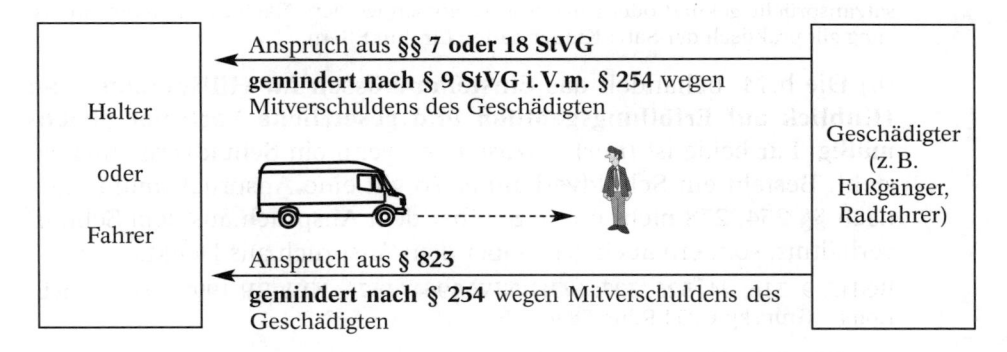

```
┌─────────┐   ← Anspruch aus §§ 7 oder 18 StVG           ┌──────────┐
│         │     gemindert nach § 9 StVG i.V.m. § 254 wegen│Geschädigter│
│ Halter  │     Mitverschuldens des Geschädigten          │ (z.B.    │
│  oder   │                                               │ Fußgänger,│
│ Fahrer  │                                               │ Radfahrer)│
│         │   ← Anspruch aus § 823                        │          │
│         │     gemindert nach § 254 wegen Mitverschuldens des       │
│         │     Geschädigten                              │          │
└─────────┘                                               └──────────┘
```

2) **§ 9 StVG** erweitert die Möglichkeit des Mitverschuldens des Geschädigten, der selbst nicht als Halter oder Fahrzeugführer beteiligt war (dann gilt § 17 StVG, s.u.), für den Fall, dass der Schädiger **aus § 7 StVG** (als Halter) **oder § 18 StVG** (als Fahrzeugführer) in Anspruch genommen wird. Es findet dann nach § 9 StVG die Vorschrift des § 254 mit der Maßgabe Anwendung, dass im Falle der Beschädigung einer Sache das Verschulden desjenigen, welcher die **tatsächliche Gewalt über die Sache** ausübt, dem Verschulden des Verletzten gleichsteht.

Beispiel: Der Fußgänger F wird beim Überqueren der Fahrbahn von dem vom Fahrzeughalter H gefahrenen Pkw erfasst. Der Unfall beruht auf Verschulden des H, jedoch trifft den F 1/3 Mitverschulden. Durch den Unfall wird ein wertvolles Bild, das F sich bei dem Eigentümer E geliehen hatte und diesem zurückbringen wollte, erheblich beschädigt. E verlangt von H Schadensersatz.

(1) E hat gegen H einen Schadensersatzanspruch nach § 7 I StVG, da bei dem Betrieb eines Kraftfahrzeuges, dessen Halter H ist, eine Sache des E beschädigt wurde und da sich der Unfall nicht als ein für H unabwendbares Ereignis darstellt. Da der F die tatsächliche Gewalt über das Bild ausübte, ist das Mitverschulden des F (1/3) dem E anzulasten, § 9 StVG i.V.m. § 254. Der Anspruch des E gegen H aus § 7 StVG ist somit um ein Drittel zu kürzen.

(2) Wegen der rechtswidrigen und schuldhaften Eigentumsverletzung haftet H dem E auch nach § 823 I. Für eine Berücksichtigung des Mitverschuldens des F kommt hier nur § 254 in Betracht. Mangels Bestehens eines Schuldverhältnisses greift § 278 nicht ein. F ist auch kein Verrichtungsgehilfe des E, sodass auch die entspr. Anwendung des § 831 ausscheidet. Der Anspruch des E gegen H aus § 823 I unterliegt somit keiner Kürzung.

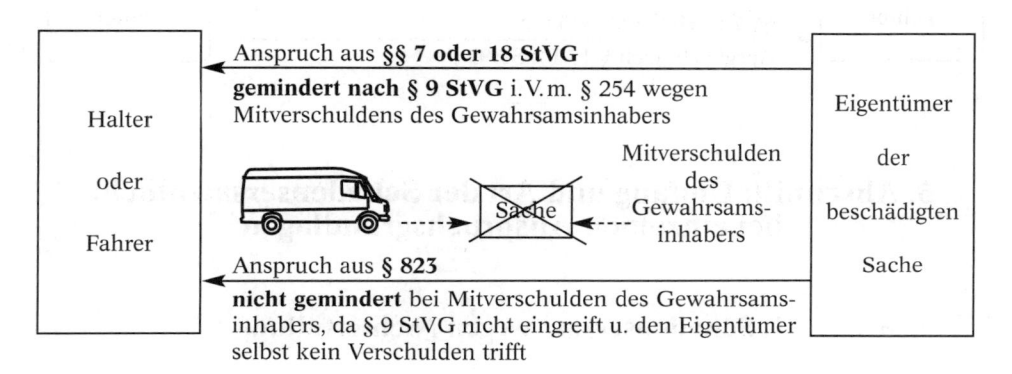

II) **§ 17 I 1 StVG** ist eine Sondervorschrift gegenüber § 426 I 1: Wenn ein Dritter einen Schaden ersetzt verlangt, der von mehreren Kraftfahrzeugen verursacht worden ist, dann regelt § 17 I 1 StVG den Ausgleich der mehreren Kraftfahrzeughalter (und Fahrer) im Innenverhältnis (vgl. hierzu Kirchhoff MDR 1998, 12 ff.).

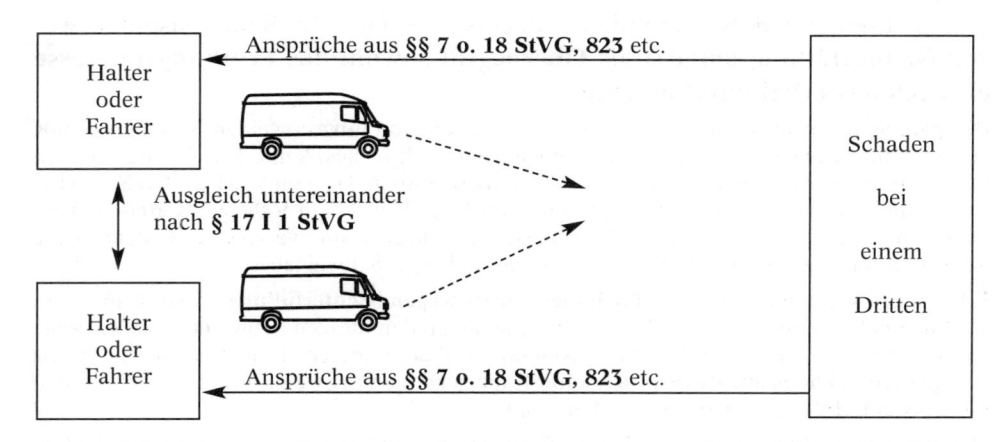

Die Vorschrift ist entsprechend anwendbar, wenn ein Schaden durch ein Kraftfahrzeug und ein Tier oder durch ein Kraftfahrzeug und eine Eisenbahn verursacht ist (§ 17 II StVG).

Inwieweit eine Ausgleichspflicht besteht, ist Ergebnis einer Abwägung.

III) **§ 17 I 2 StVG** ist Spezialvorschrift sowohl gegenüber § 9 StVG wie gegenüber § 254. § 17 I 2 StVG regelt in dem Fall, dass ein Schaden durch mehrere

Kraftfahrzeuge verursacht worden ist, die Frage, inwieweit der eine Halter oder Fahrer Ersatz von dem anderen verlangen kann. Soweit § 17 I 2 StVG anwendbar ist, gilt die Vorschrift abschließend für alle Anspruchsgrundlagen.

Vgl. hierzu Kirchhoff MDR 1998, 12 ff.; Martis JA Übungsblätter 1997 Heft 2 S. 141 ff.; OLG Hamm JP 1999, 65[@].

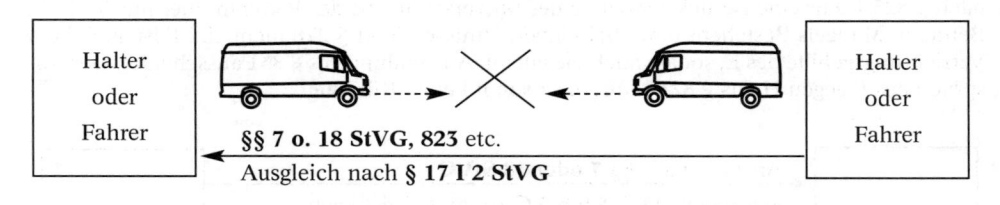

| Halter oder Fahrer | §§ 7 o. 18 StVG, 823 etc.
Ausgleich nach § 17 I 2 StVG | Halter oder Fahrer |

– – –

5. Abschnitt: Umfang und Art der Schadensersatzpflicht bei einzelnen Anspruchsgrundlagen

1. Schadensersatz wegen Nichterfüllung

Einen Anspruch auf Schadensersatz wegen Nichterfüllung sehen u.a. die §§ 179 I, 280, 286 II, 283 I 2, 325, 326, 463, 480 II, 538, 635 vor. Der Geschädigte ist so zu stellen wie er bei ordnungsgemäßer Erfüllung stünde. Wäre ordnungsgemäß erfüllt worden, so wäre nicht nur das positive Interesse (Erfüllungsinteresse) des Geschädigten an einer mangelfreien, rechtzeitigen etc. Leistung befriedigt worden, sondern auch sein Erhaltungsinteresse an der Unversehrtheit seiner bereits vorhandenen Rechtsgüter. **D.h. der Schadensersatz wegen Nichterfüllung umfasst als Oberbegriff sowohl das Erfüllungsinteresse als auch das Erhaltungsinteresse.**

Beispiel: Schweinemäster K erwirbt von V eine Anzahl von Jungschweinen. V sichert dem K zu, dass die Schweine gesundheitlich einwandfrei sind, insbes. keine Krankheiten haben, durch die andere Schweine des K angesteckt werden können. Die von V gelieferten Schweine sind krank, sie stecken den Schweinebestand des K an. K will dem V die gelieferten Schweine Zug um Zug gegen Zahlung des Kaufpreises zurückgeben und verlangt außerdem Ersatz der Kosten für die tierärztliche Behandlung seines übrigen Schweinebestandes.

K hat gegen V einen Anspruch auf **Schadensersatz wegen Nichterfüllung** gemäß § 463. Dieser Anspruch umfasst auch die Mangelfolgeschäden an den übrigen Schweinen des K, da die Zusicherung des V den Zweck hatte, gegen das Risiko derartiger Schäden abzusichern. Als sog. **großen Schadensersatzanspruch** kann K die gekauften Schweine zurückgeben und den vollen Nichterfüllungsschaden geltend machen.

Der vertragliche Erfüllungsanspruch des Käufers aus § 433 I 1 ist auf die ordnungsgemäße Lieferung gesunder Schweine als Erweiterung des bisher innegehabten Rechtskreises gerichtet. Das Interesse an dieser Erfüllung ist das **positive Interesse (Erfüllungs- oder Äquivalenzinteresse)** des Käufers. Es reicht nur so weit wie der Erfüllungsanspruch: Aus dem Erfüllungsanspruch hat der Käufer einen Anspruch nur auf ordnungsgemäße Lieferung als Erweiterung seines Rechtskreises, nicht auf die Nichtverletzung anderer Rechtsgüter. Daher ist dem Käufer zunächst das positive Interesse im Rahmen des Schadensersatzes wegen Nichterfüllung aus § 463 zu ersetzen.

Ist aber der vertragliche Anspruch, wegen dessen Verletzung Schadensersatz begehrt wird, nur auf die Erweiterung des schon innegehabten Rechtskreises um die geschuldete Leistung (ordnungsgemäße Lieferung) gerichtet, so wäre der Schaden an dem ursprünglichen Schweinebestand **nach Vertragsrecht** nicht zu ersetzen. Denn ebensowenig wie der Erfüllungsanspruch auf Schutz und Erhaltung der bisherigen Rechtsgüter des Gläubigers gerichtet ist, ist dies der an die Stelle des Erfüllungsanspruchs tretende und auf das positive Interesse gerichtete Schadensersatzanspruch wegen Nichterfüllung. In dem Schaden an dem bisherigen Schweinebestand realisiert sich das über das Erfüllungsinteresse hinausgehende Interesse des Bestellers an der Bewahrung seiner außerhalb des Vertrages bereits bestehenden Rechtsgüter, seines status quo. Dies ist der typische Fall des **Erhaltungsinteresses**, das grundsätzlich vom **Deliktsrecht** geschützt wird (s. o. S. 129). Da aber nach allg. Überzeugung der deliktische Schutz nicht ausreichend ist (Exkulpationsmöglichkeit nach § 831; Beschränkung der geschützten Rechte und Rechtsgüter durch das Enumerationsprinzip in § 823 I), wird in bestimmten Fällen – wie hier – das Erhaltungsinteresse nach den Regeln der vertraglichen Sonderrechtsbeziehung im Rahmen des Schadensersatzes wegen Nichterfüllung ersetzt. Da das Erhaltungsinteresse über das Interesse an der eigentlichen Vertragserfüllung hinausgeht, spricht man auch vom **übererfüllungs- oder überobligationsmäßigen Interesse**. Es wird auch vom **Begleit- oder Folgeschaden** der Nichterfüllung gesprochen. Im Beispielsfall kann der Käufer auch den Schaden an dem bisherigen Schweinebestand nach Vertragsgrundsätzen (§ 463) ersetzt verlangen.

In Abgrenzung vom übererfüllungsmäßigen Interesse (= Interesse an der Unverletzlichkeit außerhalb des Vertrages bestehender Rechtsgüter) wird das Interesse an der Erbringung der vertraglichen geschuldeten Leistung auch als **reines** oder **eigentliches Erfüllungsinteresse**, die Einbuße im Erfüllungsanspruch als **eigentlicher Nichterfüllungsschaden** bezeichnet.

In Rspr. und Lit. wird oft nicht genau zwischen dem (reinen oder eigentlichen) Erfüllungsinteresse (positiven Interesse) und dem übererfüllungsmäßigen Interesse (Erhaltungsinteresse) unterschieden, wenn es um den Umfang des Schadensersatzes wegen Nichterfüllung geht. Es wird vielmehr das positive Interesse als das zu ersetzende Interesse bezeichnet und das Integritätsinteresse dabei wie ein Bestandteil des positiven Interesses behandelt.

Da somit das übererfüllungsmäßige Interesse auch im Rahmen des Schadensersatzes wegen Nichterfüllung zu ersetzen sein kann, bedarf die Übersicht auf S. 131 der Ergänzung (s. dazu S. 206).

Hinsichtlich des **positiven Interesses** tritt der Schadensersatz wegen Nichterfüllung an die Stelle der Erfüllung. Daher scheidet für den Ersatz des positiven Interesses eine Naturalrestitution gemäß § 249 regelmäßig aus, da sie auf die nach dem Gesetz gerade nicht (mehr) geschuldete Erfüllung hinauslaufen würde. Es kommt daher grundsätzlich nur **Schadenskompensation** in Geld (§ 251) in Betracht.

Hinsichtlich des im Rahmen des Schadensersatzes wegen Nichterfüllung ebenfalls zu ersetzenden **Erhaltungsinteresses** ist dies anders. Schäden an Rechtsgütern außerhalb des Vertrages sind wie im Deliktsrecht vorrangig durch **Naturalrestitution** auszugleichen und nur dann durch Schadenskompensation, wenn die Naturalrestitution gemäß § 251 nicht möglich, ungenügend oder unverhältnismäßig ist.

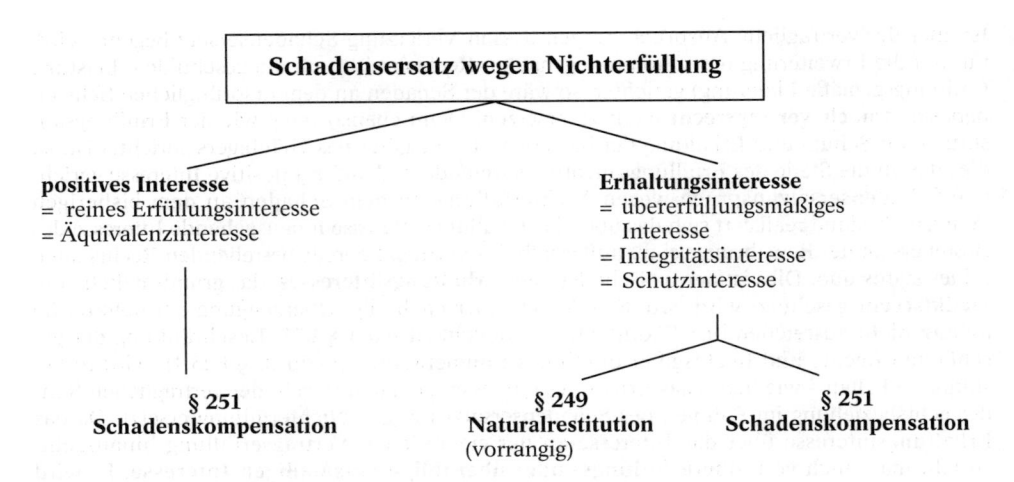

```
                    ┌─────────────────────────────────────┐
                    │  Schadensersatz wegen Nichterfüllung │
                    └─────────────────────────────────────┘
                         /                        \
          positives Interesse              Erhaltungsinteresse
          = reines Erfüllungsinteresse     = übererfüllungsmäßiges
          = Äquivalenzinteresse              Interesse
                                           = Integritätsinteresse
                                           = Schutzinteresse
                   │                         /            \
                § 251                    § 249           § 251
         Schadenskompensation       Naturalrestitution   Schadenskompensation
                                       (vorrangig)
```

1.1 § 179 I

Kommt der mit einem Vertreter ohne Vertretungsmacht geschlossene Vertrag mangels Genehmigung des Vertretenen nicht zu Stande und kannte der Vertreter den Mangel seiner Vertretungsmacht, ist regelmäßig nur das **Erfüllungsinteresse** (positive Interesse) des Geschädigten verletzt, nicht das Erhaltungsinteresse. Da der Schadensersatz wegen Nichterfüllung nur dann zu leisten ist, wenn der Ersatzberechtigte sich gegen eine Erfüllung durch den Vertreter entschieden hat, geschieht der Ersatz des Erfüllungsinteresses nicht durch Naturalrestitution, sondern durch **Wertersatz in Geld gemäß § 251**. Eine Naturalrestitution liefe auf die vom Ersatzberechtigten abgelehnte Erfüllung hinaus. Durch den Wertersatz ist der Ersatzberechtigte so zu stellen, wie er bei Wirksamkeit des Vertrages und dessen ordnungsgemäßer Erfüllung stünde.

Beispiel: Der Versicherungsagent, der vollmachtlos eine Deckungszusage erteilt hat, haftet auf die Leistungen, die bei Zustandekommen des Versicherungsvertrages erbracht worden wären.

Zu ersetzen sind auch weitere Schäden, die bei Wirksamkeit des Vertrages nicht entstanden wären, z.B. die Kosten der vergeblichen Rechtsverfolgung gegen den vollmachtlos Vertretenen.

Bei **gegenseitigen Verträgen** ist der Schaden nach der zu § 325 entwickelten und heute herrschenden **abgeschwächten Differenztheorie** zu ermitteln. Demnach tritt grds. an die Stelle der beiderseits erloschenen Erfüllungsansprüche eine einseitige Geldforderung des ersatzberechtigten Gläubigers in Höhe der Differenz zwischen dem Wert der ausgebliebenen Leistung des Schuldners zuzüglich eventueller Folgeschäden und dem Wert der ersparten Gegenleistung des Gläubigers.

Ausnahmsweise kann der Gläubiger nach der **Surrogations- oder Austauschmethode** vorgehen, wenn er seine Leistung bereits erbracht oder ein berechtigtes Interesse an deren Erbringung hat. Hier bleibt die Pflicht des ersatzberechtigten Gläubigers zur Leistung bestehen. An die Stelle der Gegenleistung des Schuldners tritt als Surrogat ihr Wert, den der Gläubiger im Austausch mit seiner Leistung verlangen kann.

Hier wird der Begriff der **Differenztheorie** zur Abgrenzung von der Surrogationstheorie verwendet. Der Begriff der Differenztheorie ist bereits zuvor verwendet worden (s. o. S. 124), dort jedoch zur Bezeichnung des das gesamte Schadensrecht beherrschenden Grundsatzes, nach dem ein Schaden durch den Vergleich eines realen mit einem hypothetischen Kausalverlauf zu ermitteln ist.

1.2 § 280 I

Bei einseitig verpflichtenden Schuldverhältnissen und bei nicht synallagmatischen Pflichten in gegenseitigen Verträgen tritt an die Stelle der unmöglich gewordenen Leistung der **Schadensersatz wegen Nichterfüllung**. Der Ersatzberechtigte ist zu stellen, wie er ohne die Forderungsverletzung stünde.

Die Unmöglichkeit der Leistung führt i.d.R. zur Verletzung des **Erfüllungsinteresses**. Zum Ausgleich der Verletzung des Erfüllungsinteresses ist grds. Wertersatz in Geld gemäß § 251 I, 1. Alt. geschuldet, da einer Naturalrestitution die Unmöglichkeit der ursprünglich geschuldeten Leistung entgegensteht. Sofern jedoch eine Naturalrestitution, z.B. durch Leistung vertretbarer Sachen oder von Wertpapieren, möglich ist, kann der Ersatzberechtigte auch Herstellung in Natur gemäß § 249 S. 1 durch entsprechende Lieferung verlangen.

BGH WM 1971, 1412, 1414; RGZ 106, 86, 88; MünchKomm/Emmerich, § 280 Rdnr. 11 m.w.N.; einschränkend Staudinger/Löwisch, § 280 Rdnr. 11.

Da der Ersatz des Erfüllungsinteresses im Rahmen des Schadensersatzes wegen Nichterfüllung – ausnahmsweise – auch in Form der Naturalrestitution erfolgen kann, bedarf die Übersicht auf Seite 186 der Ergänzung:

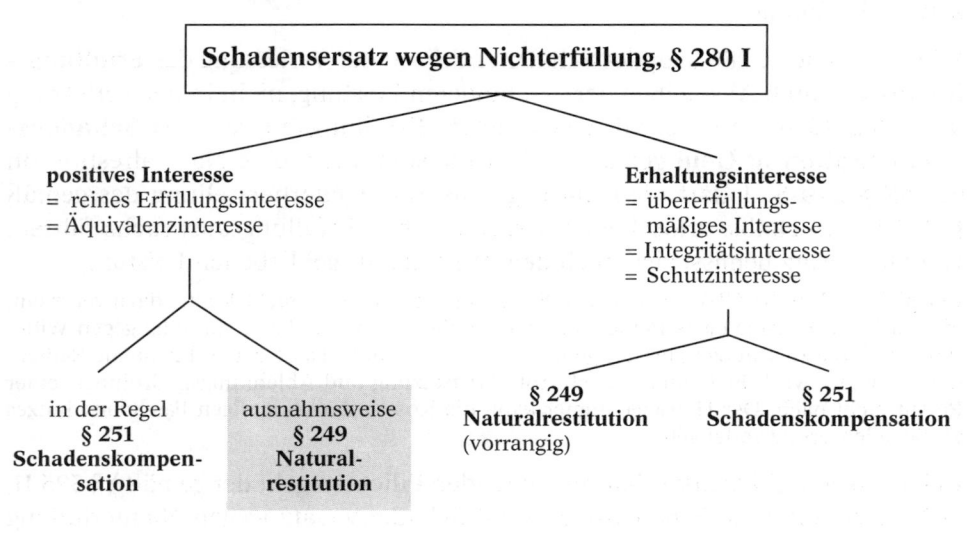

```
            Schadensersatz wegen Nichterfüllung, § 280 I
           ┌─────────────────────────┴─────────────────────────┐
    positives Interesse                              Erhaltungsinteresse
    = reines Erfüllungsinteresse                     = übererfüllungs-
    = Äquivalenzinteresse                              mäßiges Interesse
                                                     = Integritätsinteresse
                                                     = Schutzinteresse
       ┌──────┴──────┐                              ┌──────┴──────┐
   in der Regel   ausnahmsweise                    § 249          § 251
      § 251          § 249                    Naturalrestitution  Schadenskompensation
  Schadenskompen-  Natural-                      (vorrangig)
     sation       restitution
```

Eine Verletzung des **Erhaltungsinteresses** (übererfüllungsmäßigen Interesses) durch die Unmöglichkeit der Erfüllung einer einseitigen Leistungspflicht ist denkbar. Ersatz ist in Form der **Naturalrestitution** (§ 249) oder, wenn diese unmöglich, unzureichend oder dem Schädiger unzumutbar ist, durch **Schadenskompensation** als Wertersatz zu leisten.

Beispiel: In einer Kälteperiode fällt ein Heizkraftwerk aus; während mehrerer Tage steht daher in einem Stadtviertel nur unzureichende Heizenergie zur Verfügung. A verlangt daher von B die Rückgabe eines transportablen Ölradiators, den A dem B geliehen hatte. B hat das Gerät jedoch veräußert, sodass die Herausgabe unmöglich ist. A kann daher seine Wohnung nicht ausreichend heizen und erkrankt.

Die Unmöglichkeit der Erfüllung der einseitigen Leistungspflicht des B hat die Verletzung eines übererfüllungsmäßigen Interesses des A (körperliche Unversehrtheit) zur Folge. Dem A ist Ersatz für die ärztlichen Behandlungskosten (§ 249 S. 2) zu leisten.

1.3 § 280 II

Den in § 280 I vorgesehenen Anspruch auf **Schadensersatz wegen Nichterfüllung** hat der Gläubiger gemäß § 280 II auch dann, wenn bei nur teilweise unmöglicher Leistung der Gläubiger an dem noch möglichen Teil kein Interesse hat.

Beispiel (nach RGZ 140, 378, 383): Der Druck von Werbebroschüren hat für deren Besteller kein Interesse, da der geplante Mitabdruck des Rundfunkprogrammes scheitert.

1.4 § 283 I 2

Bleibt die Frage der Unmöglichkeit einer nicht im Gegenseitigkeitsverhältnis stehenden Leistung nach der rechtskräftigen Verurteilung des Schuldners zur Leistung offen, kann ihm der Gläubiger eine **Frist zur Leistung** setzen. Verstreicht die Frist fruchtlos, kann der Gläubiger Schadensersatz wegen Nichterfüllung verlangen, er ist also so zu stellen wie bei ordnungsgemäßer und rechtzeitiger Erfüllung.

Wie im Fall des § 280 liegt der Schaden i. d. R. in der Verletzung des **Erfüllungsinteresses** durch Ausbleiben der geschuldeten Leistung, nicht in der Verletzung des Integritätsinteresses. Für das verletzte Erfüllungsinteresse ist **Schadenskompensation in Geld** gemäß § 251 zu leisten, denn eine Naturalrestitution gemäß § 249 S. 1 darf nicht im Ergebnis zur Wiederherstellung des gemäß § 283 I 2, 2. Halbs. erloschenen ursprünglichen Erfüllungsanspruchs führen. Der Geldersatz bemisst sich nach dem Wert der ausgebliebenen Leistung.

Beispiel (nach BGH NJW 1994, 314[@]): Ein Bauunternehmer ist rechtskräftig dazu verurteilt, die nördliche Fassade eines Reihenmittelhauses durch einen Behang vorläufig gegen Witterungseinflüsse zu schützen, bis das geplante an die nördliche Fassade anschließende Reihenhaus errichtet wird. Er kommt jedoch trotz Fristsetzung und Ablehnungsandrohung seiner Pflicht nicht nach. Der Hauseigentümer kann die Kosten des vorläufigen Fassadenschutzes als Schadensersatz verlangen.

Bei im Gegenseitigkeitsverhältnis stehenden Pflichten geht der gemäß §§ 325 II, 283 I 2 zu leistende Schadensersatz auf Schadensersatz wegen Nichterfüllung des gesamten Vertrages und bestimmt sich nach der eingeschränkten Differenztheorie (s. o. 1.1).

Ausnahmsweise kann der Gläubiger statt des Wertersatzes (§ 251) die **Naturalrestitution** seines Erfüllungsinteresses gemäß § 249 S. 1 verlangen, wenn der Schaden nicht mit Geld ausgeglichen werden kann.

Beispiel (nach RGZ 73, 21, 23): An die Stelle der nicht gewährten Sicherheitsleistung durch Bestellung einer Hypothek tritt die Gewährung einer anderweitigen gleichwertigen Sicherheit.

1.5 § 286 II

Hat eine noch mögliche Leistung für den Gläubiger eines einseitig verpflichtenden Vertrages (beim gegenseitigen Vertrag gilt § 326!) wegen des Verzuges kein Interesse mehr, so kann er nach Ablehnung der Leistung anstelle der Erfüllung **Schadensersatz wegen Nichterfüllung** verlangen. Der Schaden liegt in der Verletzung des **Erfüllungsinteresses** durch Ausbleiben der geschuldeten Leistung, nicht in der Verletzung des Erhaltungsinteresses (übererfüllungsmäßigen Interesses). Das zu ersetzende Erfüllungsinteresse bemisst sich nach dem Wert der ausgebliebenen Leistung; der Gläubiger ist so zu stellen, wie er bei rechtzeitiger und vollständiger Leistung stünde. Der Anspruch auf Ersatz des Erfüllungsinteresses ist grds. auf Wertersatz durch **Schadenskompensation** in Geld (§ 251) gerichtet, da das Gesetz in § 286 II davon ausgeht, dass eine Naturalrestitution nicht möglich ist. Denn eine Naturalrestitution würde praktisch eine Erfüllung der Verbindlichkeit bedeuten, die der Gläubiger wegen Interessenwegfalls zuvor abgelehnt hat.

Beispiel (nach OLG Düsseldorf NJW-RR 1996, 480@): Ein Lagerhalter (§§ 467 ff. HGB) kommt mit der Erfüllung seiner einseitigen Pflicht zur Herausgabe eingelagerter Möbel in Verzug, da diese bei ihm nicht mehr auffindbar sind. Der Einlagerer ist auf die Möbel dringend angewiesen und lehnt daher die Erfüllung der Herausgabepflicht durch den Lagerhalter ab. Dem Einlagerer sind gemäß § 251 die Kosten für die Anschaffung anderer Möbel zu ersetzen.

Sofern durch den Verzug das **Erhaltungsinteresse** (übererfüllungsmäßige Interesse) des Gläubigers verletzt ist, ist Schadensersatz in Form der Naturalrestitution (§ 249) oder Schadenskompensation (§ 251) nach § 286 I (Verzögerungsschaden) und nicht nach § 286 II (Schadensersatz wegen Nichterfüllung) zu leisten. Der Verzögerungsschaden i.S.v. § 286 I kann vom Geschädigten jedoch als Rechnungsposten innerhalb des Schadensersatzes wegen Nichterfüllung gemäß § 286 II geltend gemacht werden.

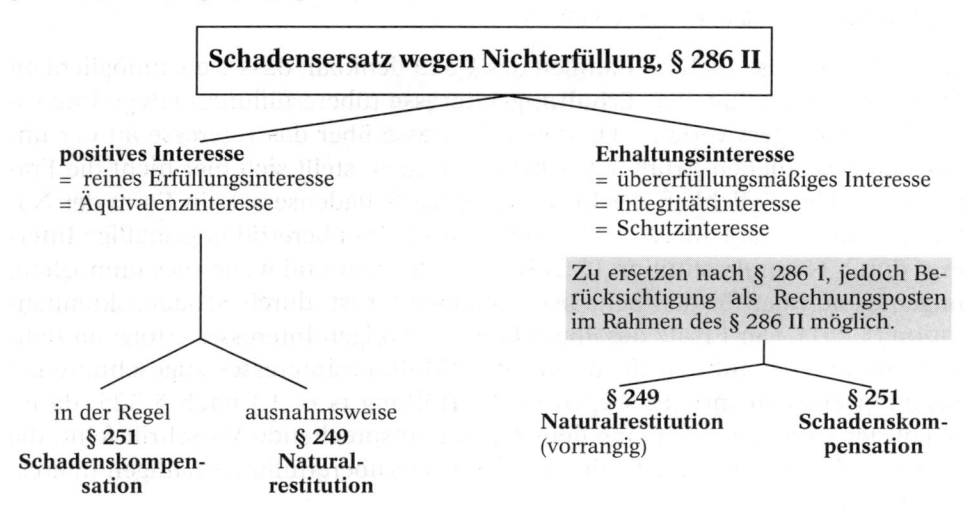

```
                Schadensersatz wegen Nichterfüllung, § 286 II
                ┌───────────────────────────┴───────────────────────────┐
        positives Interesse                            Erhaltungsinteresse
        = reines Erfüllungsinteresse                   = übererfüllungsmäßiges Interesse
        = Äquivalenzinteresse                          = Integritätsinteresse
                                                       = Schutzinteresse

                                                       Zu ersetzen nach § 286 I, jedoch Be-
                                                       rücksichtigung als Rechnungsposten
                                                       im Rahmen des § 286 II möglich.

   ┌────────────┴────────────┐                    ┌──────────────┴──────────────┐
   in der Regel    ausnahmsweise                  § 249                    § 251
     § 251            § 249                  Naturalrestitution         Schadenskom-
 Schadenskom-        Natural-                  (vorrangig)               pensation
   pensation        restitution
```

1.6 § 325

Wählt der Gläubiger im Fall der Unmöglichkeit einer im Gegenseitigkeitsverhältnis stehenden Leistung den **Schadensersatz wegen Nichterfüllung**, ist er so zu stellen, als wenn der Schuldner den Vertrag ordnungsgemäß erfüllt hätte.

Bei § 325 I wird das ursprüngliche Vertragsverhältnis mit Eintreten der Haftungsvoraussetzungen in der Weise umgestaltet, dass an die Stelle der beiderseitigen Leistungsverpflichtungen ein einseitiges, **am Erfüllungsinteresse ausgerichtetes, Abrechnungsverhältnis** tritt, bei dem die gegenseitigen Ansprüche nur noch unselbstständige Rechnungsposten sind (BGH NJW 1999, 3625[@]).

Die Unmöglichkeit der Leistung führt wie im Fall des § 280 I (s. o. 1.2) i. d. R. zur Verletzung des **Erfüllungsinteresses** (positiven Interesses) des Gläubigers. Es bemisst sich danach, was dem Gläubiger die ordnungsgemäße Erfüllung wert ist, also nach der Wertdifferenz zwischen der ordnungsgemäßen und der nicht erfolgten Erfüllung im vorgesehenen Erfüllungszeitpunkt (BGH NJW 1999, 3625, 3626[@]).

Beispiel: A verkauft an B ein Bild im Wert von 5.000 DM zum Preis von 4.000 DM. Durch Verschulden des A wird das Bild vor der Übereignung zerstört. Das dem B zu ersetzende Erfüllungsinteresse besteht in dem Gewinn von 1.000 DM aus dem ihm günstigen Geschäft.

Nach BGH JZ 1952, 31 folgt aus der Unmöglichkeit der Leistung in § 325, dass eine **Naturalrestitution des verletzten Erfüllungsinteresses ausgeschlossen** ist. Denn eine Naturalrestitution entspräche praktisch der Erfüllung, die jedoch unmöglich geworden ist.

Nach a. A. soll jedenfalls dann Naturalrestitution verlangt werden können, wenn der Gläubiger hieran ein berechtigtes Interesse hat und der Schuldner unschwer zu der nicht in Geld bestehenden Ersatzleistung in der Lage ist (Staudinger/Otto, 13. Bearb., § 325 Rdnr. 51; MünchKomm/Emmerich § 325 Rdnr. 79 i. V. m. § 280 Rdnr. 11). Auch das unter 1.2 zu § 280 I angeführte Beispiel nach BGH WM 1971, 1412, 1414, in dem der BGH selbst die Möglichkeit der Naturalrestitution angenommen hat, spricht für die Ersetzbarkeit des Erfüllungsinteresses im Wege der Naturalrestitution. Denn es kann insoweit keinen Unterschied machen, ob der unmöglich gewordenen Leistung eine einseitige Pflicht zu Grunde liegt (§ 280 I) oder ob sie im Gegenseitigkeitsverhältnis steht (§ 325).

Wie bei § 280 I ist auch im Rahmen des § 325 denkbar, dass die Unmöglichkeit der Leistungserfüllung das **Erhaltungsinteresse** (übererfüllungsmäßige Interesse) des Gläubigers verletzt. Da dieses Interesse über das Interesse an der unmöglich gewordenen Erfüllung selbst hinausgeht, stellt sich hier nicht die Frage, ob die Unmöglichkeit der Erfüllung einen Schadensersatz in Form der Naturalrestitution ausschließt (s. o.). Vielmehr ist das übererfüllungsmäßige Interesse durch Naturalrestitution (§ 249) auszugleichen und wenn dies unmöglich, ungenügend oder für den Schädiger unzumutbar ist, durch Schadenskompensation (§ 251). Der Ersatz des übererfüllungsmäßigen Interesses erfolgt im Rahmen des an sich auf den Ersatz nur des Erfüllungsinteresses zugeschnittenen Schadensersatzanspruchs wegen Nichterfüllung (s. o. 1.) nach § 325, da im Recht der Unmöglichkeit eine dem § 286 I entsprechende Vorschrift fehlt, die im Recht des Verzuges die Beeinträchtigung des übererfüllungsmäßigen Interesses abdeckt.

Der Schaden berechnet sich im Falle des § 325 nach der **abgeschwächten Differenztheorie** (s. o. 1.1 zu § 179). Der Ersatzberechtigte hat also grds. eine Geldforderung in Höhe der Differenz zwischen dem Wert der ausgebliebenen Leistung des Schuldners (Erfüllungsinteresse) zuzüglich eventueller Folgeschäden (übererfüllungsmäßiges Erhaltungsinteresse, sofern nicht durch Naturalrestitution auszugleichen) und dem Wert der eigenen ersparten Gegenleistung. Nur die Differenz beider Vermögenslagen kann Gegenstand des Schadensersatzanspruchs sein; unzulässig ist es demgegenüber, einzelne Schadenspositionen herauszugreifen und gesondert, ohne Berücksichtigung anderer für die Vermögensentwicklung bedeutsamer Umstände, als Nichterfüllungsschaden geltend zu machen (BGH NJW 1999, 3625/3626[@]). Ausnahmsweise kann der Ersatzberechtigte nach der Austauschmethode vorgehen, also seine Gegenleistung erbringen und vom Schuldner anstelle von dessen Leistung deren vollen Wert (Erfüllungsinteresse) zuzüglich eventueller Folgeschäden (Erhaltungsinteresse) verlangen.

Beispiel: A verkauft dem Unternehmer B eine gebrauchte Maschine im Wert von 30.000 DM für 25.000 DM. Vor der Übereignung an B verkauft und übereignet A die Maschine an einen Dritten. B muss daher kurzfristig einen für ihn ungünstigen Deckungskauf tätigen und kauft eine entsprechende Maschine im Wert von 30.000 DM zum Preis von 32.000 DM.

B kann von A Schadensersatz wegen Nichterfüllung gemäß § 325 I 1, 1. Alt. verlangen. B ist sowohl das Erfüllungsinteresse als auch das übererfüllungsmäßige Erhaltungsinteresse zu ersetzen. Das **Erfüllungsinteresse** des B besteht in dem entgangenen Gewinn aus dem ihm günstigen Kauf i. H. v. 5.000 DM (= 30.000 DM minus 25.000 DM). Dieser Gewinn war für B der Wert der Leistung des A. Das Erfüllungsinteresse ist durch **Schadenskompensation** in Geld (§ 251) auszugleichen, denn einer Naturalrestitution steht die Unmöglichkeit der Lieferung der Maschine entgegen.

Das übererfüllungsmäßige **Erhaltungsinteresse** des B besteht in dem für das Deckungsgeschäft aufgewandten Betrag, soweit er den entgangenen Gewinn übersteigt. Dieser Betrag beläuft sich auf 2.000 DM (= 32.000 DM minus 25.000 DM minus 5.000 DM). Denn insoweit der Deckungskauf den Gewinn des gescheiterten Geschäfts aufzehrt, ist nur das Erfüllungsinteresse des B in Form des entgangenen Gewinns betroffen. Insoweit aber die Aufwendungen für den Deckungskauf den Gewinn und damit das Erfüllungsinteresse übersteigen, bilden sie das übererfüllungsmäßige Interesse des B. Dieses Interesse ist das **Erhaltungsinteresse** des B, da die Aufwendungen für den Deckungskauf insoweit das bereits von B innegehabte Vermögen (status quo) beeinträchtigen und nicht nur den erwarteten Gewinn aus dem gescheiterten Geschäft (von A geschuldete Erweiterung des Rechtskreises des B). Da hier ein reiner Vermögensschaden des B in Form eines Geldverlustes zu ersetzen ist, bestehen zwischen der **Naturalrestitution und Schadenskompensation** kein Unterschied.

1.7 § 326

Befindet sich bei einem gegenseitigen Vertrag eine Seite mit ihrer Leistung im Verzug und verstreicht die vom Vertragspartner unter Ablehnungsandrohung gesetzte Frist erfolglos, so kann der Vertragspartner **Schadensersatz wegen Nichterfüllung** verlangen. Wegen Art und Umfang des Schadensersatzes kann grds. auf die Ausführungen zu § 325 (s. o. 1.6) verwiesen werden.

Wählt der Gläubiger nach § 326 Schadensersatz wegen Nichterfüllung (und nicht Rücktritt!), so wird das Vertragsverhältnis in ein **einseitiges Abrechnungsverhältnis** umgewandelt, innerhalb dessen die einzelnen „Ansprüche" nur noch **unselbstständige Rechnungsposten** bilden.

OLG Rostock OLG Report 2000, 418[@] m.w.N.

Es ergeben sich im Vergleich zu § 325 jedoch einige Besonderheiten.

I) Zum einen setzt § 326 – anders als § 325 – für die Entstehung des Schadensersatzanspruches die Ablehnung der Erfüllung des ursprünglichen Leistungsanspruches voraus und schließt für diesen Fall in Abs. 1 S. 2, 2. Halbs. den Erfüllungsanspruch ausdrücklich aus. Daraus folgt, dass das **Erfüllungsinteresse** nur durch Schadenskompensation in Geld (§ 251) auszugleichen ist; eine Naturalrestitution (§ 249) käme nämlich der ausdrücklich ausgeschlossenen Erfüllung gleich. Beeinträchtigungen des **Erhaltungsinteresses** des Ersatzberechtigten durch den Schuldnerverzug sind nach § 286 I entweder durch Naturalrestitution (§ 249) oder durch Schadenskompensation (§ 251) zu ersetzen (s.u. 2. zu § 286 I).

II) Zum anderen gilt im Falle des § 326 – anders als bei § 325 – die **uneingeschränkte Differenztheorie** (BGH NJW 1994, 3351; BGH MDR 1999, 1128, 1129[@]). Der Ersatzberechtigte hat also ausnahmslos nur eine Geldforderung in Höhe der Differenz zwischen dem Wert der ausgebliebenen Leistung des Schuldners (Erfüllungsinteresse) zuzüglich eventueller Folgeschäden (übererfüllungsmäßiges Interesse, sofern nicht durch Naturalrestitution auszugleichen) und dem Wert der eigenen ersparten Gegenleistung.

Hat der Gläubiger die von ihm geschuldete Gegenleistung bereits erbracht, so kann er sie im Rahmen des Schadensersatzes wegen Nichterfüllung grds. nicht zurückverlangen; einen Anspruch auf Rückabwicklung hat er vielmehr i.d.R. nur, wenn er entweder vom Vertrag zurücktritt oder gemäß § 325 I 3 die sich aus § 323 ergebenden Rechte geltend macht. Deshalb ist im Rahmen des Schadensersatzes wegen Nichterfüllung die bereits erbrachte Leistung dem Schuldner grds. zu belassen und bei der Bemessung des Schadensersatzes, der dann auf Ersatz für die entgangene Leistung gerichtet ist, zu berücksichtigen.
BGHZ 87, 156, 159[@]; OLG Rostock OLG Report 2000, 418[@].

Beispiel: V veräußert an K ein Grundstück. K ist zwischenzeitlich aufgrund der im Kaufvertrag enthaltenen Auflassungsvormerkung und seiner Eintragung im Grundbuch gemäß §§ 873, 925 Eigentümer des Grundstücks geworden. Er hat aber den Kaufpreis noch nicht bezahlt. Wegen Zahlungsverzuges verlangt V nach Fristsetzung und Ablehnungsandrohung Schadensersatz wegen Nichterfüllung. Er verlangt von K Rückgabe des Grundstücks. –
Für einen Anspruch auf Rückübereignung des Kaufgegenstandes im Rahmen des Schadensersatzanspruchs wegen Nichterfüllung aus § 326 besteht kein Raum, u.a. auch deshalb, weil sonst die 2. Alt. des § 326, nämlich die Erklärung des Rücktritts nach Fristablauf, leer liefe. Zudem würde die Anerkennung eines Rücktrittsanspruchs im Rahmen des Schadensersatzes wegen Nichterfüllung nach § 326 gegen § 454 verstoßen (OLG Rostock OLG Report 2000, 418[@]).

Gegenbeispiel: Zu Gunsten des Grundstückskäufers K ist im Grundbuch eine Auflassungsvormerkung eingetragen und dem K ist das Grundstück übergeben worden; K ist aber noch nicht als Eigentümer eingetragen. Wegen Zahlungsverzuges des K verlangt V nach Fristsetzung und Ablehnungsandrohung Schadensersatz wegen Nichterfüllung, daneben Zustimmung zur Löschung der Vormerkung und Rückgabe des Grundstücks. –
Solange der Käufer nicht wirksam Eigentum erworben hat, kann der Verkäufer Zustimmung zur Löschung der Vormerkung gemäß § 894 und Rückgabe des Grundstücks gemäß § 985 verlangen, auch wenn er im Übrigen Schadensersatz nach § 326 geltend macht (BGHZ 87, 156[@]; OLG Rostock OLG Report 2000, 418[@]).

III) Ein **vertraglich vereinbarter Fälligkeitszins** kann bei einem auf § 326 gestützten Schadensersatzbegehren nicht mehr geltend gemacht werden, weil der Anspruch zu den primären Erfüllungsansprüchen gehört, die mit dem fruchtlosen Ablauf der Nachfrist gemäß § 326 I 2 erloschen sind. Wohl aber kann dem Gläubiger durch die Nichtzahlung vereinbarter Fälligkeitszinsen ein ersatzfähiger Nichterfüllungsschaden entstanden sein.

BGH WM 2000, 138, 139; dazu St. Lorenz EWiR § 326 BGB 1/2000, 65.

IV) Der Käufer kann als Schadensersatz wegen Nichterfüllung die Kosten eines **Deckungskaufes** verlangen.

Dies gilt auch für einen Deckungskauf, den der Käufer bereits vor Ablauf der Nachfrist getätigt hat, wenn der Verkäufer bis zum Ablauf der Nachfrist nicht liefert und der Käufer sich bis zu diesem Zeitpunkt gegenüber dem Verkäufer abnahmebereit zeigt (BGH JP 1998, 422[@]; zur Berechnung des Schadens auf der Grundlage eines Deckungskaufes vgl. BGHZ 136, 52[@] = JZ 1998, 96 m. Anm. Lange S. 98 f.).

Im kaufmännischen Verkehr ist der Käufer einer Handelsware berechtigt, den Schaden abstrakt auf der Grundlage eines hypothetischen Deckungskaufes zu berechnen (BGH WM 1998, 931[@]).

V) Der Verkäufer kann gemäß § 326 als Schadensersatz wegen Nichterfüllung den Verlust aus einem **Deckungsverkauf** verlangen.

Der Verkäufer, der gemäß § 326 Schadensersatz wegen Nichterfüllung verlangt, ist so zu stellen, als wenn der Kaufpreis bei Fälligkeit bezahlt worden wäre. Den Verlust aus einem Deckungsverkauf kann er auch dann verlangen, wenn er die Sache vor Ablauf der gemäß § 326 I gesetzten Nachfrist weiterverkauft hat (BGHZ 126, 131[@]).

1.8 §§ 463, 480 II

Fehlt der Kaufsache eine zugesicherte Eigenschaft oder ist eine nicht vorhandene Eigenschaft arglistig vorgespiegelt oder die Abwesenheit eines Fehlers der Kaufsache arglistig vorgetäuscht oder ein Fehler arglistig verschwiegen worden, schuldet der Verkäufer dem Käufer **Schadensersatz wegen Nichterfüllung**. Der Käufer ist im Falle des Fehlens einer zugesicherten Eigenschaft bzw. der Vorspiegelung einer nicht vorhandenen Eigenschaft so zu stellen, als habe die Kaufsache die Eigenschaft. Bei arglistigem Verschweigen eines Fehlers bzw. bei arglistigem Vorspiegeln der Abwesenheit eines Fehlers ist der Käufer so zu stellen, als wenn die Kaufsache den Fehler nicht aufwiese.

Nach § 463 ist zum einen die Verletzung des **Erfüllungsinteresses** (positiven Interesses) auszugleichen. Die Verletzung des Erfüllungsinteresses wird im Rahmen des § 463 als **Mangelschaden** (Nichterfüllungsschaden; unmittelbarer Schaden) bezeichnet. Dieser umfasst diejenigen Schäden, die dem Käufer dadurch entstehen, dass er für den gezahlten Kaufpreis eine minderwertige Sache erhält sowie weitere sich aus diesem Umstand ergebende Vermögensschäden. Mangelschäden sind im Wesentlichen eine Äquivalenzstörung, also die Minderwertigkeit des mangelhaften Vertragsgegenstandes im Vergleich zum mangelfreien und die sich daraus ergebenden Vermögensfolgen. Dazu gehören die höheren Kosten für die anderweitige Beschaffung einer gleichwertigen Sache, der Minderwert der mangelhaften Sache, entgangener Gewinn aus einem vereitelten Weiterverkauf, Vertrags- und Gutachterkosten. Die Höhe des Mangelschadens bestimmt sich also danach, was dem Ersatzberechtigten die versprochene mangelfreie vertragliche Leistung wert ist.

Beispiel: Dem verkauften Pkw fehlt eine zugesicherte Eigenschaft. Der Wert des Pkw bei Vorhandensein der Eigenschaft betrüge 20.000 DM, bei Fehlen der Eigenschaft 17.000 DM. Der Kaufpreis beträgt 17.000 DM. Der Käufer hätte den Pkw für 22.000 DM weiterveräußern können, wenn er die zugesicherte Eigenschaft aufwiese. Hier hatte der Käufer einen Anspruch auf Übereignung eines Pkw, der für ihn 22.000 DM wert war, als Äquivalent für den Kaufpreis von 17.000 DM. Da der Pkw tatsächlich nur 17.000 DM wert ist, hat der Käufer einen Mangelschaden in Höhe der Differenz zwischen geschuldeter und erbrachter Leistung erlitten (22.000 DM minus 17.000 DM = 5.000 DM).

Der **Mangelschaden** ist durch **Schadenskompensation** in Geld (§ 251) auszugleichen, nicht durch Naturalrestitution (§ 249). Denn die Naturalrestitution liefe faktisch auf einen primären Erfüllungsanspruch des Käufers auf Lieferung einer fehlerfreien oder mit der zugesicherten Eigenschaft versehenen Kaufsache hinaus. Ein solcher Erfüllungsanspruch besteht beim Spezieskauf aber gerade nicht, der Verkäufer erfüllt seine primäre Leistungspflicht auch durch Übereignung einer mangelhaften Kaufsache. Allerdings kann der mangelbedingte Minderwert der Kaufsache nach den zur Nachbesserung oder Herstellung erforderlichen Kosten berechnet werden (BGH NJW 1983, 1424); insofern orientiert sich die Schadenskompensation an der Naturalrestitution.

In vorstehendem **Beispiel** kann der Käufer zwar Ersatz der Wertdifferenz zwischen fehlerhafter und fehlerfreier Kaufsache verlangen, nicht aber die Herstellung der zugesicherten Eigenschaft.

Das Fehlen einer zugesicherten Eigenschaft und das Vorhandensein eines arglistig verschwiegenen Fehlers können darüber hinaus auch das **Erhaltungsinteresse** (übererfüllungsmäßige Interesse) des Käufers verletzen. Die Verletzung des Integritätsinteresses wird im Rahmen des § 463 als **Mangelfolgeschaden** (mittelbarer Schaden; Begleitschaden) bezeichnet. Hierzu zählen die über das Interesse an der reinen Vertragserfüllung hinausgehenden Schäden, die der Käufer adäquat-kausal infolge der Mangelhaftigkeit der Kaufsache an anderen Rechtsgütern, auf die der Vertrag sich nicht bezieht, und aufgrund dieser Rechtsgütereinbuße an seinem Vermögen erleidet.

Beispiel: Das Versagen der Bremsen des als verkehrssicher verkauften Pkw führt zu einem Unfall des Käufers. Der Käufer erleidet dabei eine Körperverletzung (Rechtsgutverletzung), die zu einem Verdienstausfall (Vermögensschaden) führt.

Mangelfolgeschäden sind nach h.M. und Rspr. nur unter bestimmten Voraussetzungen nach **§ 463** zu ersetzen, ansonsten nur bei Vorliegen der Voraussetzungen der **pVV** (insbesondere Verschulden). Demnach sind auf dem Fehlen einer zugesicherten Eigenschaft beruhende Mangelfolgeschäden nach § 463 S. 1 nur zu ersetzen, wenn die Zusicherung nach ihrem objektiven Erklärungsgehalt den Zweck hat, den Käufer gegen das Risiko solcher Schäden abzusichern. Im Falle der Arglist des Verkäufers sind Mangelfolgeschäden ohne weiteres nach § 463 S. 2 zu ersetzen (s. hierzu im Einzelnen AS-Skript Schuldrecht BT 1, 2000, S. 92). In diesem teilweisen Ausschluss der Mangelfolgeschäden aus dem nach § 463 zu leistenden Schadensersatz spiegelt sich wieder, dass das von Mangelfolgeschäden verletzte Erhaltungsinteresse an sich dem Schutz des Deliktsrechts unterfällt und der vertragliche Schadensersatz wegen Nichterfüllung an sich nur das (reine) Erfüllungsinteresse schützt. Dieser Grundsatz ist zwar wegen der anerkannten Unzulänglichkeiten des Deliktsrechts weitgehend aufgehoben (s. o. 1.). Doch entspricht es diesem Grundsatz, wenn für den Ausgleich des verletzten Erhaltungsinteresses im Kaufrecht teilweise auf die pVV als ein Institut verwiesen wird, das zwar – anders als das Deliktsrecht – eine Sonderrechtsbeziehung voraussetzt, jedoch – wie das Deliktsrecht – ein Verschulden des Verkäufers verlangt.

Mangelfolgeschäden sind grds. durch **Naturalrestitution** (§ 249) und für den Fall, dass diese unzureichend, unmöglich oder dem Schädiger unzumutbar ist, durch **Schadenskompensation** in Geld (§ 251) auszugleichen.

In vorgenanntem **Beispiel** kann der Käufer des verkehrsunsicheren Pkw nach § 249 S. 2 Ersatz der Aufwendungen für die Wiederherstellung seiner Gesundheit verlangen. Der Verdienstausfall ist ihm als Vermögenseinbuße nach § 251 zu ersetzen.

Seinen Nichterfüllungsschaden kann der Ersatzberechtigte auf zwei Arten berechnen: Er kann die Kaufsache behalten und die Wertdifferenz zwischen der mangelhaften und einer vergleichbaren mangelfreien Sache (Mangelschaden) sowie weitere Mangelschäden (z. B. entgangenen Gewinn) und auch den Mangelfolgeschaden geltend machen (**„kleiner Schadensersatz"**). Stattdessen kann der Ersatzberechtigte auch ohne den Nachweis eines fehlenden Interesses die Kaufsache zurückweisen bzw. zurückgeben und den Ersatz des Kaufpreises (als Mindestmangelschaden) sowie weiterer Mangelschäden und auch des Mangelfolgeschadens verlangen (**„großer Schadensersatz"**). Diese beiden Möglichkeiten entsprechen der Differenz- und Surrogationsmethode bei § 325.

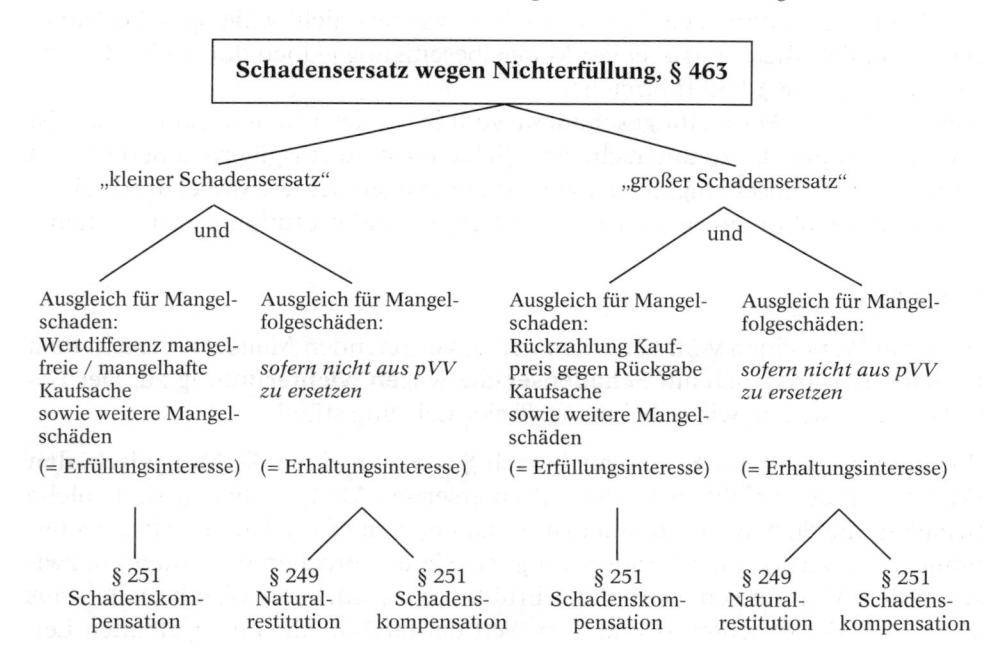

```
                    Schadensersatz wegen Nichterfüllung, § 463
                    ┌──────────────────┴──────────────────┐
            „kleiner Schadensersatz"              „großer Schadensersatz"
                    und                                    und
        ┌───────────┴───────────┐              ┌───────────┴───────────┐
   Ausgleich für           Ausgleich für    Ausgleich für           Ausgleich für
   Mangelschäden:          Mangelfolge-     Mangelschäden:          Mangelfolge-
   Wertdifferenz mangel-   schäden:         Rückzahlung Kauf-       schäden:
   freie / mangelhafte                      preis gegen Rückgabe
   Kaufsache               sofern nicht     Kaufsache               sofern nicht
   sowie weitere Mangel-   aus pVV          sowie weitere Mangel-   aus pVV
   schäden                 zu ersetzen      schäden                 zu ersetzen

   (= Erfüllungsinteresse) (= Erhaltungs-   (= Erfüllungsinteresse) (= Erhaltungs-
                              interesse)                               interesse)

   § 251              § 249      § 251      § 251              § 249      § 251
   Schadenskom-       Natural-   Schadens-  Schadenskom-       Natural-   Schadens-
   pensation          restitution kompensation pensation       restitution kompensation
```

1.9 § 538

Der Mieter kann bei Mängeln der Mietsache nach Übergabe der Mietsache **Schadensersatz wegen Nichterfüllung** verlangen und ist dann so zu stellen wie er bei ordnungsgemäßer Erfüllung stünde. Da nach h. M. und Rspr. im Rahmen des § 538 sowohl **Mangel- als auch Mangelfolgeschäden** (also sowohl das Erfüllungs- als auch das Erhaltungsinteresse) zu ersetzen sind, kommt der Differenzierung zwischen diesen Schadensarten hier nicht die Bedeutung wie im Rahmen des § 463 zu.

Zu den nach § 538 zu ersetzenden **Mangelschäden** (Nichterfüllungsschaden; unmittelbarer Schaden) gehören der mangelbedingte Minderwert der Mietsache, Aufwendungen zur Mangelbeseitigung, Deckungsgeschäfte (Mehrkosten einer Ersatzwohnung; Kosten einer vorübergehenden anderweitigen Unterbringung von Personen oder Sachen), wegen Unbrauchbarkeit der Mietsache entgangener Gewinn, frustrierte Aufwendungen (zB Vertrags- und Maklerkosten; vgl. BGHZ 136, 102[@]; im Rahmen des § 538 ist allerdings die Rentabilitätsvermutung widerlegbar!).

Zu den nach § 538 zu ersetzenden **Mangelfolgeschäden** gehören mangelbedingte Körperschäden, körperverletzungsbedingter Verdienstausfall, mangelbedingte Beschädigungen anderer Sachen des Mieters.

Im Rahmen der **Mangelschäden** (Verletzung des Erfüllungsinteresses) ist eine Naturalrestitution gemäß § 249 S. 1 nur denkbar hinsichtlich des mangelbedingten Minderwertes der Mietsache, der durch Mangelbeseitigung behoben werden kann. Eine solche Naturalrestitution würde im Ergebnis dem vertraglichen Primäranspruch auf Erfüllung durch mangelfreie Leistung entsprechen, der vom Mietrecht – anders als vom Kaufrecht – vorgesehen ist (§ 536), sodass die Naturalherstellung dem Willen des Gesetzgebers nicht widerspräche. Einfacher kann der Mieter das Ziel der Mangelbeseitigung jedoch durch eine Ersatzvornahme gemäß § 538 II erreichen.

Hinsichtlich der **Mangelfolgeschäden** (Verletzung des Erhaltungsinteresses) ist – wie im Kaufrecht – zu unterscheiden: Schäden an Rechtsgütern außerhalb des Vertrages (z. B. Beschädigung der vom Mieter eingebrachten Möbel durch einen Mangel der Wohnung) sind vorrangig durch Naturalrestitution auszugleichen.

1.10 § 635

Weist ein Werk einen vom Unternehmer zu vertretenden Mangel auf, steht dem Besteller ein Anspruch auf **Schadensersatz wegen Nichterfüllung** zu. Der Besteller ist zu stellen, wie er bei mangelfreier Leistung stünde.

Wie nach § 463 (s. o. 1.8) sind auch nach § 635 zum einen die **Mangelschäden** (Verletzung des Erfüllungsinteresses) zu ersetzen. Mangelschäden sind solche Schäden, die dem Werk unmittelbar anhaften, weil es infolge des Mangels unbrauchbar, wertlos oder minderwertig ist. Sie entsprechen der Differenz zwischen dem Wert dessen, worauf der Erfüllungsanspruch des Werkbestellers aus §§ 631 I, 633 I gerichtet ist und dem Wert der tatsächlichen mangelhaften Leistung. Darunter fallen die Mangelbeseitigungskosten, der Minderwert des Werkes, die Kosten des zur Mangelfeststellung erforderlichen Gutachtens und der durch die Unmöglichkeit der Nutzung des Werkes entgangene Gewinn (z. B. Unmöglichkeit der Vermietung der mangelhaft erstellten Wohnung).

Nach Rspr. und h. M. ist der **Mangelschaden** grundsätzlich als **Schadenskompensation** in Geld (§ 251) auszugleichen, da eine Naturalrestitution (§ 249) der Erfüllung oder Nachbesserung gleichkäme, die nach Ablauf der vom Besteller zur Nachbesserung gesetzten Frist gemäß § 634 I 2, 2. Halbs. ausgeschlossen sind. In Ausnahmefällen wird jedoch auch die Möglichkeit der Naturalrestitution anerkannt:

Beispiele (Naturalrestitution):
Der Besteller kann die Beseitigung des misslungenen Werkes, etwa einer mangelhaften Heizungsanlage, verlangen (OLG Hamm NJW 1978, 1060). – Im Rahmen seiner Schadensminderungspflicht kann der Bauherr gehalten sein, dem Architekten die Beseitigung von Mängeln des Bauwerkes in Natur zu gestatten (BGH NJW 1978, 1853).

Die Mangelhaftigkeit des Werkes kann darüber hinaus zu **Mangelfolgeschäden** (Verletzung des Erhaltungsinteresses, s. o. 1.8 zu § 463) führen. Hierzu zählen Schäden, die dem Besteller an Rechten und Rechtsgütern außerhalb des Werkes entstehen (Körperschäden, Sachschäden); Mängel an anderen Werken als Realisierung des ursprünglichen Werkmangels (z. B. der Mangel des Bauplanes des Architekten führt zu Mängeln des errichteten Hauses); Vermögensschäden infolge fehlgeschlagener Vermögensdispositionen (z. B. Kursverluste des Bestellers eines mangelhaften Wertpapiergutachtens); Vermögensschäden des Bestellers, der aufgrund des Werkmangels Dritten schadensersatzpflichtig wird (z. B. der Besteller eines Mietshauses haftet als Vermieter seinen Mietern wegen Mängeln in der Bauausführung).

Von den **Mangelfolgeschäden** sind nach der Rspr. und einem Teil der Lit. nur die **unmittelbaren** über § 635 zu ersetzen, während die **entfernteren** nach den Grundsätzen der pVV zu ersetzen sind. Ob ein Mangelfolgeschaden als unmittelbarer (örtlich eng mit dem Werk verbunden und ohne Dazwischentreten anderer Ereignisse ausgelöst) oder als entfernter Mangelfolgeschaden einzustufen ist, lässt sich nicht begrifflich entscheiden. Vielmehr hat die Praxis Fallgruppen zur Einteilung der Schadensarten herausgebildet.

Mangelfolgeschäden sind grds. durch **Naturalrestitution** (§ 249) und für den Fall, dass diese unzureichend, unmöglich oder dem Schädiger unzumutbar ist, durch Schadenskompensation in Geld (§ 251) auszugleichen.

Beispiel: Für Gesundheitsschäden, die der Bauherr durch Verwendung gesundheitsschädlicher Baumaterialien erleidet, kann dieser vom Werkunternehmer Ersatz der Heilungskosten gemäß § 249 S. 2 verlangen.

Die Berechnung des Schadensersatzes kann auf zwei verschiedene Arten erfolgen (s. o. 1.8 zu § 463). Der Besteller kann das Werk behalten und die Wertdifferenz zwischen dem mangelhaften und dem mangelfreien Werk (Mangelschaden: z. B. Minderwert des Werkes oder der für die Mangelbeseitigung erforderliche Aufwand zzgl. des verbleibenden Minderwertes) sowie weitere Mangelschäden und auch Mangelfolgeschäden geltend machen **("kleiner Schadenser-**

satz"). Statt dessen kann der Besteller auch das Werk zurückweisen und den Werklohn zurückfordern bzw. dessen Zahlung verweigern (Mindestmangelschaden) sowie weitere Mangelschäden und auch den Mangelfolgeschaden geltend machen (**„großer Schadensersatz"**). Diese beiden Möglichkeiten entsprechen der Differenz- und der Surrogationsmethode bei § 325.

2. Verzögerungsschaden, § 286 I

Nach § 286 I ist der Schaden zu ersetzen, der allein durch die zeitliche Verzögerung der Leistung entsteht.

Grds. nicht ersetzt werden kann nach dieser Vorschrift der Nichterfüllungsschaden, also auch nicht die Kosten eines Deckungskaufes, der ja Nichterfüllungsschaden ist (OLG München BB 1995, 328@).

Der Verzögerungsschaden tritt neben den bestehenbleibenden Leistungsanspruch und bleibt auch bestehen, wenn später an die Stelle des Leistungsanspruchs ein Schadensersatzanspruch wegen Nichterfüllung (z.B. aus §§ 280, 286 II, 325, 326) tritt. Der Gläubiger ist so zu stellen, wie er stünde, wenn rechtzeitig geleistet worden wäre. Die Verzögerung kann sowohl zu einer Beeinträchtigung des **Erfüllungsinteresses** als auch des **Erhaltungsinteresses** führen.

Beispiel (nach BGH NJW 1975, 1278, 1279): Ein Dachdecker hat ein neu errichtetes Mietshaus mit einem Dach einzudecken. Er gerät mit der Fertigstellung in Verzug, sodass zum einen die Wohnungen erst mit wochenlanger Verspätung vermietet werden können und zum anderen ein nach Ablauf der vereinbarten Leistungszeit niedergehender Gewitterregen in das noch nicht gedeckte Haus eindringen kann und dort erhebliche Schäden anrichtet.

Das auf Erweiterung des bestehenden Rechtskreises gerichtete **Erfüllungsinteresse** des Hauseigentümers ist durch die Wertminderung des Gebäudes infolge verspäteter Bezugsfertigkeit verletzt. Die Einbuße besteht in der Differenz zwischen dem Wert des Gebäudes bei rechtzeitiger und dem Wert bei verspäteter Fertigstellung. Die Höhe der Differenz entspricht den verzugsbedingt entgangenen Mietzinsen. Diese Mietzinsen sind dem Werkbesteller als Erfüllungsinteresse zu ersetzen. Der durch das eindringende Regenwasser an der Gebäudesubstanz entstandene Schaden stellt dagegen eine über die Beeinträchtigung des Erfüllungsinteresses hinausgehende Verletzung des **Erhaltungsinteresses** an der Unverletzlichkeit bereits bestehender Rechtsgüter (Eigentum am Gebäudegrundstück) dar.

Die verzugsbedingte Beeinträchtigung des **Erfüllungsinteresses** ist wegen Unmöglichkeit der Naturalrestitution meist in Form der **Schadenskompensation** in Geld (§ 251) auszugleichen.

Beispiel: Der Mietzinsentgang in o.g. Beispiel nach BGH NJW 1975, 1278, 1279. – Wegen verspäteter Fertigstellung eines Wohnhauses muss der Besteller für die Zwischenzeit eine Ersatzwohnung anmieten. Die dadurch entstehenden Kosten kann er als Verzugsschaden geltend machen (BGHZ 66, 277, 281).

Das **Erfüllungsinteresse** kann jedoch auch in Form der **Naturalrestitution** (§ 249) zu ersetzen sein.

Beispiel: Im Falle des Verzuges mit der Erfüllung des Anspruchs auf Aufnahme als Gesellschafter in eine OHG hat der Ersatzberechtigte einen Anspruch auf die Übertragung des Geschäftes mit Aktiven und Passiven, wenn während des Verzugszeitraumes ein Tatbestand eingetreten ist, der den Ersatzberechtigten nach § 142 HGB zur Übernahme des Geschäfts berechtigt hätte (RGZ 165, 260, 270).

Das verzugsbedingt beeinträchtigte **Erhaltungsinteresse** ist grds. durch **Naturalrestitution** (§ 249) auszugleichen. Ist die Naturalrestitution unmöglich, ungenügend oder dem Schädiger unzumutbar, so tritt an ihre Stelle **Schadenskompensation** in Geld (§ 251).

Beispiel: In o. g. Beispiel nach BGH NJW 1975, 1278, 1279 kann der Geschädigte den für die Reparatur des Regenwasserschadens erforderlichen Geldbetrag verlangen (§ 249 S. 2).

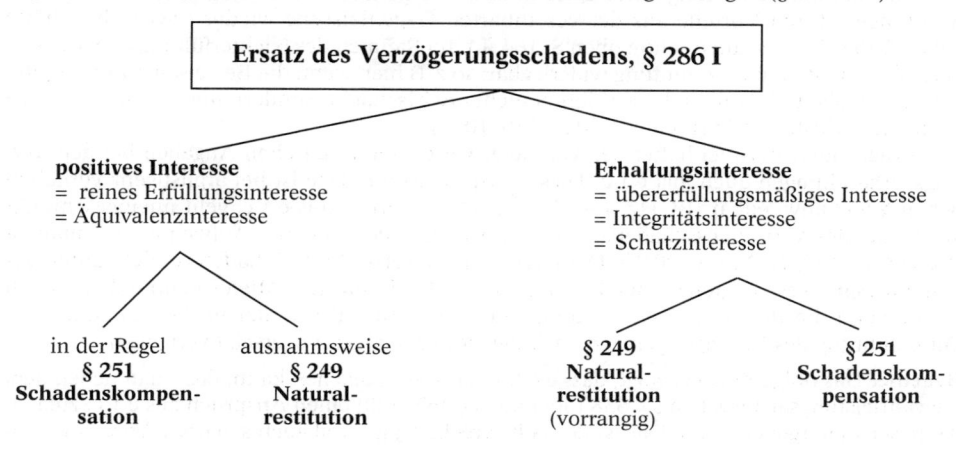

```
                    Ersatz des Verzögerungsschadens, § 286 I
                    /                                      \
        positives Interesse                       Erhaltungsinteresse
        = reines Erfüllungsinteresse              = übererfüllungsmäßiges Interesse
        = Äquivalenzinteresse                     = Integritätsinteresse
                                                  = Schutzinteresse
         /            \                             /              \
   in der Regel    ausnahmsweise              § 249              § 251
      § 251           § 249                  Natural-         Schadenskom-
  Schadenskom-      Natural-               restitution         pensation
    pensation      restitution             (vorrangig)
```

3. §§ 122 I, 179 II, 307 I 1, 309

Nach diesen Normen ist dem Geschädigten das auf die Höhe des Erfüllungsinteresses (positiven Interesses) begrenzte **Vertrauensinteresse** (negatives Interesse) aus dem Scheitern des Rechtsgeschäftes zu ersetzen. Er ist so zu stellen, als habe er auf die Wirksamkeit des Geschäftes nicht vertraut, als hätte er sich auf den Vertrag nicht eingelassen. Der Ersatzanspruch ist auf **Schadenskompensation** in Geld (§ 251) gerichtet und umfasst Vermögenseinbußen durch nutzlose Aufwendungen zur Vertragsdurchführung, entgangenen Gewinn aus einem ansonsten zu Stande gekommenen anderen Geschäft (nicht jedoch aus dem gescheiterten Geschäft = positives Interesse) und die Kosten eines verlorenen Prozesses zur Durchsetzung des vermeintlichen Erfüllungsanspruchs gegen den vermeintlichen Vertragspartner.

4. c.i.c.

Regelmäßig ist bei einer vorvertraglichen Pflichtverletzung dem Geschädigten das **Vertrauensinteresse** (negative Interesse) zu ersetzen, da die Grundlage für die Haftung aus c.i.c. ein enttäuschtes Vertrauen ist (BGH NJW 1981, 1035, 1036). Dieses negative Interesse ist grds. in seiner Höhe nicht durch das positive Interesse beschränkt (s. o. 1. Abschnitt, 2. a. E.).

Beispiel (nach BGHZ 136, 102[@]): Der Vermieter hat dem Mieter bei den Vertragsverhandlungen unrichtige Angaben über die Beschaffenheit der Mietsache, nämlich über die Anzahl der Kfz-Stellplätze, die zur Erteilung einer Gaststättenkonzession erforderlich sind, gemacht und dabei arglistig gehandelt. Der Mieter hatte zur Vorbereitung der Eröffnung des Lokals

Aufwendungen gemacht, die sich als nutzlos erwiesen, da die Gaststättengenehmigung wegen nicht genügender Stellplätze verweigert wurde. Dem Mieter waren zwar die gewerblichen Räume übergeben worden, er konnte sie aber nicht nutzen. Nunmehr verlangt er vom Vermieter Schadensersatz.

Ihm steht ein Schadensersatzanspruch wegen Nichterfüllung gemäß **§ 538 I** zu. Im Rahmen des Nichterfüllungsschadens können nutzlose Aufwendungen geltend gemacht werden, weil eine Rentabilitätsvermutung dafür spricht, dass der enttäuschte Vertragspartner seine Aufwendungen durch Vorteile aus der vereinbarten Gegenleistung wieder erwirtschaft hätte (BGHZ 136, 102@; s. auch schon oben S. 164 ff.). Im Rahmen des Nichterfüllungsschadens ist aber diese Rentabilitätsvermutung widerlegbar; so z.B hier, wenn die Beweisaufnahme ergibt, dass das geplante Lokal die Investitionen nicht erwirtschaftet, sondern notwendigerweise zu weiteren Verlusten geführt hätte (BGHZ 136, 102@).

Im vorliegenden Beispiel haftet der Vermieter wegen seiner falschen Angaben bei den Vertragsverhandlungen auch aus c.i.c. Diese Anspruchsgrundlage ist bei arglistigem Verhalten neben § 538 anwendbar (BGHZ 136, 102@). Der Anspruch aus c.i.c. geht uneingeschränkt auf Ersatz des Vertrauensschadens, der nach st.Rspr. auch nutzlose Aufwendungen umfasst (BGHZ 99, 182, 201@, 136, 201@). Der wegen c.i.c. zu ersetzende Schaden ist nicht durch das Erfüllungsinteresse begrenzt (BGHZ 136, 201@; 69, 53, 56). Der Mieter kann daher – auch dann, wenn die Rentabilitätsvermutung widerlegt wird – Ersatz der im Vertrauen auf die Durchführung des Vertrages gemachten Aufwendungen aus c.i.c. ersetzt verlangen.

Beachte: Das obige Beispiel zeigt, dass es durchaus Sinn machen kann, dass man neben dem Gewährleistungsanspruch aus § 538 (oder aus §§ 463, 480) einen Anspruch aus c.i.c. zulässt, da dieser weitergehen kann. Das ist deshalb gerechtfertigt, weil auch schärfere Voraussetzungen – hier Arglist – gefordert werden.

Da dem Institut der c.i.c. höchst unterschiedliche Funktionen zukommen, ist es auch möglich, dass das **Erfüllungsinteresse** (positive Interesse) **oder das Erhaltungsinteresse** (übererfüllungsmäßige Interesse) zu ersetzen ist; es muss daher nach folgenden Fallgruppen unterschieden werden:

I) Die Grundsätze der c.i.c. schützen in der **ersten Fallgruppe** das Erhaltungsinteresse (wie das Deliktsrecht), sofern **Verkehrssicherungspflichten** (Sorgfalts-, Obhuts- oder Schutzpflichten) verletzt werden. Insofern passt (wie im Deliktsrecht, s.o. 1. Abschnitt, 3.) die Differenzierung zwischen positivem und negativem Interesse nicht. Der Ersatzberechtigte ist zu stellen, wie er ohne die Pflichtverletzung stünde. Geschützt wird die Integrität; Ersatz ist vorrangig in Form der Naturalrestitution (§ 249) zu leisten, ansonsten als Wertersatz in Geld (§ 251).

Beispiel: Der Kaufinteressent wird durch Unachtsamkeit des Kaufhausangestellten von einer umstürzenden Linoleumrolle getroffen und verletzt (RGZ 78, 239).

Geschützt werden auch eingebrachte Sachen; Ersatz ist vorrangig in Form der Naturalrestitution (§ 249), ansonsten als Wertersatz in Geld (§ 251) zu leisten.

Beispiel: Sachen werden vor Abschluss des Mietvertrages mit Einwilligung des Vermieters in die Wohnung eingebracht und dort aufgrund von Mängeln der Wohnung beschädigt.

Schließlich wird auch das Vermögen geschützt; Ersatz ist sowohl durch Naturalrestitution (§ 249) als auch durch Wertersatz in Geld (§ 251) möglich.

Beispiel (nach BGH NJW 1961, 1308, 1309): Bei Verhandlungen über den Abschluss eines Gesellschaftsvertrages werden die wichtigsten Mitarbeiter der anderen Seite abgeworben. Der Geschädigte ist zu stellen, wie er ohne die Abwerbung stünde. Dies ist in Form der Naturalrestitution dadurch möglich, dass dem Schädiger ein Verbot der Beschäftigung der abgeworbenen Mitarbeiter für den Zeitraum auferlegt wird, der dem wettbewerblichen Vorsprung entspricht, den der Schädiger ansonsten auf Kosten des Geschädigten durch die Abwerbung erzielen würde.

II) Die **zweite Fallgruppe** betrifft die Enttäuschung des **Vertrauens in das Zustandekommen eines Vertrages**. Der Geschädigte ist so zu stellen, wie er ohne das enttäuschte Vertrauen stünde.

1) Die Enttäuschung des Vertrauens kann darin bestehen, dass ein Verhandlungspartner zunächst das berechtigte Vertrauen auf einen sicheren Abschluss des Vertrages erweckt, dann aber ohne triftigen Grund **vom Vertragsschluss Abstand nimmt**.

a) Zu ersetzen ist grds. das Vertrauensinteresse (negative Interesse). Dem Geschädigten ist Wertersatz in Geld zu leisten (§ 251).
Beispiel (nach BAG NJW 1963, 1843, 1844): Ein Unternehmer stellt einem Arbeitsplatzbewerber die Einstellung als sicher dar; daraufhin kündigt der Bewerber sein bisheriges Arbeitsverhältnis. Er wird jedoch von dem Unternehmer nicht eingestellt. Zu ersetzen ist dem Geschädigten der ausgefallene Verdienst (bezogen auf den Verdienst des aufgegebenen, nicht des angestrebten Arbeitsverhältnisses).

b) Ausnahmsweise kann nach den Grundsätzen der c.i.c. das Interesse an der Erfüllung eines nicht zu Stande gekommenen Vertrages zu ersetzen sein. Das gilt dann, wenn festgestellt wird, dass ohne das schuldhafte Verhalten ein anderer, für den Geschädigten günstigerer Vertrag zu Stande gekommen wäre. BGH JP 1998, 420@ = JZ 1999, 93 m. im Ergebnis zust. Anm. Stoll S. 95 ff.

Unproblematisch sind die Fälle, in denen ohne das schuldhafte Verhalten ein Vertrag zu den von dem Geschädigten angestrebten, für ihn günstigeren Bedingungen mit einem Dritten zu Stande gekommen wäre. Nach der Rspr. des BGH gilt dies aber auch, wenn ohne das schädigende Verhalten mit demselben Vertragspartner ein Vertrag zu anderen, für den Geschädigten günstigeren Bedingungen zu Stande gekommen wäre.
BGH JP 1998, 420, 421@; vgl. auch BGHZ 108, 200, 207 f.; a.A. – unter Hinweis auf einen unzulässigen Kontrahierungszwang –; Staudinger/Löwisch vor § 275 f. Rdnr. 75.

2) Die Enttäuschung des Vertrauens kann darin bestehen, dass der Schädiger bei Vertragsverhandlungen den Anschein erweckt, das angestrebte form- oder genehmigungsbedürftige Rechtsgeschäft komme zu Stande, obwohl es an der **Einhaltung der Form oder an der Genehmigung fehlt**.

a) Soll das Zustandekommen des Vertrages bei Verletzung des Form- oder Genehmigungserfordernisses nach der Wertung des Gesetzes auf jeden Fall verhindert werden, kann nur das **Vertrauensinteresse** zu ersetzen sein. Denn das Erfüllungsinteresse wäre auf das Zustandekommen des Vertrages gerichtet und widerspräche damit der gesetzlichen Wertung. Der Geschädigte ist also so zu stellen, als hätte er auf das Zustandekommen des Geschäftes nicht vertraut.
Beispiel (nach BGHZ 92, 164, 175): Bei der Auftragserteilung an einen Unternehmer hat die beauftragende Gemeinde gegen das kommunalrechtliche Erfordernis der Gesamtvertretung verstoßen. Dem Unternehmer sind die vergeblich vorgeleisteten Planungskosten zu ersetzen.

b) Ist dagegen das Zustandekommen des Vertrages nach dem Gesetz trotz Formverstoßes oder fehlender Genehmigung möglich (zB § 313 I 2), kann der Geschädigte das **Erfüllungsinteresse** verlangen. Dies gilt zumindest dann, wenn der Ersatzberechtigte nachweisen kann, dass der Vertrag ohne die Pflichtverletzung zu Stande gekommen wäre und der Schädiger den wirksamen Vertragsschluss wider Treu und Glauben verhindert (s. o. 1. Abschnitt, 1.). Der Geschädigte kann dann verlangen, so gestellt zu werden, als sei der Vertrag wirksam zu Stande gekommen.

Beispiel: Eine Siedlungsgesellschaft belehrte die Grundstückskäufer nicht über die bei Abschluss des Kaufvertrages einzuhaltende Form des § 313 und verweigerte später die Vertragserfüllung. Den Käufern gelang der Nachweis, dass der Vertrag bei Belehrung über das Formerfordernis auch formgerecht zu Stande gekommen wäre. Nach Ansicht des BGH (NJW 1965, 812, 814) konnten die Käufer Ersatz des Erfüllungsinteresses verlangen. Dieses Interesse konnte hier zwar nicht in Form der Naturalrestitution durch formwirksamen neuerlichen Vertragsschluss befriedigt werden (ansonsten liefe § 313 leer), aber durch Ersatz der Mehrkosten für den Erwerb eines gleichwertigen Grundstücks. Diese Lösung ist umstritten, nach a. A. kann den Käufern nur das Vertrauensinteresse ersetzt werden (Staudinger/Löwisch vor § 275 Rdnr. 75; MünchKomm/Emmerich vor § 275 Rdnr. 205).

III) Die **dritte Fallgruppe** betrifft die Verletzung einer vorvertraglichen Pflicht durch die **pflichtwidrige Herbeiführung eines Vertragsschlusses**.

1) Führt eine arglistige Täuschung oder eine Drohung zum Vertragsschluss, so liegt nicht nur ein Fall des § 123 vor, sondern auch eine vorvertragliche Pflichtverletzung. Dies gilt auch dann, wenn der Vertrag wegen der Täuschung oder Drohung bereits angefochten wurde (BGH WM 1968, 892, 893).

2) Führen fahrlässig falsche Angaben oder die fahrlässige Verletzung einer Aufklärungspflicht zum Vertragsschluss, so liegt ebenfalls c. i. c. vor.

Beispiel: Der Käufer eines Baugrundstückes wollte vor Abschluss des Kaufvertrages durch eine Probebohrung feststellen lassen, ob der Boden eine zur Errichtung eines Hauses genügende Festigkeit aufwies. Dies unterließ der Käufer jedoch. Denn als er bei der Gemeinde als Verkäuferin um die Genehmigung der Bohrung nachsuchte, erklärte ihm der Bauamtsleiter, eine Bohrung sei nicht nötig; die Gemeinde selbst habe das gesamte Gelände „abgebohrt" und es würden im künftigen Bebauungsplan nur solche Grundstücke als Bauland ausgewiesen, die eine genügende Bodenfestigkeit aufwiesen. Nach dem Kauf des Grundstückes stellte sich heraus, dass es moorhaltig war und daher hohe Aufwendungen für eine besondere Fundamentierung des Hauses notwendig waren, das der Käufer trotz nunmehr erkannter Fehlerhaftigkeit der Angabe errichten ließ (BGH NJW 1981, 1035; fahrlässig falsche Angabe). Nicht erörtert hat der BGH das Problem, inwieweit die Grundsätze der c. i. c. bei fahrlässiger Falschangabe über die Beschaffenheit der Kaufsache neben den §§ 459 ff. überhaupt anwendbar sind.

3) **Rechtsfolge der pflichtwidrigen Herbeiführung eines Vertragsschlusses** ist die Pflicht des Schädigers zum Ersatz des **Vertrauensinteresses**. Der Geschädigte ist so zu stellen, wie er ohne die Pflichtverletzung stünde. Der Geschädigte kann daher im Wege der Naturalrestitution (§ 249) verlangen, dass der **Vertrag rückgängig gemacht** wird und von ihm gemachte vergebliche Aufwendungen ersetzt werden.

Die Rückgängigmachung eines Vertrages unter dem Gesichtspunkt der c. i. c. setzt einen Vermögensschaden voraus. Zu vergleichen ist die Gesamtvermögenslage, wie sie sich nach Abschluss des Vertrages darstellt, mit der Vermögenslage, wie sie sich ohne den Vertrag entwickelt hätte (BGH JP 1998, 114[@] m. Kurzkomm. Grunsky EWiR § 249 BGB 2/98, 727).

Im Falle der fahrlässigen Täuschung führt die Rückgängigmachung zu dem gleichen Ergebnis wie eine Anfechtung, die nach § 123 nur bei arglistiger Täuschung möglich wäre. Die Rückgängigmachung des Vertrages wegen fahrlässiger oder arglistiger Täuschung nach den Grundsätzen der c.i.c. ist auch nach Ablauf der Frist des § 124 noch möglich (BGH NJW 1979, 1983).

Der Geschädigte kann nach h.M. und Rspr. aber auch am Vertrag festhalten und die **Anpassung** der von ihm zu erbringenden **Leistung an die tatsächlichen Umstände** verlangen, i.d.R. durch Minderung der Leistung des Geschädigten. Der Geschädigte muss dabei nicht den Nachweis erbringen, dass der andere überhaupt zu den veränderten Bedingungen einen Vertrag geschlossen hätte. Diese Vertragsanpassung ist eine Form der Naturalrestitution (§ 249).

Beispiel: Der Verkäufer eines Unternehmens hat fahrlässig falsche Angaben über den Bilanzgewinn des Unternehmens gemacht. Der Käufer kann an dem Vertrag festhalten und als Schadensersatz den Betrag verlangen, um den er das Unternehmen zu teuer gekauft hat (BGHZ 69, 53, 57 f.).

Wenn schließlich dem Geschädigten der Nachweis gelingt, dass er ohne die Pflichtverletzung ein anderes Geschäft abgeschlossen hätte, kann er zusätzlich als Teil des Vertrauensinteresses den aus dem anderen Geschäft **entgangenen Gewinn** verlangen (BGH NJW 1988, 2234, 2236).

Dagegen kann der Geschädigte nicht den Ersatz derjenigen Aufwendungen verlangen, die er in Kenntnis der (fahrlässig) falschen Auskunft vornimmt, weil er dennoch am Vertrag festhalten und ihn zum Erfolg führen will.

Beispiel: In dem oben zu 4.3, II) genannten Fall BGH NJW 1981, 1035 kann der getäuschte Käufer nicht die Mehrkosten für die aufwendigere Fundamentierung verlangen. Denn die Falschangabe war zur Zeit der Entstehung der Mehrkosten als unrichtig erkannt und damit die Pflichtverletzung nicht ursächlich für die Mehrkosten. Zugleich war die Angabe des Bauamtsleiters auch nicht als Zusicherung i.S.v. § 463 zu werten, sodass ein auf das Erfüllungsinteresse gerichteter Schadensersatzanspruch wegen Nichterfüllung ausschied.

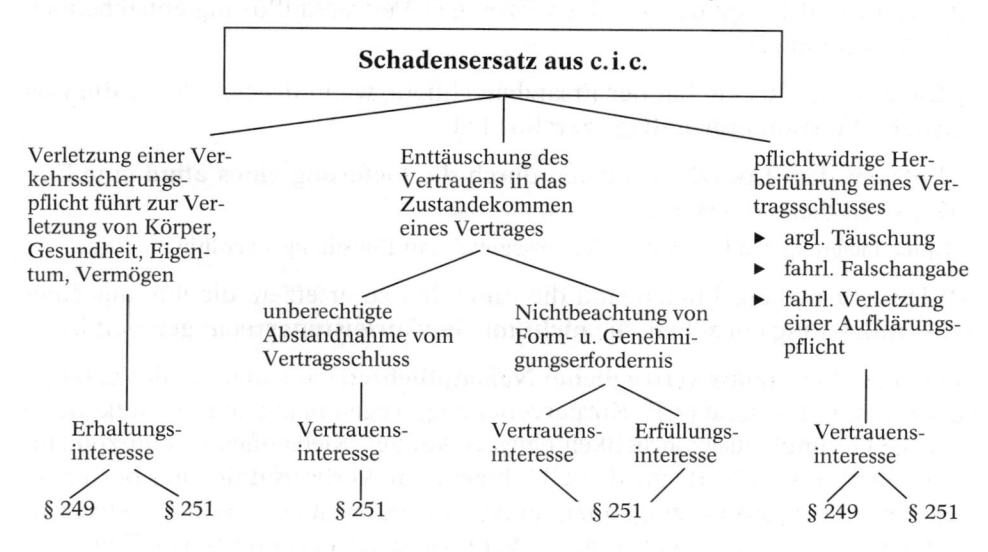

Schadensersatz aus c.i.c.

- Verletzung einer Verkehrssicherungspflicht führt zur Verletzung von Körper, Gesundheit, Eigentum, Vermögen
  - Erhaltungsinteresse
    - § 249
    - § 251

- Enttäuschung des Vertrauens in das Zustandekommen eines Vertrages
  - unberechtigte Abstandnahme vom Vertragsschluss
    - Vertrauensinteresse
      - § 251
  - Nichtbeachtung von Form- u. Genehmigungserfordernis
    - Vertrauensinteresse / Erfüllungsinteresse
      - § 251

- pflichtwidrige Herbeiführung eines Vertragsschlusses
  ▶ argl. Täuschung
  ▶ fahrl. Falschangabe
  ▶ fahrl. Verletzung einer Aufklärungspflicht
  - Vertrauensinteresse
    - § 249
    - § 251

5. pVV

Der Schadensersatz wegen pVV tritt neben den grds. bestehenbleibenden Anspruch auf Erfüllung der Hauptleistungspflicht bzw. neben den Anspruch auf Schadensersatz wegen Nichterfüllung der Hauptleistungspflicht. **Zu ersetzen sind alle mittelbaren und unmittelbaren Nachteile des schädigenden Verhaltens, ohne dass es auf die Differenzierung zwischen positivem Erfüllungs- und negativem Vertrauensinteresse ankäme.** Sofern aufgrund des schädigenden Verhaltens dem Ersatzberechtigten ein Festhalten am Vertrag unzumutbar ist, kann der Schadensersatz auch durch Liquidierung des Vertrages zu leisten sein; der Schadensersatzanspruch aus pVV tritt dann nicht neben, sondern an die Stelle des dann ausgeschlossenen Anspruchs auf Erfüllung der Hauptleistungspflicht. Soweit möglich, ist der Schadensersatz durch Naturalrestitution (§ 249) zu leisten, meist ist er jedoch auf Geldersatz (§ 251) gerichtet.

I) Führt die Verletzung einer (als Nebenleistungspflicht eines Schuldverhältnisses) bestehenden **Verkehrssicherungspflicht** (Sorgfalts-, Obhuts-, Schutzpflicht) zur Verletzung von Körper, Gesundheit, Eigentum oder Vermögen, so ist – wie bei der c. i. c., s. o. 4.1 – Ersatz vorrangig in Form der Naturalrestitution (§ 249), nur in Fällen des § 251 in Form der Schadenskompensation zu leisten.

II) Die pVV kann in einer **Nichtleistung** bestehen, die **weder Verzug noch Unmöglichkeit** ist.

1) Im Falle der **Erfüllungsverweigerung vor Fälligkeit** hat der Gläubiger eines gegenseitigen Vertrages – evtl. nach Fristsetzung mit Ablehnungsandrohung – einen auf das Erfüllungsinteresse gerichteten Schadensersatzanspruch wegen Nichterfüllung entsprechend §§ 325, 326. Statt dessen kann der Ersatzberechtigte jedoch auch vom Vertrag zurücktreten (bei Dauerschuldverhältnissen: kündigen) und Ersatz des aus der vorzeitigen Vertragsauflösung entstehenden Schadens verlangen.

2) Die gleichen Rechte hat der Ersatzberechtigte, wenn der Schuldner **die vertragliche Vertrauensgrundlage zerstört** hat.

3) Entsteht dem Ersatzberechtigten durch die **Lieferung eines aliud** eine Einbuße, so ist diese zu ersetzen.
Beispiel: Lieferung von Unkrautvernichtungsmittel statt Kunstdünger verdirbt die Ernte.

III) Dem Ersatzberechtigten sind die Einbußen zu ersetzen, die ihm aus einer **Schlechtleistung** entstehen, die **nicht im Gewährleistungsrecht geregelt** ist.

IV) Bei der **Verletzung vertraglicher Nebenpflichten** kann anstelle des Ersatzes der erlittenen Einbuße (z. B. Körperverletzung wegen mangelhafter Aufklärung über die Gesundheitsgefährlichkeit eines verkauften Klebstoffes = Schutzpflichtverletzung) auch ein Recht des Gläubigers zur Vertragsauflösung bestehen, wenn die Vertragsfortsetzung unzumutbar geworden ist (z. B. Einbau gebrauchter Teile in verkauften Luxuswagen = Verletzung der Leistungstreuepflicht).

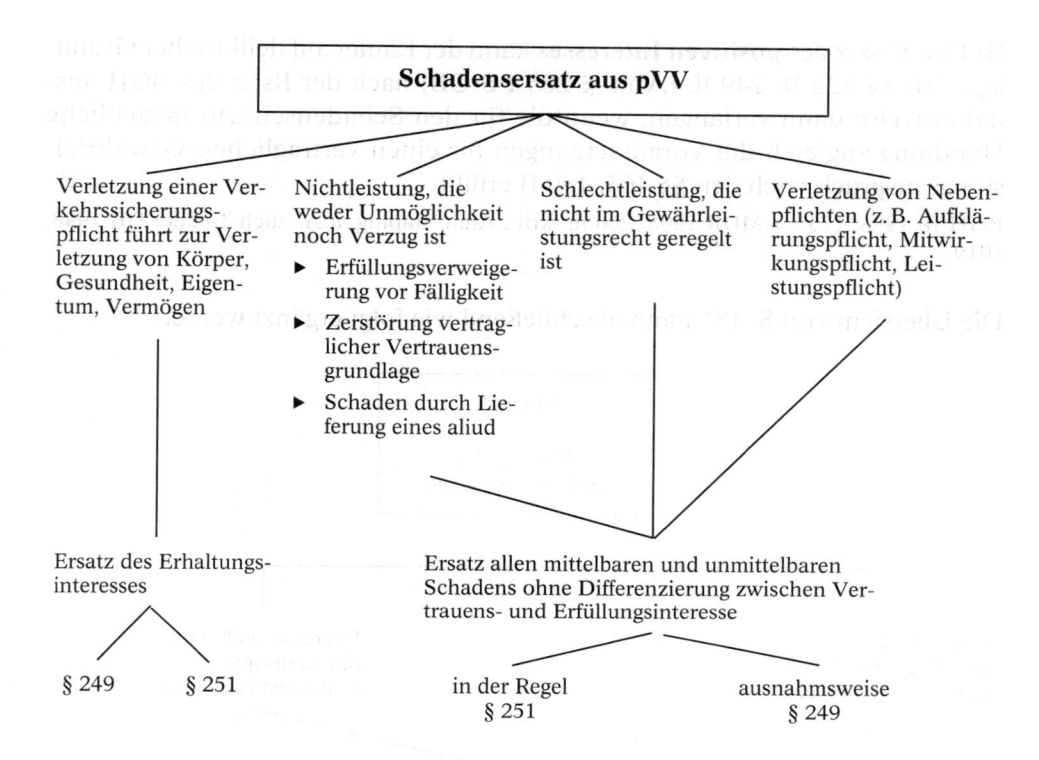

```
                        ┌─────────────────────────┐
                        │  Schadensersatz aus pVV │
                        └─────────────────────────┘
```

| Verletzung einer Verkehrssicherungspflicht führt zur Verletzung von Körper, Gesundheit, Eigentum, Vermögen | Nichtleistung, die weder Unmöglichkeit noch Verzug ist
▸ Erfüllungsverweigerung vor Fälligkeit
▸ Zerstörung vertraglicher Vertrauensgrundlage
▸ Schaden durch Lieferung eines aliud | Schlechtleistung, die nicht im Gewährleistungsrecht geregelt ist | Verletzung von Nebenpflichten (z. B. Aufklärungspflicht, Mitwirkungspflicht, Leistungspflicht) |

Ersatz des Erhaltungsinteresses

§ 249   § 251

Ersatz allen mittelbaren und unmittelbaren Schadens ohne Differenzierung zwischen Vertrauens- und Erfüllungsinteresse

in der Regel § 251   ausnahmsweise § 249

Da im Rahmen der pVV neben dem Integritätsinteresse (Verletzung einer Verkehrssicherungspflicht) auch das positive Interesse (Erfüllungsinteresse) und das negative (Vertrags-) Interesse (Vertrauensinteresse) zu ersetzen sind, bedarf die Übersicht auf S. 131 einer weiteren Ergänzung; s. dazu S. 206.

6. § 823

Im Bereich deliktischer Schadensersatzansprüche ist der Geschädigte so zu stellen, wie er ohne das schädigende Ereignis stünde.

I) Zu ersetzen ist grds. das **Erhaltungsinteresse** des Geschädigten, das auf den Schutz seiner unabhängig von einem Vertragsverhältnis bereits bestehenden Rechte und Rechtsgüter (status quo) gerichtet ist. Ausnahmsweise kann das Erhaltungsinteresse auch den Ausgleich eines vertraglichen Erfüllungsinteresses umfassen. Dies ist dann der Fall, wenn die unerlaubte Handlung gemäß §§ 823 II, 826 in der Beteiligung an fremdem Vertragsbruch besteht und das durch den Vertragsbruch beeinträchtigte Erfüllungsinteresse des geschädigten Gläubigers zu ersetzen ist (MünchKomm/Mertens § 823 Rdnr. 57).
Der Ausgleich des durch eine unerlaubte Handlung herbeigeführten Schadens geschieht vorrangig durch Naturalrestitution und, wenn dies unzumutbar, unmöglich oder nicht ausreichend ist, durch Schadenskompensation (§ 251), s. dazu oben S. 143 ff.

II) Den Ersatz des **positiven Interesses** kann der Käufer auf deliktischer Grundlage (zB §§ 823 II, 249 ff. i.V.m. § 263 I StGB) nach der Rspr. des BGH ausnahmsweise dann verlangen, wenn die für den Schadenseintritt ursächliche Handlung zugleich die Voraussetzungen für einen vertraglichen Gewährleistungsanspruch nach den §§ 463, 480 II erfüllt.

BGH JP 1998, 173@ = MDR 1998, 266 m. krit.. Anm. Imping; a.A. auch Tiedtke DB 1998, 1019.

Die Übersicht von S. 131 kann abschließend wie folgt ergänzt werden:

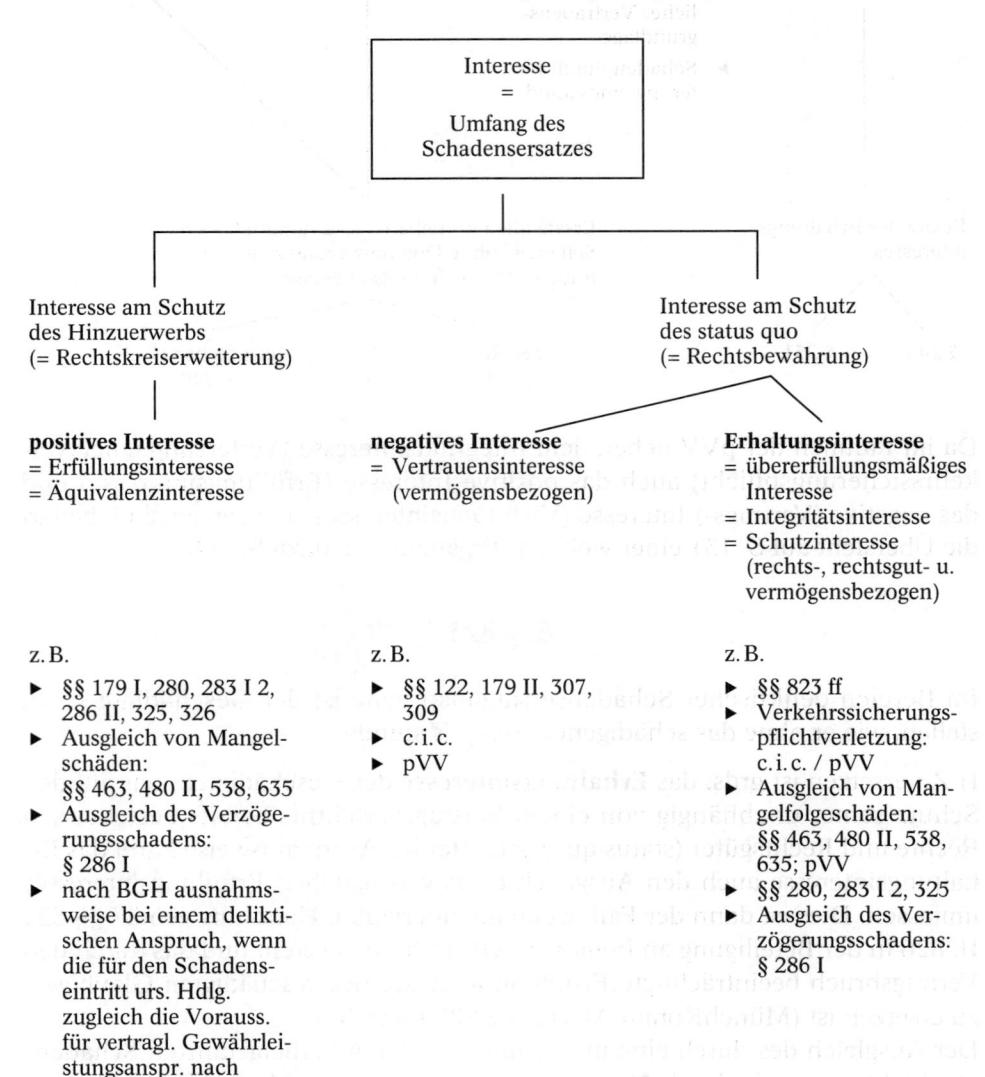

```
                    Interesse
                       =
                  Umfang des
                  Schadensersatzes
                       |
        ┌──────────────┴──────────────┐
Interesse am Schutz            Interesse am Schutz
des Hinzuerwerbs               des status quo
(= Rechtskreiserweiterung)     (= Rechtsbewahrung)
        |                       ┌──────┴──────┐
```

positives Interesse	negatives Interesse	Erhaltungsinteresse
= Erfüllungsinteresse	= Vertrauensinteresse	= übererfüllungsmäßiges Interesse
= Äquivalenzinteresse	(vermögensbezogen)	= Integritätsinteresse
		= Schutzinteresse (rechts-, rechtsgut- u. vermögensbezogen)
z.B.	z.B.	z.B.
▸ §§ 179 I, 280, 283 I 2, 286 II, 325, 326	▸ §§ 122, 179 II, 307, 309	▸ §§ 823 ff
▸ Ausgleich von Mangelschäden: §§ 463, 480 II, 538, 635	▸ c.i.c.	▸ Verkehrssicherungspflichtverletzung: c.i.c. / pVV
▸ Ausgleich des Verzögerungsschadens: § 286 I	▸ pVV	▸ Ausgleich von Mangelfolgeschäden: §§ 463, 480 II, 538, 635; pVV
▸ nach BGH ausnahmsweise bei einem deliktischen Anspruch, wenn die für den Schadenseintritt urs. Hdlg. zugleich die Vorauss. für vertragl. Gewährleistungsanspr. nach §§ 463, 480 II erfüllt		▸ §§ 280, 283 I 2, 325
		▸ Ausgleich des Verzögerungsschadens: § 286 I

STICHWORTVERZEICHNIS

Die Zahlen verweisen auf die Seiten.

Abgrenzung Erfüllungs-/
  Verrichtungsgehilfe .... 75 f.
Abfindung in Kapital .... 168 ff.
Abrechnung auf Reparatur-
  kostenbasis .... 139 f.
Abgeschwächte Differenztheorie ... 186, 191
Absolute Immaterialgüterrechte 24
Abträgliche wahre Tatsachen 39
Adäquanztheorie .... 40 f., 49
Allgemeines Persönlichkeitsrecht .... 28 ff.
  Anspruchsvoraussetzungen
    bei Verletzung .... 29 ff.
  des Kindes auf Feststellung der
    blutmäßigen Abstammung 32
  Rechtsfolgen der Verletzung 30
Allgemeine Verkehrssicherungs-
  pflicht .... 47 ff.
  Fallgruppen der Verletzung .... 50 ff.
  Sorgfaltspflichten .... 50 ff.
  und s. dort
Allgemeine
  Verwaltungskosten .... 157 ff.
Allgemeines Schadensrecht .... 122 ff.
Alternativverhalten,
  rechtmäßiges 161
Anfälligkeit des Verletzten .... 7 f.
Anlagefälle 160
Anlageschäden 7
Anpassung der Leistung 203
Anschein ordnungsgemäßer Leistung ... 128
Anspruchskonkurrenz
  zu Ansprüchen aus Vertragsrecht .. 16, 174
Anstifter .... 96 ff.
Anwartschaftsrechte, dingliche 24
Äquivalenzinteresse .... 18 ff., 126 f., 184 f.
  s. Erfüllungsinteresse
Äquivalenztheorie 40
Arbeitskraftverlust .... 151 f.
Arglistige Täuschung .... 68 f.
Arglistiges Verschweigen 193
Arglistiges Vorspiegeln 193
Art des Schadensersatzes .... 184 ff.
Art der Schadensersatzpflicht .... 132 ff.
Arzthaftungsprozess 3
Ärztlicher Eingriff 3, 57
  Beweislast 3
  Einwilligung 3, 57
  und s. dort
  Unterlassen 3

Auffangtatbestand 29, 36
Aufklärung 57
  rechtzeitige 57
Aufklärungspflicht, Verletzung 128
Aufsichtsbefohlener 83
Aufsichtspflicht .... 82 f.
Aufwendungen
  nutzlose .... 164 ff.
  und s. dort
  unverhältnismäßige .... 146 ff.
  vermögensmindernde 165
Ausgleich mehrerer Kraftfahrzeug-
  halter 183
Ausgleichsfunktion 170
Ausreißer 107, 115
Austauschmethode 186
Ausübung von Rechten,
  missbräuchliche 69

Baukostenüberschreitung .... 163 f.
Bausummengarantie 163
Beeinträchtigung der
  bestimmungsgem. Verwendung .... 15 f.
Beerdigungskosten 168
Befundsicherungspflicht .... 111 f.
Behinderung, physische 39
Beschädigung einer Sache .... 12 ff.
  durch fehlerhaftes Produkt .... 113 f.
Beschränkt dingliche Rechte 24
Beschränkt verschuldensfähig 59
Beschützergarant 47
Besitz als sonstiges Recht .... 25 ff.
  berechtigter 26
  Mit – 27
  mittelbarer 26
  unberechtigter 27
  unmittelbarer 26
Besitzverletzung 26
  Schaden 27
Besondere Anfälligkeit
  des Verletzten .... 7 f.
Bestimmungsgemäße Verwendung
  (Beeinträchtigung) .... 15 f.
Besuchskosten nächster Angehöriger 142
Beteiligte .... 96 ff.
Betrieb des Kfz .... 90, 92 f.
Betriebsbezogenheit .... 38 f.
Betriebsgefahr .... 90, 92 f.
Bewegungsfreiheit, körperliche 11

Beweiserleichterung 151
Beweisführung 3
Beweislast 3
   bei Produzentenhaftung .... 109 ff.
   gemäß § 1 IV ProdHG 116
   Umkehr .... 110 f.
Bewusste Selbstgefährdung 177
Bild (Schutz) 31
Billigkeitshaftung .... 2, 59 f.
Blockade 16, 39
Boykottaufrufe (-maßnahmen) 39

cessio legis 177
c. i. c. .... 199 ff.
   Einhaltung von Form/
      Genehmigungen 201
   Pflichtwidriges Herbeiführen
      eines Vertragsschlusses 202
   Verletzung von Verkehrs-
      sicherungspflichten 200
   Vertrauen auf Zustandekommen
      eines Vertrages 201
conditio sine qua non 40, 49

Deckungskauf 193
Deckungsverkauf 193
Deliktischer Ersatzanspruch
   Sondervorschriften .... 168 ff.
Deliktischer Unternehmens-
   schutz .... 35 ff.
Dezentralisierter
   Entlastungsbeweis 78
Dienstverschaffungsvertrag 73
Differenzmethode 165
Differenztheorie .... 124 ff., 132, 186 f.
   abgeschwächte 186, 191
   uneingeschränkte 192
Dingliche Anwartschaftsrechte 24
Direktanspruch gegen
   den Versicherer 95
Dispositionsfähigkeit 15
Dispositionsfreiheit 139
Drohung, rechtswidrige .... 68 f.

Ehrenschutz 31
Eigenbesitzer des Grundstücks 89
Eigener Name 31
Eigenes Bild 31
Eigentümer-Besitzer-Verhältnis 12
Eigenschaften, zugesicherte .... 194 f.
Eigentumsverletzung .... 11 ff.
   Beeinträchtigung der bestimmungs-
      gemäßen Verwendung .... 15 f.
   Sachentziehung 12
   Substanzverletzung 12
   Zuordnungsverletzung 11

Eigenübliche Sorgfalt 61, 175
Eingerichteter und ausgeübter
   Gewerbebetrieb .... 35 ff.
   Recht am – s. dort
Eingriff
   in die Forderungszuständigkeit 28
   in die Gebrauchsfähigkeit 15
Eingriffsermächtigung 56
   gesetzliche 56
   gewohnheitsrechtliche 56
Einhaltung von Form / Genehmigungs-
   vorschriften 201
Einsichtsfähigkeit des Minderjährigen 57
Einstehenmüssen für gesetzliche
   Vertreter .... 180 ff.
Einwendung, rechtshindernde 178
Einwilligung bei ärztlichen
   Heileingriffen 57
   Aufklärung 57
   und s. dort
   des Minderjährigen 57
   durch Eltern 57
   rechtmäßiges Alternativverhalten 161
Einwilligung des Verletzten .... 176 f.
   beim Sport 57
Eltern
   Mitverschulden .... 180 ff.
Emissionen 58
End(produkt)hersteller 114
Entfernter Mangelfolgeschaden 197
Entgangene Nutzungen
   einer Sache .... 149 ff.
   Fahrrad 150
   Kraftfahrzeug 149
   Privatflugzeug 150
   privat genutztes Motorsportboot 150
   Vereitelung eines vertraglich
      eingeräumten Nutzungsrechtes .... 149 f.
   Wohnraum 150
Entgangener Gewinn 125, 203
Entgeltfortzahlungsgesetz 151
Entlastungsbeweis 78, 84, 88, 90
   dezentralisierter 78
Erfolgsunrecht .... 52 ff.
Erfüllungsanspruch als rechtlich
   geschütztes Gut 123
Erfüllungsgehilfe
   Abgrenzung zum Verrichtungs-
      gehilfen 76
   Mitverschulden .... 179 f.
Erfüllungsinteresse ... 125, 126 f., 131, 184 f.
   bei c. i. c. 202
   bei pVV .... 204 f.
   bei rechtskräftiger Verurteilung
      des Schuldners 188
   bei unerlaubter Handlung 205

Stichwortverzeichnis

bei Unmöglichkeit der
  Leistung 187, 190
bei Vertreter ohne Vertretungsmacht 186
bei Verzögerungsschaden .... 198 f.
bei Verzug 189, 192
bei zugesicherter Eigenschaft .... 193 ff.
Erfüllungsverweigerung 205
Erhaltungsinteresse .... 129 f., 184 f.
  bei c. i. c. 200
  bei unerlaubter Handlung .... 205 f.
  bei Unmöglichkeit
    der Leistung 184, 187
  bei Verzögerungsschaden .... 198 f.
  bei Verzug 189, 192
  bei zugesicherter Eigenschaft .... 193 ff.
Ersatzansprüche
  Dritter bei Tötung .... 168 f.
  wegen entgangener Dienste 169
Ersatzbeschaffung 135
Ersatzfähiger Vermögensschaden ...... 148 ff.
  nach Schutzzweck der Norm 148
Ersparte Eigenaufwendungen 162
Erwerbsschaden 168
Exkulpation 72, 78, 88, 90, 180
  und s. Entlastungsbeweis

Fabrikationsfehler 104, 107
Fabrikationsphase 107
Fahrlässige Handlungen .... 42 ff.
Fahrlässigkeit .... 60 f., 65
  grobe 61, 174
Fahrrad (Nutzungsausfall) 150
Familienbetriebe 104
Familienrechte 25
Fangprämie 158
Fehlen der Vertretungsmacht 123, 186
Fehlerhafte Produkte .... 102 ff.
Fiktive Heilungskosten 142
Fiktive Reparaturkosten .... 140 ff., 145
Firmenzeichen (Schutz) 31
Fleet-Fall 16
Folgeschäden, psychische .... 5 ff.
Forderungsrechte 28
Forderungszuständigkeit (Eingriff) 28
Freie Berufe 36
Formale Rechtsstellung, Missbrauch 69
Formvorschriften, Einhaltung 201
Freiheit 11
Freizeichnungsklausel .... 175 f.
Frustrationsschaden .... 164 ff.
Führerscheinentzugs-Fall 15

Garantenpflicht (-stellung) .... 47 f.
Gaszug-Fall .... 17 ff.
Gebäudehaftung .... 89 f.

Gebrauchsbeeinträchtigung .... 15 f.
Gebrauchsfähigkeit (Eingriff) 15
Gefahrbergende Anlagen 59
Gefährdungshaftung .... 1, 85, 86, 91 ff.
  des Fahrzeughalters, § 7 StVG ..... 91 ff.
  und s. dort
  enge 85
  Höchstsumme 95
  Tierhalterhaftung s. dort
Gehilfe .... 96 ff.
Geld für Herstellung .... 135 ff.
  bei Sachbeschädigung .... 135 ff.
  bei Verletzung einer Person 142
  nach Fristsetzung 143
Geldrente 162, 168
Genehmigungsvorschriften .... 201 f.
Generalklausel 35, 68
Genugtuungsfunktion 170
Gesamtschuld .... 97, 101 f.
Gesamtschuldner .... 101 f.
  Haftung im Außenverhältnis 101
  Verhältnis untereinander 102
Geschäftsherr .... 70 ff.
  Entlastungsbeweis 73, 76
Gesetzliche Eingriffsermächtigung 56
Gesetzliche Haftungsbeschränkung 175
  Verschuldensmaßstab 175
Gesetzliche Vertreter
  Mitverschulden .... 180 ff.
Gesundheitsschaden 113
Gesundheitsverletzung .... 3 ff., 168
  durch psychische Einwirkung ...... 5 ff.
Gewährleistungsrecht .... 193 ff., 196 ff.
  bei Miete .... 196 f.
  großer Schadens-
    ersatzanspruch 184, 195
  Kauf .... 193 ff.
  kleiner Schadensersatzanspruch 195
  Mangelfolgeschaden .... 194 f., 196, 197
  Mangelschaden .... 194, 196 f.
  Werkvertrag .... 196 f.
  zugesicherte Eigenschaften .... 193 f.
Gewerbebetrieb,
  eingerichteter und ausgeübter ...... 35 ff.
  und s. Recht am –
Gewerbliche Schutzrechte 24
Gewinn
  entgangener 125, 203
Gewohnheitsrechtliche
  Eingriffsermächtigung 56
Grad des Verschuldens .... 60 f.
Grobe Fahrlässigkeit 61, 175
Großer Schadensersatz-
  anspruch 184, 195
Grundrechtlich geschützte
  Positionen 56

209

Grundtatbestand, § 823 I .... 2 ff.
   Aufbauschema 2
Güterabwägung .... 28 f.

Haftung
   des Aufsichtspflichtigen .... 82 ff.
   des Fahrzeugführers,
     § 18 StVG .... 90 ff., 182 f.
   des Fahrzeughalters,
     § 7 StVG .... 90 ff., 182 f.
     und s. dort
   des Tieraufsehers 88
   des Tierhalters .... 84 ff.
     und s. Tierhalterhaftung
   für fehlerhafte
     Produkte .... 102 ff., 113 ff.
   für Verrichtungsgehilfen, § 831 .... 70 ff.
   für von Gebäuden
     ausgehende Schäden .... 89 f.
Haftung des Fahrzeughalters,
   § 7 StVG .... 90 ff.
   Einschränkungen 93
   Rechtsfolge 95
   Voraussetzungen .... 92 ff.
Haftung mehrerer Personen .... 96 ff.
   Gesamtschuldnerschaft 98
   nach dem ProdHG 116
   und s. Produkthaftungsgesetz
   Verantwortlichkeit von Teilnehmern
     und Beteiligten .... 96 ff.
Haftungsbeschränkungen .... 175 ff.
   Auslegung 176
   formfreie 176
   gesetzliche 175
   konkludente 176
   nicht unbegrenzt 175
   rechtsgeschäftliche .... 175 f.
Haftungsfreizeichnung .... 175 f.
Haftungsgründe 1
Haftungsnorm, echte 97
Haftungsschaden 27
Handeln
   auf eigene Gefahr 57
   Begriff 39
Handlungsunrecht 53
Haupttäter 96
Hebebühnen-Fall 20
Heilbehandlung eines Tieres 148
Heileingriff, ärztlicher 3, 57
Heilungskosten, fiktive 142
Herausfordern .... 44 ff.
Herrschaftsrechte 25
Hersteller
   des Endprodukts 115
   industrieller 103
   i.S.d. § 4 ProdHG .... 115 f.

Herstellung des früheren Zustandes .. 134 ff.
   Entschädigung nicht genügend 146
   Unmöglichkeit .... 143 ff.
   unverhältnismäßige
     Aufwendungen .... 146 ff.
Höchstsumme bei Gefährdungs-
   haftung 175
Hypothetische Kausalität 160

Immaterialgüterrechte,
   absolute 24
Immissionen .... 23 f., 58 f.
   ideelle .... 23 f.
   ortsübliche .... 58 f.
Importeur 104, 116
IM-Sekretär .... 32 ff.
Individualschutz 63
Individualsphäre .... 30 f.
Industrieller Hersteller 103
Inhaber von Klein- und
   Familienbetrieben 104
Instruktionsfehler .... 104, 107 f.
Interesse
   Bestimmung .... 122 ff.
   geschütztes .... 126 ff.
   negatives .... 127 f., 199 f.
   positives .... 126, 184 f.
   übererfüllungsmäßiges 185
   überobligatorisches 185
   s. Erhaltungs- / Erfüllungsinteresse
Integritäts-
   interesse .... 18 f., 129 f., 132 ff.
   s. Erhaltungsinteresse
Interessenabwägung .... 28 f., 37 f.
Intimsphäre .... 30 f.
Inverkehrbringen eines Produkts 115
Inzahlunggabe .... 140 f.

Juristische Person (Haftung) .... 80 f.

Kanallagerhaus-Fall 16
Kapitalabfindung 168
Kausalität
   alternative 40
   bei Unterlassen 49
   haftungsausfüllende 40
   haftungsbegründende 40
   hypothetische 160
   kumulative 40
   überholende 160
Kausalitätsvermutung 73
Kausalverlauf .... 124 f.
Kausal-Vermutungshaftung 1
Kausalzusammenhang .... 40 ff.
   Unterbrechung 44
   s. auch Kausalität

Kind
- krank geboren 4
- Mitverschulden .... 180 f.
- Unterhaltsaufwand .... 152 ff.
- Schadensfall 169

Klageantrag, unbezifferter .... 171 f.
Kleinbetriebe 104
Kleiner Schadensersatzanspruch . 195, 197 f.
Kompensationsmöglichkeit 166
Kompressor-Fall 20
Kondensator-Fall 20
Konstruktionsfehler .... 104 ff.
Körperliche Bewegungsfreiheit 11
Körperschaden 113
Körperverletzung .... 3 ff., 168 f.
- durch fehlerhaftes Produkt 113

Kosten der Ersatzbeschaffung .... 135 ff.
Kostenvoranschlag
- Überschreitung .... 163 f.

Kraftfahrzeug (Nutzungsausfall) 149
Kraftfahrzeugfahrer
- Ausgleich mit Halter .... 183 f.
- Haftung .... 90, 183 f.

Kraftfahrzeughalter .... 92 f.
- Ausgleich mit Fahrer 183
- Ausgleich untereinander .... 183 f.
- Haftung .... 91 ff.

Krankheitsfall, Lohnfortzahlung .... 151 f.
Kreditgefährdung, § 824 .... 35, 38, 66 f.
- durch Systemvergleich .... 66 f.

Leben (Verletzung) 3
Lebensrisiko, allgemeines 10
Lehre
- vom Erfolgsunrecht .... 52 f.
- vom Handlungsunrecht .... 53 f.
- vom Schutzzweck der Norm .... 41 ff.

Leibesfrucht (Schädigung) .... 4 f.
Leiharbeitsverhältnis 73
Leistungen .... 51 f.
Lieferant .... 115 f.
Lohnfortzahlung .... 151 f.
Luxustier .... 85 ff.

Maklerkosten .... 165 f.
Mangelfolgeschaden .... 194 ff.
- entfernter 197
- unmittelbarer 197

Mangelschaden .... 194 ff.
Mangel, weiterfressender .... 16 ff.
Mehrere Ersatzpflichtige
- nach ProdHG 116

Mehrere Geschäftsherren 73
Meinungsäußerung 33
Merkantiler Minderwert 135
Mietwagenkosten .... 146 ff.

Minderjähriger 57
- Einsichtsfähigkeit 57
- Urteilsfähigkeit 57

Minderwert
- merkantiler 135

Missbrauch formaler Rechtsstellung 69
Mitarbeitspflicht 169
Mitbesitz als sonstiges Recht 27
Mitgliedschaftsrechte .... 24 f.
Mittäter .... 96 ff.
Mittelbarer Besitz als sonstiges Recht 26
Mittelbar schädigende Handlungen .... 42 ff.
Mittel-Zweck-Relation 46
Mitverschulden .... 39, 175 ff.
- der Eltern .... 180 f.
- des Angestellten .... 179 f.
- des Erfüllungsgehilfen .... 179 f.
- des Geschädigten
  - nach § 9 StVG 95
- des Verrichtungsgehilfen 180
- durch Unterlassung .... 178 f.
- eines Kindes .... 180 f.
- Rechtsfolgen .... 177 ff.
- rechtshindernde Einwendung 178
- Verursachungsbeiträge, Abwägung 178
- Voraussetzungen .... 177 ff.

Mitverursachung .... 116, 175 ff.
und s. Mitverschulden
Mitwirkendes Verschulden .... 177 ff.
und s. Mitverschulden
Mitwirkung
- an Vertragspflichtverletzungen 69

Motorsportboot (Nutzungsausfall) 150

Nachbarrechtliche Sonderbestimmungen .. 58
Nacktfoto .... 29 ff.
Name (Schutz) 31
Natural-
- restitution ..... 132, 134 ff., 137, 185 f., 187,
  .... 189, 190, 195, 197, 198 f.
- Abgrenzung von der
  Schadenskompensation ... 132 ff., 143 ff.
- Geld für Herstellung .... 135 ff.
- Geld für Herstellung
  nach Fristsetzung 143
- Herstellung des früheren
  Zustandes .... 132, 134 f.
- Umfang .... 132 ff.
- Vorrang 143

Natürlicher Schadensbegriff 159
Nebenpflichtverletzung 204
Negatives Interesse . 127 ff., 131, 164 f., 199
- Höhe 129
- Umfang 129

Nervenschock 9
Neu für alt 162

211

Nichterfüllungsschaden 167, 193
Nichterweislichkeit verkehrsrichtigen
   Verhaltens des Gehilfen 74
Nichtleistung 204
Nicht öffentlich gesprochenes Wort 31
Nockenwelle-Fall 20
Normativer Schadensbegriff 159
Nothilfe
   durch Organspende .... 46 f.
   Fälle .... 44 ff.
   im Straßenverkehr 46
Notstand 55
   aggressiver 55
Notwehr 55
Nutzlose Aufwendungen .... 164 ff.
   Maklerkosten .... 165 f.
Nutztier 84, 87
Nutzungsausfall .... 149 ff.
Nutzungsinteresse 18
Nutzungsschaden 27

Obhutspflicht 130
Offener Tatbestand 28
Öffentlich gesprochenes
   Wort (Schutz) 31
Organhaftung .... 80 f.
Organisationshaftung .... 80 f.
Organisationspflicht .... 77 ff.
Organisationsverschulden .... 76 ff.
Organspende 46
Ortbeton-Fall 20

Personengesellschaft (Haftung) .... 80 f.
Personenschaden, Ersatzanspruch ..... 142 f.
Persönlichkeitsrecht (allgemeines) ...... 28 ff.
   und s. Allgemeines Persönlichkeitsrecht
Persönlichkeitsschutz, postmortaler 34
Pflichtverletzung, vorvertragliche ...... 199 f.
Pflichtwidriges Herbeiführen
   eines Vertragsschlusses 202
Positive Kenntnis bei Verjährung 174
Positive Vertragsverletzung .... 130, 152 ff.,
                       .... 194, 204 ff., 206
   Erfüllungsverweigerung 204
   Nichtleistung 204
   Schlechtleistung 204
   Verletzung vertraglicher Neben-
      pflichten 204
   zerstörte Vertrauensgrundlage 204
Positives Tun .... 40 ff.
Positives Interesse .... 126 f., 131, 184 ff.
   s. Erfüllungsinteresse
Postmortaler Persönlichkeitsschutz 34
Privatflugzeug (Nutzungsausfall) 150
Privatsphäre .... 30 f.
Produktbeobachtungsfehler .... 108 f.

Produktbeobachtungs-
   pflicht .... 102, 108 f., 115, 117
Produktfehler i. S. d. § 3 ProdHG ...... 114 f.
Produkthaftungsgesetz .... 19, 102, 113 ff.
   Anwendung in zeitl. Hinsicht 113
   Beweislastverteilung 116
   Haftungsausschluss 116
   „Hersteller" i. S. d. § 4 ProdHG 115
   Rechtsfolgen der Haftung 116
   Rechtsgutverletzung .... 113 f.
   Voraussetzungen der Haftung .... 113 ff.
Produktionsleiter 104
Produkt i. S. d. § 2 ProdHG 114
Produktsicherheitsgesetz 112
Produzentenhaftung .... 52, 102 ff., 112
   Beweislast .... 109 f.
   Fehler im Herstellerbereich .... 104 ff.
   personeller Anwendungsbereich .... 103 f.
   verschuldensabhängige 111
   Voraussetzungen 102
Prognoserisiko 138
Psychische Schäden .... 5 ff.
   aufgrund Schocks .... 8 ff.
   Folgeschäden .... 5 ff.

Quasi-Hersteller 115
Quasinegatorischer Unterlassungs-
   anspruch .... 32 ff.

Rabatt, verdeckter 141
Rahmenrecht 28, 52
Räumlich gegenständlicher Bereich
   der Ehe 25
Reaktionspflicht des Herstellers 115
Recht am Arbeitsplatz 25
Recht am eingerichteten und
   ausgeübten Gewerbebetrieb .... 35 ff.
   Anspruchsvoraussetzungen .... 38 ff.
   betriebsbezogener Eingriff 38
   Fallgruppen 36, 39
Rechte des § 823 I .... 2 ff.
Rechtfertigungsgründe .... 55 ff.
   anerkannte .... 55 ff.
   gemäß § 824 II 66
Rechtmäßiges Alternativverhalten 161
Rechtsgeschäftliche Haftungs-
   beschränkung .... 175 f.
   s. auch Haftungsbeschränkung
Rechtsgrundverweis 180
Rechtsgüter des § 823 I .... 3 ff.
Rechtsgutverletzung
   mittelbare .... 53 f.
   unmittelbare .... 53 f.
Rechtshindernde Einwendung 178
Rechtskräftige Verurteilung,
   Schadensersatz 188

Rechtskraft, Umfang bei Schmerzens-
geldansprüchen 172
Rechtswidrige Drohung .... 68 f.
Rechtswidrigkeit .... 52 ff.
Rechtswidrigkeitszusammenhang 159
Rentabilitätsvermutung 166
Reparatur .... 136 ff., 142
Reparaturkosten .... 136 ff., 142
  fiktive .... 139 ff., 140 f., 145
  zu hohe .... 138 f.
Repräsentantenhaftung .... 80 f.
Reservursache 160
Risiko, gesteigertes .... 45 f.
Rügeobliegenheit i. S. d. § 377 I HGB 17

Sachentziehung 12
Sachschaden .... 113 f.
Schadensbegriff
  natürlicher 159
  normativer 159
Schadensersatzanspruch
  großer 184, 195
  kleiner 195
Schadensersatz wegen
  Nichterfüllung .... 126, 184 ff.
  Äquivalenzinteresse 184
  Erfüllungsinteresse 184
  Erhaltungsinteresse .... 185 f.
  Naturalrestitution .... 185 f.
  Oberbegriff 184
  positives Interesse 184
  Schadenskompensation 185
  übererfüllungsmäßiges Interesse 185
  überobligationsmäßiges Interesse 185
Schadensersatzpflicht, Umfang .... 122 ff.
  Art der .... 132 ff.
Schadenskompensation .... 132 f., 148 ff.,
  .... 185, 187, 188, 189, 194, 195, 197
  Abgrenzung von
    der Naturalrestitution .... 143 ff.
Schadensminderungspflicht 162, 179
Schadensrecht .... 122 ff.
Schädigende Werturteile 39
Schädigung im Mutterleib .... 4 f.
Schlechtleistung 204
Schmerzensgeld .... 30, 156, 169 ff.
  Ausgleichsfunktion 170
  Bemessungsfaktoren .... 169 f.
  Genugtuungsfunktion 170
  Höhe .... 169 f.
  Sühnefunktion 170
  Übertragbarkeit 171
  Umfang der Rechtskraft 172
  unbezifferter Klageantrag ..... 171 f.
  Vererblichkeit 171
Schockschäden .... 9 ff.

Schriftliche Äußerungen (Schutz) 32
Schuldhaftes Verhalten
  des Geschädigten selbst 160
  eines Dritten 160
Schutz
  der Ehre 31
  der Individualsphäre .... 30 f.
  der Intimsphäre .... 30 f.
  der Privatsphäre .... 30 f.
  des eigenen Bildes 31
  des eigenen Namens 31
  des Firmenzeichens 31
  des nicht öffentlich gesprochenen
    Wortes 31
  schriftlicher Äußerungen 32
Schutzgesetz i. S. d. § 823 II .... 61 ff.
  Befehlsqualität 63
  Gesetzesqualität 63
  geschützter Personenkreis 64
  geschütztes Interesse 64
  Individualschutz 63
  persönlicher und sachlicher
    Schutzbereich .... 63 f.
  Verletzung .... 63 ff.
  Verschulden 65
Schutzinteresse .... 129 f.
Schutzpflicht 130, 200
Schutzrechte, gewerbliche 24
Schutzrechtsverwarnung,
  ungerechtfertigte 39
Schutzzweck der
  Norm ..... 10, 41 ff., 86 f., 122 f., 155, 159 ff.
  Bestimmung der Ersatzpflicht 159
  Fallgruppen .... 41 ff.
Schwangerschaftsabbruch 153
Selbstgefährdung, bewusste 177
Selbstständiger, Wegfall der
  Arbeitskraft .... 151 f.
Selbsthilferecht 56
Sittenwidrigkeit .... 67 ff.
Sondervorschriften für
  den deliktischen Ersatzanspruch ..... 168 ff.
  bei Verletzung
    best. Persönlichkeitsgüter .... 168 ff.
  bei Verletzung einer Person 168
  Geldrente / Kapitalabfindung 168
Sonstiges Recht i. S. d. § 823 I .... 24 ff.
Sorgfalt, eigenübliche 61
Sorgfaltspflichten .... 50 f., 130, 200
  aus Verkehrseröffnung 50
  bei Leistungen 51
  bei Veranstaltungen 51
Sportverletzung 57
  Einwilligung des Verletzten 57
Sterilisation, misslungene ...... 152 ff.
Stoffgleichheit .... 18 ff.

Straßenverkehr 46
    Haftung im – .... 90 ff., 182 ff.
Streupflicht 50
Substanzschaden 12, 27
Substanzverletzung 12
Sühnefunktion 170
Surrogationstheorie 186
Synallagma 187, 188, 190

Taschenkontrolle 158
Tatsachen, abträgliche wahre 39
Tatsachenbehauptung .... 33 ff.
Täuschung
    arglistige 68
    im Prozess 69
Teilnahme am Verkehr .... 90 ff., 182 ff.
Teilprodukt, Zulieferung 114
Teilweise Unmöglichkeit 188
Tier
    Haftung für – .... 84 ff.
    Heilbehandlung 148
    Panikreaktion 159
Tieraufseher 88
Tierhalterhaftung
    für Luxustier .... 85 ff.
    für Nutztier .... 87 ff.
Toleranzgrenze 137
Tötung eines Menschen
    durch fehlerhaftes Produkt 116
    Ersatzanspruch .... 168 f.
Transistoren-Fall .... 20 ff.

Übererfüllungsmäßiges Interesse ...... 185 ff.
    s. auch Erhaltungsinteresse
Überholende Kausalität 160
Überobligatorisches Interesse .... 185 ff.
    s. auch Erhaltungsinteresse
Überwachungsgarant 48
Umfang der Schadensersatzpflicht .... 184 ff.
Umkehr der Beweislast bei
    Produzentenhaftung .... 110 f.
Unabwendbares Ereignis 90, 94
Unbezifferter Klageantrag .... 171 f.
Uneingeschränkte Differenztheorie 192
Unerlaubte Handlung .... 1 ff.
Unfallersatztarif 147
Ungerechtfertigte Schutz-
    rechtsverwarnung 39
Unmittelbarer Mangelfolgeschaden 197
Unmöglichkeit der Herstellung .... 143 ff.
    bei Beschädigung eines Hauses ..... 144 ff.
    bei Beschädigung von Kfz 140
Unmöglichkeit der Leistung .... 190 ff.
    einseitige Pflicht 187
    Gegenseitigkeitsverhältnis .... 188 ff.
    teilweise Unmöglichkeit 188

Unmittelbarer Besitz
    als sonstiges Recht 26
Unterbrechung
    des Kausalzusammenhangs 44
Unterhaltsanspruch 169
Unterhaltsaufwand für Kind .... 152 ff.
Unterhaltsbedarf .... 156 f.
Unterhaltspflicht anderer 162
Unterlassen .... 47 ff.
    Kausalität .... 49 f.
    Mitverschulden .... 178 f.
    pflichtwidriges bei Körper-
    verletzung 3
Unterlassungsanspruch .... 32 ff.
Unternehmensschutz, deliktischer ...... 35 ff.
Unverhältnismäßige
    Aufwendungen .... 146 f.
    bei Heilbehandlung eines Tieres 148
    bei Sachbeschädigung .... 146 f.
Unwägbare Stoffe 23
Urlaub, vertaner 152
Ursächlichkeit .... 40 ff.
Urteilsfähigkeit des
    Minderjährigen 57

Veranstaltungen 51
Verantwortlichkeit
    von Beteiligten .... 96 ff.
    von Teilnehmern .... 96 ff.
Veräußerung des
    beschädigten Hauses .... 144 ff.
Verdeckter Rabatt 141
Verdienstausfall 151, 156
Verfolgerfälle .... 44 ff.
Verfrühungseffekt 160
Verjährung .... 174 f.
    Anspruchskonkurrenz 174
    Entstehen des Anspruchs 174
    Kenntnis vom Schaden 174
    Person des Ersatzpflichtigen 174
Verkehrseröffnung 50
Verkehrsrichtiges Verhalten 56
    des Verrichtungsgehilfen 74
Verkehrssicherungspflicht 200, 204
    allgemeine .... 47 ff.
    als Organisationspflicht 79
    Obhutspflichten 200
    Schutzpflichten 200
    Sorgfaltspflichten 200
Verletzung
    der Aufklärungspflicht 128
    der Freiheit 11
    der Gesundheit .... 3 ff.
    des Lebens 3
    einer Person .... 142 f.
    eines Schutzgesetzes .... 63 ff.

eines sonstigen Rechts
   i. S. d. § 823 I .... 24 ff.
   und s. sonstiges Recht i. S. d. § 823 I
   von Verkehrssicherungs-
   pflichten 200, 204
Verlust der Arbeitskraft .... 151 f.
Vermögen 28
Vermögensschaden
   ersatzfähiger .... 148 ff.
Vermögensnachteil 30
Verrichtungsgehilfe .... 70 ff.
   Abgrenzung
      zum Erfüllungsgehilfen .... 75 f.
   Begriff 71
   Handeln bei Gelegenheit 75
   Handeln in Ausführung
      der Verrichtung .... 71 f., 74 f.
   Mitverschulden 180
   verkehrsrichtiges Verhalten 74
Verschulden .... 60 ff.
   bei Verstoß gegen Schutzgesetz 65
   gegen sich selbst 178
   Grad .... 60 f.
Verschuldensfähigkeit
   beschränkte 59
Verschuldensmaßstab 175
Verschuldensprinzip 1
Verschuldensunfähigkeit 59
Verschuldensvermutung 72, 87
Verschweigen des Vaters
   durch nichteheliche Mutter 32
Vertaner Urlaub 152
Verteidigungsnotstand 55
Vertragliche Nebenpflichtverletzung ... 204
Vertrauen auf Zustandekommen
   eines Vertrages 201
Vertrauensgrundlage, zerstörte 204
Vertrauensinteresse .... 127 ff.
Vertreter ohne
   Vertretungsmacht 124, 186
Vertretungsmacht
   Fehlen der 124, 186
Verursachungsbeiträge
   Abwägung 178
Verurteilung
   rechtskräftige 188
Verwaltungskosten,
   allgemeine .... 157 f.
Verwendungsmöglichkeit
   (Eingriff) .... 15 f.
Verzögerungsschaden .... 198 f.
Verzug .... 189 f., 191
   mit einseitigen Pflichten 191
   mit gegenseitigen Pflichten ..... 189 f.

Vollstreckungstitel
   Ausnutzung 69
   erschlichener 69
Vorbeugekosten .... 157 f.
Vorsatz 60, 68, 175
Vorsätzliche sittenwidrige
   Schädigung, § 826 .... 67 ff.
   Fallgruppen .... 68 f.
   Schaden 68
   Sittenwidrigkeit 68
   Vorsatz 68
Vorsatztheorie 60
Vorschädigung des Opfers .... 7 f.
Vorschussanspruch 140
Vorschusspflicht 140
Vorteil aus eigener Tätigkeit
   des Verletzten 162
Vorteilsausgleichung .... 161 ff., 164
Vorvertragliche Pflichtverletzung .. 199 f.

Wahrheitsbeweis 34
Wahrnehmung berechtigter
   Interessen 56
Warenhausdiebstahl .... 157 f.
Weiterfressender Mangel .... 16 ff., 114
Werkstattrisiko 138
Wertinteresse 145
Werturteile, schädigende 39
Wertzuwachs .... 163 f.
Widerruf 34
Wiederbeschaffungsaufwand .... 135 ff., 141
Wiederbeschaffungskosten .... 135 ff.
Wiederbeschaffungswert .... 135 ff.
Wiederherstellung 139
Wirtschaftlichkeitspostulat ...... 135 ff.
Wohnraum (Nutzungsausfall) 150

Zerstören der Vertrauensgrundlage 201
Zerstörung von Sachen .... 12 f.
   durch fehlerhaftes Produkt ...... 113 f.
Zufallsbedingte Ursache 160
Zufallshaftung des Delikts-
   schuldners .... 173 f.
Zugesicherte Eigenschaft .... 193 ff.
Zulieferant 115
Zurechenbares Handeln .... 39 ff.
   beim positiven Tun .... 40 ff.
   beim Unterlassen .... 47 ff.
Zurechenbarkeit trotz Anlage-
   schadens 7
Zurechnung 54
   psychischer Folgeschaden .... 5 ff.
   Schockschäden 10
Zurechnungszusammenhang 93, 159

— — —

Klausurenkurse

ALPMANN SCHMIDT
Juristische Lehrgänge

Examenssicherheit mit dem schriftlichen **AS-Klausurenkurs**. Wer es nicht geübt hat, unter Zeitdruck einen anspruchsvollen Fall mit Problemen „quer durch den Garten" in den Griff zu bekommen, hat im Examen keine Chance.

Unsere **Fernklausurenkurse** bieten Ihnen daher die Möglichkeit, sich die für das Examen unentbehrliche Klausurroutine anzueignen.

▶ Lösen Sie die Klausur zu Hause und senden Sie Ihre Lösung ein.

▶ Ihre Arbeit wird **ausführlich korrigiert** und **individuell benotet**.

▶ Auch wenn Sie den Klausurenkurs ohne Korrektur bestellen, erhalten Sie zwei Wochen später ausführliche **Musterlösungen** mit dem aktuellsten Stand von Rechtsprechung und Literatur, sodass keine Fragen mehr offen bleiben.

Sie können wählen:

▶ **Klausurenkurs zur Vorbereitung auf das Referendarexamen** *mit* oder *ohne* **Korrektur**

Wöchentlich zwei Fälle mit Musterlösungen: je ein Fall aus dem Zivilrecht oder den Nebengebieten sowie abwechselnd aus dem Strafrecht und Öffentlichen Recht (mit dem von Ihnen gewählten Landesrecht).
Faxabruf der Klausurenkursverträge unter 0251-98109-62 möglich!

▶ **Klausurenkurs zur Vorbereitung auf das Assessorexamen** *mit* oder *ohne* **Korrektur**

Wöchentlich einen Aktenauszug (Standardklausur) mit Gutachten und Entscheidungsentwurf; abwechselnd aus dem Zivilrecht, dem Strafrecht, den Nebengebieten und dem Öffentlichen Recht; alle 2–3 Wochen zusätzlich eine Spezialklausur. Als Aufgaben werden auch Anwaltsklausuren gestellt.

▶ **Klausurenurteile**
Die für den Fall wesentlichen Entscheidungen (durch „@" gekennzeichnet) sind im Internet unter www.alpmann-schmidt.de „zum kostenfreien Download" bereitgestellt.

▶ **E-Mail-Abonnement**
Auslandsstudium oder kurzfristiger Wohnortwechsel? Kein Problem! Wir versenden die Klausuren im PDF-Dateiformat an Ihre Mailbox.

Probeklausur und Aboverträge
im Internet oder beim Verlag anfordern!

kostenlose Fax-Nummer für sämtliche Verlagsprodukte:
0 800 / 257 62 66

ALPMANN SCHMIDT
Postfach 1169
48001 Münster
Annette-Allee 35
48149 Münster

Tel.: 0251-98109-0
(Zentrale)
Tel.: 0251-98109-33
(Verkauf Verlagsprodukte)
Tel.: 0251-98109-36
(Klausurenkurse / RÜ / JP)
Fax: 0251-98109-62

AS-Online: www.alpmann-schmidt.de

- Skripten
- Kurse
- Kursunterlagen
- Grundstrukturen
- Kassetten
- Rechtsprechungs Übersicht
- RÜ-CD-ROM
- Memo-Check
- Memo-Check CD-ROM
- AS-Online

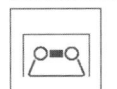

Klausuren

Neu im Programm

Die Alpmann-Cards

ALPMANN SCHMIDT

Juristische Lehrgänge

... damit Sie im Examen gute Karten haben!

Alles, was für Sie wirklich wichtig ist:

Das **Grundwissen** eines Rechtsgebietes übersichtlich gegliedert auf handlichen Karten. **Maxi-Wissen im Mini-Format.**

Einfaches Lernen, schnelle und systematische Überprüfung des relevanten Wissens. **Die ideale Vorbereitung auf die Examensklausuren.**

Alpmann-Cards gibt es **ab sofort für folgende Rechtsgebiete:**

- ▶ Familienrecht (erscheint ca. Anfang Februar)
- ▶ Handelsrecht
- ▶ Arbeitsrecht
- ▶ Strafrecht AT
- ▶ Verfassungsrecht (erscheint ca. Ende Januar)
- ▶ ZPO
- ▶ Zwangsvollstreckungsrecht

In Vorbereitung sind die Rechtsgebiete:

- ▶ BGB AT
- ▶ Schuldrecht BT 1+2
- ▶ Sachenrecht
- ▶ Erbrecht
- ▶ Gesellschaftsrecht
- ▶ Strafrecht BT
- ▶ Grundrechte
- ▶ Verwaltungsrecht
- ▶ Verwaltungsprozessrecht
- ▶ StPO

Die Karten sind ab sofort zu Beziehen über den Buchhandel, Alpmann Schmidt oder unter www.alpmann-schmidt.de.

Es gelten **Einführungspreise bis 31. Dezember 2001**

Alpmann-Cards
Karteikarten

kostenlose Fax-Nummer für sämtliche Verlagsprodukte: 0 800 / 257 62 66

ALPMANN SCHMIDT
Postfach 1169
48001 Münster
Annette-Allee 35
48149 Münster

Tel.: 0251-98109-0
(Zentrale)
Tel.: 0251-98109-33
(Verkauf Verlagsprodukte)
Tel.: 0251-98109-36
(Klausurenkurse / RÜ / JP)
Fax: 0251-98109-62

AS-Online: www.alpmann-schmidt.de

- Skripten
- Kurse
- Kursunterlagen
- Klausuren
- Grundstrukturen
- Kassetten
- Rechtsprechungs Übersicht
- RÜ-CD-ROM
- Memo-Check
- Memo-Check CD-ROM
- AS-Online

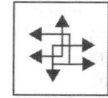

Alles was Recht ist – per Mausklick

ALPMANN SCHMIDT
Juristische Lehrgänge

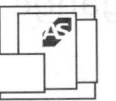

www.alpmann-schmidt.de
Das komplette Verlagsprogramm auf einen Blick -
einfach online bestellen

- Skripten
- Kurse
- Kursunterlagen
- Karteikarten
- Klausuren
- Grundstrukturen
- Kassetten
- Rechtsprechungs Übersicht
- RÜ-CD-ROM
- Memo-Check
- Memo-Check CD-ROM

SKRIPTEN mit ausführlichen Leseproben und Vertiefungsurteilen zum kostenlosen Download

KLAUSUREN mit Falltexten, Musterlösungen und Urteilen

REPETITORIEN in 44 Universitäts-Städten, aktuelle Hinweise auf Info-Veranstaltungen und Kontakt-Adressen

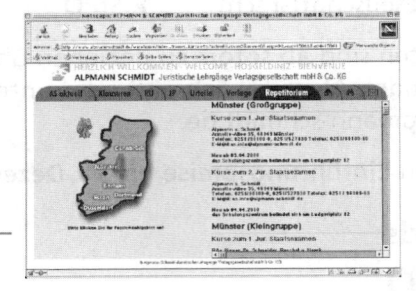

ALPMANN SCHMIDT
Postfach 1169
48001 Münster
Annette-Allee 35
48149 Münster

Tel.: 0251-98109-0
(Zentrale)
Tel.: 0251-98109-33
(Verkauf Verlagsprodukte)
Tel.: 0251-98109-36
(Klausurenkurse / RÜ / JP)
Fax: 0251-98109-62

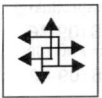

AS-Online